REPERCUSSÃO GERAL
UMA RELEITURA DO DIREITO VIGENTE

FREDERICO MONTEDONIO REGO

Prefácio
Luís Roberto Barroso
Apresentação
Inocêncio Mártires Coelho

REPERCUSSÃO GERAL
UMA RELEITURA DO DIREITO VIGENTE

Conforme a Emenda Regimental nº 54/2020, do STF

2ª edição revista, ampliada e atualizada

Belo Horizonte

2022

© 2019 Editora Fórum Ltda.

2022 – 2ª edição

É proibida a reprodução total ou parcial desta obra, por qualquer meio eletrônico, inclusive por processos xerográficos, sem autorização expressa do Editor.

Conselho Editorial

Adilson Abreu Dallari
Alécia Paolucci Nogueira Bicalho
Alexandre Coutinho Pagliarini
André Ramos Tavares
Carlos Ayres Britto
Carlos Mário da Silva Velloso
Cármen Lúcia Antunes Rocha
Cesar Augusto Guimarães Pereira
Clovis Beznos
Cristiana Fortini
Dinorá Adelaide Musetti Grotti
Diogo de Figueiredo Moreira Neto (*in memoriam*)
Egon Bockmann Moreira
Emerson Gabardo
Fabrício Motta
Fernando Rossi
Flávio Henrique Unes Pereira

Floriano de Azevedo Marques Neto
Gustavo Justino de Oliveira
Inês Virgínia Prado Soares
Jorge Ulisses Jacoby Fernandes
Juarez Freitas
Luciano Ferraz
Lúcio Delfino
Marcia Carla Pereira Ribeiro
Márcio Cammarosano
Marcos Ehrhardt Jr.
Maria Sylvia Zanella Di Pietro
Ney José de Freitas
Oswaldo Othon de Pontes Saraiva Filho
Paulo Modesto
Romeu Felipe Bacellar Filho
Sérgio Guerra
Walber de Moura Agra

Luís Cláudio Rodrigues Ferreira
Presidente e Editor

Coordenação editorial: Leonardo Eustáquio Siqueira Araújo
Aline Sobreira de Oliveira

Av. Afonso Pena, 2770 – 15º andar – Savassi – CEP 30130-012
Belo Horizonte – Minas Gerais – Tel.: (31) 2121.4900 / 2121.4949
www.editoraforum.com.br – editoraforum@editoraforum.com.br

Técnica. Empenho. Zelo. Esses foram alguns dos cuidados aplicados na edição desta obra. No entanto, podem ocorrer erros de impressão, digitação ou mesmo restar alguma dúvida conceitual. Caso se constate algo assim, solicitamos a gentileza de nos comunicar através do *e-mail* editorial@editoraforum.com.br para que possamos esclarecer, no que couber. A sua contribuição é muito importante para mantermos a excelência editorial. A Editora Fórum agradece a sua contribuição.

Dados Internacionais de Catalogação na Publicação (CIP) de acordo com a AACR2

R343r	Rego, Frederico Montedonio
	Repercussão geral: uma releitura do direito vigente / Frederico Montedonio Rego. 2ª edição – Belo Horizonte: Fórum, 2022.
	339p.; 14,5cm x 21,5cm
	ISBN: 978-65-5518-292-7
	1. Direito Constitucional. 2. Direito Processual Civil. 3. Teoria Geral do Direito. I. Título.
	CDD 341.2
	CDU 342

Elaborado por Daniela Lopes Duarte - CRB-6/3500

Informação bibliográfica deste livro, conforme a NBR 6023:2018 da Associação Brasileira de Normas Técnicas (ABNT):

REGO, Frederico Montedonio. *Repercussão geral*: uma releitura do direito vigente. 2. ed. Belo Horizonte: Fórum, 2022. 339p. ISBN 978-65-5518-292-7.

Ao Supremo Tribunal Federal.

NOTA PARA A 2ª EDIÇÃO

A presente edição foi motivada especialmente pela aprovação da Emenda Regimental nº 54, de 1º.7.2020, que alterou o Regimento Interno do Supremo Tribunal Federal para reconhecer, entre outros pontos, a possibilidade de limitar os efeitos da ausência de repercussão geral ao caso concreto (RI/STF, art. 326, §§1º e 2º). Com isso, o STF acolheu o argumento central defendido na 1ª edição deste livro. Foram ainda admitidas algumas teses secundárias, como o não reconhecimento automático de repercussão geral caso não seja alcançado o *quorum* mínimo de dois terços em sentido contrário, quando em votação a negativa com efeitos apenas para o caso concreto (RI/STF, art. 326, §§3º e 4º), e, ainda, a autorização para revogação do sobrestamento de processos na origem quando negada repercussão geral em recurso extraordinário representativo de controvérsia, mesmo que por decisão com eficácia limitada ao caso concreto (RI/STF, art. 326-A, §§1º e 2º).

Sinto-me abençoado por ter consumado a aspiração de "retribuir e contribuir para o bom funcionamento da Corte", como consignei nos agradecimentos deste trabalho. Ver suas ideias transformadas em realidade é a maior graça que o estudioso de um assunto pode receber. Isto jamais teria ocorrido sem o empenho pessoal do Min. Luís Roberto Barroso, precursor e entusiasta das teses aqui defendidas, nem dos demais Ministros que votaram pela mudança do Regimento Interno da Corte, e que vêm aplicando a nova sistemática em seus julgamentos, inclusive com citação expressa desta obra (STF, Pleno, ARE nº 1.273.640, Rel. Min. Alexandre de Moraes, j. 8.9.2020).

Também me sinto honrado pela acolhida da 1ª edição nos meios acadêmicos, tanto que foi necessária a impressão de uma segunda tiragem depois do rápido esgotamento da primeira. Houve citações a este livro ou a artigos que dele surgiram por parte de vários autores, tanto em sentido favorável[1] quanto com viés crítico,[2] a confirmar

---

[1] DIDIER JR., Fredie; CUNHA, Leonardo Carneiro da. *Curso de direito processual civil*. 18. ed. Salvador: JusPodivm, 2021. v. 3, p. 475-477. MOURA, Maria Thereza Rocha de Assis. Intercâmbio judiciário: os impactos da repercussão geral no Superior Tribunal de Justiça.

que a obra também cumpriu o papel de estimular o debate sobre o funcionamento da repercussão geral. A presente edição também procurará dialogar com tais trabalhos. Ainda nesta seara, sou grato especialmente aos Professores Alexandre Freire (UFMA) e Fredie Didier Jr. (UFBA), por favorecerem a divulgação das ideias defendidas neste livro, bem como aos assessores do STF Daniel Coussirat de Azevedo e Leonardo Cunha dos Santos, cujos olhares atentos foram valiosos para esta nova edição.

Doutrina: edição comemorativa 30 anos do STJ. Brasília: Superior Tribunal de Justiça, p. 521-543, 2019. GOMES, Flavio Marcelo. *Desvendando os recursos especial e extraordinário*: atualizado conforme a Emenda Regimental nº 54, de 01 de julho de 2020, do STF. Timburi: Cia do eBook, 2020, p. 45-50. *e-book*. MELLO, Patricia Perrone Campos; CUNHA, Leonardo. Transformações do recurso extraordinário e impactos sobre o processo colegiado de decisão do Supremo Tribunal Federal: o que mudou? O que precisa mudar? *In*: JUNIOR, Nelson Nery; ALVIM, Teresa Arruda; OLIVEIRA, Pedro Miranda de. *Aspectos polêmicos dos recursos cíveis e assuntos afins*. v. 14. São Paulo: Thomson Reuters Brasil, 2018, p. 313-343. COÊLHO, Marcus Vinicius Furtado. O Supremo Tribunal Federal na encruzilhada: entre a celeridade e a Justiça. Reflexões sobre a repercussão geral e a súmula vinculante em quinze anos de Emenda Constitucional nº 45/2004. *In*: TOFFOLI, Dias. CRUZ, Felipe Santa. GODINHO, André (Orgs.). *Emenda Constitucional nº 45/2004: 15 anos do novo Poder Judiciário*. Brasília, OAB, Conselho Federal, 2019, p. 410. DIAS, Ricardo Gueiros Bernardes; DELLAQUA, Leonardo Goldner. Repercussão geral: superação de filtros ocultos e vinculação das teses em abstrato. *Meritum*, Belo Horizonte, v. 14, n. 1, p. 98-113, jan./jun. 2019. PEDRON, Flavio Quinaud; FARIA, Guilherme Henrique Lage. Repercussão geral em recursos especiais é aposta em mecanismo fracassado. *Consultor Jurídico*, 3 jun. 2018. Disponível em: https://www.conjur.com.br/2018-jun-03/opiniao-repercussao-geral-resp-aposta-mecanismo-fracassado. Acesso em: 18 mar. 2021. SILVA, Maria Thaís Pinto. *Repercussão geral*: instrumento eficaz de filtragem ou de aglomeração processual? Monografia apresentada no curso de graduação em Direito do Centro Universitário de Brasília – UniCEUB. Brasília, 2018, mimeografado. Disponível em: https://repositorio.uniceub.br/jspui/bitstream/prefix/12925/1/21445623.pdf. Acesso em: 28 mar. 2021. GUERREIRO, Mário Augusto Figueiredo de Lacerda. Desenvolvimentos recentes do instituto da repercussão geral. *In*: RODRIGUES, Décio Luiz José; SANTOS JUNIOR, Walter Godoy dos (Coords.). *Jurisprudência do STF comentada*. São Paulo: Escola Paulista da Magistratura, 2021, p. 160-161. Disponível em: https://www.prefeitura. sp.gov.br/cidade/secretarias/upload/CEJUR%20-%20PGM/CEJUR%20Clipping/38%c2% aa%20edi%c3%a7%c3%a3o/not%c3%adcias%20do%20judici%c3%a1rio/7.pdf. Acesso em: 8 nov. 2021. LEAL, Fabio Resende. RAGAZZI, José Luiz. O processo como instrumento de efetivação dos direitos sociais no sistema de precedentes estabelecido pelo Código de Processo Civil de 2015. *Direitos Culturais*. Santo Ângelo, v. 13, n. 30, p. 204, maio/ago. 2018.

[2] MARINONI, Luiz Guilherme; FORTES, Luiz Henrique Krassuski. Decisões mais importantes do STF em 2020 das quais você não ouviu falar. *JOTA*, 2 e 9.2.2021 (partes I e II, respectivamente). Disponíveis em: https://www.jota.info/opiniao-e-analise/artigos/decisoes-mais-importantes-do-stf-em-2020-das-quais-voce-nao-ouviu-falar-02022021 e https://www.jota.info/opiniao-e-analise/artigos/decisoes-mais-importantes-do-stf-em-2020-das-quais-voce-nao-ouviu-falar-2-09022021. Acesso em: 11 mar. 2021. FORTES, Luiz Henrique Krassuski. Como aprimorar o funcionamento da repercussão geral? Um diálogo com Luís Roberto Barroso e Frederico Montedonio Rego. *In*: MARINONI, Luiz Guilherme *et al.* (Orgs. e Coords.). *Processo constitucional*. São Paulo: Thomson Reuters Brasil, 2019, artigo nº 31. *e-book*. MARCHIORI, Marcelo Ornellas. O modelo criativo e funcional do sistema de precedentes brasileiro: proposta para atuação unificada da repercussão geral e

A atualização foi feita durante a pandemia do novo coronavírus (Sars-CoV-2). Sou eternamente grato à minha mãe, Helaísse, ao meu padrasto, Carlos David, e a meus sogros, José Luiz e Valderez, que ficaram confinados conosco durante boa parte da pandemia, e que, além do amor e do carinho de costume, nos deram todo o suporte para que minha esposa Thaís e eu pudéssemos estudar e trabalhar remotamente, enquanto nossas filhas Alice e Júlia tinham aulas *on-line* e faziam tudo o que crianças pequenas normalmente fazem. Durante a infindável quarentena por vezes se perdem a calma, a paciência e até a fé na humanidade, mas, quando não se perde a vida, é possível recuperar todo o resto. Infelizmente não foi esta a sorte de centenas de milhares de brasileiros que faleceram sob o signo da COVID-19. Fica aqui registrado o luto deste autor por tantas vidas interrompidas.

A necessidade de estabelecer prioridades foi algo que a pandemia escancarou não só às pessoas, como também às instituições. Que o Supremo Tribunal Federal possa usar a repercussão geral como o principal instrumento para tal finalidade. E que a academia e a sociedade brasileira em geral permaneçam exigentes e vigilantes na fiscalização da Corte.

Rio de Janeiro, novembro de 2021

---

dos recursos repetitivos. *In*: MENDES, Aluísio Gonçalves de Castro; PORTO, José Roberto Mello. *Incidente de resolução de demandas* repetitivas: panorama e perspectivas. Salvador: JusPodivm, 2020, p. 245. SOUZA, Bárbara Cherubini de *et al*. A problemática na aplicação da repercussão geral e sua relação com a crise do Supremo. *Doctum*, Caratinga, v. 1, n. 3, 2019. Disponível em: http://revista.doctum.edu.br/index.php/DIR/article/view/287/230. Acesso em: 28 mar. 2021.

AGRADECIMENTOS

O presente livro corresponde, com poucas mudanças, à dissertação de mestrado que defendi em agosto de 2017, no âmbito do Programa de Pós-Graduação em Direito do Centro Universitário de Brasília – UniCEUB, sob o título *Os efeitos das decisões negativas de repercussão geral: uma releitura do direito vigente*. A banca examinadora foi composta pelos Professores Doutores Luís Roberto Barroso (orientador), Inocêncio Mártires Coelho (membro interno), Fredie Didier Jr. (membro externo) e Jefferson Carús Guedes (membro suplente), que aprovaram a dissertação com grau máximo e todas as distinções possíveis. Tal resultado jamais teria sido alcançado sem o apoio das instituições e das pessoas nominadas abaixo.

Agradeço ao Supremo Tribunal Federal – instituição a que dedico o presente estudo, onde tive a honra de servir como juiz auxiliar e instrutor entre 2013 e 2017 –, pela experiência vivida e pela concessão de uma bolsa que custeou boa parte das despesas do mestrado. Com este trabalho, espero retribuir e contribuir para o bom funcionamento da Corte.

Ao Professor Luís Roberto Barroso, por muito mais do que cabe neste espaço. Muito antes de ser Ministro do STF, o Professor Luís Roberto Barroso já era um pensador preocupado com o funcionamento da Corte e do Brasil em geral. Nessa época, fui seu aluno na graduação em Direito na Universidade do Estado do Rio de Janeiro – UERJ, estagiário e depois advogado no escritório que levava seu nome. Tive o prazer de ser novamente seu aluno, agora na pós-graduação, e continuo aprendendo. Sem a generosa oportunidade de trabalhar em seu gabinete e a rica interlocução que mantivemos durante esse período, a dissertação simplesmente não existiria.

Ao Tribunal Regional Federal da 2ª Região, por ter autorizado minha designação para o STF e deferido trinta dias de licença para concluir a dissertação.

Ao Centro Universitário de Brasília – UniCEUB, pela acolhida de um carioca no Planalto Central por meio de uma seleção justa, pela qual ingressei em ambiente acadêmico plural e estimulante. Entre os mestres da casa, agradeço especialmente ao Professor Inocêncio Mártires Coelho, cuja cultura é tão vasta quanto gentil é o seu espírito; ao Professor Jefferson Carús Guedes, por franquear acesso a vários textos úteis ao presente estudo; e ao Professor Nitish Monebhurrun, não apenas pelo rigor metodológico que constituiu um ideal para este trabalho, mas também pelo exemplo de responsabilidade a ser seguido na atividade docente.

Ao Professor Fredie Didier Jr. (UFBA), pelas indicações bibliográficas e pelas aulas que ministrou no STF. Aos Professores Alexandre Freire (UFMA), Noel Struchiner (PUC-Rio) e Paula Pessoa (UFPR), pelas valiosíssimas sugestões de leitura.

Às bibliotecas do Supremo Tribunal Federal, do Superior Tribunal de Justiça e do Tribunal Superior do Trabalho, pela solicitude no atendimento a inúmeros pedidos para envio de textos. À biblioteca da Pontifícia Universidade Católica do Rio de Janeiro – PUC-Rio, pela excelente estrutura que viabilizou os últimos meses de trabalho na dissertação.

A todos com quem trabalhei no STF, que dividiram comigo – e assim aliviaram – a angústia de trabalhar numa Corte tão importante quanto sobrecarregada. Foi um privilégio dividir a assessoria com Adriana Cruz (a quem devo o empurrãozinho que faltava para cursar o mestrado), Aline Osório, Alonso Freire, André Araújo, Anthair Valente, Bernadette Leal, Carolina Abreu, Ciro Grynberg, Cristina Telles, Eduardo Mendonça, Estêvão Santos, Fabrício Antônio Soares, Luis Felipe Sampaio, Marcelo Cavali, Marcelo Leonardo Tavares, Marcus Vinícius Barbosa, Marluce Flores, Nina Pencak, Patrícia Perrone, Paulo César Rodrigues, Pedro Henrique Sales, Rafael Pepe, Renata Saraiva, Rodrigo Brandão e Thiago Pires. Aline, Ciro, Patrícia e Rafael formularam sugestões valiosas antes do depósito da dissertação. No gabinete, Arianne Vasconcelos e Keila Pereira foram meus braços esquerdo e direito no dia a dia. Agradeço ainda a Mônica Araújo, pela boa vontade, e aos demais servidores, estagiários e funcionários do gabinete, que amenizaram a aridez do Planalto Central.

Pelos diálogos sobre o tema deste trabalho, que ajudaram a amadurecer as reflexões aqui desenvolvidas, agradeço especialmente aos seguintes colegas com vivências em outros gabinetes do STF: Celso Correia Neto, Christine Peter, Daniel Marchionatti, Daniel Azevedo, José Carvalho Filho, José Marcos Rodrigues Filho, Matheus Cavalcanti, Paula Pessoa, Ricardo Rachid e Taís Ferraz. Aos colegas do mestrado Fábio Furrier, João Parizzi, José Eduardo Siqueira e Maristela Castro, por terem dividido comigo suas reflexões. Aos colegas das turmas do Prof. Nitish Monebhurrun, pela inesquecível experiência do júri simulado. A Aline Leal, pela tradução do italiano. A Juliana Pereira, pela revisão final do texto.

A Antônio Carlos Basto, Bruno Werneck e Vitor Butruce, pela amizade de sempre. Num País tão polarizado, é um alento ter amigos com visões diferentes e até opostas, de quem se pode discordar radicalmente e no momento seguinte sair para jantar, ir a um *show* de *rock* ou simplesmente conversar até amanhecer o dia.

Como exceção que confirma uma das regras defendidas neste trabalho, deixo para o fim o mais importante. À minha mãe, Helaísse, pelo amor incondicional. Ao meu irmão Pedro Paulo, pela parceria. Aos meus sogros, José Luiz e Valderez, por todo o carinho e suporte. E à minha esposa Thaís, pelo amor, apoio e companheirismo – sem os quais a conclusão do mestrado e outras coisas muito mais importantes não teriam sido possíveis –, e por conceber e criar comigo a Alice e a Júlia, a última das quais nasceu juntamente com a dissertação. É pelo mundo em que elas vão viver que o esforço deste trabalho – e de todo o resto – faz sentido.

Rio de Janeiro, setembro de 2017

Quem me dera ao menos uma vez
Explicar o que ninguém consegue entender
Que o que aconteceu ainda está por vir
E o futuro não é mais como era antigamente
(...)
Nos deram espelhos e vimos um mundo doente
Tentei chorar e não consegui
Renato Russo – "Índios"

Ignorance, allied with power, is the most ferocious enemy justice can have.
James Baldwin

Hope will never be silent.
Harvey Milk

LISTA DE ABREVIATURAS E SIGLAS

ACO – Ação cível originária
AgR – Agravo regimental
AI – Agravo de instrumento
ARE – Agravo em recurso extraordinário
ARv – Arguição de relevância
CC – Código Civil
CF – Constituição Federal
CP – Código Penal
CPC – Código de Processo Civil
CPC/1973 – Código de Processo Civil brasileiro de 1973
CPC/2015 – Código de Processo Civil brasileiro de 2015
CPP – Código de Processo Penal
EC – Emenda Constitucional
ED – Embargos de declaração
ER – Emenda Regimental
IRDR – Incidente de resolução de demandas repetitivas
j. – Julgado em (data)
MC – Medida cautelar
Min. – Ministro(a)
MS – Mandado de segurança
QO – Questão de ordem
Rcl – Reclamação
RE – Recurso extraordinário
Rel. – Relator(a)
RG – Repercussão geral
RI/STF – Regimento Interno do Supremo Tribunal Federal
STF – Supremo Tribunal Federal
STJ – Superior Tribunal de Justiça
TST – Tribunal Superior do Trabalho

SUMÁRIO

PREFÁCIO

A REVOLUÇÃO NECESSÁRIA: COMO MUDAR A AGENDA
DO SUPREMO TRIBUNAL FEDERAL E A QUALIDADE DA
JURISPRUDÊNCIA CONSTITUCIONAL

Luís Roberto Barroso 23

APRESENTAÇÃO

Inocêncio Mártires Coelho 27

INTRODUÇÃO 31

CAPÍTULO 1

A SUBUTILIZAÇÃO DA NEGATIVA EXPRESSA DE REPERCUSSÃO
GERAL, COM SUA CORRESPONDENTE SUPERUTILIZAÇÃO
OCULTA: A INSUFICIÊNCIA DE UMA TÉCNICA DE EFEITOS
AMPLOS USADA APENAS PARA RESOLVER CASOS
REPETITIVOS 63

1.1   A negativa expressa de repercussão geral: um esforço que
        pouco se tem justificado 64

1.1.1   O paradoxo da repercussão geral, ou "primeiro, o menos
        importante": um filtro de relevância só utilizado
        expressamente em último caso 64

1.1.2   O alto custo institucional exigido na negativa formal de
        repercussão geral..68

1.1.3   Os efeitos pouco benéficos – quando não deletérios – da
        negativa formal de repercussão geral com efeitos amplos:
        seu uso apenas para resolver casos repetitivos 74

1.1.3.1 A baixa eficiência da criação de "precedentes sobre questões
        de pouca relevância": a inadequação da tela do filtro ao que
        deveria ser filtrado 75

1.1.3.2 Os efeitos deletérios da prática que restringe a negativa formal
        de repercussão geral a um instrumento de resolução de casos
        repetitivos 87

1.1.3.2.1 A abdicação, na prática, do poder de o Tribunal rever uma questão com repercussão geral negada 88

1.1.3.2.2 O risco de efeito contrário (*backfire*) de um voto do relator pela ausência de repercussão geral 93

1.2 A negativa oculta de repercussão geral: um sobre-esforço com efeitos colaterais 99

1.2.1 O obscurecimento dos juízos de relevância: inconsistências decorrentes da sua fusão com o juízo sobre o caráter constitucional ou não da questão 100

1.2.2 O obscurecimento dos juízos de relevância como causa retroalimentadora da litigiosidade: uma produtividade frustrada 119

CAPÍTULO 2

A MOTIVAÇÃO COMO VEÍCULO DE CONTROLE FORMAL DOS EFEITOS DAS DECISÕES NEGATIVAS NOS FILTROS DE RELEVÂNCIA DAS CORTES SUPREMAS 135

2.1 A expansão do alcance das decisões judiciais como decorrência da sua motivação: sua natural vocação para servir como precedentes...136

2.2 A amplificação do alcance expansivo da motivação nas decisões das Cortes Supremas: seu *locus* institucional como fator favorável à criação de precedentes 141

2.3 A necessidade de calibrar a motivação para evitar efeitos indesejados: como outras Cortes Supremas evitam a banalização de precedentes 156

2.3.1 Suprema Corte dos Estados Unidos 158

2.3.2 Tribunal Constitucional Federal da Alemanha 165

2.3.3 Corte de cassação da França 171

2.3.4 Suprema Corte do Reino Unido 181

2.3.5 Suprema Corte da Argentina..184

2.3.6 Corte Suprema de Cassação da Itália......................................192

CAPÍTULO 3

A NEGATIVA DE REPERCUSSÃO GERAL COMO INSTRUMENTO DE SELEÇÃO QUALITATIVA DE RECURSOS EXTRAORDINÁRIOS 201

3.1 A repercussão geral como graduação inevitavelmente discricionária da relevância que todas as questões constitucionais possuem em algum grau.......................................202

3.1.1   A dimensão comparativa da repercussão geral: a impraticabilidade de motivar analiticamente milhares de comparações de relevância 202

3.1.2   O caráter inevitavelmente discricionário do juízo de repercussão geral..................219

3.2   O *quorum* prudencial como contrapeso destinado a dificultar eventual exercício arbitrário do poder discricionário de negar repercussão geral..................238

3.3   A admissão pelo direito brasileiro vigente das decisões negativas de repercussão geral com motivação atenuada, desde que com efeitos limitados 251

3.3.1   Compatibilidade do mecanismo com a Constituição de 1988.......254

3.3.1.1   Dever de motivação..................257

3.3.1.2   Princípio democrático..................269

3.3.1.3   Isonomia..................275

3.3.2   Compatibilidade do mecanismo com o Código de Processo Civil..................276

3.3.2.1   A expansão dos efeitos das decisões negativas como possibilidade, não obrigação 276

3.3.2.2   Possibilidade de uso da sistemática de seleção qualitativa de recursos extraordinários em caso de alegada violação a súmula ou jurisprudência do STF..................278

3.3.2.3   Outros detalhamentos processuais da sistemática..................288

3.3.2.3.1   Descabimento de embargos de declaração..................289

3.3.2.3.2   Inexistência de efeito contrário (*backfire*) se vencido o relator.......291

3.3.2.3.3   Autorização para levantar o sobrestamento de casos represados caso a decisão negativa recaia sobre processo representativo de controvérsia..................294

3.4   A natureza não jurídica dos obstáculos à utilização da repercussão geral como instrumento de seleção qualitativa de recursos extraordinários..................296

CONCLUSÃO..................301

REFERÊNCIAS..................313

PREFÁCIO

A REVOLUÇÃO NECESSÁRIA: COMO MUDAR A AGENDA DO SUPREMO TRIBUNAL FEDERAL E A QUALIDADE DA JURISPRUDÊNCIA CONSTITUCIONAL

I. O autor

Para meu orgulho e alegria, **Frederico Montedonio Rego** fez sua vitoriosa carreira profissional e acadêmica próximo a mim. Fred foi meu aluno de graduação, estagiário e advogado em meu escritório de advocacia. Em 2006, optou por ingressar no serviço público, inicialmente como Procurador da Fazenda Nacional e, logo à frente, em 2009, foi aprovado em concurso para juiz federal. Quando fui nomeado para o Supremo Tribunal Federal, fui buscá-lo de volta e convidei-o para ser juiz auxiliar e instrutor em meu gabinete, onde ele atuou com extraordinária dedicação e talento invulgar entre 2013 e 2017.

Nesse período, em Brasília, Frederico tornou-se meu aluno no Programa de Pós-Graduação *Stricto Sensu* do Centro Universitário de Brasília – UniCEUB, onde também passei a lecionar, paralelamente à minha atuação na Universidade do Estado do Rio de Janeiro – UERJ. Foi ali que ele escreveu a dissertação magnífica que ora tenho o prazer de apresentar ao público. O trabalho começou em interlocução comigo, refletindo minhas próprias aflições sobre as disfunções da repercussão geral, figura introduzida no direito brasileiro com a Emenda Constitucional nº 45, de 2004. No entanto, Frederico enriqueceu o roteiro inicial com ideias próprias e originais, apoiadas em pesquisa profunda e rigorosa. Com isso, produziu um conjunto de proposições que, se forem levadas a sério, dividirão o instituto da repercussão geral em antes e depois do presente estudo.

II. O livro

Sob a denominação de *Repercussão geral: uma releitura do direito vigente*, Frederico entrega aos leitores bem mais do que o título sugere. Trata-se de um diagnóstico profundo e severo dos descaminhos em que se perdeu a repercussão geral no Brasil, seguido de um conjunto valioso de sugestões aptas a redimir o instituto de suas múltiplas imperfeições. E tudo isso por via de interpretação adequada, sem necessidade de mudanças constitucionais ou legais. Ao longo do texto, munido de dados estatísticos, boa doutrina nacional e de direito comparado, Frederico vai demonstrando: a subutilização da figura da repercussão geral no Brasil; a manutenção de um mecanismo de filtro oculto dos recursos extraordinários, mais trabalhoso e menos eficaz; a legitimidade de motivações sumárias de negativa de repercussão geral; e o caráter inexoravelmente seletivo e discricionário da negativa de repercussão geral, para que funcione como um filtro qualitativo da agenda da Suprema Corte. Nas próprias palavras do autor:

> Um filtro exercido nesses moldes proporcionaria a transparência necessária a um maior controle do STF em todos os sentidos, inclusive na observância à isonomia. É muito difícil fiscalizar adequadamente o que o Tribunal faz de relevante e os critérios que realmente adota quando recebe cerca de cem mil processos por ano e profere no mesmo período mais de cem mil decisões. As inconsistências são inevitáveis e prejudicam tanto os jurisdicionados quanto a Corte. No entanto, se o Tribunal apenas se debruçasse sobre um número limitado de casos por ano, ainda que segundo critérios discricionários, faria incidir sobre cada um desses casos uma luz muito maior do que a que pode iluminar dezenas de milhares de processos.
>
> (...) Cortes Supremas, por sua própria natureza, têm o poder de definir sua agenda de julgamentos. Esse poder, como se procurou demonstrar, vem sendo exercido pelos ministros do STF de forma solitária, inconsistente e não transparente, por um juízo oculto de relevância veiculado predominantemente em decisões monocráticas.

Como costumo fazer nos prefácios que escrevo, exponho brevemente minhas próprias reflexões sobre o tema objeto da obra. No caso específico, minhas ideias encontram-se materializadas em artigo que escrevi em parceria com o próprio autor do presente livro.[1]

---

[1] BARROSO, Luís Roberto; REGO, Frederico Montedonio. Como salvar o sistema de repercussão geral: transparência, eficiência e realismo na escolha do que o Supremo Tribunal Federal vai julgar. *Revista Brasileira de Políticas Públicas*, Brasília, v. 7, n. 3, p. 695-713, 2017.

Muitos dos mais importantes tribunais constitucionais e supremas cortes do mundo introduziram filtros de relevância como mecanismos de seleção qualitativa dos processos que irão julgar. Entre nós, apesar do *pedigree* ruim, associado ao regime militar, já se utilizou instrumento análogo, que foi a arguição de relevância.

Pois bem: com inspiração em categorias assemelhadas utilizadas em países como Estados Unidos, Alemanha, Canadá e outros, instituiu-se e disciplinou-se no Brasil, por emenda constitucional, legislação ordinária e normas regimentais, a repercussão geral, como requisito de admissibilidade do recurso extraordinário para o Supremo Tribunal Federal. Apesar das imensas potencialidades do instituto, uma compreensão deficiente do seu funcionamento tem impedido que ele se torne um filtro verdadeiramente eficaz, apto a permitir à Suprema Corte brasileira o controle da própria agenda e o julgamento de um número restrito de casos, para que passe a atuar com qualidade e visibilidade, firmando precedentes e linhas jurisprudenciais que permanecerão estáveis e orientarão todos os demais tribunais. Para tanto, em sintonia com o que propõe Frederico neste trabalho, impõe-se que:

1. a existência ou não de repercussão geral seja o primeiro exame a ser feito na apreciação da admissibilidade de recursos extraordinários;

2. ao concluir pela ausência de repercussão geral, o relator possa propor, em plenário virtual, por decisão motivada sumariamente, a negativa da repercussão geral ao recurso em exame, com efeitos limitados ao caso concreto;

3. se 2/3 dos Ministros acompanharem o relator, a decisão impugnada por recurso extraordinário prevalecerá e o processo baixará, sem prejuízo de que a questão jurídica nele versada possa voltar a ser debatida em momento posterior;

4. a omissão de algum Ministro em se manifestar deverá importar em adesão à posição do relator, o que impedirá, como já aconteceu muitas vezes, o reconhecimento de repercussão geral pela ausência de manifestação de Ministros.

As providências singelas acima produzirão uma revolução profunda no sistema e mudarão expressivamente a feição e o ritmo da jurisdição constitucional no Brasil, quando exercida incidentalmente pela via do recurso extraordinário.

III. Conclusão

O livro que ora apresento é o primeiro trabalho acadêmico de maior fôlego escrito por Frederico Montedonio Rego. Por circunstâncias e escolhas pessoais, Fred cuidou primeiro de sua carreira funcional, antes de se dedicar à vida acadêmica. A verdade, porém, por surpreendente que pareça, é que sua primeira incursão se dá com um trabalho definitivo. Uma das dificuldades que nos atrasam nesta vida é a de se fazerem diagnósticos realistas, ainda que severos, e a partir deles se proporem soluções ousadas que, por vezes, podem ser simples e óbvias. Frederico Montedonio ingressa no universo dos processualistas brasileiros como revelação, aliando criatividade, talento e pesquisa empírica de qualidade. Fred é o símbolo de um país melhor que vem nascendo.

Luís Roberto Barroso

Professor Titular de Direito Constitucional da Universidade do Estado do Rio de Janeiro – UERJ. Mestre pela Faculdade de Direito da Universidade de Yale. Doutor e Livre-Docente pela UERJ. Ministro do Supremo Tribunal Federal.

APRESENTAÇÃO

Este livro de Frederico Montedonio Rego, que temos o prazer de apresentar – *Repercussão geral: uma releitura do direito vigente* – constituiu, originariamente, a sua dissertação de mestrado, aprovada plenamente no Programa de Pós-Graduação em Direito do Centro Universitário de Brasília – UniCeub, de cuja banca examinadora tivemos o privilégio de participar. Quando da sua arguição, dissemos, o que ora reiteramos, que esse trabalho satisfazia, à saciedade, os requisitos básicos exigidos para estudos acadêmicos do gênero, quais sejam, o domínio do tema escolhido e a capacidade de sistematização e de síntese, por parte de seu autor, em que se juntam, para enriquecer-se mutuamente – apesar da sua mocidade – uma sólida formação teórica e uma rica experiência profissional, respectivamente, como leitor atento da melhor doutrina e juiz convocado para atuar na equipe de assessoramento do Ministro Luís Roberto Barroso, tarefa que ele desempenhou com perfeição, no sentido em que se diz que o assessor ideal é aquele sujeito altamente qualificado, que tem amor ao trabalho e paixão pelo anonimato. No espaço universitário, sob a *liderança* do autor desta *Apresentação*, Frederico Montedonio Rego destacou-se como participante crítico no Grupo de Pesquisa *Direito, Verdade e Método*, projeto acadêmico dedicado à análise do elemento hermenêutico nas decisões das cortes constitucionais.

Pois bem, além de racionalmente estruturada e equilibrada na distribuição das matérias, pelos títulos e subtítulos que a compõem, atributo que a torna louvável ao primeiro exame, esta obra está redigida em linguagem clara, precisa e objetiva, circunstância que faz agradável a sua leitura e facilita a apreensão do pensamento do autor, sem prejuízo da profundidade com que ele aborda o assunto que se dispôs a enfrentar, qualidades que nem sempre encontramos em estudos do gênero, onde o hermetismo e a afetação da linguagem mais escondem do que veiculam as ideias e, por via de consequência, acabam iludindo os leitores e dificultando a sua avaliação crítica. Nesse sentido, como dizia, ironicamente, o desconcertante Nietzsche, "quem sabe que é profundo, busca a clareza; quem deseja parecer profundo para a multidão, procura ser obscuro, pois a multidão toma por profundo aquilo cujo fundo não vê: ela é medrosa, hesita entrar na água".[1] Na mesma toada, o lógico Wittgenstein lança-nos estas duas advertências gêmeas: "o que é de todo exprimível, é exprimível claramente, e aquilo de que não se pode falar, guarda-se em silêncio"; e "tudo o que pode de todo ser pensado, pode ser pensado com clareza; tudo o que se pode exprimir, pode-se exprimir com clareza".[2]

Pois bem, graças a esses refinados atributos – simplicidade e clareza – Frederico Montedonio Rego possibilita total transparência no exame do seu trabalho, além de evitar que em sua avaliação se cometam erros grosseiros. Em termos de produção científica, todos sabem, essa é uma exigência básica, porque a sua observância permite à comunidade julgar as pesquisas, digamos, *por dentro*, seja para creditar aos seus autores exatamente o que eles estão a merecer, seja para cobrar-lhes explicações por eventuais desvios de rota, intencionais ou simplesmente culposos.

Por tudo isso, além de ter sido aprovado plenamente no embate acadêmico, o autor deste livro fez jus não apenas ao título de mestre em Direito, mas também ao galardão de intelectual "educado" e "respeitoso", naquele sentido em que Ortega y Gasset dizia que a clareza é a cortesia do filósofo, e Bento Prado Júnior afirmava que o amor da clareza é uma forma de decoro, mas, sobretudo, de racionalidade e universalismo do escritor.[3]

Louvem-se, igualmente, nesta obra de Frederico Montedonio Rego, o pleno domínio da linguagem jurídica; a exatidão dos conceitos manejados; a densidade e a precisão da pesquisa empreendida; a adequação e a atualidade da bibliografia de que se utilizou; o que, tudo somado, faz de seu trabalho um estudo sério e da maior importância, a

---

[1] NIETZSCHE, Friedrich. *A Gaia Ciência*. São Paulo: Companhia das Letras, 2005, p. 166.
[2] WITTGENSTEIN, Ludwig. *Tratado Lógico-Filosófico*. Lisboa: Fundação Calouste Gulbenkian, 1995, p. 27 e 63/64.
[3] ORTEGA Y GASSET, José. *Obras Completas*. Madrid: Revista de Occidente, 1964. v. VII, p. 280; SCHWARZ, Roberto. Às voltas com Bento Prado Jr. *Folha de S.Paulo*, Caderno *Mais!*, edição de 28 jan. 07, p. 3.

APRESENTAÇÃO | 29

ser considerado por todos quantos venham a se interessar pelo assunto, um tema de resto angustiante porque ligado, diretamente, à incômoda situação em que se encontra o nosso STF, buscando meios e modos de, se não eliminá-los de todo, pelo menos reduzir os efeitos perversos dos milhares de processos que sem cessar como que invadem o tribunal, comprometendo, por *disfuncionalidade*, o seu papel de guarda da Constituição e garantidor da racionalidade do sistema jurídico vigente no País. Trata-se, portanto, de pesquisa do maior alcance institucional, na medida em que se insere, criticamente, no debate cada vez mais intenso e, não raro, apaixonado sobre o papel da justiça constitucional no contexto de uma realidade política de tal forma afetada por essa jurisdição extraordinária, que juristas do porte de um Elias Díaz, por exemplo, já se indagam – entre perplexos e apreensivos –, se o atual Estado constitucional de Direito não é uma simples *máscara ideológica*, com que se disfarça um verdadeiro Estado *judicial* de Direito;[4] ou, para sermos mais precisos, um novo *governo dos juízes*, indesejável do ponto de vista apontado no clássico *Le gouvernement des juges et la lutte contre la législation sociale aux États-Unis: l'expérience américaine du contrôle judiciaire de la constitutionnalité des lois*, do francês Edouard Lambert; ou benfazejo, na perspectiva da obra, igualmente consagrada, *À propos du gouvernement des juges: l'équité en face du droit*, do belga Henri De Page.[5]

Nesse cenário, em que ainda não se tem clareza sobre o que deve ser o nosso STF – o que tem sido ou uma corte estritamente constitucional, seja qual for o modelo a ser adotado –, esta obra soa como um diagnóstico pessimista, que o seu jovem autor exterioriza com visível desalento, ao dizer que a *repercussão geral* ainda não cumpriu a missão para a qual foi concebida, qual seja, a de concentrar a atenção da nossa Suprema Corte apenas nas controvérsias mais relevantes para o cumprimento da sua alta missão constitucional; que o alívio na distribuição de processos, verificado até 2011, foi temporário e ilusório; que a diminuição dos feitos remetidos ao STF não significa que eles tenham deixado de existir, mas apenas que permanecem aguardando julgamento em algum escaninho, ainda que virtual, longe da Praça dos Três Poderes; que, no final de 2016, para cada caso resolvido no

---

[4]   DÍAZ, Elías. *Curso de Filosofia del Derecho*. Madrid: Marcial Pons, 1998, p. 110.

[5]   LAMBERT, Edouard. *Le gouvernement des juges et la lutte contre la législation sociale aux États-Unis*. Paris: Marcel Giard & Cie, 1921; PAGE, Henri de. *À propos du gouvernement des juges*: l'équité en face du droit. Bruxelles/Paris: Établissements Émile Bruylan/Librairie du Recueil Sirey, 1931. WITTGENSTEIN, Ludwig. *Investigações Filosóficas*. Lisboa: Fundação Calouste Gulbenkian, 1995, p. 177 e 189.

mérito, por decisão do STF tomada em regime de repercussão geral, havia outros dez sobrestados; e que, por derradeiro, em números de hoje, o total de processos suspensos chega, no mínimo, à casa de 1 milhão de feitos.

Como um bom "médico jurídico" – seja-nos concedida essa licença na avaliação do seu estudo –, Frederico Montedonio Rego não se limitou a fazer o *diagnóstico* da indigestão processual de que padece o nosso STF – vítima de si mesmo porque nunca abriu mão da sua desmedida competência julgadora. Foi mais além, para avançar um *prognóstico* sobre essa enfermidade e, ato contínuo, igualmente prescrever uma *terapia*, tratamento que mesmo não curando de todo o doente, certamente lhe proporcionará melhor qualidade de vida. O remédio é simples, mas exige coragem do paciente para se livrar do mal de que padece: o STF deve assumir, de uma vez por todas, que não é nem deve ser um tribunal de justiça – como proclamou tantas vezes o notável juiz Moreira Alves –, mas uma corte estritamente constitucional, à semelhança de outras de igual natureza e função, como os tribunais constitucionais da Alemanha, Espanha, Itália e Portugal, por exemplo, e, nessa condição, filtrar e escolher discricionariamente – não imotivadamente, nem abusivamente, mas com um mínimo de motivação –, os feitos que irá julgar, de modo a fazer incidir sobre cada um desses casos uma luz maior do que a que pode iluminar dezenas de milhares de processos, e, assim, tornar mais efetivo o controle político-social sobre *o que* julga, *como* julga e *por que* julga, no papel de primeiro servidor e guarda da Constituição.

Por tudo isso, façamos votos de que a essa pregação, em que ora se engaja, firmemente, o jovem e talentoso jurista Frederico Montedonio Rego, venham juntar-se todos quantos tenham algo de útil a dizer sobre o distúrbio orgânico porque passa o STF, até porque sem a vigilância crítica da sociedade e, particularmente, da comunidade acadêmica, a nossa Corte Suprema dificilmente dará o salto qualitativo, que se mostra indispensável para recuperar a sua funcionalidade, mais e mais comprometida pela enxurrada de processos que, diuturnamente, adentram o tribunal e são lançados sobre os ombros já fatigados dos seus juízes.

Inocêncio Mártires Coelho
Professor universitário

INTRODUÇÃO

Em 2016 – ano anterior à conclusão da primeira versão deste trabalho –, passados quase dez anos do início do efetivo funcionamento da repercussão geral, o Supremo Tribunal Federal (STF) proferiu 117.426 decisões. Não há erro na digitação do número: o Tribunal produziu uma média de quase *322 decisões por dia*, durante todos os 365 dias do ano. No período, a Corte recebeu 89.959 processos novos, que se somaram aos 53.457 então existentes no acervo. Mesmo tendo proferido essa quantidade de decisões, o Tribunal ainda encerrou o ano com 57.437 feitos pendentes – 7,4% a mais que no ano anterior –, pois cada caso pode ter mais de uma decisão e nem todas ocasionam a baixa de processos. No total, 73,09% do acervo existente ao final de 2016 era de natureza recursal extraordinária, isto é, consistia em processos das classes agravo de instrumento (2.108), agravo em recurso extraordinário (27.061) e recurso extraordinário (12.273).[1] Em 28.9.2016, chegou-se à marca de um milhão de recursos extraordinários: o ARE nº 1.000.000, distribuído ao Min. Marco Aurélio, tratava de uma gratificação dos Policiais Militares do Estado da Bahia.[2]

Em 2020 – ano anterior ao encerramento desta 2ª edição –, esses números tiveram queda significativa, embora ainda sejam superlativos. A Corte proferiu 99.553 decisões[3] – quase *273 por dia* –, recebeu 73.479

---

[1] Todas as informações acima citadas podem ser lidas em: BRASIL. Conselho Nacional de Justiça. *Supremo em ação 2017*: ano-base 2016. Brasília: Conselho Nacional de Justiça, 2017. p. 18, 35, 38 e 47. Disponível em: http://rsa.cnj.jus.br/. Acesso em: 2 jul. 2017.

[2] BRASIL. Supremo Tribunal Federal. *STF totaliza 1 milhão de REs e AREs recebidos*. 30 set. 2016. Disponível em: http://stf.jus.br/portal/cms/verNoticiaDetalhe.asp?idConteudo=3264 35&caixaBusca=N. Acesso em: 10 maio 2017.

[3] BRASIL. Supremo Tribunal Federal. Planilha *"Decisões – geral"*. Disponível em: http://portal.stf.jus.br/textos/verTexto.asp?servico=estatistica&pagina=decisoesgeral. Acesso em: 8 fev. 2021.

processos novos e baixou outros 78.373,[4] encerrando assim o ano com um acervo de 26.256 feitos,[5] o menor dos últimos 25 anos.[6] Pela primeira vez na história da Corte,[7] o número de processos de competência originária ao final daquele ano – 13.197 (ou 50,2% do total) – foi superior ao acervo de competência recursal (13.059, ou 49,8%). Esses resultados, entretanto, deveram-se menos à repercussão geral e mais a mecanismos virtuais de tomada de decisão, que já vinham sendo adotados ao menos desde a Emenda Regimental STF nº 51/2016 e a Resolução STF nº 587/2016, e foram intensificados com a pandemia do novo coronavírus, que generalizou as listas e os julgamentos virtuais (Emendas Regimentais nºs 52/2019 e 53/2020, e Resoluções STF nºs 642/2019 e 672/2020).[8]

A comparação dos números do STF com os de outras Cortes Supremas[9] pelo mundo vem intrigando estudiosos. O professor italiano Michele Taruffo, por exemplo – em cujo país cerca de 400 juízes da *Corte Suprema di Cassazione* julgam perto de 80.000 casos por ano,

---

[4] BRASIL. Supremo Tribunal Federal. Planilha dinâmica *"Processos recebidos e baixados"*, com seleção apenas do ano de 2020. Disponível em: https://transparencia.stf.jus.br/single/?appid=b282ea92-29ef-4eeb-9676-2b9615ddfabd&sheet=ef87c134-e282-47ac-8f8f-813754f74e76. Acesso em: 8 fev. 2021.

[5] BRASIL. Supremo Tribunal Federal. *Evolução do acervo do STF (histórico)*. Disponível em: https://transparencia.stf.jus.br/single/?appid=e554950b-d244-487b-991d-abcc693bfa7c&sheet=ea8942c2-79fa-494f-bf18-ca6d5a3bfb43&theme=simplicity&opt=currsel&select=clea rall, Acesso em: 8 fev. 2021.

[6] BRASIL. Supremo Tribunal Federal. *STF profere quase 100 mil decisões em 2020, entre monocráticas e colegiadas*. Disponível em: http://portal.stf.jus.br/noticias/verNoticiaDetalhe.asp?idConteudo=457782. Acesso em: 8 fev. 2021.

[7] BRASIL. Supremo Tribunal Federal. *STF reduz acervo de recursos a número menor que o de ações originárias*. Disponível em: http://portal.stf.jus.br/noticias/verNoticiaDetalhe.asp?idConteudo=456175. Acesso em: 8 fev. 2021.

[8] MEDINA, Damares. Julgamento eletrônico no plenário virtual do STF: reflexos para a advocacia. *JOTA*, 22 abr. 2020. Disponível em: https://www.jota.info/opiniao-e-analise/artigos/julgamento-eletronico-no-plenario-virtual-do-stf-reflexos-para-a-advo cacia-22042020. Acesso em: 12 fev. 2021.

[9] Neste trabalho, a expressão "Cortes Supremas" abrange tanto as Cortes de vértice da organização judiciária quanto as Cortes constitucionais fora da estrutura do Judiciário. (MITIDIERO, Daniel. *Cortes Superiores e Cortes Supremas*: do controle à interpretação, da jurisprudência ao precedente. 3. ed. São Paulo: Revista dos Tribunais, 2017. p. 65). "[P] ossuem apenas duas coisas em comum: elas são 'supremas' no sentido de que não cabe recurso de suas decisões para outro tribunal, e são, elas próprias, tribunais". (JOLOWICZ, J. A. The role of the supreme court at the national and international level. *In*: YESSIOU-FALTSI, Pelayia (ed.). *The role of the supreme courts at the national and international level*: reports for the Thessaloniki International Colloquium: 21-25 may 1997. Thessaloniki: Sakkoulas, 1998. p. 38). Tradução livre do autor. No original: "The institutions with which this Congress is concerned have really only two things in common: they are 'supreme' in the sense that no recourse against their decisions is available to any other court and they are, themselves, courts".

INTRODUÇÃO | 33

e ainda assim há um estoque de mais de 100.000 casos pendentes de julgamento –, afirma: "segue sendo difícil para mim entender como pode o Supremo Tribunal Federal do Brasil, que conta somente com 11 juízes, julgar mais de 100.000 casos por ano".[10] Apenas a título de comparação, a Suprema Corte dos EUA recebe de 7.000 a 8.000 casos novos por ano, dos quais apenas 80 terão sustentações orais ouvidas e serão decididos pelo órgão plenário do tribunal.[11] Na Alemanha, o Tribunal Federal Constitucional recebe cerca de 6.000 novos casos por ano – o que é considerado uma "alta carga de trabalho" –, dos quais se entende que aproximadamente 99% não possuem "significação constitucional fundamental".[12] Restariam, portanto, cerca de 60 casos mais importantes. A comparação é desconcertante: "o número de processos julgados ou recebidos pela Corte Constitucional alemã, entre 1951 e 2002 (141.712 processos) é equivalente ao número de pleitos que o STF recebe em um ano ou dois anos".[13]

Várias Cortes Supremas no mundo encontram-se diante da discrepância entre suas capacidades limitadas de trabalho e o grande volume de demandas recebidas. Em face desse problema, soluções como mecanismos de "superprodução" de decisões e o aumento do número de juízes não têm sido prestigiadas, em razão de seus efeitos colaterais.[14] Assim, tem-se difundido o uso de "filtros de relevância"

---

[10] TARUFFO, Michele. Prólogo. *In*: GIANNINI, Leandro. *El certiorari*: la jurisdicción discrecional de las Cortes Supremas. La Plata: Librería Editora Platense, 2016. t. I, p. 20. Tradução livre do autor. No original: "[...] sigue siendo difícil para mí entender cómo puede el Tribunal Federal Superior de Brasil, que sólo cuenta con 11 jueces, juzgar más de 100.000 casos por año".

[11] ESTADOS UNIDOS DA AMÉRICA. Supreme Court. *The Supreme Court at work The term and caseload*. Disponível em: https:// https://www.supremecourt.gov/about/courtatwork. aspx. Acesso em: 8 fev. 2021.

[12] ALEMANHA. Bundesverfassungsgerich. *Court and Constitutional Organ*. Disponível em: http://www.bundesverfassungsgericht.de/EN/Das-Gericht/Gericht-und-Verfassungsor gan/gericht-und-verfassungsorgan_node.html. Acesso em: 8 fev. 2021. Tradução livre do autor. No original: "The workload of the Federal Constitutional Court is high. It receives more than 6,000 constitutional complaints every year. In order to deal with this high caseload, each Senate forms Chambers with three members each. These usually decide cases that are not of general constitutional significance, amounting to approximately 99 per cent of all proceedings".

[13] MENDES, Gilmar Ferreira. Mecanismos de celeridade e simplificação da prestação jurisdicional: breve análise da repercussão geral e da súmula vinculante. *In*: FRANCO FILHO, Georgenor de Sousa *et al*. *Direito e processo do trabalho em transformação*. Rio de Janeiro: Elsevier, 2007. p. 87.

[14] Mecanismos de "superprodução" – isto é, destinados à produção de julgamentos em grande quantidade – trazem problemas como a banalização das decisões da Corte Suprema e uma chance maior de que elas conflitem entre si, comprometendo o papel orientador da sua jurisprudência. Já o aumento do número de juízes de Cortes Supremas é medida

em tribunais de muitos países, como Alemanha, Argentina, Austrália, Canadá, Espanha, Estados Unidos, França, Japão e Reino Unido.[15] Trata-se de um fenômeno mundial, como afirma José Carlos Barbosa Moreira:

> Em mais de um país tem-se feito sentir o problema do acúmulo de trabalho nas Cortes Supremas. O grande número de litígios que lhes chegam, sobretudo por via recursal, é fator importante de retardamento do desfecho dos pleitos. Ademais, a considerável variedade dos temas suscitados pode desviar a atenção dos juízes para assuntos menores, com prejuízo da respectiva concentração nas questões de mais relevância.
>
> O fenômeno tem sido objeto de providências destinadas a limitar a quantidade de casos sujeitos ao julgamento das mencionadas Cortes. Quanto ao tipo de "filtragem", o expediente preferido é o de confiar, no todo ou em parte, à própria Corte Suprema, a incumbência de estabelecer o critério segundo o qual se hão de selecionar os recursos considerados merecedores de conhecimento e julgamento.[16]

Filtros de relevância são aqui definidos como mecanismos qualitativos de seleção de causas a serem julgadas: na classificação de Leandro Giannini,[17] trata-se de "filtros próprios", destinados a "decidir que casos decidir", os quais influem no conteúdo da decisão a ser tomada (isto é, admitir ou não o recurso) com base em variáveis assimiláveis à relevância, tais como a "importância pública geral" britânica, a "significação geral" alemã etc. Não se cuida de "filtros impróprios", que apenas aceleram a decisão a ser inexoravelmente tomada, por razões

---

extremamente delicada, com grande potencial de comprometimento da independência do Judiciário. Basta lembrar que, nos EUA, em 1937, o Presidente Franklin D. Roosevelt propôs tal medida (conhecida como "court-packing plan") para obter um maior número de magistrados favoráveis às medidas do *New Deal*, que ele buscava implantar para enfrentar a grave crise econômica que então assolava aquele país, e essa perspectiva fez com que a Corte voltasse atrás e a proposta fosse abandonada; na Argentina, em 1990, o Presidente Carlos Menem propôs e conseguiu que o número de juízes da Corte Suprema fosse ampliado de cinco para nove, de modo a garantir sustentação judicial para medidas político-econômicas do Executivo, o que ocasionou forte reação na sociedade. Para uma análise dessas medidas, cf. GIANNINI, Leandro. *El certiorari: la jurisdicción discrecional de las Cortes Supremas*. La Plata: Librería Editora Platense, 2016. t. I, p. 172-198.

[15] Sobre filtros de relevância no mundo, cf., *v.g.*: DANTAS, Bruno. *Repercussão geral*. 3. ed. São Paulo: Revista dos Tribunais, 2012. p. 96-139; GIANNINI, Leandro. *El certiorari: la jurisdicción discrecional de las Cortes Supremas*. La Plata: Librería Editora Platense, 2016. t. I, p. 211-571, e t. II; GIACOMET, Daniela Allam e. *Filtros de acesso a Cortes constitucionais*. Brasília: Gazeta Jurídica, 2017. p. 9-76.

[16] MOREIRA, José Carlos Barbosa. *Comentários ao código de processo civil*. 15. ed. Rio de Janeiro: Forense, 2010. v. 5, p. 616-617.

[17] GIANNINI, Leandro. *El certiorari: la jurisdicción discrecional de las Cortes Supremas*. La Plata: Librería Editora Platense, 2016. t. I, p. 36-38.

INTRODUÇÃO | 35

alheias à relevância (como a manifesta improcedência), sem alterar o seu conteúdo (*e.g.*, autorização para decisões monocráticas, colegiados menores, ritos simplificados etc.).[18]

A necessidade de um filtro de relevância também foi sentida no Brasil, devido ao assoberbamento do STF. Não se trata de um problema novo, tanto que é discutido pelos ministros da Corte, pela comunidade jurídica e pela sociedade em geral desde as primeiras décadas do século passado,[19] e que procurou ser enfrentado também a partir de providências diversas.[20] Em 1965, o próprio STF apresentou um anteprojeto de emenda constitucional de "reforma judiciária". Entre outras disposições, o art. 101, III, da Constituição de 1946, então em vigor, passaria a prever que "[a]o Supremo Tribunal Federal compete: [...] III – julgar em recurso extraordinário, *sendo de alta relevância a questão federal*, as causas decididas em única ou última instância por outros tribunais ou juízes" (destaques acrescentados). Na justificativa, era expressa a inspiração no modelo da Suprema Corte dos EUA.[21] Para

---

[18] Exemplos de "filtros impróprios" são, no Brasil, os poderes monocráticos dos relatores para dar ou negar provimento a recursos em determinados casos (CPC/2015, art. 932, IV e V). Também na Itália, a chamada "seção filtro" da *Corte Suprema di Cassazione* pode inadmitir liminarmente recursos contra decisões que estejam conforme a jurisprudência da Corte ou sejam manifestamente improcedentes (art. 360-bis do CPC italiano). Sobre o filtro da Corte Suprema de Cassação italiana, cf. item 2.3.6 deste trabalho.

[19] "Dados estatísticos que remontavam a 1926 já sugeriam uma reforma constitucional com vistas a superar a crise de nossa Corte Constitucional. Desde a Constituição de 1946, o STF passou a sentir, em maior escala, dificuldade para atender ao crescente número de recursos extraordinários vindos de todas as unidades da federação. Na década de 1960, o STF já registrava uma sobrecarga de 7.000 processos anuais, um acúmulo de processos e um afluxo insuportável de serviços a indicar um possível estrangulamento. [...] Em 1990, foram protocolados 18.564 processos no STF e, em 2000, esse número tinha subido para 105.307, deixando mais do que evidente a necessidade e a urgência de mudanças, especialmente em vista da funcionarização do Poder Judiciário". (MEDINA, Damares. *A repercussão geral no Supremo Tribunal Federal*. São Paulo: Saraiva, 2016. *e-book*, p. 42-44).

[20] Para uma análise dessas medidas, como a criação de óbices regimentais, o aumento do número de ministros e a criação de jurisprudência vinculante, cf. MANCUSO, Rodolfo de Camargo. *Recurso extraordinário e recurso especial*. 13. ed. São Paulo: Revista dos Tribunais, 2015. p. 87-110. V., ainda: MATTA, Darilê Marques da. *Repercussão geral no Supremo Tribunal Federal*. Florianópolis: Empório do Direito, 2018, p. 137-164.

[21] "Por êsse sistema, que preserva inteiramente a autonomia e o prestígio dos outros tribunais, ficará desafogado o Supremo Tribunal Federal e se porá côbro ao exagero que atualmente se observa na interposição de recurso extraordinário. Nos Estados Unidos, onde vigora, com suas peculiaridades, o princípio da relevância, mais de 80% dos casos levados à Côrte Suprema ficam encerrados nessa verificação preliminar". (BRASIL. Supremo Tribunal Federal. Reforma judiciária. *Revista Forense*, v. 212, p. 465, out./dez.1965). Manifestou-se favoravelmente a tal ideia parecer do Instituto dos Advogados Brasileiros, da lavra de Haroldo Valladão, Otto Gil e Celestino Basílio que, todavia, por emenda de Sobral Pinto aprovada por maioria, terminou por não ter suas conclusões acolhidas neste particular. (VALLADÃO, Haroldo Teixeira *et al.* A reforma do Poder Judiciário da União: parecer

o Min. Victor Nunes Leal, um dos maiores defensores desse instituto, a relevância seria aferida conforme "o interesse público da decisão a ser tomada, ou melhor, o seu reflexo além do exclusivo interesse das partes litigantes".[22] A proposta, no entanto, não chegou a ser aprovada.

Dez anos depois, o STF, por meio da Emenda Regimental (ER) nº 3/1975, criou a "arguição de relevância da questão federal",[23] valendo-se da competência prevista no art. 119, parágrafo único, da Constituição de 1967 (na redação dada pela EC nº 1/1969). Esse dispositivo constitucional, no entanto, previa que o RI/STF poderia indicar hipóteses de cabimento de recursos extraordinários apenas com base em "sua natureza, espécie ou valor pecuniário". À época, o recurso extraordinário destinava-se a assegurar tanto a observância da Constituição quanto a de tratados e leis federais (art. 114, III, da Constituição de 1967), e a arguição de relevância recaía apenas sobre as "questões federais", de modo que não se cogitava esse requisito na hipótese de ofensa à Constituição. Em seguida, a Emenda Constitucional (EC) nº 7/1977 (o conhecido "Pacote de Abril") introduziu o §1º ao art. 119 da Carta então vigente, incumbindo ao RI/STF a tarefa de "indicar" hipóteses de cabimento do recurso segundo "sua natureza, espécie, valor pecuniário e relevância da questão federal".

---

da comissão especial do Instituto dos Advogados Brasileiros. *Revista do Instituto dos Advogados Brasileiros*, ano 1, n. 1, p. 101-111, jul./set. 1966). Contrariamente à instituição do requisito da "alta relevância da questão federal": FAGUNDES, M. Seabra. A reforma do Poder Judiciário e a reestruturação do Supremo Tribunal Federal. *Revista Forense*, v. 215, p. 5-12, jul./set. 1966.

[22] LEAL, Victor Nunes. Aspectos da reforma judiciária. *In:* LEAL, Victor Nunes. *Problemas do direito público e outros problemas*. Brasília: Ministério da Justiça, 1997. v. 2, p. 88 (texto originalmente publicado em 1965).

[23] Sobre o tema, cf., *v.g.*: BAPTISTA, N. Doreste. *Da arguição de relevância no recurso extraordinário*. Rio de Janeiro: Forense, 1976; BERMUDES, Sérgio. Arguição de relevância da questão federal. *Enciclopédia Saraiva do Direito*, São Paulo: Saraiva, 1978, v. 7, p. 435-448; ALVES, José Carlos Moreira. A missão constitucional do Supremo Tribunal Federal e a arguição de relevância de questão federal. *Revista do Instituto dos Advogados Brasileiros*, ano XVI, n. 58-59, p. 41-63, 1982; MOREIRA, José Carlos Barbosa. *Comentários ao código de processo civil*. 5. ed. Rio de Janeiro: Forense, 1985. v. 5, p. 564-587; MACHADO, Antônio Carlos Marcondes. Arguição de relevância: a competência para o seu exame. O ulterior conhecimento do recurso extraordinário. *Revista de processo*, n. 42, p. 58-88, abr./jun. 1986; LEITE, Evandro Gueiros. A Emenda nº 2/85 (RISTF) e a boa razão. *Revista dos Tribunais*, v. 615, p. 7-31, jan. 1987; SANCHES, Sydney. Arguição de relevância da questão federal. *Cadernos liberais*, n. 59, p. 1-19, 1987; MONTEIRO, Samuel. *Recurso extraordinário e arguição de relevância*. 2. ed. São Paulo: Hemus, 1988; ALVIM, Arruda. *A arguição de relevância no recurso extraordinário*. São Paulo: Revista dos Tribunais, 1988; CORRÊA, Oscar Dias. A emenda regimental nº 2/85 ao Regimento Interno do STF. *Revista do Advogado*, n. 26, p. 7-30, ago. 1988.

INTRODUÇÃO | 37

Inicialmente, o art. 308 do RI/STF previu casos típicos de descabimento do recurso, que podiam ser excepcionados pela "relevância da questão federal". A arguição funcionava, assim, como um filtro positivo: "para *excluir a exclusão*, para *abrir exceção* às *exceções*, ou, em termos mais exatos, para *manter a regra* de que, satisfeitos os pressupostos da Carta da República, o recurso extraordinário é cabível".[24] Com a ER nº 2/1985, houve uma inversão: a regra era a inadmissão do recurso, salvo em casos pontuais (*e.g.*, ações populares – art. 325, VII, do RI/STF), se a matéria fosse constitucional, ou, ainda, se demonstrada a "relevância da questão federal", assim entendida a que, "pelos reflexos na ordem jurídica, e considerados os aspectos morais, econômicos, políticos ou sociais da causa, exigir a apreciação do recurso extraordinário pelo Tribunal" (RI/STF, art. 327, §1º, na redação da ER nº 2/1985).

O instituto foi criticado pela complexidade e onerosidade do procedimento, pela natureza secreta e não motivada das decisões,[25] por seu caráter antipático para a advocacia,[26] e terminou estigmatizado por ter sido implantado durante o regime militar.[27] Com a criação do Superior Tribunal de Justiça (STJ),[28] ao qual foi atribuída a guarda da

---

[24] MOREIRA, José Carlos Barbosa. *Comentários ao código de processo civil*. 5. ed. Rio de Janeiro: Forense, 1985. v. 5, p. 573.

[25] Previa o art. 328 do RI/STF: "[...] VIII – da ata da sessão de Conselho, que se publicará para ciência dos interessados, constará apenas a relação das arguições não conhecidas, bem assim das acolhidas e rejeitadas; IX – a apreciação em Conselho não comportará pedido de vista, dispensará motivação e será irrecorrível". O crítico mais veemente do instituto em geral, e dessa característica em particular, foi PASSOS, J. J. Calmon de. Da arguição de relevância no recurso extraordinário. *Revista Forense*, v. 259, n. 889/891, p. 11-22, jul./set. 1977.

[26] "*Das mais de 30.000 arguições de relevância* apreciadas pelo STF durante o período de funcionamento do sistema, o Pretório Excelso não *acolheu* mais de 5%, sendo que *20% deixaram de ser conhecidas* por deficiência de instrumentação e *75% foram rejeitadas*. A discricionariedade no processo de seleção, aliada ao reduzidíssimo número de arguições acolhidas, contribuiu para que a classe dos advogados se opusesse ao sistema, esperando contar com maior número de recursos para prosseguir litigando, quando vencidos". (MARTINS FILHO, Ives Gandra. O critério de transcendência no recurso de revista: projeto de Lei nº 3.267/00. *Revista do TST*, Brasília, v. 66, n. 4, p. 51, out./dez. 2000).

[27] "[A] arguição de relevância veio a ser totalmente eliminada do sistema com a promulgação da Constituição de 1988. Diante da pecha de antidemocrático, o instituto sucumbiu à sede de mudança que guiava o constituinte de 1988. A ideia de que o produto dos vinte e um anos de ditadura militar deveria ser, tanto quanto possível, banido do cenário nacional foi determinante para o ocaso da arguição de relevância". (DANTAS, Bruno. *Repercussão geral*. 3. ed. São Paulo: Revista dos Tribunais, 2012. p. 269).

[28] A ideia da criação de um tribunal que assumisse a função de guarda do direito federal infraconstitucional fora dos ramos eleitoral (de competência do Tribunal Superior Eleitoral) e trabalhista (afeto ao Tribunal Superior do Trabalho) era defendida ao menos desde a década de 1960 por José Afonso da Silva, que propunha, por "uniformidade

legislação federal, e a redução do escopo do recurso extraordinário às questões constitucionais (arts. 102, III, e 105, III, da CF/1988), entendeu-se que a arguição de relevância foi extinta em 7.4.1989, data da instalação do STJ (STF, Pleno, ARv 14.159, Rel. Min. Néri da Silveira, j. 27.4.1989).

Um instituto semelhante voltou a surgir no direito brasileiro com a Medida Provisória (MP) nº 2.226/2001, que instituiu a "transcendência", um novo requisito de admissibilidade dos recursos de revista interpostos para o Tribunal Superior do Trabalho (TST).[29] A exposição de motivos da norma alude à crise numérica dos tribunais superiores e invoca as experiências das Supremas Cortes dos EUA e da Argentina.[30] O art. 1º da MP alterou o art. 896-A da Consolidação das Leis do Trabalho (CLT) de modo a prever que "[o] Tribunal Superior do Trabalho, no recurso de revista, examinará previamente se a causa oferece transcendência com relação aos reflexos gerais de natureza econômica, política, social ou jurídica". O art. 2º da MP dispõe que o TST "regulamentará, em seu regimento interno, o processamento da transcendência do recurso de revista, assegurada a apreciação da transcendência em sessão pública, com direito a sustentação oral e fundamentação da decisão". No entanto, em razão de divergências internas naquela Corte Trabalhista,[31] o instituto não foi regulamentado até o advento da Lei nº 13.467/2017, que incluiu o §§1º a 6º no art. 896-A da CLT, o que será referido mais à frente.[32] Enquanto isso, o STF permanecia abarrotado de processos, de modo que se voltou a cogitar a instalação de um filtro de relevância. Como diz Ovídio Baptista:

---

terminológica", a criação do Tribunal Superior de Justiça – TSJ. (SILVA, José Afonso da. *Do recurso extraordinário no direito processual brasileiro*. São Paulo: Revista dos Tribunais, 1963. p. 454-461).

[29] A referida MP foi objeto de impugnação por ação direta, com julgamento final ainda pendente, mas cujo pedido liminar foi indeferido (ADI nº 2.527 MC, Rel. Min. Ellen Gracie, j. 16.8.2007). A discussão, porém, girou principalmente em torno dos pressupostos para a edição de medida provisória (relevância e urgência), e não sobre o requisito da transcendência em si, aspecto abordado apenas de forma lateral em alguns votos.

[30] Diário do Congresso Nacional, 10 out. 2001. p. 21474-21478.

[31] SOUZA, José Pedro de Camargo Rodrigues de. *Apontamentos sobre a transcendência do recurso de revista*. 2011. Dissertação (Mestrado em Direito do Trabalho e da Seguridade Social) – Faculdade de Direito, Universidade de São Paulo, São Paulo, 2011. Disponível em: http://www.teses.usp.br/teses/disponiveis/2/2138/tde-31052012-154840/pt-br.php. Acesso em: 24 jun. 2017. NADER, Philippe de Oliveira. A transcendência no recurso de revista. *Revista do TST*. São Paulo, v. 84, n. 3, p. 224-229, jul./set. 2018.

[32] Cumpre notar, por ora, que os aspectos para aferição da transcendência – econômica, política, social ou jurídica (CLT, art. 896-A, *caput* e §1º) – coincidem nominalmente com os da repercussão geral (CPC/2015, art. 1.035, §1º). E a 7ª Turma do TST estabeleceu jurisprudencialmente alguns critérios para aferição de cada um desses aspectos, inclusive pisos de valor para aferição da transcendência econômica (recurso de revista 1001074-51.2018.5.02.0005, Rel. Min. Evandro Pereira Valadão Lopes, j. 6.5.2020).

INTRODUÇÃO | 39

[C]omo todos sabem, com alguma habilidade profissional, leva-se ao Supremo Tribunal Federal qualquer litígio, desde aqueles conflitos entre vizinhos que litigam sobre a posse de um gato ou um cachorro, até aqueles em que se pretenda indenização pela morte de um animal de estimação. A imprensa seguidamente dá-nos notícias desses jocosos incidentes forenses. Porém, o que fazer para eliminá-los, sem questionar as regalias constitucionais e o princípio da "separação de poderes"? Sem o "filtro" da arguição de relevância nada se fará que possa impedir que os tribunais supremos se tornem mais um degrau da jurisdição comum, funcionando como juízo de apelação.[33]

As "regalias" opostas aos filtros de relevância não são exclusividade brasileira.[34] Mas, considerando que o surgimento do STJ não foi capaz de desafogar o STF, encontrando-se hoje ambas as Cortes

---

[33] SILVA, Ovídio A. Baptista da. *Processo e ideologia*: o paradigma racionalista. 2. ed. Rio de Janeiro: Forense, 2006. p. 263. O referido autor já defendia, ao menos desde 1999, que os tribunais superiores dispusessem de filtros de relevância discricionários (SILVA, Ovídio A. Baptista da. A função dos tribunais superiores. *In:* BRASIL. Superior Tribunal de Justiça. *STJ 10 anos*: obra comemorativa 1989-1999. Brasília: Superior Tribunal de Justiça, 1999. p. 145-165).

[34] "Apesar do fato de que nessas Cortes em particular [que seguem o modelo francês de cassação] nas quais o volume de casos cresceu de forma grotesca, apesar do fato de que a grande maioria dos casos levados à Corte não apresentam nenhum interesse público, o direito de levar um caso à Suprema Corte quando não caiba recurso – e isso, claro, inclui casos que já foram decididos por um tribunal de apelação – é salvaguardado com ciúmes. Na Itália, ele está até consagrado na Constituição. E na França, um distinto *Premier Président* da *Cour de cassation* já descreveu a seleção de casos para apreciação por seu tribunal como contrária à compreensão francesa de democracia e uma prática que levaria a uma discriminação de tal sorte que o país não iria aceitar ou tolerar. [...] Apesar de tudo, o que para um observador externo parece ser a única solução efetiva, isto é, a introdução de um sistema de seleção de casos em que os juízes da Suprema Corte empregariam seu tempo, é continuamente rejeitada, e rejeitada com argumentos de princípio: o direito de recorrer à Suprema Corte". (JOLOWICZ, J. A. The role of the supreme court at the national and international level. *In:* YESSIOU-FALTSI, Pelayia (ed.). *The role of the supreme courts at the national and international level*: reports for the Thessaloniki International Colloquium: 21-25 may 1997. Thessaloniki: Sakkoulas, 1998. p. 57-58. Tradução livre do autor. No original: "Notwithstanding the fact that it is in these courts in particular in which the same load has become grosquely large, notwithstanding the fact that the vast majority of the cases presented to the court have no public interest whatever, the right to take a case to the Supreme Court whenever no appeal is available – and that, of course, includes cases which have already been decided by a Court of Appeal – is jealously safe-guarded. In Italy it is even enshrined in the Constitution. And in France, a distinguished Premier Président of the Cour de cassation once described the selection of cases for consideration by his court as contrary to the French understanding of democracy and a practice which would lead to discrimination of a kind which the country would neither accept nor tolerate. [...] Nevertheless, what matters to an outsider to be the only effective solution, namely the introduction of a system of selection of the cases on which the judges of the Supreme Court will be expected to spend their time, is consistently rejected, and rejected on grounds of principle: recourse to the Supreme Court is as of right".

notoriamente sobrecarregadas,[35] a ideia de um filtro de relevância retornou a partir do filtro da "repercussão geral", incluído no art. 102, §3º, da Constituição pela EC nº 45/2004, a conhecida "Reforma do Judiciário". Trata-se de instrumento pelo qual o STF pode "recusar" recursos extraordinários, desde que o faça pelo *quorum* qualificado de dois terços de seus membros (oito de onze ministros). Declaradamente inspirada nas experiências dos EUA e da Argentina,[36] a repercussão geral foi celebrada como uma

> novidade [que] servirá para restaurar o caráter paradigmático das decisões do STF, à medida que possibilitará que essa Corte examine apenas as grandes questões do país discutidas no Poder Judiciário. Com isso, em tese, o STF deixará de se pronunciar sobre questões sem qualquer relevância para a sociedade.[37]

O instituto foi regulamentado pela Lei nº 11.418/2006, que introduziu os arts. 543-A e 543-B no CPC/1973. Tais dispositivos não definiram "repercussão geral", mas apenas aludiram a conceitos vagos a serem "considerados" para tal fim, na seguinte fórmula: "[p] ara efeito da repercussão geral, será considerada a existência, ou

---

[35] "[S]e antes tínhamos *apenas um* tribunal estorvado pelo volume de processos, agora temos *dois* sofrendo do mesmo mal!". (DANTAS, Bruno. *Repercussão geral*. 3. ed. São Paulo: Revista dos Tribunais, 2012. p. 58).

[36] Consta a seguinte passagem no voto do Deputado Federal Aloysio Nunes Ferreira, apresentado em 31.5.1999, como relator da Comissão da Reforma do Judiciário, que deu origem à EC nº 45/2004: "O Ministro do Supremo Tribunal Federal José Celso de Mello Filho manifestou-se favorável ao retorno do requisito da relevância, em palestra proferida nesta Comissão: 'Entendo recomendável discutir, ainda, a possível reintrodução em nosso sistema constitucional do instrumento da arguição de relevância, para permitir ao Supremo Tribunal o exercício do poder de selecionar com prudente discrição as causas suscetíveis de exame jurisdicional em sede de recurso extraordinário, à semelhança do que já ocorreu sob o domínio da Carta anterior e do que hoje se verifica no sistema argentino. O Congresso da Argentina, em 1990, pela Lei Federal argentina nº 23.774, de 1990, introduziu no art. 280 do seu Código de Processo Civil, o requisito da transcendência, permitindo que esse requisito atue como instrumento de filtragem, de escolha e seleção pela Suprema Corte das causas, em função, precisamente, do seu maior grau de relevância, à semelhança do que já também ocorre nos Estados Unidos, desde a Reforma Judiciária, introduzida em 1925 pelo Congresso Norte-Americano, refiro-me ao writ of certiorari'". (*Revista Jurídica da Presidência*, Brasília, Subchefia de Assuntos Jurídicos da Presidência, n. 1, v. 2, projetos, p. 25. Disponível em: https://revistajuridica.presidencia.gov.br/index. php/saj/article/view/1047/1031. Acesso em: 25 maio 2017. Destaques acrescentados).

[37] Trecho do relatório final da Comissão Mista Especial do Judiciário, criada pelo art. 7º da EC nº 45/2004, para elaborar os projetos de lei necessários à regulamentação da referida emenda. (BRASIL. Congresso Nacional. *Relatório nº 1, de 2006 – CN*. Diário do Senado Federal, 21 jan. 2006. p. 1403. Disponível em: http://legis.senado.leg.br/diarios/BuscaDiari o?datDiario=21/01/2006&tipDiario=1. Acesso em: 25 maio 2017).

não, de questões relevantes do ponto de vista econômico, político, social ou jurídico, que ultrapassem os interesses subjetivos da causa" (art. 543-A, §1º). Entre outros preceitos, estabeleceu-se ainda o seguinte: a) a repercussão geral é requisito de conhecimento do recurso – anterior, assim, ao juízo de mérito –, sendo irrecorrível a decisão de negativa de repercussão (art. 543-A, *caput*); b) "[n]egada a existência da repercussão geral, a decisão valerá para todos os recursos sobre matéria idêntica" (art. 543-A, §5º); e c) quando houver multiplicidade de recursos com fundamento em idêntica controvérsia, "[c]aberá ao Tribunal de origem selecionar um ou mais recursos representativos da controvérsia e encaminhá-los ao Supremo Tribunal Federal, sobrestando os demais até o pronunciamento definitivo da Corte" (art. 543-B, *caput* e §1º).

Considerando a natureza particularmente vaga do que seja "repercussão geral", a doutrina pôs-se a definir o instituto, entendendo-o como um conceito jurídico indeterminado, composto "de um núcleo conceitual (certeza do que é ou não é) e por um halo conceitual (dúvida do que pode ser)",[38] e atribuindo-lhe duas dimensões: uma objetiva – a *relevância* da questão do ponto de vista econômico, político, social ou jurídico –, e uma subjetiva – a *transcendência*, entendida como o interesse na resolução da questão não apenas para as partes do processo, mas para toda a sociedade, ou ao menos para um "grupo social relevante".[39] Há quem divida a transcendência em qualitativa ("importe da questão debatida para a sistematização e o desenvolvimento do direito") e quantitativa ("o número de pessoas suscetíveis de alcance, atual ou futuro, pela decisão daquela questão pelo Supremo e, bem assim, a natureza do direito posto em causa (notadamente, coletivo ou difuso)").[40]

---

[38] MARINONI, Luiz Guilherme; MITIDIERO, Daniel. *Repercussão geral no recurso extraordinário*. 3. ed. São Paulo: Revista dos Tribunais, 2012. p. 40. Os autores, porém, não delimitam com precisão o que seria esse núcleo conceitual, limitando-se a dar exemplos. Outro autor tentou definir o "núcleo conceitual" da repercussão geral como "a situação que envolve questões de interesse público, seja de origem pública propriamente dita ou decorrente dos relacionamentos privados, que tenham por escopo a salvaguarda dos direitos e garantias constitucionais fundamentais, da ordem política, social e econômica, desde que a controvérsia suscitada, assim como a solução concebida, ultrapasse a esfera do interesse exclusivo dos litigantes". (SAUSEN, Dalton. *A repercussão geral no recurso extraordinário*: perspectiva hermenêutica. Porto Alegre: Dom Quixote, 2007. p. 39). A abrangência da definição, porém, compromete sua utilidade prática. O tema será tratado no item 3.1.

[39] Nesse sentido: MARINONI, Luiz Guilherme; MITIDIERO, Daniel. *Repercussão geral no recurso extraordinário*. 3. ed. São Paulo: Revista dos Tribunais, 2012. p. 40-47; DANTAS, Bruno. *Repercussão geral*. 3. ed. São Paulo: Revista dos Tribunais, 2012. p. 252-258 (que, porém, não adota a expressão "relevância").

[40] MARINONI, Luiz Guilherme; MITIDIERO, Daniel. *Repercussão geral no recurso extraordinário*. 3. ed. São Paulo: Revista dos Tribunais, 2012. p. 44. Em sentido semelhante, há

O mecanismo entrou em efetivo funcionamento a partir da ER nº 21/2007, do STF, com a criação do chamado Plenário Virtual,[41] meio eletrônico para manifestação dos ministros quanto à existência ou não de repercussão geral. Embora a deliberação sobre a presença ou ausência de repercussão geral também possa ocorrer em sessão presencial, o Plenário Virtual é responsável por cerca de 95% das decisões nessa matéria.[42] Nos primeiros anos de funcionamento do Plenário Virtual, quando o relator afetava um determinado caso a essa sistemática, os demais ministros deveriam responder "há" ou "não há" a uma única pergunta: "há repercussão geral da questão constitucional?".

A partir da ER nº 31/2009, a votação virtual também passou a se referir, separadamente, à definição do caráter constitucional ou não da controvérsia. Assim, duas perguntas passaram a existir: "há questão constitucional?" e "há repercussão geral?". Embora elas devam ser respondidas simultaneamente, é possível votar "por eventualidade": assim, um ministro pode entender que não há questão constitucional, mas deixar registrado seu voto pela existência de repercussão geral, caso prevaleça o entendimento de que a questão é constitucional. Com a ER nº 42/2010, que permitiu a realização de julgamentos virtuais de mérito em caso de reafirmação de jurisprudência (RI/STF, art. 323-A), foi introduzida uma terceira pergunta, a ser respondida com um "sim" ou um "não": "deve ser reafirmada a jurisprudência do Tribunal?". Essa terceira pergunta, porém, só deveria ser respondida se o relator a colocasse em questão; do contrário, a votação virtual ocorreria apenas quanto às duas primeiras. Isso mudou com a ER nº 54/2020, que permitiu a qualquer Ministro propor reafirmação de jurisprudência, mesmo quando o relator não o fizer (RI/STF, art. 323-A, parágrafo único).

---

quem mencione um "plano horizontal" (número de afetados) e um "vertical" (violação a direitos fundamentais, ainda que de uma só pessoa) na análise da repercussão geral. (MARTINS, Samir José Caetano. A repercussão geral da questão constitucional (Lei nº 11.418/2006). *Revista Dialética de Direito Processual*, n. 50, p. 100-101, maio 2007.

[41] O Plenário Virtual foi criado para dispensar a realização de sessões presenciais, de modo a permitir que as deliberações ocorressem por meio eletrônico e pudessem observar o *quorum* constitucional de dois terços, sem sobrecarregar a pauta. Para uma análise da dinâmica do Plenário Virtual, cf. MEDINA, Damares. *A repercussão geral no Supremo Tribunal Federal*. São Paulo: Saraiva, 2016. e-book, p. 63-77 e 94-98. Para uma visão crítica do Plenário Virtual, tido como inconstitucional, cf. GIACOMET, Daniela Allam e. *Filtros de acesso a Cortes constitucionais*. Brasília: Gazeta Jurídica, 2017. p. 130-136. Mais recentemente, o Plenário Virtual foi ampliado para todos os tipos de julgamentos (Emendas Regimentais nºs 51/2016, 52/2019 e 53/2020, e Resoluções STF nºs 587/2016, 642/2019 e 672/2020), o que também tem sido criticado, como se referirá mais adiante.

[42] MEDINA, Damares. *A repercussão geral no Supremo Tribunal Federal*. São Paulo: Saraiva, 2016. e-book, p. 81-82.

INTRODUÇÃO | 43

No prazo de vinte dias, os ministros deverão marcar suas respostas no sistema, podendo ainda oferecer manifestações por escrito, se assim desejarem. Caso não o façam, o silêncio era computado como um voto pela existência de repercussão geral, salvo se o relator votasse pela ausência de questão constitucional (RI/STF, art. 324, §§1º e 2º, na redação determinada pela ER nº 31/2009). Isso também mudou com a ER nº 54/2020, segundo a qual a abstenção não conta mais como voto a favor ou contra (RI/STF, art. 324, §3º). Os ministros podem ainda assinalar eventual impedimento ou suspeição no sistema.[43]

Até o dia 24.11.2021, 1.183 questões haviam sido afetadas: 6 estavam em análise, 9 foram canceladas,[44] 384 tiveram a repercussão geral negada e 784 questões tiveram repercussão geral reconhecida, das quais 607 foram julgadas e 177 ainda estavam pendentes.[45] Houve significativa redução do número de processos novos de 2007 a 2011, porém, em 2012, os números voltaram a subir, até sofrerem uma nova queda mais acentuada em 2020:

---

[43] No Processo Administrativo nº 350.575/2012, do Supremo Tribunal Federal, constam todos os detalhes sobre as regras de funcionamento do Plenário Virtual, inclusive com fotos das telas do sistema.

[44] Temas 38, 97, 126, 192, 603, 794, 980, 1.066 e 1.080. Fonte: BRASIL. Supremo Tribunal Federal. *Repercussão geral > pesquisa avançada > situação do tema de repercussão geral: cancelado.* Disponível em: http://portal.stf.jus.br/jurisprudenciaRepercussao/pesquisarProcesso.asp. Acesso em: 24 nov. 2021.

[45] BRASIL. Supremo Tribunal Federal. *Números da repercussão geral* (situação atual detalhada). Disponível em: http://portal.stf.jus.br/repercussaogeral/. Acesso em: 24 nov. 2021.

Tabela 1 – Número de novos processos protocolados e de julgamentos ano a ano no STF[46]

Ano	Novos processos protocolados no STF	Número de julgamentos (monocráticos + colegiados)
2020	73.440	99.512
2019	91.874	115.676
2018	98.289	126.739
2017	102.228	126.522
2016	89.973	117.487
2015	93.558	116.658
2014	80.021	114.457
2013	72.101	90.253
2012	73.493	90.082
2011	63.637	102.427
2010	74.825	109.702
2009	84.369	89.355
2008	100.781	104.237
2007	119.324	159.522
2006	127.535	110.284

Como se nota, a repercussão geral ainda não foi capaz de transformar o perfil do STF, que continua a ser uma Corte que recebe e decide dezenas – e frequentemente mais de uma centena – de milhares de processos por ano. A hipótese que mais provavelmente explica a queda acentuada de novos feitos no ano de 2020 não é o uso da

---

[46] Os dados de 2010 a 2020 foram extraídos das tabelas dinâmicas *Processos recebidos e baixados* e *Decisões no Supremo Tribunal Federal*, disponíveis, respectivamente, em: https://transparencia.stf.jus.br/single/?appid=b282ea92-29ef-4eeb-9676-2b9615ddfabd& sheet=ef87c134-e282-47ac-8f8f-813754f74e76 e https://transparencia.stf.jus.br/single/?app id=1f9aa2cf-d569-4e98-bd2a-a9dac4e79a69&sheet=3490ef1f-f90e-4b51-9b93-b578efd54e fd&theme=simplicity&select=clearall. Acesso em: 9 fev. 2021. Os dados de 2006 a 2009 foram extraídos de: BRASIL. Supremo Tribunal Federal. *Movimento processual a partir de 1940*. Disponível em: http://www.stf.jus.br/portal/cms/verTexto.asp?servico=estatis tica&pagina=movimentoProcessual. Acesso em: 9 fev. 2021. Esta última tabela também possui dados referentes aos anos de 2010 e seguintes, com pequenas discrepâncias que, no geral, não comprometem a ordem de grandeza dos números. Deu-se preferência às duas primeiras tabelas a partir de 2010 porque parecem ter sido elaboradas com metodologia mais atualizada, e também porque seus números coincidem com os dos relatórios do CNJ sobre o STF.

repercussão geral, mas a pandemia do novo coronavírus (Sars-CoV-2), que freou a atividade econômica e implicou redução de casos novos em todo o Judiciário. Fora a Justiça Eleitoral – que recebeu mais casos em 2020, por se tratar de ano de eleições –, todos os demais ramos do Judiciário receberam mais processos em 2019 do que em 2020, sendo que a queda do número total de casos novos de um ano para o outro foi de 14,5%.[47] Isso provavelmente também impactou para baixo o número de processos novos distribuídos ao STF em 2020.

A repercussão geral aqui aparece como parte de uma solução para o STF e, ao mesmo tempo, como problema para o restante do Judiciário, ao implicar o *sobrestamento* de processos nas instâncias de origem, de forma que tais feitos não ingressam nas estatísticas da Suprema Corte. Assim, a diminuição dos feitos remetidos ao STF não significa que eles tenham deixado de existir, mas apenas que continuam aguardando julgamento em algum escaninho, ainda que virtual, longe da Praça dos Três Poderes.[48] *Hoje há quase 2 milhões[49] de processos sobrestados nas instâncias de origem aguardando as decisões a serem tomadas pelo STF nos cerca de 200 feitos pendentes afetados ao regime da repercussão*

---

[47] BRASIL. Conselho Nacional de Justiça. *Justiça em números 2021: ano-base 2020.* Brasília: Conselho Nacional de Justiça, 2021, p. 53. Disponível em: https://www.cnj.jus.br/wp-content/uploads/2021/11/relatorio-justica-em-numeros2021-221121.pdf. Acesso em: 25. nov.2021.

[48] Nesse sentido: "uma perspectiva institucionalista decerto examinaria os impactos da repercussão geral sobre todo o sistema judiciário, e não apenas no Supremo Tribunal Federal. Um exame sucinto demonstra a inadequação do efeito do sobrestamento de todos os recursos que versem matéria idêntica a tema cuja repercussão geral foi reconhecida. Essa medida apenas transforma os tribunais de origem em arquivos do Supremo Tribunal Federal e suspende processos por anos a fio – processos que ainda continuarão a tramitar por muito tempo mesmo após o julgamento definitivo da questão" (ALMEIDA, Fábio Portela Lopes de. Quando a busca pela eficiência paralisa o Judiciário. *Consultor Jurídico*, 28 jan. 2013. Disponível em: https://www.conjur.com.br/2013-jan-28/fabio-portela-quando-busca-eficiencia-paralisa-poder-judiciario. Acesso em: 24 nov. 2021). E ainda: "infunde-se uma falsa imagem de eficiência, com base em dados que atestam a diminuição do acervo na Suprema Corte, enquanto a realidade é que o sobrestamento indefinido de feitos nos juízos de origem provoca tão somente transferência geográfica de processos, que continuam a não respeitar o princípio da razoável duração". (CARVALHO FILHO, José dos Santos. Novo CPC provoca mudanças estruturais na repercussão geral. *Consultor Jurídico*, 13.6.2015. Disponível em: https://www.conjur.com.br/2015-jun-13/observatorio-constitucional-cpc-provoca-mudancas-estruturais-repercussao-geral. Acesso em: 30 mar. 2021).

[49] O número exato é de 1.834.083 processos, quantidade encontrada a partir da soma do número de processos sobrestados em razão de cada tema. (BRASIL. Conselho Nacional de Justiça. *Painel de consulta ao Banco Nacional de Demandas Repetitivas e Precedentes Obrigatórios Processos sobrestados em razão da repercussão geral.* Disponível em: https://paineis.cnj.jus.br/QvAJAXZfc/opendoc.htm?document=qvw_l%2FPainelCNJ.qvw&host=QVS%40neodimio03&anonymous=true&sheet=STF. Acesso em: 24 nov. 2021).

geral, casos esses que, na sistemática anterior à criação do filtro, estariam tramitando.[50]

É inegável que o STF tem melhorado suas estatísticas internas nos últimos anos. A "taxa de congestionamento" da Corte, que em 2016 foi de 41%, caiu em 2020 para 25,12%, a significar que, de cada 100 processos que tramitaram na Corte, pouco mais de 25 não foram baixados no mesmo ano.[51] Além disso, vem diminuindo o tamanho da parcela de processos novos de competência recursal distribuídos a Corte, que era de 85,7% em 2016 e caiu nos anos seguintes, chegando a 65,4% em 2020.[52] Entretanto, levando-se em conta que a taxa média de provimento de recursos no Supremo Tribunal Federal entre 2010 e 2020 foi de apenas 3,3%,[53] tais dados sugerem um uso intenso de ferramentas defensivas.

Paralelamente, quando se tem em conta apenas os processos de controle concentrado de constitucionalidade, a taxa de congestionamento

---

[50] Esse número não inclui os processos sobrestados pelos tribunais de origem por iniciativa própria ao identificar controvérsia repetitiva (CPC/2015, art. 1.036, §1º). Mas, a partir de planilha dinâmica disponível no sítio do CNJ, apurou-se que esse número é pouco relevante comparado aos demais: apenas 3.948 processos estavam suspensos em fevereiro de 2021 por 91 temas de "controvérsias" do STF, conforme definição do art. 9º da Resolução CNJ nº 235/2016. (BRASIL. Conselho Nacional de Justiça. *Painel de consulta ao Banco Nacional de Demandas Repetitivas e Precedentes Obrigatórios*. Disponível em: https://paineis.cnj.jus.br/QvAJAXZfc/opendoc.htm?document=qvw_1%2FPainelCNJ.qvw&host=QVS%40neodimio03&anonymous=true&sheet=shDRGraficos. Acesso em: 10 fev. 2021). Em novembro de 2021, nova pesquisa no mesmo endereço não retornou resultados de "controvérsias" relativamente ao STF.

[51] BRASIL, Supremo Tribunal Federal. Relatório de atividades 2020, p. 24. Disponível em: http://www.stf.jus.br/arquivo/cms/presidenciaSTFPublicacoes/anexo/RelatorioAtividadesSTF2020.pd. Acesso em: 24 nov. 2021. Vale notar que o número foi um pouco melhor no ano anterior: a taxa de congestionamento em 2019 foi de 22% (BRASIL, Supremo Tribunal Federal. *Relatório de atividades 2019*, p. 21. Disponível em: https://sistemas.stf.jus.br/dspace/xmlui/bitstream/handle/123456789/2112/RelatorioAtividades2019_jan2020.pdf?sequence=3&isAllowed=y. Acesso em: 9 fev. 2021).

[52] O percentual de processos novos de competência recursal (isto é, não originária) foi de 82,6% em 2009, 86,4% em 2010, 84,6% em 2011, 87,3% em 2012, 86,3% em 2013, 87,4% em 2014, 86,9% em 2015, 85,7% em 2016, 81,7% em 2017, 78,8% em 2018, 76,7% em 2019 e 65,4% em 2020. Os dados foram obtidos a partir da planilha dinâmica *Processos recebidos e baixados*, selecionando-se o grupo de classe "recursal" e dividindo-se o número de processos recursais baixados em cada ano pelo número total de processos baixados no mesmo ano. (BRASIL, Supremo Tribunal Federal. *Processos recebidos e baixados*. Disponível em: https://transparencia.stf.jus.br/single/?appid=b282ea92-29ef-4eeb-9676-2b9615ddfabd&sheet=ef87c134-c282-47ac-8f8f-813754f74e76. Acesso em: 9 fev. 2021).

[53] BRASIL, Supremo Tribunal Federal. *Painel da taxa de provimento*. Disponível em: https://transparencia.stf.jus.br/single/?appid=ca45dc5b-0684-4d3d-9f49-7ce39dfa6123&sheet=117b765f-1773-4276-866c-1faf26145fe1. Acesso em: 9 fev.2021.

do STF é superior a 90% desde 2009, sendo que foi de 91% em 2017[54] – último ano-base do relatório *Supremo em ação*, no qual tal informação está disponível –, a revelar, conforme diagnóstico da edição anterior desse mesmo relatório, "uma concentração de esforços nas tarefas próprias de um tribunal de instrução ou revisão, em detrimento da atuação como Corte Constitucional".[55] Enquanto a idade média dos processos pendentes no STF em 31.12.2017 foi de dois anos e quatro meses, nos processos de controle concentrado esse tempo foi de sete anos e sete meses.[56]

Mesmo com a força de trabalho da Corte voltada majoritariamente para o controle difuso, a repercussão geral – ao menos da forma como praticada até 2020 – vem ocasionando mais problemas do que benefícios, tanto para o STF quanto para o sistema de Justiça como um todo. Em 2018, os dez temas de repercussão geral com maior impacto em virtude de julgamento de mérito resolveram um total de 54.243 processos, enquanto os dez temas que ocasionavam o maior número de sobrestamentos totalizavam 1.163.982 processos, montante mais de 21 vezes superior.[57] Além disso, os últimos dados consolidados disponíveis – referentes ao ano de 2016 – revelam que, dos 354 temas de repercussão geral reconhecida já decididos no mérito até então, "76,3% transitaram em julgado, mas ainda não tiveram acórdão publicado, e 14,1% tiveram o mérito julgado, mas ainda esperaram algum procedimento jurídico futuro para figurar como transitado em julgado. Apenas em 9,6% dos casos o acórdão já foi publicado".[58] Quanto ao tempo de tramitação dos casos submetidos à repercussão geral, dos 568 transitados em julgado

---

[54] BRASIL. Conselho Nacional de Justiça. *Supremo em ação 2018*. Brasília: Conselho Nacional de Justiça, 2018. p. 51. Disponível em: https://www.cnj.jus.br/wp-content/uploads/2017/06/fd55c3e8cece47d9945bf147a7a6e985.pdf. Acesso em: 9 fev. 2021.

[55] BRASIL. Conselho Nacional de Justiça. *Supremo em ação 2017*: ano-base 2016. Brasília: Conselho Nacional de Justiça, 2017. p. 56-57. Disponível em: https://www.cnj.jus.br/wp-content/uploads/2017/06/f8bcd6f3390e723534ace4f7b81b9a2a.pdf. Acesso em: 9 fev. 2021.

[56] BRASIL. Conselho Nacional de Justiça. *Supremo em ação 2018*: ano-base 2017. Brasília: Conselho Nacional de Justiça, 2018. p. 53 e 56. Disponível em: https://www.cnj.jus.br/wp-content/uploads/2017/06/fd55c3e8cece47d9945bf147a7a6e985.pdf. Acesso em: 9 fev. 2021.

[57] BRASIL. Conselho Nacional de Justiça. *Supremo em ação 2018*. Brasília: Conselho Nacional de Justiça, 2018. p. 60 e 62. Disponível em: https://www.cnj.jus.br/wp-content/uploads/2017/06/fd55c3e8cece47d9945bf147a7a6e985.pdf. Acesso em: 9 fev. 2021.

[58] BRASIL. Conselho Nacional de Justiça. *Supremo em ação 2017*: ano-base 2016. Brasília: Conselho Nacional de Justiça, 2017. p. 74. Disponível em: http://rsa.cnj.jus.br/. Acesso em: 2 jul. 2017. Tal trecho foi suprimido da versão atual do mesmo relatório, disponível em: https://www.cnj.jus.br/wp-content/uploads/2017/06/f8bcd6f3390e723534ace4f7b81b9a2a.pdf. Acesso em: 10 fev. 2021.

até 2016, o tempo médio[59] de tramitação entre a decisão de afetação[60] e o trânsito foi ligeiramente superior a dois anos, enquanto nos 375 casos ainda não transitados, o tempo médio de trâmite foi de cerca de quatro anos e oito meses. Descontados dos casos transitados os 308 temas com repercussão geral negada – cujas decisões são definitivas, por seu caráter irrecorrível –, os temas com repercussão reconhecida levaram em média três anos e dez meses para transitar em julgado desde sua afetação ao regime de relevância. Somando-se todos os casos, o tempo médio de tramitação foi de pouco mais de três anos.[61] É tempo demais para os casos que o STF deveria considerar *prioritários*.

De forma patológica, há casos com repercussão geral reconhecida há mais de uma década e que ainda não tiveram o julgamento totalmente concluído: é o caso, *e.g.*, do RE nº 566.471, Rel. Min. Marco Aurélio, que discute tema extremamente sensível ("dever do Estado de fornecer medicamento de alto custo a portador de doença grave que não possui condições financeiras para comprá-lo" – tema 6), cuja repercussão geral foi reconhecida *por unanimidade* em 15.11.2007, e

---

[59] O relatório oficial do STF considera que "[a] análise unicamente da média é insuficiente para compreender o tempo de tramitação, pois além da medida ser influenciada por valores extremos, trata-se de uma única medida de posição, simplista demais para o estudo em pauta". (BRASIL. Conselho Nacional de Justiça. *Supremo em ação 2017*: ano-base 2016. Brasília: Conselho Nacional de Justiça, 2017. p. 67. Disponível em: http://rsa.cnj.jus.br/. Acesso em: 2 jul. 2017). No entanto, considera-se que o tempo médio de tramitação é uma grandeza relevante, embora não exaustiva, que condensa uma visão geral do quadro. Os valores extremos tendem a ser diluídos pela maioria dos casos mais próximos da média, de modo que um tempo médio de tramitação elevado é reflexo de uma Corte que, em média, tarda demais na resolução dos feitos que lhe são remetidos.

[60] Decisão de afetação deve ser entendida como a decisão formal que conclui pela existência ou inexistência de repercussão geral da questão, o que não se confunde com a decisão de mérito, a ser tomada posteriormente nos casos cuja repercussão geral tenha sido reconhecida.

[61] Tais conclusões consistem nas médias ponderadas obtidas a partir de dados oficiais (BRASIL. Conselho Nacional de Justiça. *Supremo em ação 2017*: ano-base 2016. Brasília: Conselho Nacional de Justiça, 2017. p. 76. Disponível em: http://rsa.cnj.jus.br/. Acesso em: 2 jul. 2017). Considerou-se, para tanto, o intervalo médio entre as faixas temporais do relatório: *e.g.*, na faixa de 0 a 1 ano, o fator peso considerado para fazer a média ponderada foi de 0,5 (média entre 0 e 1); na faixa de 1 a 2 anos, o fator foi 1,5, e assim por diante. Assim, para os 568 casos transitados em julgado, obteve-se uma média ponderada de 2,02 anos de tramitação; para os 375 não transitados em julgado, a média foi de 4,67 anos; e para os casos transitados em julgado descontados os 308 com repercussão geral negada – assim considerados todos os referidos na faixa entre 0 e 1 ano de tramitação –, a média foi de 3,83 anos de tramitação. Somados todos os casos, a média foi de 3,07 anos. Números semelhantes foram encontrados por LOBATO, Anderson Orestes Cavalcante; ORTIZ, Rodrigo Meireles. Análise da repercussão geral após 10 anos de aplicação: avanços, desafios e diagnóstico em números. *Revista Eletrônica Direito e Política*. Itajaí, v. 14, n. 2, 2º quadrim. 2019. Disponível em: https://siaiap32.univali.br/seer/index.php/rdp/article/view/15077/8613. Acesso em: 29 mar. 2021.

que, no entanto, só teve o julgamento iniciado em 15.9.2016. Depois de dois pedidos de vista, o Tribunal desproveu o recurso em 11.3.2020, mas deliberou fixar a tese em assentada posterior. Em 26.8.2020, novo pedido de vista suspendeu a proclamação da tese, o que perdura até hoje, passados mais de quatorze anos da afetação do tema. Assim, apesar da tentativa do Tribunal de passar uma mensagem de que o problema do acúmulo de causas estaria sendo progressivamente equacionado,[62] a realidade é outra. A sistemática da repercussão geral apenas transferiu o problema de lugar e produziu uma sensação de alívio ilusória: se por algum tempo houve diminuição do ingresso de novos processos no STF, efeito que praticamente já se esvaiu, vê-se que esses processos somente não subiram à Corte Suprema porque ficaram sobrestados nos tribunais de origem (CPC/1973, art. 543-B, §1º).[63] Note-se que o CPC/2015 prevê que, diante do reconhecimento de uma repercussão geral, deve ser determinada a suspensão "de todos os processos pendentes, individuais ou coletivos, que versem sobre a questão e tramitem no território nacional" (arts. 1.035, §5º, e 1.037, II), e não apenas dos recursos extraordinários (CPC/1973, art. 543-B, §1º).

---

[62] Veja-se, a propósito, a notícia divulgada oficialmente no sítio do Supremo Tribunal Federal em 2.6.2017, segundo a qual "Em dez anos, estoque de processos do STF cai 70%". (BRASIL. Supremo Tribunal Federal. *Em dez anos, estoque de processos do STF cai 70%*. Disponível em: http://www.stf.jus.br/portal/cms/verNoticiaDetalhe.asp?idConteudo=345370&tip=UN. Acesso em: 25 jun. 2017). No mesmo sentido é a mensagem do Min. Dias Toffoli, no relatório de encerramento de sua gestão (2018-2020): "Foram recebidos 156.608 processos e baixados 167.606, resultando em acervo de 29.285 processos, uma redução de 30%. Temos hoje o menor acervo dos últimos 24 anos". (BRASIL. Supremo Tribunal Federal. *Relatório da gestão 2018-2020*. Brasília, 2020, p. 9. Disponível em: http://www.stf.jus.br/arquivo/cms/noticiaNoticiaStf/anexo/relatGestaoDT.pdf. Acesso em: 11 fev. 2021). Embora não se questione a veracidade dos dados numéricos em si, referentes ao estoque de processos que se encontram física ou virtualmente na Corte, isto só ocorreu porque uma quantidade muito maior de processos está sobrestada nas instâncias de origem aguardando decisões do STF, como se expõe na sequência do texto.

[63] Nesse sentido: "Da forma que está, como afirma Humberto Theodoro Júnior, não há uma redução significativa no número de questões discutidas no STF, mas somente um benefício de 'represar' os recursos nos Tribunais de origem até que o recurso extraordinário paradigma e com repercussão geral reconhecida tenha o seu julgamento de mérito". (MEDINA, José Miguel Garcia; GUIMARÃES, Rafael de Oliveira; FREIRE, Alexandre. Da repercussão geral: evolução e críticas ao instituto. *In*: FUX, Luiz; FREIRE, Alexandre; DANTAS, Bruno (Coords.). *Repercussão geral da questão constitucional*. Rio de Janeiro: Forense, 2014. p. 372-373). Na mesma linha, com citação do diagnóstico que consta no presente trabalho: LEAL, Fabio Resende. RAGAZZI, José Luiz. O processo como instrumento de efetivação dos direitos sociais no sistema de precedentes estabelecido pelo Código de Processo Civil de 2015. *Direitos Culturais*. Santo Ângelo, v. 13, n. 30, p. 204, maio/ago. 2018.

Vale dizer, a paralisação poderá atingir todos os processos que tratem da questão em todos os graus de jurisdição, independentemente da fase em que se encontrem.

Esses dados apontam para o fracasso da repercussão geral, ao menos como filtro recursal e medida de racionalização dos trabalhos do STF. Em mais de dez anos de funcionamento, o mecanismo produziu somente uma atenuação passageira no número de novos processos que chegam à Corte, e apenas porque eles estão suspensos *sine die* nas instâncias de origem, às centenas de milhares, em prejuízo do direito à razoável duração do processo (CF, art. 5º, LXXVIII).[64] Tal como praticada ao menos até 2020, a repercussão geral não solucionou a centenária crise do STF, motivo de insatisfação da sociedade e de declarações de descontentamento dos próprios ministros. Em 25.10.2016, o Min. Teori Zavascki, ao ser questionado sobre o acúmulo de trabalho no STF, desabafou: "Desisto, não tenho solução. Lamento dizer que desisto. Nós precisaríamos de uns duzentos ministros no Supremo. Não sei se isso aqui no Brasil seria uma boa solução. Não tem como fazer milagres".[65] Em 8.5.2017, o Min. Marco Aurélio afirmou que

---

[64] Em sentido diverso, sustenta-se que "[o] resultado positivo da repercussão geral para a diminuição e estabilização do recebimento de recursos no âmbito do STF é consequência do investimento em medidas administrativas e jurisdicionais complementares que primaram pela efetividade da metodologia de trabalho focada no ideal da Lei nº 11.418/2006, de julgamento por amostragem do recurso extraordinário" (MARCHIORI, Marcelo Ornellas. O modelo criativo e funcional do sistema de precedentes brasileiro: proposta para atuação unificada da repercussão geral e dos recursos repetitivos. *In*: MENDES, Aluísio Gonçalves de Castro; PORTO, José Roberto Mello. *Incidente de resolução de demandas repetitivas*: panorama e perspectivas. Salvador: JusPodivm, 2020, p. 253). Entretanto, a própria passagem mostra que o alegado "resultado positivo" – bastante questionável, especialmente quando se olha o sistema de justiça como um todo, e não apenas o STF – não é fruto propriamente da repercussão geral, mas de "medidas complementares", tais como a aplicação de precedentes de inadmissibilidade diretamente pela Presidência, sem distribuição aos gabinetes. Trata-se, entretanto, de apenas "mais do mesmo enxugamento de gelo", ainda que em escala, de forma otimizada e com os respectivos efeitos colaterais, e não da mudança de paradigma que um filtro de relevância é capaz de operar. Como se verá adiante (item 1.1.3.1), este trabalho é crítico quanto à aposta na técnica dos julgamentos por amostragem como única medida capaz de racionalizar a carga de trabalho do Supremo Tribunal Federal. Tal técnica é necessária, mas não suficiente, até pela impossibilidade material de classificar todo o volume de processos recebidos em temas novos ou preestabelecidos, sem sacrifício da capacidade de trabalho da Corte e/ou da adequada análise das particularidades de cada caso concreto.

[65] Notícia disponível em: https://jota.info/justica/desisto-nao-tenho-solucao-diz-teori-sobre-acumulo-de-processos-no-stf-25102016. Acesso em: 17 maio 2017.

a repercussão geral não tem se mostrado suficiente a corrigir os rumos do Supremo para conciliar celeridade e conteúdo. Não é crível que um ministro da mais alta Corte do País receba cerca de 150 processos todos os meses.[66] Quando comentamos com um estrangeiro, ele pensa que estamos delirando. A Suprema Corte dos Estados Unidos, por exemplo, julga cerca de 90 processos por ano.[67]

É preciso ressaltar que o STF, em 2020, além da redução de seu acervo interno já noticiada acima, decidiu o mérito de 135 temas com repercussão geral reconhecida,[68] número incomparavelmente superior à média entre 2008 e 2019, que era de 34,75 temas por ano (417 temas decididos em 12 anos). Isso significa que o ano de 2020 sozinho responde por quase 25% de todos os temas decididos desde que a repercussão geral entrou em vigor. Tal marca é alentadora e reverte diagnósticos mais pessimistas[69] feitos com base na média anterior,[70] pois, repetido o desempenho de 2020 nos anos subsequentes (o que, entretanto, não é provável),[71] o estoque de temas pendentes – hoje pouco menos de

---

[66] Por incrível que seja, o número é subestimado. Em 2016, dos 90.331 novos processos recebidos pelo STF, 30.083 foram registrados à Presidência e os outros 57.369 distribuídos entre os 10 ministros restantes, totalizando uma média de 5.737 processos distribuídos por ministro, ou cerca de 478 processos por ministro por mês. (BRASIL. Supremo Tribunal Federal. *Relatório de atividades 2016*. Brasília: Supremo Tribunal Federal, 2017. p. 35. Disponível em: http://stf.jus.br/relatorio2016/. Acesso em: 10 maio 2017).

[67] Notícia disponível em: https://jota.info/justica/repercussao-geral-nao-tem-sido-suficiente-diz-mello-09052017. Acesso em: 17 maio 2017.

[68] Tabela "Méritos julgados por ano" (disponível em: http://portal.stf.jus.br/repercussao geral/. Acesso em: 31 mar. 2021).

[69] "O ritmo de reconhecimento [de novos temas de repercussão geral], quando comparado ao de julgamento, leva a prever o colapso do sistema" (MELLO, Marco Aurélio. Cinco anos de repercussão geral: reflexões necessárias. *In*: CAMPOS, Carlos Alexandre de Azevedo; PRADO, Vinicius de Andrade (Orgs.). *Escritos de direito público contemporâneo*. Salvador: JusPodivm, 2021, p. 224).

[70] O Min. Luís Roberto Barroso observou em 2014, com base nos dados disponíveis até 2013, que o estoque então existente de 330 temas de repercussão geral reconhecida levaria mais de doze anos para ser zerado, mantida a média daquele momento, que era de 27 casos julgados por ano (BARROSO, Luís Roberto. *Reflexões sobre as competências e o funcionamento do Supremo Tribunal Federal*. p. 8-9. Disponível em: http://s.conjur.com.br/dl/palestra-ivnl-reflexoes-stf-25ago2014.pdf. Acesso em: 10 maio 2017). Na primeira edição deste livro, feita com base nos dados até 2017, a média era 35,4 processos/ano, com o que seriam necessários mais de oito anos para zerar o estoque de 285 temas então pendentes, e isso apenas se nenhum tema novo tivesse repercussão geral reconhecida no mesmo período.

[71] Isso porque o desempenho de 2020 se explica pelo escoamento do estoque de votos já prontos, que apenas aguardavam pauta para julgamento no plenário físico, verdadeiro gargalo que foi destravado pelos julgamentos virtuais. Em outras palavras, os 135 julgamentos de mérito são resultado de vários anos anteriores de trabalho e espera por pauta. É improvável que seja produzido em apenas um ano o mesmo número de julgamentos novos sobre temas de repercussão geral reconhecida. Prova disso é que, no

duzentos – seria praticamente zerado em dois anos, mesmo com o acréscimo de alguns temas novos. Isto se deveu principalmente aos julgamentos virtuais. Embora não integre o foco deste trabalho, não se pode deixar de registrar que tal modalidade de julgamento tem sido criticada por várias razões, como seu caráter assíncrono e um apontado *déficit* de publicidade.[72]

Seja como for, a repercussão geral é um filtro de relevância que não tem impedido a chegada de cerca de 100 mil processos por ano ao STF, nem poupado a Corte de ter que proferir aproximadamente o mesmo número de decisões em idêntico período. Tendo sido submetidas[73] pouco mais de *1.100* questões à repercussão geral desde 2007 até 2020 – número que contrasta com a cifra aproximada de *1.650.000* decisões proferidas no intervalo –,[74] vê-se que o STF continua decidindo sobre

---

ano de 2021, até 25.11, julgou-se o mérito de 56 temas com repercussão geral reconhecida (Disponível em: http://portal.stf.jus.br/repercussaogeral/. Acesso em: 25 nov. 2021), número superior à média histórica, mas muito abaixo da produção de 2020. A observação é de Leonardo Cunha dos Santos, a quem agradeço pela reflexão.

[72] V., *e.g.*, o pedido de revogação da ampliação do Plenário Virtual subscrito por mais de cem advogados (incluindo ex-Ministros do STF, ex-Procuradores-Gerais da República e ex-Presidentes da OAB), disponível em: https://www.conjur.com.br/dl/abaixo-assinado-plenario.pdf. Acesso em: 12 fev. 2021. Em sentido crítico, v. ainda GOMES, Juliana Cesário Alvim. Opacidade do plenário virtual, Zika e censura nas escolas: obstáculo ou estratégia? *JOTA*, 12 maio 2020. Disponível em: https://www.jota.info/stf/supra/opacidade-plenario-virtual-zika-censura-escolas-12052020. Acesso em: 11 fev. 2021. MARINONI, Luiz Guilherme; FORTES, Luiz Henrique Krassuski. Decisões mais importantes do STF em 2020 das quais você não ouviu falar. *JOTA*, 2 e 9 fev. 2021 (partes I e II, respectivamente). Disponíveis em: https://www.jota.info/opiniao-e-analise/artigos/decisoes-mais-importantes-do-stf-em-2020-das-quais-voce-nao-ouviu-falar-02022021 e https://www.jota.info/opiniao-e-analise/artigos/decisoes-mais-importantes-do-stf-em-2020-das-quais-voce-nao-ouviu-falar-2-09022021. Acesso em: 11 mar.2021. Em sentido favorável, v. MEDINA, Damares. Julgamento eletrônico no plenário virtual do STF: reflexos para a advocacia. *JOTA*, 22 abr. 2020. Disponível em: https://www.jota.info/opiniao-e-analise/artigos/julgamento-eletronico-no-plenario-virtual-do-stf-reflexos-para-a-advocacia-22042020. Acesso em: 12 fev. 2021. V., ainda: DOURADO, Gabriela. A evolução do julgamento virtual. *JOTA*, 14 jan. 2021. Disponível em: https://www.jota.info/opiniao-e-analise/artigos/a-evolucao-do-julgamento-virtual-no-stf-14012021. Acesso em: 31 mar. 2021.

[73] Bruno Dantas discorda do emprego das expressões "o STF submeteu determinado recurso ao regime da repercussão geral" ou "o STF dotou determinada questão de repercussão geral", por partirem da "equivocada premissa de que seria o STF, por ação voluntária, quem escolheria os recursos cuja resolução impactaria toda a sociedade e não apenas os recorrentes". Seria uma "perspectiva enviesada do fenômeno, pois o STF meramente identifica a repercussão geral preexistente na questão constitucional debatida". (DANTAS, Bruno. *Repercussão geral*. 3. ed. São Paulo: Revista dos Tribunais, 2012. p. 35). Nada obstante, tal terminologia será empregada ao longo deste trabalho, respondendo-se à objeção de Bruno Dantas no item 3.1 do presente estudo.

[74] O número foi extraído da soma dos dados da última coluna da Tabela 1.

temas pouco relevantes. Temas sobre os quais não deveria debruçar-se, já que a repercussão geral é requisito de conhecimento do recurso. Obviamente, o STF não está a decidir 100 mil casos relevantes por ano: "[q]uando tudo é tratado como importante... nada é".[75] Se ainda assim o Tribunal se obriga a decidir cada um desses processos, está empregando seu escasso tempo em casos que não podem ser considerados mais importantes do ponto de vista geral. A não ser que essas dezenas de milhares de decisões recusassem, justamente por falta de relevância, a análise da maior parte das controvérsias trazidas ao conhecimento da Corte, como acontece, por exemplo, na Alemanha e nos Estados Unidos. Não é isso, porém, o que ocorre no Brasil, ou, melhor dizendo, não é o que ocorre *expressamente*.

Em geral, os tribunais estrangeiros que adotam filtros de relevância selecionam os casos que vão julgar – nos quais proferem, ao final, decisões analiticamente motivadas, cujos efeitos se expandem por todo o sistema – e descartam os demais, a partir de decisões com pouca ou nenhuma motivação, com efeitos limitados ao caso concreto. Para os fins deste trabalho, as decisões pelas quais são admitidos novos casos para julgamento são chamadas de "positivas", em contraposição às decisões que inadmitem recursos, as "negativas". No Brasil, tanto as decisões positivas quanto as negativas são motivadas, e, ao menos até a ER nº 54/2020, ambas produziam efeitos para além do caso concreto, atingindo todos os processos que versem sobre a mesma questão jurídica. Embora isso faça todo o sentido para as matérias mais relevantes, essa prática não tem sido suficiente para conter o acesso ao STF no caso dos temas considerados pouco importantes. Assim, a saída preferencial adotada pela Corte para lidar com o grande volume de recursos segue sendo igual àquela usada antes da criação do filtro: um número avassalador de decisões monocráticas que negam seguimento a recursos por óbices formais, como a ausência de pré-questionamento ou de ofensa constitucional direta.

Há, porém, numerosos exemplos de controvérsias que passam anos sendo enquadradas pelo STF como meramente fáticas ou infraconstitucionais – sobretudo por decisões monocráticas –, de modo que os respectivos recursos não são conhecidos, e as decisões recorridas

---

[75] GOMES JÚNIOR, Luiz Manoel; GAJARDONI, Fernando da Fonseca. Anotações sobre a repercussão geral nos recursos extraordinário e especial. *In*: FUX, Luiz; FREIRE, Alexandre; DANTAS, Bruno (Coords.). *Repercussão geral da questão constitucional*. Rio de Janeiro: Forense, 2014. p. 443.

são mantidas. No entanto, muitas vezes de forma súbita e sem que nenhuma mudança normativa tenha ocorrido, quando a Corte passa a entender que o mesmo tema é de algum modo relevante, a matéria começa a ser reputada como constitucional, de modo que o recurso é conhecido e a decisão recorrida é revista. Isso aponta para a existência de um "filtro oculto" de repercussão geral, em pleno funcionamento, pelo qual a Corte rejeita casos – e não teses jurídicas – por não lhes conferir relevância bastante, embora sem admiti-lo expressamente e sem utilizar os mecanismos formais existentes para tal fim.

À luz desse contexto, o trabalho visa a responder à seguinte problemática: sob uma perspectiva que leve a sério o dever de motivação das decisões judiciais, é possível utilizar no direito brasileiro vigente a negativa de repercussão geral como instrumento formal de filtragem com efeitos limitados ao caso concreto, ou tal decisão sempre e necessariamente projeta efeitos sobre todos os processos que discutem uma determinada questão jurídica?

Várias ideias de gestão podem ser adotadas para melhorar a prática da repercussão geral, como a limitação do número máximo de temas que poderiam ser reconhecidos por ano, a instituição de um momento concentrado para a afetação dos casos ao regime, a maior antecedência nas sustentações orais e na publicação das pautas etc.[76] O escopo do presente trabalho, porém, é distinto: trata-se de investigar se pode ou não haver uma espécie de *modulação dos efeitos da negativa de repercussão geral*, de modo a que o STF possa ou limitá-los ao caso concreto, com a única consequência de inadmitir o recurso, ou projetá-los sobre todos os processos que tratam de uma mesma controvérsia jurídica. A hipótese a ser demonstrada no presente estudo é a de que o direito brasileiro oferece ao Tribunal a possibilidade de controlar, de maneira formal e expressa, os efeitos da negativa de repercussão geral, o que é preferível a fazê-lo de modo informal e oculto.

De fato, em 1º.7.2020, o Supremo Tribunal Federal emendou seu Regimento Interno para, entre outras providências, reconhecer a possibilidade de limitar ao caso concreto os efeitos da decisão de

---

[76] Nesse sentido, cf. BARROSO, Luís Roberto. *Reflexões sobre as competências e o funcionamento do Supremo Tribunal Federal*. Disponível em: http://s.conjur.com.br/dl/palestra-ivnl-reflexoes-stf-25ago2014.pdf. Acesso em: 10 maio 2017. RODRIGUES FILHO, José Marcos Vieira. *Repercussão geral e Supremo Tribunal Federal*: deficiências da modelagem atual e propostas para o aprimoramento do instituto. 2015. Dissertação (Mestrado em Direito) – UERJ, Rio de Janeiro, 2015. Disponível em: https://www.bdtd.uerj.br:8443/bitstream/1/9700/1/JOSE%20MARCOS%20TOTAL.pdf. Acesso em: 10 nov. 2021.

ausência de repercussão geral (art. 326 e §§, do RI/STF, com redação determinada pela ER nº 54/2020). Com isso, a Suprema Corte acolheu o principal argumento defendido na 1ª edição deste livro e formalizou a possibilidade de empregar a repercussão geral não apenas como instrumento de resolução de demandas repetitivas, mas também de seleção qualitativa de recursos extraordinários. Esta obra, portanto, pode ser lida como uma fundamentação teórica desta última modalidade de uso da repercussão geral, que, como defendido desde a 1ª edição, já era admitida pelo direito vigente e agora consta no RI/STF.

Além disso, esta 2ª edição buscará analisar as demais alterações regimentais conexas e observar como a prática da Corte, sob a vigência da ER nº 54/2020, começa a se diferenciar do modelo de trabalho anterior. Uma distinção já perceptível é o maior protagonismo da Presidência do STF, que tem concentrado o juízo de admissibilidade dos recursos antes da distribuição e exercido efetivamente as competências previstas nos arts. 323 e 326-A do RI/STF: como resultado, dos 90 temas afetados no Plenário Virtual desde a ER nº 54/2020, de julho de 2020 até meados de novembro de 2021, 46 (pouco mais da metade) foram propostos pelo Ministro Presidente.[77] Desde o início da repercussão geral, em 2007, o índice geral de temas propostos pelo Ministro Presidente é bastante inferior, de 12,3% (146 temas de um total de 1183).[78]

Desde logo, porém, é preciso registrar que o Tribunal ainda continua trabalhando sob um paradigma tradicionalmente formalista e defensivo para lidar com o grande volume de processos, e que ainda não houve tempo hábil para dizer se a nova alteração regimental efetivamente transformará a metodologia cotidiana de trabalho do STF. Até o fechamento desta edição, em novembro de 2021, podiam ser identificados no sítio do STF apenas cerca de cinco dezenas de decisões colegiadas sob a nova sistemática, a começar pelo ARE nº 1.273.640 AgR, Rel. Min. Alexandre de Moraes, j. 8.9.2020, bem como

---

[77] Foram variadas as iniciativas do Ministro Presidente nesse período para reconhecer ou negar repercussão geral, com ou sem reafirmação de jurisprudência (temas 1098, 1099, 1100, 1104, 1105, 1106, 1107, 1112, 1114, 1115, 1116, 1117, 1119, 1123, 1124, 1125, 1126, 1127, 1128, 1129, 1130, 1131, 1132, 1133, 1134, 1136, 1137, 1139, 1140, 1142, 1146, 1149, 1151, 1152, 1155, 1157, 1160, 1162, 1166, 1168, 1171, 1173, 1176, 1177, 1179, 1181).

[78] O dado foi obtido a partir do link "pesquisa avançada" na aba "repercussão geral" no sítio do STF (Disponível em: http://www.stf.jus.br/portal/jurisprudenciaRepercussao/pesquisarProcesso.asp. Acesso em: 25 nov. 2021), selecionando-se a caixa "exibir mais relatores" e a opção "Ministro Presidente", o que retornou 146 resultados, computando-se até o tema 1.183.

pouco mais de cem decisões monocráticas[79] Esta edição, portanto, encontra-se num possível momento de transição, em que uma nova prática formalizada no RI/STF convive com o peso de anos de uma sistemática que ainda permeia a rotina da Corte, e que, por isso, constitui o objeto do diagnóstico deste livro. A confirmação ou não de uma mudança mais expressiva dependerá da observação empírica dos próximos anos. Seja como for, a baixa aplicação da nova sistemática no presente momento pode se explicar pela forte concentração do juízo de admissibilidade na Presidência da Corte, inclusive com o uso de inteligência artificial (projeto Victor),[80] que executa a tradicional análise de óbices formais e enquadramento em temas pré-estabelecidos – com uma consequente e expressiva diminuição sobre o número de processos distribuídos aos demais gabinetes[81] –, o que teria aliviado um pouco a pressão numérica para filtragens subsequentes.[82] Apesar da melhora dos dados estatísticos que esse procedimento gera para a Corte, não se pode deixar de observar que se trata de "mais do mesmo", ainda que de forma otimizada e em escala – e com os respectivos efeitos colaterais danosos ao sistema jurídico e à missão institucional da Corte, como se verá mais abaixo –, e não da mudança paradigmática que um filtro de relevância é capaz de operar.

---

[79] Quase todas as decisões colegiadas de Plenário nessa matéria são da relatoria do Min. Alexandre de Moraes, mas há ao menos uma de relatoria do Min. Dias Toffoli (ARE nº 1.292.406 AgR-segundo, j. 22.3.2021). As decisões monocráticas também são quase todas do Min. Alexandre de Moraes, mas também há decisões monocráticas da lavra dos Ministros Luís Roberto Barroso (RE nº 1.294.898, j. 15.12.2020; ARE nº 1.312.161, j. 24.9.2021), Ricardo Lewandowski (RE nº 1.326.758, j. 16.6.2021), Nunes Marques (RE nº 1.298.412, j. 30.3.3021; ARE nº 1.139.568, j. 30.6.2021) e Dias Toffoli (RE nº 1.282.963, j. 26.11.2020; ARE nº 1.235.891, j. 4.3.2021, esta confirmada pelo Plenário em 28.6.2021).

[80] O projeto é fruto de uma parceria entre o STF e a Universidade de Brasília e seu nome é uma homenagem ao ex-Ministro da Corte Victor Nunes Leal. Sobre o tema, v., *e.g.*: MAIA FILHO, Mamede Said; JUNQUILHO, Tainá Aguiar. Projeto Victor: perspectivas de aplicação da inteligência artificial ao direito. *Revista de Direitos e Garantias Fundamentais*, Vitória, v. 19, n. 3, p. 219-238, set./dez. 2018.

[81] Em 2021, até 25.11, o número de processos registrados à Presidência (43.888) foi muito superior ao de feitos distribuídos aos gabinetes (30.810), o que altera o observado nos anos anteriores, quando o número de processos distribuídos aos gabinetes era muito superior ou no máximo semelhante ao de processos registrados à Presidência. Fonte: BRASIL. Supremo Tribunal Federal. *Processos registrados à Presidência e distribuídos aos Ministros*. Tabela dinâmica disponível em: https://transparencia.stf.jus.br/single/?appid=a40192e8-a3e6-4464-a670-0f96ce692538&sheet=c3a2113a-9166-4577-aaa7-8f56bfd74bc3&theme=simplicity&select=clearall. Acesso em: 25 nov. 2021.

[82] Tal diagnóstico também é compartilhado pelos assessores do STF Daniel Coussirat de Azevedo e Leonardo Cunha, a quem este autor agradece pela interlocução durante a elaboração desta edição.

Além da necessária revisão bibliográfica, o trabalho procurará responder a problemática a partir de dados estatísticos, do recurso ao direito comparado – o que se justifica em razão da reconhecida inspiração da repercussão geral brasileira em instrumentos estrangeiros congêneres –, bem como da análise da motivação expressa em decisões referentes a matérias afetadas ao regime da repercussão geral, seja para reconhecê-la ou para negá-la. Não se trata, porém, de uma exposição abrangente sobre todas as controvérsias que envolvem a repercussão geral no Brasil, muito menos os institutos congêneres de direito comparado: tais assuntos serão abordados apenas e na medida em que possuam relação com a problemática dos efeitos da motivação das decisões negativas, foco do presente estudo. De toda forma, essa problemática reside num ponto essencial do mecanismo da repercussão geral, de modo que eventuais transformações na motivação e no alcance das decisões negativas podem impactar radicalmente o instituto e o funcionamento do próprio STF. Assim, embora a releitura do direito vigente empreendida neste trabalho recaia sobre um aspecto específico da repercussão geral, trata-se de um ponto fulcral, apto a modificar o sistema como um todo.

Também não se procurará investigar o sentimento subjetivo de relevância que os ministros atribuem a controvérsias jurídicas – *e.g.*, por meio de entrevistas –, centrando-se os esforços do presente trabalho justamente naquilo que os ministros dão a conhecer, de modo a identificar possíveis padrões e critérios objetivamente aferíveis. Embora haja outras formas de avaliar os critérios pelos quais a Corte atribui importância a determinado assunto – como, por exemplo, a definição da pauta de julgamentos, a rapidez entre a distribuição de um caso e o seu julgamento etc. –, a delimitação ora proposta se justifica, uma vez que as decisões de matérias submetidas ao regime da repercussão geral consistem, ou deveriam consistir, no veículo por excelência pelo qual o Tribunal seleciona, entre os milhares de processos que lhe são remetidos, os recursos extraordinários de maior relevo, cujo mérito será analisado.

A problemática igualmente se justifica. Por diversas razões, mostra-se útil trazer à tona o debate sobre eventuais inconsistências presentes nas decisões de matérias afetadas ao filtro de relevância do STF, decorrentes da prática de expansão automática dos efeitos da negativa de repercussão geral a todos os casos que tratem de determinado tema. Não é necessário enfatizar a importância de que todo o País conheça as efetivas regras de acesso à sua Suprema Corte, órgão incumbido da guarda da Constituição (CF, art. 102, *caput*) e responsável pelas decisões de maior relevo e visibilidade. A partir da identificação de inconsistências, pode-se contribuir para a sua prevenção, evitando descrédito sobre a jurisprudência da Corte. Ainda, uma vez constatado que o juízo de relevância está sendo exercido sob a forma de milhares de decisões que invocam motivos pretensamente técnicos para negar seguimento a recursos extraordinários – como o caráter fático ou infraconstitucional de uma controvérsia –, motivos esses abandonados quando a Corte passa a considerar o tema importante, é possível contribuir para que o juízo de relevância seja exercido de forma mais transparente e econômica.

O capítulo 1 trata de diagnosticar as causas dos *déficits* de funcionalidade e de transparência da utilização exclusiva da repercussão geral como instrumento de resolução de demandas repetitivas, o que, paradoxalmente, consubstancia um filtro de relevância usado expressamente apenas em último caso. O problema básico é que a ausência de repercussão geral, assim praticada, não implica a mera "recusa" do recurso extraordinário examinado, mas *sempre* projeta efeitos sobre todos os processos que discutam a mesma questão jurídica, delimitada na fundamentação da decisão do STF. Nessa prática, as decisões negativas de repercussão geral assim são usadas apenas como instrumentos de resolução de demandas repetitivas, exigindo grande esforço de motivação analítica e *quorum* reforçado (dois terços dos ministros do STF) para produzir precedentes sobre assuntos considerados pouco relevantes. Trata-se de decisões que se espraiam por todo o sistema com potenciais efeitos colaterais, pois essa negativa de repercussão geral impede, na prática, que a Corte volte a ser provocada sobre o assunto, muito embora sua relevância possa variar no tempo. Além disso, trata-se de uma ferramenta que vem sendo insuficiente para conter o acesso ao STF, até porque um filtro de teses pouco pode fazer diante do volume de feitos que tramita em todo o Judiciário: algo em torno de 75 milhões de processos (e suas respectivas teses).

Não por outro motivo, o STF continuou adotando a mesma prática que já existia antes da repercussão geral: a produção em massa de decisões monocráticas que negam seguimento aos recursos, principalmente por óbices formais (ausência de ofensa constitucional direta, matéria fática, falta de pré-questionamento etc.). No entanto, embora se trate de uma via aparentemente mais econômica – porque pode ser adotada sem *quorum* qualificado, com menor esforço de motivação e efeitos restritos ao caso concreto –, essa forma de trabalho está na raiz da crise de funcionalidade da Corte: em verdade, ela constitui um "filtro oculto" de relevância, que sacrifica a transparência, a consistência e a qualidade das decisões do STF, além de torná-lo ainda mais assoberbado, pois acaba apenas por retroalimentar a litigiosidade.

No capítulo 2, busca-se comprovar que outras Cortes Supremas dotadas de filtros de relevância no mundo controlam os efeitos das decisões negativas a partir de sua motivação. Isso porque toda decisão judicial motivada tem uma vocação natural para servir como precedente, pois as razões que integram a motivação são sempre dotadas de algum grau de universalidade, ainda que mínimo, pelo qual reivindicam aplicação, em tese, a pelo menos mais um caso. Esse alcance expansivo da motivação é potencializado quando se trata das Cortes Supremas, cuja posição institucional confere uma transcendência inerente a seus pronunciamentos, dotados de grande visibilidade e impacto. Assim, nesses tribunais é especialmente necessário contar com mecanismos moderadores da criação de precedentes, sendo a motivação das decisões negativas um dos veículos mais eficazes para essa finalidade.

Por fim, no capítulo 3, objetiva-se demonstrar que o direito brasileiro – inspirado em experiências internacionais – é compatível com uma modulação dos efeitos das decisões negativas de repercussão geral, a partir da respectiva motivação. Ao considerar a "existência ou não de questões relevantes do ponto de vista econômico, político, social ou jurídico", a repercussão geral exige uma graduação da relevância que, em maior ou menor grau, todas as questões jurídicas possuem, especialmente as de natureza constitucional. Ocorre que é impraticável realizar comparações analíticas de relevância entre dezenas de milhares de controvérsias. Assim, o constituinte instituiu um contrapeso: um qualificadíssimo *quorum* de dois terços dos ministros do STF, que se justifica pela possibilidade de atenuar a motivação desse tipo de decisão, desde que ela tenha efeitos limitados ao recurso *in concreto*, ou, na dicção constitucional, que ela se limite a "recusá-lo", no singular (CF, art. 102, §3º). Neste capítulo, será analisada a forma pela qual essa ideia veio a ser acolhida pela ER nº 54/2020.

Desse modo, a negativa de repercussão geral no Brasil pode operar de duas formas. A primeira constitui um instrumento de resolução de demandas repetitivas, pelo qual a decisão afeta não apenas o caso concreto decidido, mas todos os recursos extraordinários, presentes e futuros, que versem sobre o tema, obstando sua admissibilidade. Isso corresponde à prática usual e é uma ferramenta que, apesar de seus efeitos colaterais, pode ser útil, mas insuficiente. A segunda é o modo que, antes mesmo de formalizado pela ER nº 54/2020, já era autorizado pelo direito brasileiro vigente, embora não fosse utilizado até então: o uso da repercussão geral como um instrumento de seleção qualitativa de recursos extraordinários, em que a decisão negativa tem efeitos limitados ao caso concreto e motivação atenuada. Esta segunda forma, que agora começa a ser adotada na prática, permite que a repercussão geral cumpra os fins para os quais foi criada; afinal, se o objetivo é permitir que o STF decida *apenas* o que é mais relevante, mostra-se indispensável ter um meio eficaz de não decidir o que é menos relevante. Longe de consagrar um arbítrio ilegítimo, tal ferramenta é capaz de aumentar a transparência, reduzir as inconsistências e, enfim, tornar administrável a agenda do STF,[83] o que significa cumprir a Constituição, em benefício de toda a sociedade. Assim, a regra básica de acesso à Corte ficará clara: para ser ouvido pelo STF, é preciso convencer ao menos quatro ministros da repercussão geral das questões constitucionais tratadas.

Como visto, a sobrecarga do STF não é um fenômeno novo, nem pode ser atribuído a alguns poucos fatores. Certamente o grande rol de competências do art. 102 da Constituição contribui para a crise – inclusive de identidade[84] – da Corte. O estudo pretende, assim, começar

---

[83] Sobre o art. 326, §1º, do RI/STF, na redação dada pela ER nº 54/2020, e com menção ao presente trabalho, afirmam Fredie Didier e Leonardo Carneiro da Cunha: "Essa nova e importante regra permite que o STF possa voltar ao tema, em outro momento – se a decisão negativa vinculasse, isso não poderia ocorrer; e, porque sempre vinculava, o STF costumava ou reconhecer a repercussão geral na maior parte dos casos, ou não admitir o recurso extraordinário por motivos 'tradicionais' (ofensa reflexa, falta de pré-questionamento etc., cuja decisão não gerava vinculação para casos futuros; são os 'filtros ocultos' da admissibilidade do recurso extraordinário). Por causa disso, a nova regra permite ao tribunal organizar a sua pauta, reforçando uma espécie de um 'poder de agenda'" (DIDIER, Fredie; CUNHA, Leonardo Carneiro da. *Curso de direito processual civil.* 18. ed. Salvador: JusPodivm, 2021. v. 3, p. 477).

[84] A citação de Leandro Giannini, a seguir, embora não seja nominalmente dirigida ao STF, parece adequar-se perfeitamente ao atual acúmulo de funções do Supremo Tribunal Federal brasileiro: "Pode uma Corte ser ao mesmo tempo o tribunal constitucional de última instância de uma jurisdição determinada, o encarregado de desenvolver uma função de revisão (de direito comum ou federal, segundo o caso), o inspetor final da justiça das decisões adotadas em um caso concreto frente a arbitrariedades manifestas e, ainda, ser a cabeça e responsável institucional da Justiça no diálogo com os demais poderes do Estado, ou inclusive o administrador total ou parcial do Poder Judiciário? É possível que um tribunal não tenha uma 'crise de identidade' ao pretender desempenhar tantos papéis num mesmo momento?". (GIANNINI, Leandro. *El certiorari*: la jurisdicción discrecional de las Cortes Supremas. La Plata: Librería Editora Platense, 2016. t. I, p. 42. Tradução livre do autor. No original: "¿Puede una Corte ser al mismo tiempo el tribunal constitucional de última instancia de una jurisdicción determinada, el encargado de desarrollar una función casatoria (de Derecho común o federal, según el caso), el inspector final de la justicia de las decisiones adoptadas en un caso concreto frente a arbitrariedades manifiestas y, a la

com a demonstração de que a forma de trabalho adotada, ao menos até a ER nº 54/2020, nos feitos de competência recursal extraordinária – que, em 2020, representaram mais de 65% do volume total de novos processos distribuídos, como visto acima –, tem um importante papel como concausa da disfuncionalidade do Supremo Tribunal Federal.

---

vez, ser la cabeza y responsable institucional de la Justicia en el diálogo con los restantes poderes del Estado o incluso el administrador total o parcialmente al Poder Judicial? ¿Es posible que um tribunal no tenga una 'crisis de personalidad' al pretender desempeñar tantos papeles en un mismo momento?)".

CAPÍTULO 1

A SUBUTILIZAÇÃO DA NEGATIVA EXPRESSA DE REPERCUSSÃO GERAL, COM SUA CORRESPONDENTE SUPERUTILIZAÇÃO OCULTA: A INSUFICIÊNCIA DE UMA TÉCNICA DE EFEITOS AMPLOS USADA APENAS PARA RESOLVER CASOS REPETITIVOS

As decisões que expressa ou formalmente negam repercussão geral a uma controvérsia – as quais exigem o *quorum* altamente qualificado de dois terços dos ministros – representam uma parcela ínfima do volume de julgamentos produzidos todos os anos pelo STF, sobretudo porque, ao menos até a ER nº 54/2020, eram usadas apenas como instrumentos de efeitos amplos, destinados à resolução de casos repetitivos (item 1.1). Tal prática enseja um uso informal do mecanismo por órgãos monocráticos e fracionários, com efeitos limitados ao caso concreto nas hipóteses (ainda) não enquadradas como repetitivas, o que constitui um "filtro oculto" responsável por sérios efeitos colaterais (item 1.2). É o que se passa a demonstrar, tendo por base o contexto vigente antes da entrada em vigor da ER nº 54/2020.[85]

---

[85] O presente capítulo corresponde, com algumas modificações e aprofundamentos, a artigo do autor: REGO, Frederico Montedonio. O filtro oculto de repercussão geral: como o obscurecimento dos juízos de relevância contribui para a crise do STF. (*Revista de Direito Brasileiro*, v. 18, n. 17, p. 6-29, set./dez. 2017).

1.1 A negativa expressa de repercussão geral: um esforço que pouco se tem justificado

A baixíssima incidência de decisões expressamente negativas de repercussão geral com efeitos amplos (item 1.1.1) se explica porque tais decisões não apresentam boa relação custo/benefício. Em outras palavras, há uma discrepância, de um lado, entre o alto nível de esforço institucional envolvido na sua prolação (item 1.1.2) – o custo –, e, de outro, o baixo grau de retorno que proporcionam – o benefício –, decorrente de sua utilização apenas como instrumento de resolução de casos repetitivos (item 1.1.3). Expõem-se tais ideias a seguir.

1.1.1 O paradoxo da repercussão geral, ou "primeiro, o menos importante": um filtro de relevância só utilizado expressamente em último caso

Em vários países, filtros de relevância são instrumentos comumente adotados para concentrar a limitada força de trabalho dos tribunais de cúpula nos casos que mereçam sua atenção prioritária, entre os inúmeros que lhe são submetidos. Nas Cortes que adotam esse mecanismo, portanto, é de se esperar que a maior parte dos casos seja submetida ao filtro – que pode ser mais ou menos severo – já na *chegada* ao tribunal. Depois da filtragem, resta a análise do mérito apenas dos casos que superem essa etapa, em quantidade idealmente compatível com a capacidade de o tribunal resolvê-los com qualidade e em prazo razoável.

Esse não é o procedimento-padrão do STF, embora a Corte conte com um filtro de relevância em efetivo funcionamento há mais de dez anos. A repercussão geral é pouquíssimo utilizada expressamente no cotidiano: tomando como base o período desde o início da efetiva prática do instituto (maio de 2007) até o final de 2020, há um grande contraste entre o número de temas afetados (que, como visto acima, foi de cerca de *1.120*) e o de decisões proferidas (*aproximadamente 1.650.000*).[86] Ao arredondar os números, é possível constatar que, na média de um período de 13,5 anos, *menos de uma (0,67) em cada mil decisões da Corte se referiu à afetação de um tema ao regime de repercussão geral, seja para reconhecê-la ou negá-la.* Sob uma ótica meramente quantitativa,

---

[86] Trata-se da ordem de grandeza da soma do número de decisões constantes da Tabela 1.

portanto, *menos de um milésimo das decisões do STF se insere diretamente no mecanismo criado para concentrar a sua força de trabalho.* Ainda que cada tema com repercussão geral reconhecida gerasse duas decisões (uma para a afetação e outra para o mérito) – o que nem sempre ocorre, como nos casos de negativa de repercussão geral e de reconhecimento com reafirmação de jurisprudência –, a ordem de grandeza dos números não se alteraria, de modo que o argumento não seria prejudicado.

Além disso, antes da ER nº 54/2020, a negativa de repercussão geral foi aplicada em algo como 350 temas, isto é, *apenas cerca de 350 decisões de um total aproximado de 1.650.000 foram expressamente negativas de repercussão geral, o que resulta num percentual de apenas 0,021% das decisões.* O STF, portanto, vive situação exatamente oposta à de outros tribunais congêneres, como os dos Estados Unidos e da Alemanha, em que, como visto, algo como 99% dos casos não superam o filtro e apenas o restante tem o mérito decidido.[87] No Brasil, embora se trate de um número aproximado, é possível dizer, não sem algum espanto, que *99,9% dos casos sequer passam pelo filtro.*[88] E, dos 1.183 temas submetidos

---

[87] Concordando com esse diagnóstico, com citação expressa do presente trabalho: GOMES, Flavio Marcelo. *Desvendando os recursos especial e extraordinário*: atualizado conforme a Emenda Regimental nº 54, de 01 de julho de 2020, do STF. Timburi: Cia do eBook, 2020, p. 47. *e-book.*

[88] Não se ignora que uma parcela dessas centenas de milhares de decisões se refere à aplicação de teses firmadas em regime de repercussão geral a casos concretos, que assim poderiam ser considerados "filtrados". No entanto, essa parcela não é significativa a ponto de invalidar o argumento. De 2016 a 2020, foram devolvidos 63.996 processos pela Presidência do STF às instâncias de origem (informação disponível em: http://www. stf.jus.br/arquivo/cms/publicacaoBOInternet/anexo/RG/Teste/Quadro%20Geral%20 Devolu%C3%A7%C3%A3o%20RG.mhtml. Acesso em: 12 fev. 2021). De 2007 a 2015 (na vigência das Portarias STF nº 177/2007 e 138/2009), os processos eram devolvidos pela Secretaria Judiciária a partir da simples aposição de etiquetas identificando a causa da devolução – portanto, sem prolação de uma decisão judicial, não impactando, assim, a estatística –; ou, ainda, no caso aberrante de não retratação expressa de decisão contrária ao precedente do STF (CPC/1973, art. 543-B, §4º; CPC/2015, art. 1.041). A aplicação supostamente equivocada de tese firmada em repercussão geral a casos concretos é impugnável por reclamação (CPC/2015, art. 988, §5º, II), que só tem sido admitida em hipóteses de "teratologia" da decisão reclamada (STF, 2ª T., Rcl 41.030 ED-ED, Rel. Min. Gilmar Mendes, j. 23.11.2020). Seja como for, ainda que todas as cerca de 46.000 reclamações distribuídas até 2020 ao STF versassem sobre inobservância de precedentes de repercussão geral – o que não é o caso –, a soma dessas reclamações com os cerca de 64.000 processos devolvidos totalizaria 110.000 decisões, o que não seria suficiente para alterar a ordem de grandeza dos números, pois ainda restariam mais de 1.500.000 decisões não relacionadas à repercussão geral entre 2007 e 2020, o que ainda corresponderia a mais de 90% do total. Sobre a Portaria STF nº 138/2009, cf. DERZI, Misabel de Abreu *et al.* Recursos extraordinários, precedentes e a responsabilidade política dos tribunais: um problema em aberto para o legislador e o novo CPC. *Revista de Processo*, v. 237, p. 473-493, nov. 2014 (inclusive com foto da etiqueta). MEDINA, Damares. *A repercussão geral no Supremo Tribunal Federal*. São Paulo: Saraiva, 2016. *e-book*, p. 55-56.

ao regime da repercussão geral até 24.11.2021, descontando-se os 9 cancelados e os 6 então em análise, como visto acima, apenas cerca de um terço recebeu decisões negativas (384 de 1.183), enquanto os outros dois terços (784 de 1.183) foram admitidos,[89] muito embora o próprio STF reconheça que "a observação atenta das controvérsias retratadas nos milhares de decisões proferidas pelo SUPREMO sinaliza a predominância de assuntos destituídos de repercussão geral" (ARE nº 1.273.640 AgR, Rel. Min. Alexandre de Moraes, j. 8.9.2020). É certo que nem todos os processos de competência do STF estão sujeitos ao regime da repercussão geral, e sim apenas os recursos extraordinários (REs) e respectivos agravos (AREs). Porém, tais classes representaram cerca de 85% do volume total de processos até 2016 e mais de 65% em 2020, de modo que se reconhece que a crise do STF é, substancialmente, a "crise do recurso extraordinário".[90]

Nesse sentido, há uma subutilização do filtro de relevância pelo STF. Apesar disso, constata-se que a Corte reconheceu repercussão geral a temas demais, em quantidade superior à sua capacidade de julgamento em prazo razoável.[91] Até 2019, o STF julgava em média 34,75 temas com repercussão geral reconhecida por ano (417 temas decididos em 12 anos) e encerrou aquele ano com 311 temas pendentes de decisão de mérito.[92] Somente em 2020, impulsionado pelos julgamentos virtuais, o STF fez um forte movimento no sentido de zerar o estoque, ao julgar o mérito de 135 temas[93] – quase 25% de todos os temas decididos desde

---

[89] Na análise do período de 2007 a 2013, Damares Medina chegou à conclusão semelhante: 70% dos casos são admitidos e 30% são negados, o que sugere que o STF, coletivamente, não utiliza a repercussão geral como um filtro para restringir o acesso à Corte, mas, substancialmente, para ampliá-lo (MEDINA, Damares. *A repercussão geral no Supremo Tribunal Federal*. São Paulo: Saraiva, 2016. *e-book*, p. 114-115 e 129-130).

[90] ALVES, José Carlos Moreira. A missão constitucional do Supremo Tribunal Federal e a argüição de relevância de questão federal. *Revista do Instituto dos Advogados Brasileiros*, ano XVI, n. 58-59, 1982, p. 42.

[91] "Na prática forense do STF, os Recursos Extraordinários paradigmáticos foram se acumulando, pois o Tribunal mostrou 'generosidade' no reconhecimento de Repercussão Geral. Ao mesmo tempo, ficou claro que o Tribunal não tinha a capacidade institucional de decidir esses RE em tempo razoável, prolongando-se por anos a suspensão de milhares de processos" (RAMOS, Luciana de Oliveira; CUNHA, Luciana Gross Siqueira; DIMOULIS, Dimitri (Orgs.). *Um balanço da reforma do Judiciário*: os efeitos da reclamação constitucional e da "repercussão geral" nas práticas decisórias do Supremo Tribunal Federal e do Tribunal de Justiça de São Paulo. Belo Horizonte: Arraes, 2020, p. 89).

[92] BRASIL, Supremo Tribunal Federal. *Relatório de atividades 2019*, p. 47. Disponível em: https://sistemas.stf.jus.br/dspace/xmlui/bitstream/handle/123456789/2112/Relatorio Atividades2019_jan2020.pdf?sequence=3&isAllowed=y. Acesso em: 12 fev. 2021.

[93] Tabela "Méritos julgados por ano" (disponível em: http://portal.stf.jus.br/repercussao geral/. Acesso em: 31 mar. 2021).

que a repercussão geral entrou em vigor –, encerrando o ano com pouco mais de 200 pendentes, que ainda ocasionavam o sobrestamento de cerca de 2 milhões de processos no Judiciário, como já visto acima.[94] Isso revela que, em verdade, o que há é uma subutilização da negativa formal de repercussão geral pelo STF, o que é evidenciado pela dinâmica decisória da Corte.

O art. 323 do RI/STF prevê que, "*[q]uando não for caso de inadmissibilidade do recurso por outra razão*, o(a) Relator(a) ou o Presidente submeterá, por meio eletrônico, aos demais Ministros, cópia de sua manifestação sobre a existência, ou não, de repercussão geral". São essas "outras razões" – e não a falta de repercussão geral – que normalmente se invocam para inadmitir recursos, razões essas identificadas com óbices já "tradicionais", de há muito erguidos pela jurisprudência da Corte contra o acolhimento das pretensões dos recorrentes.

Fora os casos de erros grosseiros, é de praxe o Tribunal negar seguimento a recursos por qualificar a matéria controvertida como infraconstitucional, e não constitucional (Súmulas nº 280 e 636), como fática, e não jurídica (Súmula nº 279), ou apontar a falta de pré-questionamento (Súmulas nº 282 e 356).[95] Nessa linha, entre 1988 e 2009, 91,76% das decisões do STF fundaram-se em óbices processuais e nas súmulas acima.[96] Essa prática se manteve nos anos seguintes, tendo em vista

---

[94] Nesse sentido, referindo-se ao período de 2007 a 2013: "No contexto da atividade jurisdicional do STF, os 700 temas com a repercussão geral analisada ainda ocupam um lugar pouco expressivo (por mais que representem uma infinidade de processos represados nos tribunais de origem". (MEDINA, Damares. *A repercussão geral no Supremo Tribunal Federal*. São Paulo: Saraiva, 2016. e-book, p. 107-108).

[95] "A invocação da falta de pré-questionamento e dos mais variados defeitos formais nos recursos, bem como o confinamento de diversas questões suscitadas ao plano infraconstitucional ou ao plano da matéria fática transformaram-se nos grandes escudos da Corte, na tentativa de viabilizar seu funcionamento frente à avalanche de causas que aportavam no protocolo. Situações de fato e de direito idênticas acabavam solucionadas de formas diversas, quando questões essencialmente circunstanciais, como pré-questionamentos e requisitos formais as distinguissem para fins de acesso à decisão final pelo STF". (FERRAZ, Taís Schilling. *A amplitude dos efeitos das decisões sobre questão constitucional de repercussão geral*: critérios para aplicação de precedentes no direito brasileiro. 2015. Dissertação (Mestrado em Direito) – PUC/RS, Porto Alegre, 2015. Disponível em: http://biblioteca.trf4.jus.br/diap/teses/FERRAZ_TA%C3%8DS_ SCHILLING.pdf. Acesso em: 30 out. 2016. p. 40).

[96] Detalha-se: 55,62% das decisões tiveram como base normativa o CPC/1973 (não há mais informações sobre os dispositivos específicos, mas apenas o indicativo de que o caso foi resolvido somente com base no direito processual, e não material); 13,40% basearam-se na Súmula nº 282 (falta de pré-questionamento); 11,71% foram fundadas na Súmula nº 279 (matéria de fato); e 11,03% apoiaram-se na Súmula nº 356 (falta de pré-questionamento por não oposição de embargos declaratórios). Os dados são de FALCÃO, Joaquim; CERDEIRA, Pablo; ARGUELHES, Diego Werneck. O Supremo Tribunal Federal

que a taxa média de provimento de recursos no STF entre 2010 e 2020 é de apenas 3,3%.[97] Todas essas alternativas podem ser adotadas de forma singular pelo relator, cabendo agravo para a respectiva Turma, um colegiado de cinco ministros, e não para o Plenário. Como regra, esse agravo confirmará a decisão monocrática, por julgamento em lista: um mecanismo sumário em que não há debate, e no qual dezenas de casos podem ser julgados por vez. A propósito, foi exatamente o que ocorreu no simbólico ARE nº 1.000.000, no qual o Min. Marco Aurélio, em decisão monocrática de 4.10.2016, confirmada pela Primeira Turma em 21.3.2017, aplicou as Súmulas nº 279 e 280.

Ao menos como praticada até 2020, portanto, a repercussão geral é um filtro de relevância só usado expressamente em última hipótese, "[q]uando não for caso de inadmissibilidade do recurso por outra razão". Inverte-se, assim, a conhecida máxima de gestão do tempo, "primeiro, o mais importante": o Tribunal não prioriza a análise da relevância das discussões que lhe chegam via recursos extraordinários, mas sim a aplicação de óbices formais que, nos termos do art. 323 do RI/STF, são preferidos ao juízo sobre a relevância da matéria de fundo. Tal paradoxo ("primeiro, o menos importante"), que confina o mecanismo a menos de um milésimo das decisões da Corte, explica-se, ao menos em parte, pelo elevado esforço institucional necessário para a prolação de decisões formais negativas de repercussão geral, como se passa a analisar a seguir.

1.1.2 O alto custo institucional exigido na negativa formal de repercussão geral

O art. 102, §3º, da Constituição prevê que a repercussão geral só poderá implicar a "recusa" do recurso extraordinário se tal decisão for tomada por dois terços dos ministros do STF, o que exige a concordância de oito dos onze juízes da Corte.[98] Trata-se de um *quorum* extremamente

---

processual. *In: Estudos*: direito público. Homenagem ao Ministro Carlos Mário da Silva Velloso. São Paulo: Lex Magister, 2012. p. 302.

[97] BRASIL, Supremo Tribunal Federal. *Painel da taxa de provimento*. Disponível em: https://transparencia.stf.jus.br/single/?appid=ca45dc5b-0684-4d3d-9f49-7ce39dfa6123&sheet=117b765f-1773-4276-866c-1faf26145fe1. Acesso em: 9 fev. 2021.

[98] Há entendimento minoritário no sentido de que os dois terços se refeririam não ao Plenário, mas às Turmas, com competência para recursos extraordinários, cf. art. 9º, III, do RI/STF (*v.g.* BERMUDES, Sérgio. *A reforma do Judiciário pela Emenda Constitucional nº 45*. Rio de Janeiro: Forense, 2005. p. 57; MALTEZ, Rafael Tocantins. Repercussão geral da questão constitucional (CF, §3º do art. 102 – EC nº 45/2004). *In:* MELLO, Rogério Licastro

CAPÍTULO 1
A SUBUTILIZAÇÃO DA NEGATIVA EXPRESSA DE REPERCUSSÃO GERAL... | 69

qualificado e significativo: note-se que a maioria absoluta dos ministros (seis de onze) pode declarar a inconstitucionalidade de uma lei (CF, art. 97), mas não pode negar repercussão geral no âmbito de um recurso extraordinário. Tal *quorum* equivale ao necessário para a modulação dos efeitos de decisão declaratória de inconstitucionalidade, reservada para casos em que a medida se justifique por "razões de segurança jurídica ou de excepcional interesse social" (art. 27 da Lei nº 9.868/1999), bem como para editar, revisar ou cancelar súmulas vinculantes (CF, art. 103-A, também incluído pela EC nº 45/2004).

A Constituição exige, portanto, um elevado nível de convergência entre os ministros para a negativa formal de repercussão geral ou, em outras palavras, um alto grau de esforço institucional, sobretudo quando se considera que a Corte é marcada pela atuação predominantemente individual de seus integrantes. Como se sabe, a "monocratização" do STF é um fenômeno preexistente à repercussão geral, que consiste na forma pela qual o Tribunal lida com a maior parte do volume. Apurou-se que, das decisões do STF entre 1992 e 2013, 93% foram monocráticas.[99] Dados oficiais confirmam essa observação: entre 2009 e 2017, a proporção de decisões monocráticas oscilou entre 84% e 89% do total de decisões.[100] Esse caráter habitual do exercício monocrático do poder decisório no STF pode levar à conclusão de que não faz sentido criar filtros colegiados. É o que se extrai da seguinte passagem:

> No ponto, criticável a opção constitucional, *data venia*. Ao procurar diminuir os julgamentos, criou-se uma *barreira burocrática*. O art. 557 do Código de Processo Civil [de 1973] autorizava até o mais – julgamento do mérito do recurso –, agora, em sede de recurso extraordinário, um pressuposto processual não poderá ser julgado com fundamento em

---

Torres de (Coord.). *Recurso especial e extraordinário*: repercussão geral e atualidades. São Paulo: Método, 2007. p. 197-198; PEREIRA, Vinícius. Questões polêmicas acerca da repercussão geral no recurso extraordinário. *Juris Plenum*, n. 14, p. 108-109, mar. 2007). Tal interpretação, no entanto, não resiste à literalidade do art. 102, §3º, da CF – que se refere a dois terços dos membros do Tribunal, e não de seus órgãos fracionários –, bem como do art. 543-A, §4º, do CPC/1973, que dispensava a remessa ao Plenário quando a repercussão geral fosse reconhecida por quatro votos na Turma: não haveria por que dispensar o que não ocorre.

[99] HARTMANN, Ivar; FERREIRA, Lívia da Silva. Ao relator, tudo: o impacto do aumento do poder do Ministro relator no Supremo. *Revista Opinião Jurídica*, Fortaleza, ano 13, n. 17, p. 274. Disponível em: http://periodicos.unichristus.edu.br/index.php/opiniaojuridica/article/view/266/179. Acesso em: 30 out. 2016.

[100] BRASIL. Conselho Nacional de Justiça. *Supremo em ação 2018*: ano-base 2017. Brasília: Conselho Nacional de Justiça, 2017. p.32. Disponível em: https://www.cnj.jus.br/wp-content/uploads/2017/06/fd55c3e8cece47d9945bf147a7a6e985.pdf. Acesso em: 13 fev. 2021.

tal dispositivo, mas o mérito recursal sim! Trata-se de uma verdadeira contradição: o relator pode julgar o mérito do recurso, provendo-o ou não, mas não poderá, monocraticamente, decidir se está presente o pressuposto da *repercussão geral*, salvo quando já houver precedente sobre o tema.[101]

De fato, gerou perplexidade a instituição de um requisito de admissibilidade que só poderia ser analisado pelo Plenário, se o julgamento do mérito do recurso continua, em regra, cabendo aos relatores (CPC/1973, art. 557, e CPC/2015, art. 932),[102] ou às Turmas que integram (RI/STF, art. 9º, III).[103] Talvez em razão do ônus envolvido na convocação do Plenário, procurou-se maximizar a eficácia de suas decisões, inclusive negativas, expandindo-a para todos os casos sobre a mesma matéria.[104] Também se quis evitar reuniões desnecessárias do

---

[101] GOMES JÚNIOR, Luiz Manoel; GAJARDONI, Fernando da Fonseca. Anotações sobre a repercussão geral nos recursos extraordinário e especial. *In:* FUX, Luiz; FREIRE, Alexandre; DANTAS, Bruno (Coords.). *Repercussão geral da questão constitucional.* Rio de Janeiro: Forense, 2014. p. 462. Também considerando o *quorum* "demasiado e assistemático": BENUCCI, Renato Luís. A repercussão geral no recurso extraordinário como instrumento de gestão judiciária. *Revista Dialética de Direito Processual,* n. 63, p. 121, jun. 2008.

[102] "Ao que parece, o legislador constituinte reformador de 2004 não atentou para o fato de que em sua maior parte os julgamentos contemporâneos na esfera dos Tribunais Superiores são *monocráticos* (com fulcro no art. 557 do CPC e dispositivos análogos). Portanto, criou-se situação em que a *rejeição* do recurso extraordinário em virtude da não configuração da repercussão geral das questões constitucionais está adstrita ao quórum qualificado. Trata-se, no entanto, de exigência descompassada com a realidade dos Tribunais Superiores". (KOZIKOSKI, Sandro Marcelo. A repercussão geral das questões constitucionais e o juízo de admissibilidade do recurso extraordinário (Lei nº 11.418/2006). *Cadernos de soluções constitucionais,* n. 3, p. 417, 2008).

[103] No sentido de que as Turmas poderiam julgar o mérito de recursos com repercussão geral, *v.g.*: BERMUDES, Sérgio. *A reforma do Judiciário pela Emenda Constitucional nº 45.* Rio de Janeiro: Forense, 2005. p. 57; RAMOS, André Luiz Santa Cruz. Da necessidade de demonstração da repercussão geral das questões constitucionais discutidas no recurso extraordinário (art. 102, §3º, da CF/88). *Revista Dialética de Direito Processual,* n. 32, p. 16, nov. 2005; MACIEL, José Alberto Couto. Regulamentação da repercussão geral nos recursos extraordinários. *Revista Jurídica Consulex,* n. 252, p. 52, 15 jul. 2007; VALLE, Vanice Lírio do. Repercussão geral: um passo a mais na difícil trilha de construção da vinculatividade das decisões judiciais. *Revista da EMERJ,* v. 10, n. 40, p. 153, 2007 (questionando, porém, a eficácia vinculante de uma decisão da Turma); ROSA, Sandro Luiz de Oliveira. *Repercussão geral no recurso extraordinário.* Curitiba: Juruá, 2013. p. 167; KOZIKOSKI, Sandro Marcelo. Recurso extraordinário e repercussão geral. *In:* CLÈVE, Clèmerson Merlin (Coord.). *Direito constitucional brasileiro,* v. II: organização do Estado e dos poderes. São Paulo: Revista dos Tribunais, 2014. p. 733; DIDIER JR., Fredie; CUNHA, Leonardo Carneiro da. *Curso de direito processual civil.* 18. ed. Salvador: JusPodivm, 2021. v. 3, p. 472 (referem-se aos recursos não repetitivos).

[104] "Em outros termos, para julgar será preciso um único magistrado; para não julgar serão necessários oito... A saída razoável será convocar o pleno do Supremo Tribunal Federal para decidir a transcendência de questões constitucionais referentes a demandas

Plenário quando, numa das Turmas, quatro ministros se pronunciam pela existência de repercussão geral, a inviabilizar o alcance do *quorum* de dois terços em sentido contrário (CPC/1973, art. 543-A, §4º).[105] Mas a praxe é que o julgamento do mérito dos casos com repercussão geral reconhecida sempre tem ocorrido pelo Plenário, ao qual o caso é afetado por sua relevância.[106] Isso é salutar, pois, do contrário, haveria risco de pronunciamentos contraditórios entre as duas Turmas sobre os mesmos temas relevantes. Por maior razão, casos com repercussão geral reconhecida não são, nem devem ser, julgados monocraticamente.[107]

Seja como for, o direito brasileiro vem apostando em "mecanismos de superprodução"[108] de decisões, notadamente a atribuição de poderes ao relator para decidir recursos em hipóteses progressivamente expandidas: no STF e no STJ, por força do art. 38 da Lei nº 8.038/1990;

---

recorrentes, de tal sorte a decisão tomada em uma única sessão de julgamento possa servir para evitar o julgamento de diversos outros processos na mesma situação. A Constituição, porém, não deixa espaço confortável para essa interpretação, pois seu artigo 102, parágrafo 3º parece exigir, caso a caso, manifestação pontual da Corte". (CARMONA, Carlos Alberto. Reforma da Constituição e processo: promessas e perspectivas. *Revista da Procuradoria-Geral do Estado de São Paulo*, n. 61/62, p. 6, jan./dez. 2005).

[105] CARNEIRO, Athos Gusmão. Considerações sobre o recurso extraordinário e a 'repercussão geral'. *Revista Autônoma de Processo*, n. 4, p. 174, 2007. Confirmou-se, no entanto, a previsão quanto à desnecessidade de utilização da regra, em razão do Plenário Virtual. (TALAMINI, Eduardo. Repercussão geral em recurso extraordinário: nota sobre sua regulamentação. *Revista Dialética de Direito Processual*, n. 54, p. 59, set. 2007).

[106] Numerosos dispositivos do RI/STF respaldam a praxe segundo a qual os julgamentos mais relevantes são afetados ao Plenário, e que tal afetação independe de acórdão específico: arts. 6º, II, *b*; 11, I; 22, *caput* e parágrafo único, *b*; e 176, §1º.

[107] Note-se que o art. 325 do RI/STF prevê que, "uma vez definida a existência de repercussão geral", o relator ou "julgará o recurso", ou "pedirá dia para seu julgamento". Essa possibilidade de julgamento monocrático parece referir-se às hipóteses do art. 323, §2º, do RI/STF, isto é, aquelas em que a repercussão geral "se presume", porque o Plenário já decidiu o tema, ou porque a decisão recorrida viola súmula ou jurisprudência dominante, caso no qual é possível, em tese, o provimento do recurso por decisão monocrática (CPC/2015, art. 932, V). De toda forma, o art. 325 do RI/STF parece contemplar duas possibilidades de decisão em matéria de repercussão geral: "decisão monocrática" ou "acórdão", devendo ambos, porém, ser "integrados" por uma "decisão preliminar" tomada pelo Plenário sobre a matéria. Aparentemente, não se trata de mera "formalização", tal como previsto no *caput* do dispositivo – o que é de difícil compreensão, já que não parece necessária uma decisão monocrática para "formalizar" uma deliberação colegiada –, ou se cuida da simples aplicação, pelos relatores de casos concretos, de uma deliberação colegiada tomada sobre um determinado tema em tese. Também defendendo a impossibilidade de julgamento monocrático de casos com repercussão geral reconhecida, *e.g.*: OLIVEIRA, Pedro Miranda de. *Recurso extraordinário e o requisito da repercussão geral*. São Paulo: Revista dos Tribunais, 2013. p. 372; FREITAS JÚNIOR, Horival Marques de. *Repercussão geral das questões constitucionais*: sua aplicação pelo Supremo Tribunal Federal. São Paulo: Malheiros, 2015. p. 197.

[108] A terminologia pode ser encontrada em GIANNINI, Leandro. *El certiorari*: la jurisdicción discrecional de las Cortes Supremas. La Plata: Librería Editora Platense, 2016. t. I, p. 43.

nos tribunais em geral, pelas Leis nº 9.139/1995 e nº 9.756/1998, que alteraram o art. 557 do CPC/1973; e, por fim, pelo art. 932 do CPC/2015 (que revogou o art. 38 da Lei nº 8.038/1990). A ampla utilização dessas decisões deixou em segundo plano o filtro criado para o STF, pois, ao menos na aparência, elas exigem um esforço muito menor que o requerido por um mecanismo de *quorum* muito elevado. De fato, se o relator pode, sozinho, decidir até mesmo o mérito de um recurso, não parece fazer sentido submeter a etapa de admissibilidade à concordância de dois terços do Plenário. Não é à toa que, mesmo com a instituição da repercussão geral, o STF ainda atua de forma esmagadoramente monocrática:

Tabela 2 – Quantidade de decisões monocráticas e colegiadas do STF por ano[109]

	Decisões colegiadas (%)	Decisões monocráticas (%)	Total (100%)
2010	11.342 (10,4%)	98.357 (89,6%)	109.702
2011	13.095 (12,8%)	89.314 (87,2%)	102.427
2012	12.091 (13,7%)	77.775 (86,3%)	90.082
2013	14.103 (15,7%)	76.150 (84,3%)	90.253
2014	17.074 (14,9%)	97.383 (85,1%)	114.457
2015	17.715 (15,2%)	98.943 (84,8%)	116.658
2016	14.553 (12,4%)	102.953 (87,6%)	117.487
2017	12.894 (10,2%)	113.628 (89,8%)	126.522
2018	14.530 (11,5%)	112.208 (88,5%)	126.739
2019	17.711 (15,4%)	97.965 (84,6%)	115.676
2020	18.209 (18,3%)	81.303 (81,7%)	99.512

---

[109] BRASIL. Supremo Tribunal Federal. Planilha dinâmica *Decisões no Supremo Tribunal Federal*. Disponível em: https://transparencia.stf.jus.br/single/?appid=1f9aa2cf-d569-4e98-bd2a-a9dac4e79a69&sheet=3490ef1f-f90e-4b51-9b93-b578efd54efd&theme=simplicity&select=clearall. Acesso em: 13 fev. 2021. A tabela exibe sutis diferenças em relação à 1ª edição deste livro, possivelmente por revisão da metodologia dos dados do STF, sem comprometimento da ordem de grandeza dos números.

Além disso, apenas uma ínfima parcela das decisões colegiadas está diretamente inserida na sistemática da repercussão geral.[110] Assim, mesmo condicionando-se a admissibilidade dos recursos extraordinários à repercussão geral das questões constitucionais – e ainda que isso possa ser feito por meio eletrônico, sem sessões presenciais –, a solução monocrática alheia à relevância ainda é a preferencial, o que se explica, em parte, devido ao maior esforço institucional exigido pela utilização formal do filtro.[111] Assim, não se confirmou a previsão de que "o instituto reforçará a atuação colegiada paradigmática da Corte".[112] O fator responsável por aumentar a proporção de decisões colegiadas em 2020 – 18,3%, o maior índice em dez anos, embora ainda baixo para um Tribunal que deveria operar mais de forma coletiva – parece ser a generalização dos julgamentos colegiados virtuais.[113]

---

[110] Embora Giannini manifeste aparentemente uma visão positiva do funcionamento do filtro de relevância brasileiro, sua análise parte de um erro de premissa: o de que a quase totalidade dos pronunciamentos do Tribunal passa pela sistemática da repercussão geral, seja em razão da possibilidade de "aceitação silenciosa", seja porque, ao longo dos anos, viria aumentando a deliberação explícita sobre a matéria. Nesse sentido, o autor cita uma estatística segundo a qual a análise explícita sobre a repercussão geral teria passado de 10,48% dos casos no segundo semestre de 2007 para 98,4% no segundo semestre de 2014. (GIANNINI, Leandro. *El certiorari*: la jurisdicción discrecional de las Cortes Supremas. La Plata: Librería Editora Platense, 2016. t. I, p. 563-564). Tal estatística, em verdade, refere-se ao percentual de recursos extraordinários que apresentaram *preliminar formal de repercussão geral*, e não daqueles que tiveram a repercussão geral analisada pelo Plenário do STF. É natural que o número de recursos que apresentam a preliminar formal tenha aumentado à medida que os advogados se familiarizaram com a sistemática que passou a funcionar em 2007. O próprio autor referiu, mas não deu atenção à média de decisões afetadas à repercussão geral entre 2010 e 2014: apenas 135/ano. (GIANNINI, Leandro. *El certiorari*: la jurisdicción discrecional de las Cortes Supremas. La Plata: Librería Editora Platense, 2016. t. I, p. 562).

[111] "[O] elevado quórum tornou por demais onerosa a recusa do recurso por ausência de repercussão geral, o que foi constatado nos resultados da aplicação do instituto no STF, na contramão do que se pretendia: desafogamento do tribunal do elevado número de processos (restrição procedimental)". (MEDINA, Damares. *A repercussão geral no Supremo Tribunal Federal*. São Paulo: Saraiva, 2016. *e-book*, p. 71-72). Cf. TAVARES, André Ramos. A repercussão geral no recurso extraordinário. *In*: TAVARES, André Ramos; LENZA, Pedro; ALARCÓN, Pietro de Jesús. *Reforma do Judiciário*: analisada e comentada. São Paulo: Método, 2005. p. 217-218.

[112] DANTAS, Bruno. *Repercussão geral*. 3. ed. São Paulo: Revista dos Tribunais, 2012. p. 317.

[113] É preciso, porém, levar em conta a crítica de que a colegialidade em muitos casos pode ser apenas formal. Nesse sentido, inserindo nuances na dicotomia entre decisões monocráticas x colegiadas a partir do conceito de *atenção decisória*, v. PEREIRA, Thomaz; ARGUELHES, Diego Werneck; ALMEIDA, Guilherme da Franca Couto Fernandes de. *Quem decide no Supremo?* Tipos de decisão colegiada no Tribunal (1988-2018). VIII Relatório FGV Supremo em Números. Rio de Janeiro: FGV Direito Rio, 2020. Disponível em: https://bibliotecadigital.fgv.br/dspace/handle/10438/29679. Acesso em: 28 mar. 2021.

A existência de um *quorum* de dois terços, no entanto, não esgota os motivos pelos quais a negativa formal de repercussão geral é pouco utilizada no Brasil. Basta lembrar que, na Suprema Corte dos EUA, também se exige um *quorum* qualificado para negar o *certiorari*: é necessário que pelo menos seis de nove *justices* – portanto, dois terços – estejam de acordo para que o mérito da causa não seja conhecido. Trata-se da *rule of four*, regra costumeira pela qual a análise do mérito de um processo pela Corte depende da concordância de ao menos quatro juízes. Levando-se em conta outra norma igualmente costumeira (*join-three vote*), segundo a qual, havendo três votos pela concessão do *certiorari*, um dos *justices* reconsidera sua posição original e se junta à minoria para que sejam obtidos os quatro votos necessários, conclui-se que, na prática, são necessários ainda mais que dois terços dos votos (sete de nove) para negar o *certiorari*. Mesmo assim, 99% dos casos não superam o filtro (cf. item 2.3.1).

Desse modo, o maior esforço institucional decorrente de um *quorum* extremamente qualificado – ou, em outras palavras, o alto custo das decisões formalmente negativas de repercussão geral – não explica, por si só, a subutilização do mecanismo no Brasil. Seu maior emprego poderia se justificar se o filtro fosse de fato capaz de tornar funcional o acesso ao STF e a dinâmica decisória da Corte – isto é, se houvesse um benefício correspondente. No item 3.2, será detalhado como atribuir sentido e proveito ao *quorum*, à luz do direito vigente. Por ora, basta constatar que hoje o filtro não apresenta, por assim dizer, uma boa relação custo/benefício: a prática que norteou a utilização do instituto ao menos até a ER nº 54/2020 limitou suas potencialidades, o que decorreu da utilização da negativa de repercussão geral apenas como instrumento de resolução de demandas repetitivas, como se passa a expor.

1.1.3 Os efeitos pouco benéficos – quando não deletérios – da negativa formal de repercussão geral com efeitos amplos: seu uso apenas para resolver casos repetitivos

O alto custo institucional envolvido na tomada de uma decisão expressamente negativa de repercussão geral não tem correspondido a um benefício equivalente, ao menos em termos de racionalização do trabalho do STF. Isso ocorre porque a negativa formal de repercussão geral, ao menos até a ER nº 54/2020, operou apenas como um instrumento de resolução de casos repetitivos, o que apresenta poucos benefícios (item 1.1.3.1) e, às vezes, torna seu uso até mesmo deletério e contraproducente (item 1.1.3.2). É o que se segue.

1.1.3.1 A baixa eficiência da criação de "precedentes sobre questões de pouca relevância": a inadequação da tela do filtro ao que deveria ser filtrado

Por força do art. 102, §3º, da Constituição, a repercussão geral é um requisito de admissibilidade aplicável a todos os recursos extraordinários, quer se refiram a controvérsias de natureza repetitiva ou não.[114] Isso é confirmado pelo tratamento infraconstitucional da matéria, em que a repercussão geral foi disciplinada para os recursos extraordinários em geral (CPC/1973, art. 543-A; CPC/2015, art. 1.035) e também para os repetitivos (CPC/1973, art. 543-B; CPC/2015, arts. 1.036 a 1.041). Porém, a prática do instituto ao menos até a ER nº 54/2020 levou ao seu confinamento à segunda hipótese, vale dizer, afetou-o apenas à solução de casos repetitivos.[115]

---

[114] "Bem se vê, portanto, que a repercussão geral nada tem a ver com questões repetitivas, ainda que uma questão constitucional com repercussão geral possa, eventualmente, se repetir em diversos processos" (MARINONI, Luiz Guilherme; FORTES, Luiz Henrique Krassuski. Decisões mais importantes do STF em 2020 das quais você não ouviu falar. *JOTA*, 2 fev. 2021 (parte I). Disponível em: https://www.jota.info/opiniao-e-analise/artigos/decisoes-mais-importantes-do-stf-em-2020-das-quais-voce-nao-ouviu-falar-02022021. Acesso em: 11 mar. 2021.

[115] "A repercussão geral parece estar sendo usada pelo STF mais como um mecanismo de gestão de processos repetitivos que chegam à Corte e de uniformização de jurisprudência do que como um filtro de questões relevantes do ponto de vista substancial. [...] [N]ão há, no momento, propriamente um filtro consolidado de relevância constitucional". (SUNDFELD, Carlos Ari; SOUZA, Rodrigo Pagani (Coords.). Repercussão geral e o sistema brasileiro de precedentes. *Série pensando o Direito*, n. 40. Brasília: Ministério da Justiça, 2011. p. 27 e 29. Disponível em: http://pensando.mj.gov.br/wp-content/uploads/2015/07/40Pensando_Direito11.pdf. Acesso em: 19 jul. 2017). "Inicialmente idealizada e prevista como um filtro de recurso, a repercussão passou (e hoje é) a ser o conteúdo do rito dos recursos repetitivos. Isto é, uma vez afetado um recurso para o nível repetitivo, o STF aplica a técnica de suspensão, comunicação etc., e antes de definir o mérito, decide se a questão tem ou não repercussão geral" (CÔRTES, Osmar Mendes Paixão. Transcendência x repercussão geral. *Revista do TRT da 9ª Região*, ano X, n. 92, set. 2020, p. 77). No ver deste último autor, a repercussão geral "evoluiu", passando "de filtro individual para um instrumento importante no microssistema objetivo de demandas repetitivas" (CÔRTES, Osmar Mendes Paixão. A evolução da repercussão geral. *In*: NERY JUNIOR, Nelson; ALVIM, Teresa Arruda; OLIVEIRA, Pedro Miranda de. *Aspectos polêmicos dos recursos cíveis e assuntos afins*. v. 14. São Paulo: Thomson Reuters Brasil, 2018, p. 309). "A prática do STF tem sido fundir as técnicas da repercussão geral e do julgamento

Desde o início do funcionamento do mecanismo, firmou-se o entendimento de que "[n]ão é o recurso ou o acórdão de origem, mas sim, a questão constitucional suscitada, que terá ou não repercussão geral".[116] De fato, o art. 102, §3º, da Constituição refere-se à *"repercussão geral das questões constitucionais* discutidas no caso". Assim, ao se deparar com um recurso extraordinário que discuta uma questão considerada pouco relevante, o STF não tem se limitado a "recusá-lo" por falta de repercussão geral: nos pouquíssimos casos em que o filtro foi expressamente aplicado – em comparação com o volume total de decisões proferidas pelo Tribunal, como já visto –, o *modus operandi* da Corte consistiu em extrair do caso concreto a questão em tese debatida, fazer um juízo sobre a sua relevância *in abstracto* e projetar os efeitos desse juízo a todos os processos no País que discutam tal questão, delimitada na motivação da decisão formal que nega repercussão geral à controvérsia.[117]

Vejam-se alguns exemplos. 1. "Não se reconhece repercussão geral da discussão acerca do cômputo como horas *in itinere* do tempo gasto pelo trabalhador para deslocar-se da portaria até o local do registro de sua entrada na empresa ou no seu efetivo posto de trabalho".[118] 2. "[N]ão tem repercussão geral a controvérsia relativa à possibilidade ou não de compensação da agravante da reincidência com a atenuante

---

de casos repetitivos". (DIDIER JR., Fredie; CUNHA, Leonardo Carneiro da. *Curso de direito processual civil.* 18. ed. Salvador: JusPodivm, 2021. v. 3, p. 471).

[116] BRASIL. Supremo Tribunal Federal. *Questões práticas:* processamento dos recursos múltiplos no Supremo Tribunal Federal. Disponível em: http://www.stf.jus.br/portal/cms/verTexto.asp?servico=jurisprudenciaRepercussaoGeral&pagina=processamentoMultiplo. Acesso em: 15 jan. 2017. Tal entendimento tem origem no voto-vencedor da Min. Ellen Gracie no RE nº 563.965 RG, Rel. Min. Cármen Lúcia, j. 20.3.2008, como resultado da superação da proposta da relatora, que, ao interpretar o art. 543-A, §3º, do CPC/1973, afirmava que não haveria repercussão geral se a decisão recorrida estivesse em conformidade com a jurisprudência do STF. Em outros termos, prevaleceu a compreensão de que, independentemente do resultado da decisão recorrida, a repercussão geral é da questão constitucional versada. Na doutrina, esse entendimento é sustentado, *v.g.*, por DANTAS, Bruno. *Repercussão geral.* 3. ed. São Paulo: Revista dos Tribunais, 2012. p. 34-35; FUCK, Luciano Felício. Repercussão geral: desenvolvimento e desafios. *In:* FUX, Luiz; FREIRE, Alexandre; DANTAS, Bruno (Coords.). *Repercussão geral da questão constitucional.* Rio de Janeiro: Forense, 2014. p. 380; FERRAZ, Taís Schilling. *A amplitude dos efeitos das decisões sobre questão constitucional de repercussão geral:* critérios para aplicação de precedentes no direito brasileiro. 2015. Dissertação (Mestrado em Direito) – PUC/RS, Porto Alegre, 2015. Disponível em: http://biblioteca.trf4.jus.br/diap/teses/FERRAZ_TA%C3%8DS_SCHILLING.pdf. Acesso em: 30 out. 2016.

[117] Nesse sentido, referindo-se à "eficácia pan-processual" das decisões de não reconhecimento da repercussão geral: MARINONI, Luiz Guilherme; MITIDIERO, Daniel. *Repercussão geral no recurso extraordinário.* 3. ed. São Paulo: Revista dos Tribunais, 2012. p. 62.

[118] STF, Pleno, RE nº 944.245 RG, Rel. Min. Edson Fachin, j. 2.2.2017 (tema 931).

da confissão espontânea".[119] 3. "Não tem repercussão geral, em razão de sua natureza infraconstitucional, a controvérsia relativa à legitimidade de o Poder Público reconhecer administrativamente a incidência de juros de mora pelo pagamento atrasado de parcela remuneratória devida a servidor".[120]

A resolução de controvérsias em tese é a marca dos chamados "processos objetivos", como as ações de controle concentrado de constitucionalidade, em que não há propriamente um litígio entre partes processuais com interesses subjetivos antagônicos – característica da generalidade dos processos, assim ditos "subjetivos" –, mas está em jogo a resolução de uma questão de direito *in abstracto*. A importância da resolução de uma questão em tese reside na projeção dos efeitos da decisão para além do caso concreto, atingindo todos os processos em que tal questão se coloque. Os recursos extraordinários, tradicionalmente enquadrados na categoria dos processos subjetivos – em que as partes recorrente e recorrida se digladiam em torno da manutenção ou não da decisão impugnada –, vêm, segundo a jurisprudência[121] e a doutrina,[122] passando por um processo de "dessubjetivação" ou

---

[119] STF, Pleno, RE nº 983.765 RG, Rel. Min. Luís Roberto Barroso, j. 15.12.2016 (tema 929).

[120] STF, Pleno, ARE nº 995.539 RG, Rel. Min. Teori Zavascki, j. 8.12.2016 (tema 927).

[121] Veja-se o voto do Min. Gilmar Mendes no RE nº 376.852 MC, Pleno, j. 27.3.2003: "Esse instrumento [o recurso extraordinário] deixa de ter caráter marcadamente subjetivo ou de defesa de interesse das partes, para assumir, de forma decisiva, a função de defesa da ordem constitucional objetiva. Trata-se de orientação que os modernos sistemas de Corte Constitucionais vêm conferindo ao recurso de amparo e ao recurso constitucional (*Verfassungsbeschwerde*). [...] Essa orientação há muito mostra-se dominante também no direito americano. [...] De certa forma, é essa visão que, com algum atraso e relativa timidez, ressalte-se, a Lei nº 10.259, de 2001, busca imprimir aos recursos extraordinários, ainda que inicialmente, apenas para aqueles interpostos contra as decisões dos juizados especiais federais". Essa "objetivação" também foi reconhecida, *v.g.*, no RE nº 298.694, Rel. Min. Sepúlveda Pertence, j. 6.8.2003, no AI nº 375.011 AgR, Rel. Min. Ellen Gracie, j. 5.10.2004, entre outros.

[122] Segue uma síntese doutrinária dos efeitos dessa "objetivação", sem significar que o STF as tenha aceitado todas: "Dentre os sinais característicos dessa 'objetivação' destacam-se (1) a participação de *amicus curiae*, (2) os efeitos *extra partes* ou *erga omnes*, decorrentes da sistemática da repercussão geral, (3) a superação da fórmula do senado (art. 52, X, da CF), (4) a adoção de uma possível *causa petendi* aberta, (5) a superação de óbices sumulares para o conhecimento recursal – particularmente quanto ao pré-questionamento –, (6) a comunicabilidade entre as vias difusa e concentrada, (7) as audiências públicas e (8) a modulação dos efeitos decisórios no âmbito dos recursos extraordinários". (CALDEIRA, Marcus Flávio Horta. *O desenvolvimento dos modelos americano, alemão e brasileiro de controle de constitucionalidade e a "objetivação" processual*: com destaque para o Writ of certiorari norte-americano, a Verfassungsbeschwerde alemã e a "objetivação" do recurso extraordinário brasileiro. Dissertação de mestrado (IDP): Brasília, 2014. p. 326-327). Cf. também DIDIER JR., Fredie. Transformações do recurso extraordinário. *Revista Forense*, v. 389, p. 491-500, jan./fev. 2007; TARANTO, Caio Márcio Gutterres. O incidente

"objetivação". Esse processo já se refletia em concepções doutrinárias segundo as quais o recurso extraordinário tem "como escopo a tutela imediata do direito objetivo, da ordem jurídica e, mediatamente, do direito da parte vencida com transgressão da norma constitucional",[123] mas sofreu grande impulso com a criação da repercussão geral.[124] Isso porque, se a admissibilidade do recurso depende da *repercussão geral das questões constitucionais* debatidas, o que realmente importa é a questão constitucional em tese, e não os interesses subjetivos das partes. Essa característica do instituto da repercussão geral é assim exposta por Taís Schilling Ferraz:

> Este novo instrumento processual insere no controle difuso de constitucionalidade componente de natureza objetiva, capaz de evitar infindáveis decisões sobre um mesmo tema pela Corte Constitucional. É que, uma vez definido que o assunto versado em recurso determinado tem relevância, sob algum dos aspectos legais, será levado a julgamento de mérito pelo Plenário do STF, e o resultado que daí advier orientará as decisões judiciais futuras em todos os processos que tragam a mesma discussão, nas instâncias recursais ordinárias ou especiais. Ensejará a retratação de decisões contrárias à orientação do STF ou tornará prejudicados os recursos que desafiem decisões conformes.[125]

---

de repercussão geral como instrumento de aplicação de precedente jurisdicional. Novas hipóteses de efeitos vinculantes e impeditivos de recurso em sede de controle incidental de constitucionalidade. *Revista da Seção Judiciária do Rio de Janeiro*, n. 19, p. 93-108, abr. 2007; PAIVA, Clarissa Teixeira. A repercussão geral dos recursos extraordinários e a objetivação do controle concreto de constitucionalidade. *Revista da AGU*, v. 7, n. 17, p. 47-87, jul./set. 2008; REIS, José Carlos Vasconcellos dos. Apontamentos sobre o novo perfil do recurso extraordinário no direito brasileiro. *Revista de Processo*, v. 164, p. 57-83, out. 2008; MELLO, Vitor Tadeu Carramão. A repercussão geral e a arguição de relevância: uma análise histórica. *Revista da PGFN*, v. 1, n. 2, p. 172-179, out./dez. 2011; CHAVES, Charley Teixeira. *Recurso extraordinário*: (repercussão geral: a objetivação do recurso extraordinário. Belo Horizonte: Charley Teixeira Chaves, 2014. *e-book*; FERRAZ, Taís Schilling. A abstração da questão constitucional de repercussão geral frente ao recurso extraordinário. *Revista Jurídica*, n. 439, p. 25-46, maio 2014.

[123] FUX, Luiz. Repercussão geral e o recurso extraordinário (Lei nº 11.418/2006 com entrada em vigor em 21.02.2007). *In*: DIREITO, Carlos Alberto Menezes; TRINDADE, Antônio Augusto Cançado; PEREIRA, Antônio Celso Alves. *Novas perspectivas do direito internacional contemporâneo*: estudos em homenagem ao professor Celso D. de Albuquerque Mello. Rio de Janeiro: Renovar, 2008. p. 1082.

[124] Nesse sentido: FACHIN, Luiz Edson; FORTES, Luiz Henrique Krassuski. Repercussão geral do recurso extraordinário: dever de demonstração da transcendência e relevância da questão constitucional. *Revista de Processo Comparado*, v. 4, n. 7, p. 227-251, jan./jun. 2018.

[125] FERRAZ, Taís Schilling. Repercussão geral – muito mais que um pressuposto de admissibilidade. *In*: PAULSEN, Leandro (Coord.). *Repercussão geral no recurso extraordinário*: estudos em homenagem à Ministra Ellen Gracie. Porto Alegre: Livraria do Advogado, 2011. p. 80.

Essa "objetivação", no entanto, vem ocorrendo indistintamente na afirmação e na recusa de repercussão geral, de modo que a ausência de repercussão geral tem produzido efeitos amplos, atingindo todos os processos no País em que se discute a questão delimitada, efeitos esses que consistem na inadmissão de todos os recursos extraordinários que versem sobre o tema. Assim, seguindo os exemplos acima, em casos nos quais se discuta a) se o tempo de deslocamento do trabalhador desde sua chegada à portaria deve ou não ser contado como horas *in itinere*; b) se, na dosimetria da pena, a agravante da reincidência pode ou não ser compensada com a atenuante da confissão espontânea; ou ainda c) se o Poder Público pode ou não reconhecer administrativamente a incidência de juros de mora pelo pagamento atrasado de parcela remuneratória devida a servidor, uma vez negada a repercussão geral a essas questões jurídicas, todos os recursos extraordinários em casos da espécie devem ser inadmitidos, não só nos processos pendentes, mas também nos futuros.

Tipicamente, esta é a forma pela qual os instrumentos de resolução de demandas repetitivas têm operado no Brasil:[126] com base em um processo-piloto, profere-se uma decisão que vale não apenas para o caso examinado, mas também para todos os semelhantes, tanto os pendentes quanto os futuros. Assim, por terem apenas esse tipo de eficácia até a ER nº 54/2020, as decisões negativas de repercussão geral serviram basicamente como um instrumento de resolução de demandas repetitivas.[127] É como se, na prática, o aspecto de transcendência da repercussão geral – isto é, o transbordamento dos "interesses subjetivos do processo", conforme os arts. 543-A, §1º, do CPC/1973, e 1.035, §1º, do CPC/2015 – tivesse sido associado ao caráter repetitivo da questão.[128]

---

[126] Nesse sentido: DIDIER JR., Fredie; CUNHA, Leonardo Carneiro da. *Curso de direito processual civil*. 14. ed. Salvador: JusPodivm, 2017. v. 3, p. 678-679.

[127] Para alguns autores, esse foi o fim para o qual se criou o instituto: "a técnica da repercussão geral é introduzida almejando dimensionar a litigiosidade das denominadas causas repetitivas ou seriais". (THEODORO JÚNIOR, Humberto; NUNES, Dierle; BAHIA, Alexandre. Litigiosidade de massa e repercussão geral no recurso extraordinário. *Revista de Processo*, n. 177, p. 22, 2009).

[128] Nesse sentido: "[n]o regramento da repercussão geral, porém, houve verdadeira combinação entre as técnicas, de modo que o julgamento por amostragem de alguns recursos extraordinários é utilizado para averiguar a presença de repercussão geral em uma matéria que também é versada nos demais, que ficam sobrestados". (JORGE, Flávio Cheim; SIQUEIRA, Thiago Ferreira. Repercussão geral e recursos repetitivos: a atuação dos tribunais de origem. *In:* FUX, Luiz; FREIRE, Alexandre; DANTAS, Bruno (Coords.). *Repercussão geral da questão constitucional*. Rio de Janeiro: Forense, 2014. p. 262). Na mesma linha: COSTA, Susana Henriques da; NORONHA, Lara Lago. A litigância repetitiva como importante fator para o reconhecimento da repercussão geral pelo Supremo Tribunal

Como visto, embora o regime da repercussão geral contemple dispositivos separados para os recursos extraordinários em geral e para os repetitivos, essa eficácia ampla é autorizada em ambas as hipóteses: tanto nos recursos extraordinários em geral (CPC/1973, art. 543-A, §5º; CPC/2015, art. 1.035, §8º) quanto nos repetitivos (CPC/1973, art. 543-B, §2º; CPC/2015, art. 1.039, parágrafo único). Eventuais recursos sobre temas com repercussão geral negada devem ser inadmitidos na instância de origem, sem que seja possível a interposição de agravo para o STF, mas apenas agravo interno para o próprio tribunal *a quo*, conforme entendimento jurisprudencial vigente desde o CPC/1973,[129] e consagrado no CPC/2015, art. 1.030, I, e seu §2º, e art. 1.042, *caput*.[130]

A autorização da lei para essa eficácia ampla em ambas as hipóteses parece ter partido da premissa de que todas as decisões proferidas em recursos extraordinários, de natureza repetitiva ou não, devem incluir uma análise motivada da repercussão geral das questões constitucionais debatidas. Se assim é, ainda que não se trate de uma controvérsia repetitiva, seria natural a aplicação da decisão sobre a repercussão geral em outros casos semelhantes, em razão da sua "objetivação". Ao menos não haveria um malefício nessa expansão de efeitos das decisões de repercussão geral, mesmo nos casos que não sejam tidos como repetitivos.[131] Ao contrário, a não atribuição desses

---

Federal. *In*: GALINDO, Beatriz Magalhães; KOHLBACH, Marcela (Coords.). *Recursos no CPC/2015*: perspectivas, críticas e desafios. Salvador: JusPodivm, 2017, p. 421-440.

[129] STF, Pleno, Rcls nº 7.547 e 7.569, Rel. Min. Ellen Gracie, j. 19.11.2009.

[130] O art. 1.030, I e seu §2º, do CPC/2015 reforça o tratamento da negativa de repercussão geral apenas como instrumento de resolução de casos repetitivos, tanto que equipara, nas alíneas *a* e *b*, as consequências da declaração de ausência de repercussão geral às do julgamento de um recurso repetitivo: nos dois casos, o tribunal *a quo* deve "negar seguimento" ao recurso. (cf. MACÊDO, Lucas Buril de. A análise dos recursos excepcionais pelos tribunais intermediários: o pernicioso art. 1.030 do Código de Processo Civil e sua inadequação técnica como fruto de uma compreensão equivocada do sistema de precedentes vinculantes. *In*: DIDIER JR., Fredie; CUNHA, Leonardo Carneiro da. *Julgamento de casos repetitivos*. Salvador: JusPodivm, 2017. p. 336). Uma mostra de que a repercussão geral tem sido usada apenas como instrumento de resolução de demandas repetitivas foi a reação à redação original do CPC/2015, que previa o cabimento de agravo ao STF nessas duas hipóteses: inadmissão, na origem, de recurso extraordinário sobre matéria com repercussão geral já negada, ou de recurso extraordinário contra decisão conforme entendimento de mérito do STF em questão com repercussão geral reconhecida. Houve quem sustentasse que o cabimento do agravo nessas hipóteses seria "a falência do instituto da repercussão geral", e, assim, medida de "chapada inconstitucionalidade". (MENDES, Gilmar Ferreira; FUCK, Luciano Felício. Novo CPC e o recurso extraordinário. *Revista de Processo*, v. 261, p. 263-279, nov. 2016). Essa redação original veio a ser alterada pela Lei 13.256/2016 antes da entrada em vigor do CPC/2015, o que deu ao art. 1.042 sua redação atual.

[131] "[P]arece-nos acertada a opção legislativa [do art. 543-A, §5º, do CPC/1973] de dispensar a reapreciação pelo Plenário quando houver *identidade* entre a decisão paradigmática e

efeitos amplos nos casos de negativa de repercussão geral, segundo alguns autores, tornaria a repercussão geral um instrumento de "muito pouca utilidade, para não dizer nenhuma",[132] mesmo quando se reconhece que "[a] Constituição, porém, não deixa espaço confortável para essa interpretação, pois o art. 102, parágrafo 3º da CF parece exigir, caso a caso, manifestação pontual da Corte".[133]

Essa eficácia ampla faz todo o sentido para os casos em que há a afirmação da repercussão geral: de fato, ainda que não se cuide de uma controvérsia repetitiva, trata-se de uma hipótese em que o STF reconhece estar diante de um recurso cujo mérito terá que ser resolvido, por apresentar "questões relevantes do ponto de vista econômico, político, social ou jurídico que ultrapassem os interesses subjetivos do processo" (CPC/1973, art. 543-A, §2º; CPC/2015, art. 1.035, §1º). Isso, por si só, justifica a objetivação da decisão, que deve incidir não apenas sobre o caso concreto, mas expandir-se por todo o ordenamento, com as seguintes consequências básicas: a) o sobrestamento de todos os processos semelhantes (CPC/1973, art. 543-B, §1º; CPC/2015, art. 1.035, §5º; art. 1.037, II) até a resolução do mérito da questão pelo STF; e b) uma vez resolvido o mérito, a autorização para retratação das decisões desconformes e o prejuízo dos recursos interpostos contra as decisões conformes ao entendimento fixado pelo STF (CPC/1973, art. 543-B, §3º; CPC/2015, art. 1.039). Em rigor, esses julgados funcionam como "fontes primárias do direito",[134] cujos efeitos são passíveis de modulação, como também pode ocorrer nas leis gerais e abstratas (CPC/2015, art. 927, §3º).

Essa expansão de efeitos, porém, ao menos até a ER nº 54/2020, também vinha ocorrendo de forma automática nos casos em que a repercussão geral era negada, o que tem por consequência a inadmissão de todos os recursos extraordinários pendentes e futuros sobre o tema em exame. Uma situação é tratada como o espelho da outra: afirmada ou negada a repercussão geral de uma questão, a decisão projeta-se sempre sobre todos os casos que a discutem, com os efeitos respectivos.

---

outros casos que venham a alcançar a Corte no futuro". (DANTAS, Bruno. *Repercussão geral*. 3. ed. São Paulo: Revista dos Tribunais, 2012. p. 329).

[132] Nesse sentido: BRAGHITTONI, R. Ives. *Recurso extraordinário*: uma análise do acesso ao Supremo Tribunal Federal. São Paulo: Atlas, 2007. p. 57.

[133] CARMONA, Carlos Alberto. Reforma da Constituição e processo: promessas e perspectivas. *Revista da Procuradoria-Geral do Estado de São Paulo*, n. 61/62, p. 6, jan./dez. 2005.

[134] FERRAZ, Taís Schilling. *A amplitude dos efeitos das decisões sobre questão constitucional de repercussão geral*: critérios para aplicação de precedentes no direito brasileiro. 2015. Dissertação (Mestrado em Direito) – PUC/RS, Porto Alegre, 2015. Disponível em: http://biblioteca.trf4.jus.br/diap/teses/FERRAZ_TA%C3%8DS_SCHILLING.pdf. Acesso em: 30 out. 2016, p. 40.

Entretanto, no caso de negativa de repercussão geral, essa expansão de efeitos significa criar precedentes sobre questões de pouca relevância, ou melhor, criar precedentes sobre a pouca relevância de questões em tese, para fins de (des)cabimento de recurso extraordinário. Trata-se de um uso um tanto anômalo de um sistema de precedentes:[135] como regra, até em razão de sua eficácia expansiva – tecnicamente vinculante ou não –, precedentes são firmados em matérias de alta relevância, isto é, normalmente, em casos nos quais se poderia considerar presente a repercussão geral, e não em hipóteses de pouca importância, como as de decisões que atestam a ausência de questões relevantes que transcendam os interesses das partes.

Essa utilização da negativa de repercussão geral apenas como instrumento de resolução de demandas repetitivas, cujos efeitos têm sido projetados automaticamente sobre todos os casos que versem sobre uma questão jurídica, desvirtua[136] e subutiliza[137] as potencialidades do

---

[135] Sobre precedentes no Brasil, cf., entre outros: MELLO, Patrícia Perrone Campos. *Precedentes*: o desenvolvimento judicial do direito no constitucionalismo contemporâneo. Rio de Janeiro: Renovar, 2008; MARINONI, Luiz Guilherme. *Precedentes obrigatórios*. 5. ed. São Paulo: Revista dos Tribunais, 2016; MITIDIERO, Daniel. *Precedentes*: da persuasão à vinculação. 2. ed. São Paulo: Revista dos Tribunais, 2017; MANCUSO, Rodolfo de Camargo. *Sistema brasileiro de precedentes*: natureza, eficácia, operacionalidade. 2. ed. São Paulo: Revista dos Tribunais, 2016; NUNES, Dierle; MENDES, Aluísio; JAYME, Fernando Gonzaga (Coords.). *A nova aplicação da jurisprudência e precedentes no CPC/2015*: estudos em homenagem à professora Teresa Arruda Alvim. São Paulo: Revista dos Tribunais, 2017.

[136] "[A] única função relevante da repercussão geral é impedir a subida de centenas ou milhares de recursos extraordinários em que seja discutida a mesma questão constitucional. [...] Mas é inegável que houve um claro desvirtuamento do instituto: em vez de servir como um filtro de discussões que pudessem ser consideradas de menor importância, como se imaginava, a repercussão geral acabou servindo como um instrumento de resolução de demandas repetitivas, sendo reconhecida naqueles casos em que a decisão proferida possa auxiliar – ainda que indiretamente – na resolução de outros casos concretos. Não era essa a intenção original da Emenda nº 45/2004, pois, para tratar de demandas repetitivas no STF, foi criada a súmula vinculante, não a repercussão geral". (BERMAN, José Guilherme. *Repercussão geral no recurso extraordinário*. 2. ed. Curitiba: Juruá, 2016. p. 140-141). Na mesma linha: MOURA, Maria Thereza Rocha de Assis. Intercâmbio judiciário: os impactos da repercussão geral no Superior Tribunal de Justiça. *Doutrina*: edição comemorativa 30 anos do STJ. Brasília: Superior Tribunal de Justiça, 2019, p. 525. SILVA, Maria Thaís Pinto. *Repercussão geral*: instrumento eficaz de filtragem ou de aglomeração processual? Monografia apresentada no curso de graduação em Direito do Centro Universitário de Brasília – UniCEUB. Brasília, 2018, p. 38-39, mimeografado. Disponível em: https://repositorio.uniceub.br/jspui/bitstream/prefix/12925/1/21445623.pdf. Acesso em: 28 mar. 2021.

[137] "Não é o filtro que é defeituoso, mas sim o seu operador que não o vem utilizando corretamente. [...] A melhor saída é uma aplicação mais rígida do critério de admissibilidade que já existe" (SOUSA, Lucas Santos de. Supremo Tribunal Federal: propostas para um melhor exercício da jurisdição constitucional no futuro. *In*: MENDES, Gilmar Ferreira; GALVÃO, Jorge Octávio Lavocat; MUDROVITSCH, Rodrigo de Bittencourt. *Jurisdição constitucional em 2020*. São Paulo: Saraiva, 2016, p. 330 e 332).

instituto, que podem ser desenvolvidas – como se sustentará ao longo deste trabalho – dentro do marco legal vigente. E, de fato, o STF acolheu a possibilidade de negativa de repercussão geral com efeitos limitados ao caso concreto (RI/STF, art. 326 e §§, na redação determinada pela ER nº 54/2020), o que será melhor analisado no capítulo 3 desta obra. Por ora, o que se pretende demonstrar é que a prática das decisões negativas de repercussão geral exclusivamente com efeitos amplos vem resultando em poucos benefícios.

Para ter eficiência, um filtro precisa ser moldado de forma adequada ao material a ser filtrado: do contrário, ele não conseguirá conter o que passa pela trama da sua tela. No entanto, ao menos até 2020, a prática das decisões negativas de repercussão geral – que deveriam ser os principais instrumentos de filtragem, resultando na subsistência apenas dos casos que apresentem as questões mais relevantes, como ocorre em outros países – foi manifestamente ineficaz para depurar o grande volume de casos que chegam ao STF, em razão da inadequação do uso do filtro às características do que deveria ser filtrado.

Explica-se: como visto, a prática das decisões negativas de repercussão geral até a ER nº 54/2020, espelhando o que ocorre com as decisões positivas, pressupõe não apenas a extração da questão jurídica discutida no caso, como a projeção automática dos efeitos do juízo de relevância para todos os processos que discutam a tese. Trata-se de uma *gestão por temas*,[138] que hoje é realizada inclusive com o auxílio de inteligência artificial (Projeto Victor).[139] O STF procura, assim, resolver casos "em bloco", inadmitindo, de uma única vez, todos os recursos extraordinários que possam ser agrupados em torno da mesma questão jurídica em tese. Tais decisões, como também já visto, exigem um *quorum* altamente qualificado, demandando um alto esforço institucional para a sua prolação, sobretudo numa Corte marcada por atuações individuais. Esse esforço, contudo, não corresponde a um benefício à altura, em parte porque ele se restringe a casos que possam ser agrupados num bloco

---

[138] SILVA, Christine Oliveira Peter da; AGUIAR, Lucas Albuquerque. Gestão por temas como metódica adequada para implantação da cultura brasileira de vinculação a precedentes constitucionais. *Revista Jurídica da Presidência*. Brasília: v. 19, n. 118, p. 402-426, jun./set. 2017.

[139] O projeto é fruto de uma parceria entre o STF e a Universidade de Brasília e seu nome é uma homenagem ao ex-Ministro da Corte Victor Nunes Leal. Sobre o tema, v., *e.g.*: MAIA FILHO, Mamede Said; JUNQUILHO, Tainá Aguiar. Projeto Victor: perspectivas de aplicação da inteligência artificial ao direito. *Revista de Direitos e Garnatias Fundamentais*, Vitória, v. 19, n. 3, p. 219-238, set./dez.2018.

de processos que discutam certa questão jurídica, o que está longe de abarcar todo o problema.

O modelo de utilização da repercussão geral apenas como instrumento de resolução de demandas parece considerar que a crise do STF poderia ser resolvida apenas com o ataque a blocos temáticos de processos, como se quase todas as causas acumuladas tivessem natureza repetitiva.[140] Considerada a magnitude da litigiosidade brasileira de massa, pressupõe-se que tais pleitos sejam, "na maioria dos casos, repetições, matérias homogêneas ligadas a planos econômicos, em geral associadas a toda essa nossa tradição de combate à inflação [...], além das questões ligadas ao FGTS e ao sistema financeiro de habitação".[141] Nesse sentido, um levantamento referente ao STF constatou que, dos casos novos entre meados de 2007 a 2011, 78.500 apresentaram preliminar de repercussão geral e levaram a Corte a afetar ao respectivo regime 373 temas.[142] Mas o número total de feitos recebidos no período, do qual cerca de 85% foram recursos de natureza extraordinária, foi mais de cinco vezes maior (cf. Tabela 1).

---

[140] "[É] fácil concluir que a sistemática da repercussão geral, disciplinada pela Lei nº 11.418/06, de reduzir o excessivo e intolerável volume de recursos a cargo do STF, não teve como objeto principal e imediato os extraordinários manejados de maneira isolada por um ou outro litigante. O que se ataca, de maneira frontal, são as causas seriadas ou a constante repetição das mesmas questões em sucessivos processos, que levam à Suprema Corte milhares de recursos substancialmente iguais, o que é muito frequente, *v.g.*, em temas de direito público, como os pertinentes ao sistema tributário e previdenciário, e ao funcionalismo público. A exigência de repercussão geral em processos isolados, e não repetidos em causas similares, na verdade, não reduz o número de processos no STF, porque, de uma forma ou de outra, teria aquela Corte de enfrentar todos os recursos para decidir sobre a ausência do novo requisito de conhecimento do extraordinário". (THEODORO JÚNIOR, Humberto. Repercussão geral no recurso extraordinário (Lei nº 11.418) e Súmula Vinculante do Supremo Tribunal Federal (Lei nº 11.417). *Revista Magister de Direito Civil e Processual Civil*, ano III, n. 18, p. 23, maio/jun. 2007). Em outro texto: "nosso regime de sujeição do recurso extraordinário ao requisito da 'repercussão geral' se justifica, finalisticamente, com o propósito de promover a uniformização da jurisprudência. [...] Daí a sua conexão imediata com o regime dos 'recursos repetitivos' (CPC, art. 543-B) e da súmula vinculante (CF, art. 103-A)". (THEODORO JÚNIOR, Humberto. O recurso extraordinário e a teoria do precedente: reflexos na 'repercussão geral' e nos 'recursos repetitivos'. *In*: FUX, Luiz; FREIRE, Alexandre; DANTAS, Bruno (Coords.). *Repercussão geral da questão constitucional*. Rio de Janeiro: Forense, 2014. p. 344).

[141] MENDES, Gilmar Ferreira. Mecanismos de celeridade e simplificação da prestação jurisdicional: breve análise da repercussão geral e da súmula vinculante. *In*: FRANCO FILHO, Georgenor de Sousa *et al*. *Direito e processo do trabalho em transformação*. Rio de Janeiro: Elsevier, 2007. p. 88.

[142] FALCÃO, Joaquim; CERDEIRA, Pablo; ARGUELHES, Diego Werneck. *I Relatório Supremo em números: o múltiplo Supremo*. Rio de Janeiro: FGV, 2011, p. 60. Disponível em: http://bibliotecadigital.fgv.br/dspace/bitstream/handle/10438/10312/I%20Relat%c3%b3rio%20do%20Supremo%20em%20N%c3%bameros.pdf?sequence=1&isAllowed=y. Acesso em: 27 jun. 2017.

Veja-se que o Judiciário brasileiro como um todo terminou o ano de 2020 com pouco mais de *75 milhões de processos pendentes*.[143] Todos esses casos, ao menos teoricamente, podem chegar ao STF. Quantas teses são discutidas em 75 milhões de processos? Quantas questões jurídicas teriam que ser classificadas e ter a repercussão geral negada para reduzir a demanda de novos processos sobre a Corte? Em outras palavras: quantos blocos temáticos seriam necessários para agrupar 75 milhões de processos? Em mais de dez anos de efetivo funcionamento da repercussão geral, o STF afetou apenas cerca de 1.200 teses, das quais quase 200 ainda estavam pendentes no final de 2021, gerando o sobrestamento de cerca de dois milhões de processos, sem perspectiva de solução em curto prazo.

A existência de um mecanismo de filtragem "em bloco" é uma boa ideia, com potencial para solucionar milhares de feitos com uma única decisão. Nesse sentido, até o final de 2016, ao menos 151.505 processos nas instâncias de origem haviam sido resolvidos a partir da solução de controvérsias afetadas ao regime de repercussão geral,[144] e, apenas em 2020 – ano em que foi julgado o número recorde de 135 temas –, foram liberados do sobrestamento cerca de 187 mil processos na origem.[145] *O problema é que, como resultado da projeção automática de efeitos da negativa formal de repercussão geral a todos os feitos que tratam da mesma questão, o filtro só tem incidido sobre "blocos" de processos, o que o torna incapaz de conter a demanda para o STF.* Diante da avalanche de causas submetidas ao Tribunal todos os anos, conforme demonstra a Tabela 1, o mecanismo hoje pode ser retratado com uma imagem oposta à que Anacársis usava para descrever as leis:[146] a repercussão geral é como um filtro com uma trama dilatada, capaz de conter somente pedras muito grandes ("blocos" de processos), enquanto a areia fina (processos não agrupados em "blocos") escoa incessantemente, deixando a Corte cada vez mais soterrada.

---

[143] O número exato é de 75.353.939 processos (BRASIL. Conselho Nacional de Justiça. *Justiça em números 2021: ano-base 2020*. Brasília: Conselho Nacional de Justiça, 2021, p. 53. Disponível em: https://www.cnj.jus.br/wp-content/uploads/2021/11/relatorio-justica-em-numeros2021-221121.pdf. Acesso em: 25. nov. 2021).

[144] BRASIL. Supremo Tribunal Federal. *Impacto da repercussão geral*. Disponível em: http://www.stf.jus.br/portal/cms/verTexto.asp?servico=estatistica&pagina=impactorg. Acesso em: 14 jan. 2017.

[145] BRASIL. Supremo Tribunal Federal. *Relatório de atividades 2020*. Brasília, 2021, p. 51. Disponível em: http://www.stf.jus.br/arquivo/cms/publicacaoCatalogoProdutoConteudo Textual/anexo/RelatorioAtividadesSTF2020.pdf. Acesso em: 25 nov. 2021.

[146] Anacársis, filósofo grego que viveu no século VI a.C., teria dito que "[a]s leis são teias de aranha, que pegam os insetos pequenos, mas não podem segurar os grandes".

Esse descomunal número de processos torna insuficientes todos os esforços de contenção da demanda sobre o STF a partir de um filtro que opera apenas como instrumento de resolução de demandas repetitivas, ou de processos que possam ser agrupados em "blocos" em torno de uma tese. Filtra-se uma tese, surgem outras dez, cem, mil, todas potencialmente reconduzíveis à Constituição de 1988, devido ao seu caráter analítico.[147] E, mesmo quanto à tese filtrada, sempre será possível demonstrar que os casos concretos têm especificidades que escapam ao que foi decidido, implicando a necessidade de um novo exame particular.[148] Em síntese: não se conseguiu até hoje, nem se conseguirá, reduzir a demanda sobre o STF com o uso de um filtro com esse escopo limitado. No entanto, a identificação da repercussão geral apenas como um instrumento de resolução de demandas repetitivas é tão forte que, a fim de aperfeiçoá-la, não se costuma propor um aumento das capacidades seletivas do filtro, mas sim a sua utilização conjugada com a edição de súmulas vinculantes.[149] É como se a repercussão geral não fosse capaz, por si mesma, de racionalizar a pauta do STF; como se o problema decorresse de um *déficit* de eficácia das decisões da Corte, e não do excesso de decisões.[150]

---

[147] "Grande parte da realidade que enfrentamos hoje, na chamada crise numérica do STF, encontra raízes nesse desenho de constitucionalização exaustiva (analítica), que permeia todo o Texto Maior, descendo em minúcias e permitindo a constitucionalização de quase todas as controvérsias jurídicas (pelo menos em tese)". (MEDINA, Damares. *A repercussão geral no Supremo Tribunal Federal*. São Paulo: Saraiva, 2016. e-book, p. 30-31).

[148] "Muito embora a jurisprudência trabalhe para fornecer respostas às demandas de massa, as questões jurídicas vão se alterando com algum grau de sutileza e novas irresignações surgem a partir da jurisprudência formada, de modo que, em toda leva mensal de processos, há aqueles que precisam de *resposta não padronizada* – tendentes, portanto, à fila de espera para uma solução inovadora". (FURRIER, Fábio Luis. *Repercussão geral*: as contradições entre teoria e prática verificadas em levantamento de dados relacionados às lides consumeristas de telefonia, 2015. p. 7. Artigo não publicado, gentilmente cedido pelo autor).

[149] "[A] repercussão geral deverá obrigatoriamente ser combinada com a edição de súmula vinculante, sob pena de o instituto não alcançar os objetivos para os quais foi criado. Fato é que, do binômio *repercussão geral e súmula vinculante* serão extraídos os melhores resultados possíveis do novo sistema". (OLIVEIRA, Pedro Miranda de. Para uma efetividade maior do instituto da repercussão geral das questões constitucionais. *In*: FUX, Luiz; FREIRE, Alexandre; DANTAS, Bruno (Coords.). *Repercussão geral da questão constitucional*. Rio de Janeiro: Forense, 2014. p. 581). A crítica formulada no texto não é quanto à ideia, em tese, de utilização conjugada dos dois institutos – que pode e deve ocorrer em alguns casos –, mas sim, à defesa de que essa conjugação ocorra "obrigatoriamente", pois isso pressupõe uma diminuição do papel da repercussão geral.

[150] Observe-se, todavia, que o CPC/2015 reforçou a eficácia das decisões tomadas em casos com repercussão geral reconhecida, prevendo o cabimento de reclamação contra a sua inobservância, mas com um abrandamento: desde que esgotadas as instâncias ordinárias (CPC/2015, art. 988, §5º, II, *a contrario sensu*).

O próprio Plenário do STF reconheceu o problema em recente julgamento, no qual se consignou que "as dimensões continentais do Brasil e o amplo acesso à Justiça propiciam uma pulverização enorme das lides – o que revela o ponto fraco de um modelo de contenção centrado em grandes precedentes vinculantes", e que a maioria dos recursos, "a despeito da inexpressividade dos temas suscitados, não são contidos pelo filtro hoje existente, pensado para macrolides" (ARE nº 1.273.640 AgR, Rel. Min. Alexandre de Moraes, j. 8.9.2020).

Isso, entretanto, não esgota os problemas das decisões formais de ausência de repercussão geral, tal como praticadas ao menos até a ER nº 54/2020. O que se procurou demonstrar foi que, embora essa prática possa produzir alguns bons resultados – como a inadmissão de centenas ou milhares de recursos extraordinários com uma única decisão –, a limitação do instituto a esse papel não se tem mostrado capaz de racionalizar o acesso ao STF, devido à impossibilidade material de classificar todos os processos que chegam à Corte em blocos temáticos, bem como de decidi-los a tempo, em quantidade e qualidade suficientes. O objetivo do item a seguir é expor alguns efeitos colaterais decorrentes da utilização das decisões expressamente negativas de repercussão geral apenas como instrumento de resolução de demandas repetitivas, o que pode torná-las até mesmo deletérias em algumas situações.

1.1.3.2 Os efeitos deletérios da prática que restringe a negativa formal de repercussão geral a um instrumento de resolução de casos repetitivos

A prática segundo a qual as decisões expressamente negativas de repercussão geral são utilizadas apenas como um instrumento de resolução de demandas repetitivas não apenas tem resultado em poucos benefícios, mas, às vezes, produz efeitos deletérios, o que pode, ao menos em parte, explicar o seu baixo grau de utilização (cf. item 1.1.1). Tais efeitos podem ser assim identificados: a abdicação, na prática, do poder de o Tribunal revisitar o tema (item 1.1.3.2.1) e o risco de efeito contrário (*backfire*) do voto do relator pela ausência de repercussão geral, decorrente da prática que expande automaticamente os efeitos da decisão conjugada com a exigência de um *quorum* muito qualificado, o que pode inverter o encaminhamento proposto (item 1.1.3.2.2). Tais argumentos são desenvolvidos a seguir.

1.1.3.2.1 A abdicação, na prática, do poder de o Tribunal rever uma questão com repercussão geral negada

Quando se nega repercussão geral a uma questão jurídica em tese, o STF abre mão de decidir sobre aquele assunto não apenas no caso concreto, mas em todos os processos semelhantes, e de forma, na prática, definitiva.[151] Embora teoricamente haja a possibilidade de revisão da tese (CPC/2015, art. 927, §§2º a 4º, e RI/STF, arts. 103 e 327), o juízo de ausência de repercussão geral impede que o STF volte a ser provocado em futuros recursos extraordinários sobre o tema, pois não cabe sequer agravo da decisão que inadmite recurso extraordinário por falta de repercussão geral.[152] Essa já era a jurisprudência da Corte na vigência do CPC/1973,[153] confirmada nos arts. 1.030, I, e seu §2º, e 1.042 do CPC/2015.[154] Assim, salvo se ocorrer a remessa de algum

---

[151] "[A]té o presente momento não existe uma disciplina específica para a revisão de tese no STF". (MEDINA, Damares. *A repercussão geral no Supremo Tribunal Federal*. São Paulo: Saraiva, 2016. *e-book*, p. 50-51). "Há falta de previsão clara de instrumentos de revisão de tese, especialmente nos casos de ausência de repercussão geral". (SUNDFELD, Carlos Ari; SOUZA, Rodrigo Pagani (Coords.). Repercussão geral e o sistema brasileiro de precedentes. *Série pensando o Direito*, n. 40. Brasília: Ministério da Justiça, 2011. p. 37. Disponível em: http://pensando.mj.gov.br/wp-content/uploads/2015/07/40Pensando_Direito11.pdf. Acesso em: 19 jul. 2017).

[152] Um caso raro de revisão da tese, a ser visto no item 1.2.1, ocorreu nos REs nº 614.406 e nº 614.232 AgR-QO-RG, Rel. Min. Ellen Gracie, j. 20.10.2010, em que se reviu a negativa de repercussão geral do tema discutido no RE nº 592.211, Rel. Min. Menezes Direito, j. 7.11.2008. Isso só ocorreu porque o Tribunal de origem admitiu o recurso extraordinário, apesar de o STF já ter negado repercussão geral ao tema, o que permitiu à Corte Suprema decidir novamente o assunto. O caso, algo atípico, já foi equivocadamente retratado como uma hipótese de recorribilidade da negativa de repercussão geral. (FERNANDES, Eric Baracho Dore; FERREIRA, Siddharta Legale. Irrecorrível, mas nem tanto: a revisão de tese na repercussão geral do recurso extraordinário. *Revista da Seção Judiciária do Rio de Janeiro*, v. 21, n. 40, p. 193-209, ago. 2014). Outro caso de revisão refere-se ao RE nº 578.635, Rel. Min. Menezes Direito, j. 26.9.2008, no qual se entendeu que não tinha repercussão geral a discussão sobre a exigibilidade de contribuição ao INCRA por parte de empresas urbanas. Esse entendimento foi revisto no RE nº 630.898, Rel. Min. Dias Toffoli, j. 3.11.2011, em que a constitucionalidade da referida contribuição foi questionada em termos mais amplos, não apenas no que toca às empresas urbanas. A maior abrangência deste último recurso explica por que o caso terminou por não ser filtrado pela anterior inadmissão da repercussão geral quanto a parte da discussão.

[153] STF, Pleno, Rcls nº 7.547 e nº 7.569, Rel. Min. Ellen Gracie, j. 19.11.2009; AI nº 760.358-QO, Rel. Min. Gilmar Mendes, j. 19.11.2009; MS nº 29.009 AgR, Rel. Min. Cármen Lúcia, j. 2.3.2011.

[154] Em rigor, o comprometimento da oportunidade de o STF revisitar o assunto no futuro também ocorre depois da decisão de mérito de um tema de repercussão geral reconhecida, pois igualmente não cabe agravo – a não ser o interno – da decisão que inadmite recurso extraordinário contra decisão tida como conforme o entendimento do STF em repercussão geral, nos termos do CPC/2015, art. 1.030, I, *a*, parte final, e seu §2º, e art. 1.042.

caso por engano, não há meios para fazer chegar ao STF um recurso extraordinário sobre questão cuja repercussão geral já tenha sido negada, de modo que a Corte fica privada de receber novos casos nos quais pudesse veicular a revisão.

Não à toa, num caso raro, foi preciso um esforço consciente do Tribunal para abrir a possibilidade de rever uma negativa de repercussão geral, no tema atinente à possibilidade ou não de condenação de ente público a pagar honorários advocatícios à Defensoria Pública a ele vinculada (RE nº 592.730, Rel. Min. Menezes Direito, j. 6.11.2008 – tema 134). Com a negativa de repercussão geral, os recursos extraordinários sobre o tema eram inadmitidos na origem, sem que fosse cabível agravo (CPC/2015, art. 1.042). No entanto, embora não haja enquadramento literal no art. 988, §5º, II, do CPC/2015 (por se tratar de tema com repercussão geral *negada*), o Min. Luís Roberto Barroso julgou procedente reclamação (Rcl nº 25.236) para determinar a subida de recurso extraordinário inadmitido, a fim de que pudesse veicular decisão de revisão da tese, nos termos dos arts. 103 e 327 do RI/STF, tendo em vista alterações constitucionais supervenientes (ECs nºs 74/2013 e 80/2014). Com a subida do recurso, o STF reconheceu repercussão geral ao tema, revendo a decisão negativa anterior (RE nº 1.140.005, Rel. Min. Luís Roberto Barroso – tema 1.002, mérito ainda não julgado).

Ocorre que a relevância de um assunto pode variar ao longo do tempo. A alteração das circunstâncias pode tornar relevante determinada controvérsia que antes não despertava interesse, e vice-versa. A consideração de aspectos relativos ao momento em que surge um problema, ou no qual se deve dedicar atenção a ele,[155] é aceita em

---

(cf. MACÊDO, Lucas Buril de. A análise dos recursos excepcionais pelos tribunais intermediários: o pernicioso art. 1.030 do Código de Processo Civil e sua inadequação técnica como fruto de uma compreensão equivocada do sistema de precedentes vinculantes. *In*: DIDIER JR., Fredie; CUNHA, Leonardo Carneiro da. *Julgamento de casos repetitivos*. Salvador: JusPodivm, 2017. p. 340-1). No entanto, nessa hipótese ainda há a válvula de escape da reclamação depois do esgotamento das instâncias ordinárias, o que, porém, pressupõe que seja alegada a não aplicação, ou a aplicação equivocada, de precedente sobre tema com repercussão geral *reconhecida* (CPC/2015, art. art. 988, IV, §§4º e 5º, II). No caso de repercussão geral *negada*, porém, não há meios recursais para levar o assunto a ser apreciado pelo STF: a única via seria um processo de competência originária sobre tal matéria.

[155] Esse tipo de consideração já foi feita de forma explícita pelo Superior Tribunal de Justiça, que chegou a desafetar do regime de recursos repetitivos o REsp nº 1.248.975, Rel. Min. Raul Araújo, a partir de questão de ordem suscitada pelo Min. Antônio Carlos Ferreira em 27.5.2015, por se considerar que a afetação do tema havia sido precipitada. (BRASIL. Superior Tribunal de Justiça. *Previdência Usiminas não deve pagar aposentadoria*

vários países que utilizam filtros de relevância. Considere-se, por exemplo, o que já decidiu a Suprema Corte dos EUA:

> Petições podem ter sido negadas porque, embora sérias questões constitucionais tenham sido levantadas, pareceu a pelo menos seis membros da Corte que a matéria ou não estava madura, ou era moribunda para merecer jurisdição; que seria melhor a questão aguardar a passagem do tempo, ou que o tempo iria em breve enterrar a questão, ou, por uma ou outra razão, seria melhor esperar e ver; ou que a matéria constitucional estaria ligada a matérias não constitucionais que levantariam dúvidas sobre a possibilidade de que a matéria constitucional pudesse efetivamente ser isolada; ou por várias outras razões não relacionadas ao mérito.[156]

A flexibilidade com que o *certiorari* funciona nos EUA contrasta com a rigidez da prática do STF. Posta em questão a repercussão geral de um tema, ou o STF: a) a reconhece, podendo gerar, por anos, "a suspensão do processamento de todos os processos pendentes, individuais ou coletivos, que versem sobre a questão e tramitem no território nacional" (CPC/2015, art. 1.035, §5º); ou b) a recusa, inadmitindo todos os recursos extraordinários pendentes sobre a questão e impedindo a remessa de futuros processos sobre o tema, com efeitos, na prática, definitivos. Trata-se de duas alternativas um tanto drásticas, sem que houvesse, ao menos até a ER nº 54/2020 (a ser analisada no capítulo 3 desta obra), uma figura intermediária capaz de mitigar a gravidade dessas consequências: não à toa, o Tribunal tem preferido sequer submeter os casos ao filtro, como se verá adiante (item 1.2).

---

complementar a ex-empregados da Cofavi. 30 jun. 2017. Disponível em: http://www.stj.jus. br/sites/STJ/default/pt_BR/Comunica%C3%A7%C3%A3o/noticias/Not%C3%ADcias/ Previd%C3%AAncia-Usiminas-n%C3%A3o-deve-pagar-aposentadoria-complementar-a-x%E2%80%93empregados-da-Cofavi. Acesso em: 25 jul. 2017).

[156] ESTADOS UNIDOS DA AMÉRICA. Supreme Court. *Darr v. Burford, 339 U.S. 200 (1950).* Disponível em: https://supreme.justia.com/cases/federal/us/339/200/. Acesso em: 10 maio 2017. Tradução livre do autor. No original: "Petitions may have been denied because, even though serious constitutional questions were raised, it seemed to at least six members of the Court that the issue was either not ripe enough or too moribund for adjudication; that the question had better await the perspective of time, or that time would soon bury the question, or, for one reason or another, it was desirable to wait and see; or that the constitutional issue was entangled with nonconstitutional issues that raised doubt whether the constitutional issue could be effectively isolated; or for various other reasons not relating to the merits". Considerações semelhantes foram feitas pela Corte no caso *Maryland v. Baltimore Radio Show,* também em 1950.

A inexistência de um mecanismo formal para revisão de teses não seria, em tese, um problema intransponível, pois bastaria que ele viesse a ser disciplinado no RI/STF, a partir da vontade dos ministros, com base nos preceitos normativos que autorizam essa possibilidade.[157] Seria possível, *e.g.*, suspender temporariamente os efeitos da negativa de repercussão geral da questão, de modo que os recursos extraordinários voltariam a subir e a Corte, assim, disporia de casos nos quais se pudesse levar a efeito a pretendida revisão de tese. Ou se poderia entender aplicável o art. 986 do CPC/2015, que prevê a possibilidade de revisão da tese mediante requerimento do Ministério Público, da Defensoria Pública ou mesmo de ofício (o que pode suscitar dúvidas quanto à compatibilidade do preceito com o princípio da inércia judicial).[158] Mas, na atual situação do STF, é preciso reconhecer que também há um problema prático envolvido: se o Tribunal não consegue julgar em prazo razoável nem os seus casos pendentes, especialmente aqueles com repercussão geral reconhecida, é improvável que venha a dar prioridade à revisão de decisões já tomadas. A preferência, naturalmente, recairá sobre os assuntos ainda não decididos. Esse quadro, no entanto, pode mudar, se surgir a forte necessidade de rever uma decisão que negou repercussão geral a determinada questão. A situação atual, porém, equivale à abdicação prática do poder de revisitar o assunto.

Considerando que a relevância de um tema pode variar ao longo do tempo, essa característica da prática do filtro ao menos até 2020 também explica, em parte, a parcimônia na sua utilização: é uma forma de a Corte não abdicar definitivamente do poder de revisitar o assunto, em outras circunstâncias.[159] Nesse modelo, a negativa de

---

[157] No Superior Tribunal de Justiça, o procedimento para revisão de entendimento firmado em recurso especial repetitivo é previsto nos arts. 256-S a 256-V do Regimento Interno daquela Corte.

[158] "[O] art. 986 ainda diz que a revisão da tese pode ser realizada de ofício pelo tribunal que a firmou ou mediante requerimento do Ministério Público ou da Defensoria Pública. É estranho que uma decisão que interessa a partes diversas possa ser revogada sem requerimento dos interessados ou de seus representantes adequados. [...] Um precedente pode ser revogado pela Corte que o editou a partir de debate entre partes interessadas na solução de um caso e, assim, do requerimento de uma destas partes para a não aplicação do precedente ao caso sob julgamento, em vista da sua superação ou equívoco manifesto na base do raciocínio que conduziu à sua elaboração". (MARINONI, Luiz Guilherme. Da rediscussão da questão que foi decidida no incidente de resolução. *In:* NUNES, Dierle; MENDES, Aluísio; JAYME, Fernando Gonzaga (Coords.). *A nova aplicação da jurisprudência e precedentes no CPC/2015:* estudos em homenagem à professora Teresa Arruda Alvim. São Paulo: Revista dos Tribunais, 2017. p. 714-715).

[159] Para uma defesa da inconstitucionalidade do art. 1.030 do CPC/2015, ou ao menos da necessidade que ele seja interpretado conforme a Constituição, de modo a que não

repercussão geral a questões constitucionais implica que os órgãos de origem (dezenas de tribunais e turmas recursais de juizados especiais) detenham a última palavra sobre a interpretação da Constituição nessas matérias,[160] sem que o STF possa reexaminar o tema ou rever tais pronunciamentos – ainda que contraditórios –, e virtualmente para sempre. Tal inflexibilidade, ao menos quanto às matérias com repercussão geral negada, deixou o sistema brasileiro com uma rigidez semelhante à que existia no *common law* inglês no início do século passado, quando não se reconhecia à *House of Lords* o poder de rever seus próprios precedentes.[161] Como afirma Marcus Caldeira:

> Se o pronunciamento da ausência de repercussão geral impedir o enfrentamento da matéria, muitos temas da maior relevância, que em determinado momento não parecerem possuir repercussão geral, deixarão de ser enfrentados, trazendo um indesejável engessamento para a jurisprudência do Tribunal, com indesejáveis consequências para a sociedade e para o Estado.

---

possam ser obstados pelo tribunal *a quo* recursos que contenham argumentos de distinção ou de superação de precedentes, ainda que já haja decisão de repercussão geral proferida pelo STF sobre a matéria, cf. MACÊDO, Lucas Buril de. A análise dos recursos excepcionais pelos tribunais intermediários: o pernicioso art. 1.030 do Código de Processo Civil e sua inadequação técnica como fruto de uma compreensão equivocada do sistema de precedentes vinculantes. *In*: DIDIER JR., Fredie; CUNHA, Leonardo Carneiro da. *Julgamento de casos repetitivos*. Salvador: JusPodivm, 2017. p. 327-363. Na mesma linha, para uma defesa da admissibilidade de recursos que veiculem pedido expresso de superação de precedente firmado em sede de repercussão geral, desde que com base em novos argumentos: LEMOS, Vinicius Silva. O recurso excepcional com fundamento de superação de precedente repetitivo ou repercussão geral e a necessidade do juízo de admissibilidade positivo. *Revista do Tribunal Regional do Trabalho da 9ª Região*, v. 9, n. 92, p. 46-71, set. 2020. Isso, porém, não corresponde à prática do STF, constatação suficiente para os propósitos do presente capítulo, que é principalmente explicar por que o filtro formal de repercussão geral é pouco utilizado.

[160] "[A] repercussão geral, tal qual está configurada no nosso ordenamento, restringe demais o acesso ao STF deixando de fora, por exemplo, questões constitucionais que, muito embora não tenha a relevância de uma repercussão geral, estejam sendo decididas divergentemente por tribunais recursais de diferentes regiões ou entes federativos. Assim, sobram, sem controle, as demais decisões proferidas pelos tribunais que versam sobre questões constitucionais destituídas de repercussão geral [...]" (PASSOS, Hugo Assis; GOIS JR., JOSÉ CALDAS. Repensando a repercussão geral: as deficiências no desenho procedimental da repercussão geral da questão constitucional como filtro de admissibilidade dos recursos extraordinários. *Quaestio Iuris*. Rio de Janeiro, v. 9, n. 1, 2016, p. 51).

[161] A radicalização da doutrina do *stare decisis* no direito inglês é marcada pela decisão do caso *London Tramways Company v. London County Council* (1898), só tendo sido atenuada com a *Practice Statement* de 1966, pela qual a *House of Lords* admitiu o poder de rever seus próprios precedentes. Sobre o tema, cf. MELLO, Patrícia Perrone Campos. *Precedentes*: o desenvolvimento judicial do direito no constitucionalismo contemporâneo. Rio de Janeiro: Renovar, 2008. p. 21-22.

[...] O radicalismo embutido na sistemática de que o caso em que a repercussão geral não foi reconhecida não terá seu tema examinado pelo Supremo Tribunal Federal faz com que o Tribunal tenha, na prática, receio de negar tal atributo para um grande número de casos. Isso é explicado porque, na atual configuração, se não houver repercussão geral, em princípio, o tema nunca mais poderá ser examinado pela Corte Maior. Essa vedação radical, a nosso sentir, gera uma tendência do Tribunal admitir a maior parte dos casos submetidos ao regime da repercussão geral, o que pode ser verificado pelos números que demonstram que há muito mais temas em que se reconheceu a existência da repercussão geral do que aqueles em que o Plenário Virtual da Corte negou tal atributo.[162]

Mas evitar negar repercussão geral a uma questão jurídica não é apenas uma questão de manutenção de poder: o filtro, tal como praticado, ainda gera um risco, visto a seguir.

1.1.3.2.2 O risco de efeito contrário (*backfire*) de um voto do relator pela ausência de repercussão geral

As decisões formalmente negativas de repercussão geral de-mandam um alto grau de convergência: são necessários ao menos oito de um total de onze votos para que seja proferida uma decisão desse tipo. Isso, por si só, não inviabiliza o uso do filtro, como demonstra a experiência americana, em que o *quorum* é igual ou até maior, e o *certiorari* filtra efetivamente algo como 99% dos casos que chegam àquela Corte (cf. itens 1.1.2 e 2.3.1). Mas, quando se conjuga esse *quorum* qualificado com o uso restrito do instrumento à resolução de demandas repetitivas – em outras palavras, haja vista a rigidez que caracteriza a prática do instituto no Brasil (item 1.1.3.2.1) –, a utilização expressa do filtro gera riscos indesejáveis.

A decisão de abrir ou não uma votação sobre a repercussão geral de um tema cabe ao relator do recurso: em face da lógica decorrente do art. 323 do RI/STF, trata-se, na prática, de uma faculdade, pois a submissão de um tema ao Plenário Virtual somente ocorre "[q]uando

---

[162] CALDEIRA, Marcus Flávio Horta. *O desenvolvimento dos modelos americano, alemão e brasileiro de controle de constitucionalidade e a "objetivação" processual*: com destaque para o Writ of certiorari norte-americano, a Verfassungsbeschwerde alemã e a "objetivação" do recurso extraordinário brasileiro. Dissertação de mestrado (IDP): Brasília, 2014. p. 311.

não for caso de inadmissibilidade do recurso por outra razão".[163] Mas basta uma minoria de quatro votos para inverter um encaminhamento do relator pela inexistência de repercussão geral, com a inclusão de mais um tema na longa pauta de assuntos pendentes de decisão da Corte. Aumenta-se, assim, o desgaste institucional resultante do acréscimo de mais uma controvérsia que o STF chama para si, sem que possa resolvê-la em prazo razoável. Essa circunstância era agravada pela possibilidade de cômputo do silêncio de ministros vogais como manifestação afirmativa de reconhecimento da repercussão geral (RI/STF, art. 324, §1º, na redação anterior à ER nº 54/2020), norma responsável pela afetação de temas de relevância duvidosa. Segundo Damares Medina, em sete anos, 25 temas foram afetados com a ausência de cinco Ministros.[164]

Exemplo emblemático foi o do RE nº 584.247, em que o então relator, Min. Ricardo Lewandowski, votou, em 22.3.2012, pela ausência de repercussão geral da questão relativa à "competência para processar e julgar ação em que se discute pagamento de adicional de insalubridade a servidor público de ex-Território Federal ante a existência de convênio firmado entre a União e o Estado-membro para o qual foi cedido", o que definiria a competência para julgar cerca de cinquenta processos referentes a servidores do ex-Território Federal de Roraima. O entendimento do relator quanto à ausência de repercussão geral foi acompanhado por outros seis votos expressos, mas, haja vista que os outros quatro ministros permaneceram silentes no Plenário Virtual, a repercussão geral foi reconhecida em razão dessas omissões, *sem um único voto expresso pela relevância da questão*. Houve, por assim dizer, um reconhecimento de repercussão geral "por W.O".[165] Isso foi inicialmente

---

[163] "[U]m dos maiores desafios é a explicitação dos critérios para a submissão de um tema no plenário virtual. Falta clareza quanto aos elementos que levam um ministro a escolher um recurso para relatar no plenário virtual, em detrimento de milhares de outros que são anualmente distribuídos a ele. Conforme pudemos constatar, há anos em que um mesmo ministro relata 20 processos e outros em que ele relata um ou nenhum tema, heterogeneamente". (MEDINA, Damares. *A repercussão geral no Supremo Tribunal Federal*. São Paulo: Saraiva, 2016. *e-book*, p. 64-65).

[164] MEDINA, Damares. *A repercussão geral no Supremo Tribunal Federal*. São Paulo: Saraiva, 2016. *e-book*, p. 71-73.

[165] A expressão (segundo notícia disponível em: http://www.migalhas.com.br/Quentes/17,MI248132,71043-STF+retira+repercussao+geral+reconhecida+por+falta+de+manifestacoes. Acesso em: 22 maio 2017) foi utilizada pelo Min. Luís Roberto Barroso, que assumiu a relatoria do caso – redistribuído porque o relator originário ficou vencido – e levou-o ao Plenário físico, onde nove ministros acabaram por desafetá-lo do regime da repercussão geral (STF, Pleno, RE nº 584.247 QO, Rel. Min. Luís Roberto Barroso, j. 27.10.2016).

mitigado – mas não eliminado – pela previsão do art. 324, §2º, do RI/STF, na redação dada pela ER nº 47/2012, segundo a qual o silêncio era contado como voto convergente com o do relator pela ausência de repercussão geral, mas apenas quando a controvérsia também fosse tida como infraconstitucional, outra prática problemática a ser vista adiante (item 1.2.1). Posteriormente, o problema foi solucionado pela ER nº 54/2020, que eliminou os efeitos do silêncio, ao prever que "[o] ministro que não se manifestar no prazo previsto no *caput* terá sua não participação registrada na ata do julgamento" (RI/STF, art. 324, §3º).

O que se pretende demonstrar é que a conjugação entre, de um lado, o elevado *quorum* exigido para a negativa formal da repercussão geral – potencializado como era pelo cômputo de eventuais omissões como manifestações positivas de relevância – e, de outro, a utilização da repercussão geral apenas como instrumento de resolução de demandas repetitivas – cuja prática expande os efeitos da decisão, positiva ou negativa, a todos os processos que tratem da questão examinada –, produz, ao menos sob a ótica do relator que pretende votar pela ausência de repercussão geral, o risco de gerar exatamente o efeito contrário ao pretendido, algo que os anglófonos denominariam de *backfire*.

Trata-se de constatar que, ao decidir encaminhar ao Plenário Virtual a votação sobre a repercussão geral de uma questão jurídica em tese, o relator, convicto da pouca relevância do tema, está diante do risco de que o seu entendimento não prevaleça, para o que são necessários apenas quatro entre outros dez votos. Assim, o ministro relator que elabora um voto pela inexistência de repercussão geral de uma questão, com vistas à inadmissão em bloco de recursos extraordinários sobre a matéria, pode acabar por dar ensejo ao reconhecimento da repercussão geral do tema, com todas as consequências daí decorrentes.

O reconhecimento da repercussão geral de uma questão em tese pode causar, inicialmente, o sobrestamento de todos os feitos que discutem o tema e, depois do julgamento do mérito, a aplicação do entendimento firmado *in abstracto* aos casos concretos. Nesses dois momentos, abrem-se vias de impugnação processual para questionar a correção do enquadramento de casos concretos às questões em tese delimitadas. Sempre que um certo processo é colhido por uma decisão de repercussão geral reconhecida pelo STF, surge para a parte prejudicada – seja pela suspensão do processo, seja pela decisão de mérito desfavorável – a pretensão de apontar particularidades do caso concreto que o diferenciem da controvérsia em tese, o que gera incidentes tanto nas instâncias de origem quanto no STF.

Na vigência do CPC/1973, o STF foi provocado inúmeras vezes, por diversas vias processuais, sob a alegação de que casos concretos não se enquadravam a teses afetadas à repercussão geral. Assim se formou a jurisprudência de que o enquadramento feito pelas instâncias de origem não pode ser questionado no STF por via de reclamação, agravo de instrumento, agravo em recurso extraordinário e mandado de segurança, cabendo apenas agravo interno para o próprio tribunal de origem.[166]

O CPC/2015 procurou manter essa sistemática, mas admitiu o cabimento de reclamação ao STF sob a alegação de aplicação indevida da tese com repercussão geral *reconhecida*, bem como de não aplicação aos casos que a ela correspondem, desde que esgotadas as instâncias ordinárias (art. 988, IV, §§4º e 5º, II): desse modo, reconhecida a repercussão geral de uma controvérsia, as discussões sobre o correto enquadramento de casos concretos à tese delimitada não poderão ser inteiramente contidas na origem, devido ao cabimento de reclamações ao STF. Além disso, o Código previu várias formas de impugnar a aplicação da sistemática da repercussão geral no tribunal *a quo*. Quando se trata de tese já afetada, mas ainda não decidida, a presidência ou a vice-presidência dos tribunais de origem deve sobrestar os recursos extraordinários pendentes sobre o mesmo tema (CPC/2015, art. 1.030, III). A parte prejudicada pode interpor agravo interno dessa decisão para o próprio tribunal (CPC/2015, art. 1.030, §2º), de modo a demonstrar a distinção do seu caso.

Já o relator do processo no STF "determinará a suspensão do processamento de todos os processos pendentes, individuais ou coletivos, que versem sobre a questão e tramitem no território nacional" (CPC/2015, art. 1.035, §5º). Ampliou-se, assim, a suspensão prevista no CPC/1973, que somente recaía sobre os recursos extraordinários pendentes (art. 543-B, §1º) e podia ser estendida para outros casos, a critério do relator (RI/STF, art. 328, *caput*). Isso pode aumentar ainda mais o número de processos sobrestados aguardando decisões da Suprema Corte, que hoje é de cerca de dois milhões, potencializando os efeitos deletérios do uso da repercussão geral. Discute-se se este é um efeito automático da decisão de afetação; se depende ou não de manifestação do relator; se repercute sobre os temas já afetados antes da entrada em vigor do CPC/2015; e se atinge inclusive os processos

---

[166] Rcls nº 7.547 e nº 7.569, Rel. Min. Ellen Gracie, j. 19.11.2009; AI nº 760.358-QO, Rel. Min. Gilmar Mendes, j. 19.11.2009; MS nº 29.009 AgR, Rel. Min. Cármen Lúcia, j. 2.3.2011.

de competência originária do STF. O Plenário da Corte debateu essas questões no julgamento da ACO nº 1.870 AgR-ED, Rel. Min. Dias Toffoli, j. 1.7.2016, sem que na oportunidade se tenha chegado a uma conclusão. Só mais recentemente, no julgamento do RE nº 966.177 QO, Rel. Min. Luiz Fux, j. 7.6.2017, foi assentada solução para uma parte dessas questões, reduzindo o problema:

> A suspensão de processamento prevista no §5º do art. 1.035 do CPC não consiste em consequência automática e necessária do reconhecimento da repercussão geral realizada com fulcro no *caput* do mesmo dispositivo, sendo da discricionariedade do relator do recurso extraordinário paradigma determiná-la ou modulá-la.[167]

De toda sorte, determinado o sobrestamento, a parte recorrida pode insurgir-se contra tal medida se o recurso for intempestivo, cabendo agravo da decisão (CPC/2015, art. 1.035, §§6º e 7º). O próprio tribunal de origem pode selecionar recursos representativos e sugerir a afetação ao STF, sobrestando todos os processos sobre o mesmo tema na sua jurisdição territorial (CPC/2015, art. 1.036, §1º). A parte recorrida, por sua vez, pode interpor agravo interno da decisão de sobrestamento se o recurso for intempestivo (CPC/2015, art. 1.036, §§2º e 3º). E, uma vez afetada uma tese pelo STF com sobrestamento de processos, a parte que se sentir prejudicada pode demonstrar as particularidades de seu caso concreto, em requerimento dirigido ao juiz ou relator da instância em que estiver o feito, cabendo agravo de instrumento ou interno, conforme o caso (CPC/2015, arts. 1.037, §§9º a 13).

Diante do *quorum* reforçado para a decisão formal negativa de repercussão geral, que possibilita, com relativa facilidade, a superação de eventual entendimento do relator nesse sentido, bem como dos efeitos colaterais decorrentes dessa superação – suspensão em massa de processos e abertura de vias de impugnação processual antes e depois da decisão de mérito –, é compreensível que um ministro do STF, com entendimento contrário à repercussão geral de uma questão, tenha algum receio em submeter formalmente a deliberação de um processo de sua relatoria ao Plenário Virtual. O alto *quorum* e a rigidez que caracterizava o mecanismo até a ER nº 54/2020 geravam o risco de criar-se um "precedente por acidente", aumentando ainda mais o acúmulo de causas pendentes de decisão pelo STF. Um exemplo ocorreu

---

[167] STF, Pleno, RE nº 966.177, Rel. Min. Luiz Fux, j. 7.6.2017.

no RE nº 590.415 RG, Rel. orig. Min. Menezes Direito, j. 5.3.2009, a ser visto no item 1.2.1.

Embora isso possa explicar, ao menos em parte e no plano teórico, o baixo grau de utilização formal do mecanismo (item 1.1.1), na prática, constata-se que esse risco é baixo. Segundo levantamento de Damares Medina,[168] entre 663 decisões do Plenário Virtual, o relator ficou vencido em apenas 26 casos (aproximadamente 4%). Em 23 deles, porém, o relator vencido votava pela ausência de repercussão geral, o que confirma a existência do risco de uma manifestação do relator no sentido de uma decisão negativa gerar o efeito contrário. De toda forma, o baixo percentual geral ocorre porque o voto do relator determinava como eventuais abstenções seriam computadas, e esse "perfil absenteísta"[169] foi bastante claro nos primeiros anos de funcionamento do mecanismo. Antes da ER nº 54/2020, se o relator entendesse presente a repercussão geral da questão constitucional, um silêncio era contado no mesmo sentido (RI/STF, art. 324, §1º); no entanto, se o relator entendesse que a controvérsia era infraconstitucional, eventual silêncio era contado no sentido da ausência de repercussão geral (RI/STF, art. 324, §2º). Por isso, Damares Medina refere-se, a propósito da repercussão geral, ao fenômeno do "super-relator, que vota por todos os ministros que se abstiverem".[170] Hoje, como visto, o silêncio não é contado em nenhum sentido (art. 324, §3º). Mais ainda: se o relator ficar vencido ao propor negativa de repercussão geral com eficácia limitada ao caso concreto, isto não implica reconhecimento automático da repercussão geral, mas apenas redistribuição do feito (RI/STF, art. 326, §§3º e 4º, na redação determinada pela ER nº 54/2020). O ponto será melhor abordado adiante (item 3.3.2.3.2).

Uma breve recapitulação da exposição até aqui empreendida é útil para alcançar algumas conclusões parciais. As decisões negativas de repercussão geral foram concebidas como instrumentos de filtragem de processos, de modo a permitir a concentração da força de trabalho do STF nas suas funções institucionais mais importantes. O emprego

---

[168] MEDINA, Damares. *A repercussão geral no Supremo Tribunal Federal*. São Paulo: Saraiva, 2016. *e-book*, p. 100-103 e notas 371 a 373.

[169] MEDINA, Damares. *A repercussão geral no Supremo Tribunal Federal*. São Paulo: Saraiva, 2016. *e-book*, p. 110-114. Na mesma linha: FILPO, Klever Paulo Leal; BARBUTO, Renata Campbell. Aspectos controvertidos do filtro da repercussão geral em perspectiva empírica. *Revista de Estudos Empíricos em Direito*, v. 4, n. 2, jun. 2017, p. 105-120.

[170] MEDINA, Damares. *A repercussão geral no Supremo Tribunal Federal*. São Paulo: Saraiva, 2016. *e-book*, p. 89.

formal de tal mecanismo, no entanto, pouco se justificava até a ER nº 54/2020, apesar de seus mais de dez anos de vigência (item 1.1), sendo usado apenas em último caso (item 1.1.1), devido à discrepância entre seu alto custo institucional – o *quorum* de dois terços (item 1.1.2) – e os efeitos pouco benéficos, quando não deletérios, da prática que o reduz a um mero instrumento de resolução de demandas repetitivas, a partir da qual seus efeitos são expandidos, de forma automática, a todos os feitos que tratem do mesmo tema (item 1.1.3). A ferramenta não apresenta uma boa relação custo/benefício, pois, tal como exercida, é capaz apenas de filtrar processos que podem ser agrupados em blocos, por entre os quais passa o grande volume de causas que continuam a congestionar o STF (item 1.1.3.1). Além disso, quando efetivamente utilizadas, as decisões negativas de repercussão geral representam, na prática, uma abdicação do poder de o Tribunal revisitar o tema (item 1.1.3.2.1). Há ainda o comprometimento da faculdade de o relator propor a negativa formal de repercussão geral pelo risco de superação de seu entendimento – para o que bastam apenas quatro votos –, ocasionando efeitos colaterais, como o sobrestamento em massa de processos e a abertura de vias de impugnação para questionar a adequação de casos concretos às teses afetadas (item 1.1.3.2.2).

Levando isso em conta, a solução que tem sido preferencialmente adotada pelo STF é, na aparência, mais simples, rápida e sem esses efeitos colaterais: em vez de deliberar sobre a repercussão geral, basta assentar, nos termos do art. 323 do RI/STF, a "inadmissibilidade do recurso por outra razão", a partir de decisões monocráticas com recurso cabível para a Turma, que pode decidir por maioria simples, sem sujeição a um *quorum* qualificado do Pleno. No entanto, esta é uma maneira informal ou oculta de exercer o filtro da repercussão geral, o que produz uma série de outros efeitos colaterais, como se procurará demonstrar a seguir.

1.2 A negativa oculta de repercussão geral: um sobre-esforço com efeitos colaterais

Como visto no item anterior (1.1), as decisões negativas de repercussão geral com efeitos amplos exigem um esforço que pouco se justifica na prática do STF. Ao menos até a ER nº 54/2020, quando o Tribunal não fazia uso de um filtro expresso e eficaz de relevância com efeitos limitados ao caso concreto e aplicável aos recursos extraordinários – que, até 2016, responderam por mais de 85% do volume e em 2020 por mais de 65% –, a Corte exerceu um sobre-esforço para dar saída aos inúmeros casos que lhe chegaram anualmente, por meio da praxe das decisões monocráticas, confirmadas pelas Turmas sempre que necessário. Isso, porém, esconde uma maneira mais informal de realizar juízos de (ir)relevância, válidos apenas para o caso concreto e sem necessidade de um *quorum* qualificado, contornando, assim, os "problemas" da prática verificada no uso formal do filtro, ao menos até 2020: daí se poder falar numa "negativa oculta de repercussão geral". Tal *modus operandi*, entretanto, gera graves efeitos colaterais, porque o "filtro oculto" é caracterizado pela falta de clareza na distinção entre a relevância e a natureza constitucional da controvérsia, o que gera inconsistências na jurisprudência da Corte (item 1.2.1) e termina por retroalimentar a litigiosidade (item 1.2.2). Ambas as ideias são desenvolvidas abaixo.

1.2.1 O obscurecimento dos juízos de relevância: inconsistências decorrentes da sua fusão com o juízo sobre o caráter constitucional ou não da questão

Há muito a doutrina denuncia a obscuridade dos critérios usados pelo STF para determinar se uma controvérsia tem caráter constitucional ou não, o que se opera a partir da jurisprudência segundo a qual a ofensa constitucional que autoriza um recurso extraordinário deve ser "direta", e não "indireta" ou "reflexa".[171] Essa obscuridade, agravada pelo caráter analítico da Constituição de 1988, serve como meio de defesa do Tribunal ante o grande volume de processos. Nesse sentido, afirma Bruno Dantas:

> Em última análise, e sem perder de vista a jurisprudência da Corte, não nos parece exagerado afirmar que a teoria da ofensa direta tem servido convenientemente aos interesses do STF de impedir que o número insuportável de recursos aumente ainda mais.

---

[171] Tal entendimento por vezes "leva a um paradoxo: a Constituição Federal consagra certo princípio e se, *pela sua relevância*, a lei ordinária o repete, *por isso* o tribunal, cuja função é a de zelar pelo respeito à Constituição Federal, se abdica de examinar a questão". (WAMBIER, Teresa Arruda Alvim; DANTAS, Bruno. *Recurso especial, recurso extraordinário e a nova função dos tribunais superiores no direito brasileiro.* 3. ed. São Paulo: Revista dos Tribunais, 2016. p. 513). No mesmo sentido: OMMATI, José Emílio Medauar. Ofensa reflexa à Constituição: ofensa direta à Constituição. *In:* NERY JR., Nelson; WAMBIER, Teresa Arruda Alvim (Coords.). *Aspectos atuais e polêmicos dos recursos cíveis.* São Paulo: Revista dos Tribunais, 2006. p. 196-197.

Como os conceitos de ofensa direta ou reflexa não estão bem delineados na doutrina ou na jurisprudência, o tribunal serve-se dessa contingência para manejar sua pauta, visualizando ofensas diretas e reflexas sem um padrão definido que assegure às partes a necessária previsibilidade.[172]

Com o advento da repercussão geral, essa indefinição na distinção entre o que é constitucional ou não passou a projetar-se também sobre o que é ou não relevante, confundindo-se os conceitos. Um exemplo é oportuno para ilustrar o argumento.

Diversos contribuintes ingressaram em juízo para questionar a apuração do imposto de renda exigível de pessoas físicas no caso de rendimentos pagos acumuladamente. Como se sabe, as alíquotas do imposto de renda são progressivas: quanto mais se recebe ao longo do ano, maior será a alíquota do imposto a pagar referente àquele ano. Ocorre que, por razões diversas, nem sempre imputáveis aos contribuintes, quando os rendimentos mensais eram pagos com atraso e se acumulavam para o ano seguinte, isso aumentava a alíquota do imposto a ser pago naquele ano, em comparação com a alíquota que seria aplicável se a renda tivesse sido recebida na data devida. Em suma, os contribuintes pediam que o imposto fosse apurado conforme o regime de competência – isto é, baseado na data em que a renda era, em tese, devida –, enquanto a Receita Federal, com base no art. 12 da Lei nº 7.713/1988, apurava o imposto segundo o regime de caixa, ou seja, segundo a data do efetivo recebimento da renda.

A questão deu origem a decisões favoráveis e desfavoráveis aos contribuintes. Seja qual fosse o resultado, a parte derrotada nos tribunais de origem interpunha recurso extraordinário. No caso de recurso do contribuinte, a alegação básica era de ofensa à capacidade contributiva e à isonomia tributária (CF, arts. 145, §1º, e 150, II): a tese era de que o sucumbente estaria sofrendo tributação maior do que outros contribuintes que recebiam a mesma renda, apenas por ter percebido, sem culpa sua, valores de forma diferida no tempo. Quando o contribuinte era vencedor, a União interpunha recurso extraordinário sob a alegação de violação ao art. 97 da CF, pois o afastamento do art.

---

[172] DANTAS, Bruno. *Repercussão geral*. 3. ed. São Paulo: Revista dos Tribunais, 2012. p. 183. Reconhecendo o caráter "problemático" da distinção entre ofensas constitucionais diretas e indiretas, e apontando a sistemática da repercussão geral como "solução para o dilema entre o acesso irrestrito à jurisdição constitucional e a imposição de limites artificiais", cf. BARROSO, Luís Roberto. *O controle de constitucionalidade no direito brasileiro*. 8. ed. São Paulo: Saraiva, 2019. *e-book*, posição 2027.

12 da Lei nº 7.713/1988 exigiria instauração de incidente e decisão da maioria absoluta do Tribunal, o que inocorria.

Num primeiro momento, o STF entendeu que a controvérsia poderia ser resolvida apenas com a interpretação de normas infraconstitucionais. Era de rigor, portanto, a manutenção das decisões de origem, favoráveis ou contrárias aos contribuintes: nada mais natural porque, com esse enquadramento, a resolução da controvérsia em qualquer dos sentidos não alcançava a Constituição, sendo-lhe indiferente independentemente do resultado. Assim foram inadmitidos recursos interpostos pela União (*e.g.*, 1ª T., AI nº 601.956 AgR, Rel. Min. Ricardo Lewandowski, j. 27.11.2007) e pelos contribuintes, sendo representativo desta última hipótese o acórdão que veio a negar repercussão geral à controvérsia, tida não apenas como infraconstitucional, mas também como pouco importante (RE nº 592.211 RG, Rel. Min. Menezes Direito, j. 6.11.2008). Assim votou o relator, acompanhado por sete ministros (vencidos os Ministros Ayres Britto e Marco Aurélio; não votou o Min. Joaquim Barbosa):

> Reputo que a questão constitucional [sic] discutida nestes autos não possui repercussão geral, uma vez que a questão está restrita à ocorrência de fatos excepcionais e está limitada ao interesse de um pequeno grupo do universo dos contribuintes do Imposto de Renda de Pessoa Física. Assim, a definição da alíquota do IRPF aplicável a determinados valores pagos de forma diferenciada, qualquer que seja a solução adotada pelas instâncias ordinárias, não repercutirá política, econômica, social e, muito menos, juridicamente na sociedade como um todo, estando limitada ao patrimônio individual de cada um dos contribuintes. Além disso, a matéria não é suficiente para repercutir na arrecadação tributária do país.
>
> Por fim, cumpre anotar a existência de alguns julgados desta Corte que concluíram que a análise de matéria similar a destes autos dependeria do reexame da legislação infraconstitucional [...].

Negada a repercussão geral, todos os recursos extraordinários sobre o tema passaram a ser inadmitidos. Ocorre que, pouco depois, o Tribunal Regional Federal da 4ª Região declarou a *inconstitucionalidade* sem redução de texto do art. 12 da Lei nº 7.713/1988, observando a reserva de plenário. O recurso extraordinário da União – fundado não mais no art. 97 da CF, que havia sido cumprido, mas na compatibilidade do regime de caixa com os princípios da capacidade contributiva, isonomia e progressividade (CF, arts. 145, §1º, 150, II e 153, §2º, I) – terminou por ser admitido na origem e remetido ao STF, em contrariedade aos arts. 543-A, §5º, e 543-B, §2º, do CPC/1973.

Distribuído o feito à Min. Ellen Gracie (RE nº 614.406), foi negado seguimento ao recurso monocraticamente (j. 10.6.2010), por falta de repercussão geral, afastando-se expressamente a tese recursal de "caracterização automática" da repercussão geral em caso de declaração de inconstitucionalidade.[173]

Interposto agravo, todavia, a relatora suscitou questão de ordem para rever a tese,[174] passando a considerar o tema relevante não propriamente porque se tenha demonstrado um equívoco da decisão anterior quanto ao número de interessados ou aos valores envolvidos, mas apenas em razão da declaração de inconstitucionalidade pela origem. Essa situação violaria o princípio da isonomia e da uniformidade geográfica (CF, arts. 150, II e 151, I), pois, nos dizeres da relatora, "em quatro regiões federais, os pagamentos acumulados serão submetidos ao regime de caixa; ao passo que em outra, os mesmos pagamentos se sujeitarão ao regime de competência". Observe-se, no entanto, que a declaração de inconstitucionalidade na origem não tinha efeito *erga omnes*, nem mesmo para a região do tribunal de origem, e nem poderia, sob pena de usurpação da competência do STF (CF, art. 102, I, *a*).

Em verdade, a Corte não recebeu bem a consequência da sua decisão anterior, que, ao negar repercussão geral, deixou a última palavra sobre o tema com os tribunais de origem. Assim, o STF resolveu a questão de ordem (j. 20.10.2010) no sentido de passar a entender o tema como constitucional e dar-lhe repercussão geral, retomando, assim, seu poder de dar a última palavra. Merece transcrição a "autocrítica" feita pelo Min. Gilmar Mendes, que, embora longa, é rica de significado para a demonstração do argumento do presente trabalho:

---

[173] Vale notar que, no CPC/1973, que regeu o julgamento, não havia repercussão geral "presumida" pela declaração de inconstitucionalidade de lei, o que só foi previsto no art. 1.035, §3º, III, do CPC/2015.

[174] Houve uma longa discussão sobre se o caso envolvia ou não a necessidade de revisão da tese fixada no RE nº 592.211 RG, Rel. Min. Menezes Direito. Embora se tratasse da mesma questão, alguns ministros sustentaram que como a repercussão geral havia sido negada num recurso interposto com base na alínea *a* do art. 102, III, da CF, e o recurso em exame havia sido interposto com base na alínea *b* – já que o tribunal de origem havia declarado a inconstitucionalidade da norma –, as situações seriam distintas. A Min. Ellen Gracie demonstrou que era necessária a revisão da tese, pois, do contrário, recursos interpostos com base na alínea *a* seriam inadmitidos por falta de repercussão geral, enquanto os interpostos na alínea *b* seriam conhecidos, embora todos versassem a mesma questão constitucional. Como não houve concordância de todos, a solução de consenso limitou-se a declarar a repercussão geral da questão que antes havia sido negada: reviu-se a tese, embora sem dizê-lo.

Creio que talvez esse episódio suscite e justifique a necessidade de pensarmos criticamente em algumas manifestações que fazemos em torno do caráter constitucional ou infraconstitucional de determinados temas.

Neste caso específico, creio que nós nos manifestamos, a maioria, pelo caráter infraconstitucional da matéria. Talvez seja um vezo, uma *fórmula tradicional de escape*. Tudo pode ser; podia até não ter repercussão geral, tendo em vista a solução adotada, mas nós não poderíamos ter dito que era matéria infraconstitucional. Parece-me que esse é um ponto que nós podemos fixar.

Quando se acompanha a jurisprudência do Tribunal ao longo dos anos, especialmente nesse período do excesso de processos a partir dos anos 2000, percebe-se certa generosidade no lançamento de argumentos, às vezes cumulativos, quanto ao não cabimento do recurso extraordinário. Aí vêm essas teses todas: trata-se de matéria infraconstitucional. Às vezes não se trata de matéria infraconstitucional, mas *estamos tentando conformar apenas o resultado, nós estamos acomodados com o resultado*, e, portanto, *dizemos alguma coisa para justificar*. Outras vezes lançamos mão do *artifício* da discussão sobre matéria fático-probatória, e, aí, invocamos também, ou se trata de direito local. Em suma, todas aquelas súmulas que legitimam o não conhecimento do recurso extraordinário. Então, nós temos que ter certa cautela, especialmente nessa distinção entre a matéria constitucional e a matéria infraconstitucional. Pode ser que a matéria não restou prequestionada.

Será melhor que afirmemos claramente que, naquele momento, não há repercussão geral para a matéria constitucional, mas não afirmar a natureza infraconstitucional, porque depois nós vamos ter esse encontro marcado com a história, porque vamos transformar uma matéria que nós consideramos infraconstitucional em matéria constitucional.

E veja, não estou fazendo crítica especialmente a ninguém, mas fazendo uma *autocrítica*, porque se trata de um recurso que se repete. E, *compreensivelmente, o Tribunal só conseguia enfrentar essa massa de cem mil processos/ano, com todos esses recursos*. Mas é preciso realmente ter maior clareza na aplicação desses instrumentos que estão à disposição. Há uma série de súmulas sobre o recurso extraordinário, mas, às vezes, a própria interpretação é muito alargada; às vezes, nós temos *coincidências quanto ao resultado*.

Em geral, é isto que se explica: a decisão do Tribunal, de alguma forma, está em consonância com o entendimento geral do Supremo Tribunal Federal. E aí há certo desprezo pela fundamentação.

Então, só para que realmente reflitamos. O caso é específico ou no caso houve declaração de inconstitucionalidade; o *distinguishing* é fácil de fazer, mas é bom que também se tenha a clareza que aqui não se cuidava de matéria infraconstitucional. Nós podemos até dizer que a repercussão geral não se dá, porque nós avaliamos que não há essa relevância, não há a transcendência, e, por conseguinte, nós não devemos reconhecer a repercussão geral. *Mas dizer que era matéria infraconstitucional!... Isso tem uma série de implicações. A matéria deixa de ser da competência do Supremo.* (Destaques acrescentados)[175]

Há aqui diversos pontos relevantes: a) o reconhecimento de que os óbices da jurisprudência defensiva são "fórmulas de escape" ou "artifícios" para, "compreensivelmente", "enfrentar essa massa de cem mil processos/ano"; b) a ideia, várias vezes repetida, de que esses óbices são utilizados de maneira orientada segundo o resultado da decisão recorrida – embora não fosse o caso da questão em exame, na qual, como visto, o STF vinha mantendo as decisões recorridas independentemente de seu resultado, pró ou contra o fisco; c) quando há "certo desprezo pela fundamentação" ou simplesmente se diz "alguma coisa para justificar [...], [i]sso tem uma série de implicações", inclusive que a matéria pode "deixa[r] de ser da competência do Supremo"; e, por fim d) que seria melhor dizer que "naquele momento, não há repercussão geral para a matéria constitucional, mas não afirmar a natureza infraconstitucional, porque depois nós vamos ter esse encontro marcado com a história, porque vamos transformar uma matéria que nós consideramos infraconstitucional em matéria constitucional". Em outras palavras, seria melhor uma decisão mais modesta, afastando-se a relevância no momento, sem degradar o tema para o plano infraconstitucional.

O mérito foi julgado apenas quatro anos depois (j. 23.10.2014), tendo prevalecido o voto do Min. Marco Aurélio, favorável aos contribuintes. O caso mostra que a existência de repercussão geral da questão foi determinada pela mudança de classificação da controvérsia para constitucional – tendo sido o STF "forçado" a tanto pela declaração de inconstitucionalidade da origem –,[176] sem que se tenham revisto

---

[175] Veja-se o seguinte comentário doutrinário crítico sobre tal voto do Min. Gilmar Mendes: "A situação é constrangedora: o verdadeiro filtro processual não é o da repercussão geral e sim o da afirmação da violação meramente reflexa, e essa afirmação, assim o reconhece um dos mais antigos ministros da Corte, é em muitos casos um simples artifício ou desculpa para manter um resultado de mérito com o qual os ministros concordam" (GODOI, Marciano Seabra de; PRADO, Júlia Ferreira Gonçalves. Acessibilidade e qualidade das decisões judiciais num sistema de precedentes: como se comportam os ministros do Supremo Tribunal Federal no exame da repercussão geral das questões constitucionais em matéria tributária. *In*: BOSSA, Gisele Barra *et al*. *Medidas de redução do contencioso tributário e o CPC/2015*. São Paulo: Almedina, 2017, p. 515).

[176] Questão semelhante se repetiu mais recentemente, a propósito da discussão sobre a incidência do fator previdenciário sobre a aposentadoria de professores. O STF havia

os pressupostos da decisão anterior (pequeno número de afetados e baixo impacto fiscal). Há, porém, casos em que ocorreu o inverso, isto é, nos quais a relevância determinou o caráter constitucional do tema.

Durante anos, discutiu-se no Judiciário a chamada "incorporação dos quintos", isto é, saber se os servidores públicos teriam ou não direito a somar à sua remuneração a quinta parte do valor correspondente às gratificações por funções comissionadas exercidas entre a vigência da Lei nº 9.624/1998 e a Medida Provisória nº 2.225-45/2001. A jurisprudência consolidada era no sentido da possibilidade de incorporação. A Fazenda Pública entendia que essa incorporação não tinha amparo legal e buscava reverter condenações por meio de recursos extraordinários que sustentavam, entre outros argumentos, a violação ao princípio da legalidade. Tais recursos eram negados porque a controvérsia era classificada como infraconstitucional, inclusive com invocação da Súmula nº 636/STF, segundo a qual "[n]ão cabe recurso extraordinário por contrariedade ao princípio constitucional da legalidade, quando a sua verificação pressuponha rever a interpretação dada a normas infraconstitucionais pela decisão recorrida".[177] Esse entendimento foi reproduzido em centenas de decisões monocráticas e colegiadas. O STJ afirmou o direito em recurso especial repetitivo (REsp nº 1.261.020, Rel. Min. Mauro Campbell Marques, j. 24.10.2012), e vários tribunais até implantaram administrativamente a incorporação dos quintos a seus servidores.

Eis que, no RE nº 638.115, Rel. Min. Gilmar Mendes, j. 19.3.2015, submetido ao regime da repercussão geral, a maioria dos ministros decidiu rever o tema para, ao final, não apenas assentar o caráter constitucional da controvérsia, mas também negar o direito à incorporação,

---

negado repercussão geral à controvérsia, por entendê-la infraconstitucional, mesmo à luz de declaração de inconstitucionalidade de dispositivos da Lei nº 8.213/1991 pelo TRF da 4ª Região, o que atrairia o art. 1.035, §3º, III, do CPC/2015 (RE nº 1.029.608 RG, Rel. Min. Edson Fachin, j. 24.8.2017 – tema 960). Isso deu origem a uma situação de divergência jurisprudencial sobre o mérito do tema entre os TRFs, o que não era revisto pelo STJ para o TRF da 4ª Região, em razão da fundamentação constitucional adotada por aquela Corte Regional. Assim, estimulado pela Nota Técnica nº 25/2019 do Centro de Inteligência da Justiça Federal, o TRF da 4ª Região encaminhou ao STF um recurso extraordinário sobre o tema, contrariando, assim, o art. 1.030, I, *a*, do CPC/2015, mas com o fim de pacificar a controvérsia. Esse RE serviu de suporte para que o STF passasse a reconhecer o caráter constitucional do tema e assentasse a constitucionalidade da incidência do fator previdenciário sobre a aposentadoria de professores, embora negando que o tema 960 tenha tratado expressamente da questão (RE 1.221.630, Rel. Min. Presidente, j. 4.6.2020 – tema 1091).

[177] Cf., *e.g.*: STF, 1ª T., AI nº 725.112 AgR, Rel. Min. Cármen Lúcia, j. 26.5.2009; 1ª T., RE nº 544.856 AgR, Rel. Min. Dias Toffoli, j. 20.3.2012.

justamente por violação ao princípio constitucional da legalidade. O que interessa para o presente estudo não é propriamente o mérito do direito à incorporação, mas como e por que razões o Tribunal decidiu alterar a forma de entender a questão, destacando-se, a propósito, as manifestações de alguns juízes da Corte.

Mantiveram-se fieis ao entendimento de que a questão seria infraconstitucional os Ministros Rosa Weber, Luiz Fux, Cármen Lúcia e Celso de Mello. O relator, Min. Gilmar Mendes, defendeu que decisões judiciais que violam grosseiramente a lei acabam por violar a própria Constituição. Sem discordar da premissa, o Min. Luiz Fux replicou que não se poderia falar de violação grosseira por parte de centenas de decisões mantidas pelo STF. O Min. Teori Zavascki apontou o caráter delicado da distinção entre questões constitucionais e infraconstitucionais, mas acompanhou o relator por uma razão pragmática: não gerar uma distinção entre a decisão do recurso extraordinário e a de dois mandados de segurança que discutiam a mesma questão e constavam da mesma pauta; o Tribunal entraria no mérito da questão de qualquer forma, já que em mandado de segurança não se exige repercussão geral. O Min. Dias Toffoli afirmou que o STJ seria a última instância se o STF não pudesse reverter suas decisões e lembrou outras hipóteses em que uma matéria tradicionalmente considerada infraconstitucional passou a ser reputada constitucional. Por fim, o Min. Ricardo Lewandowski reviu seu entendimento anterior e reconheceu a repercussão geral do tema, ao sublinhar o caráter discricionário desse juízo e o impacto financeiro envolvido.

Seria a justificativa do Min. Ricardo Lewandowski a mais transparente, ao assumir expressamente preocupações de natureza consequencialista e a natureza discricionária do filtro? A linha jurisprudencial anterior, ao considerar a discussão infraconstitucional, não estaria na verdade dizendo que a matéria até então não era tida como relevante, embora sem assumi-lo de forma expressa? É possível responder ambas as questões afirmativamente. Outro exemplo reforça o ponto e mostra que não se trata de casos isolados.

Algo semelhante ocorreu na discussão do alegado direito retroativo dos servidores do Poder Judiciário do Estado do Rio de Janeiro ao índice de 24%, decorrente de extensão judicial do aumento previsto na Lei estadual nº 1.206/1987, que só contemplava os servidores do Executivo e do Legislativo. O Tribunal de Justiça local deu ganho de causa aos servidores e editou inclusive uma súmula para uniformizar sua jurisprudência. Os recursos extraordinários interpostos pelo Estado alegavam, em síntese, violação à Súmula nº 339/STF e à Súmula Vinculante nº 37, segundo as quais "[n]ão cabe ao Poder Judiciário, que não tem função legislativa, aumentar vencimentos de servidores públicos sob fundamento de isonomia". No entanto, segundo a jurisprudência do STF, esse entendimento somente se aplica a reajustes, e não a revisões gerais, que podem ser estendidas pelo Judiciário (Pleno, RE nº 584.313 QO-RG, Rel. Min. Gilmar Mendes, j. 6.10.2010). Assim, em dezenas de decisões monocráticas, confirmadas por ambas as Turmas, praticamente todos os ministros entenderam que a controvérsia em exame tinha natureza infraconstitucional, pois seria necessário interpretar a Lei estadual nº 1.206/1987 para saber se ela previa um reajuste ou uma revisão geral.[178]

A Procuradoria-Geral do Estado do Rio de Janeiro empenhou-se em expor o impacto financeiro da controvérsia para os cofres públicos, porquanto o entendimento do tribunal de origem beneficiava retroativamente milhares de servidores ativos e inativos. Até que, a partir de voto-vista do Min. Gilmar Mendes no ARE nº 841.799 AgR, Rel. Min. Teori Zavascki, j. 23.2.2016, *no qual houve análise detalhada da legislação infraconstitucional aplicável*, concluiu-se que se tratava de reajuste, e não de revisão geral. Assim, a Segunda Turma passou a dar provimento aos recursos do Estado, ao entender que o entendimento do tribunal de origem contrariava a Constituição. Afetada a controvérsia ao Plenário Virtual (ARE nº 909.437, Rel. Min. Luís Roberto Barroso, j. 1.9.2016), o relator assim destacou a relevância do tema:

> O acréscimo de 24% (vinte e quatro por cento) aos rendimentos e proventos dos milhares de servidores ativos e aposentados do Poder Judiciário do Estado do Rio de Janeiro, retroativo a pelo menos cinco anos antes do ajuizamento de cada ação individual, é capaz de produzir um impacto financeiro bilionário às já combalidas finanças do Estado, cuja situação calamitosa é notória.

Ao final, dez ministros reconheceram o caráter constitucional e a repercussão geral da matéria, e, por oito votos a dois, reafirmaram a jurisprudência para dar provimento ao recurso, vencidos os Ministros Marco Aurélio e Luiz Fux. Não se manifestou a Ministra Rosa Weber.

---

[178] *E.g.*: 1ª T, ARE nº 838.535 AgR, Rel. Min. Rosa Weber; 2ª T., ARE nº 810.579 AgR, Rel. Min. Teori Zavascki.

Em alguns casos, a revisão do caráter infraconstitucional da controvérsia pode ocorrer de forma "acidental". Foi o que aconteceu no RE nº 590.415, originalmente relatado pelo Min. Menezes Direito, em que se discutiu a amplitude dos efeitos da quitação de verbas trabalhistas em caso de adesão do trabalhador a plano de demissão voluntária. O STF tinha uma jurisprudência pacífica no sentido de que a matéria seria infraconstitucional.[179] Em 13.2.2009, o relator submeteu o caso ao Plenário Virtual com esse encaminhamento, invocando expressamente o RE nº 584.608, Rel. Min. Ellen Gracie, j. 4.12.2008, em que se excluiu, por definição, a repercussão geral de questões infraconstitucionais. Os Ministros Ayres Britto, Celso de Mello, Cármen Lúcia, Eros Grau, Joaquim Barbosa e Ricardo Lewandowski acompanharam o relator. Portanto, a maioria absoluta (sete de onze) entendeu que a questão sequer era constitucional, o que, em rigor, deveria prejudicar o debate quanto à repercussão geral, tanto que o relator nem sequer se manifestou em seu voto sobre a relevância do tema.

No entanto, houve quatro divergências (Ministros Gilmar Mendes, Marco Aurélio, Cezar Peluso e Ellen Gracie), de modo que se entendeu presente a repercussão geral porque não atingidos dois terços dos ministros. Note-se que a deliberação no Plenário Virtual ocorreu antes da ER nº 31, de 29.5.2009, que desmembrou a votação em duas perguntas: a) há questão constitucional? e b) há repercussão geral? Antes disso, como ocorreu no caso em exame, a pergunta era única: há repercussão geral da questão constitucional? Como sete ministros responderam "não há", mas quatro responderam "há", não se atingiram os dois terços, embora seja claro que a manifestação do relator, acompanhada por outros seis ministros, assentava o caráter infraconstitucional da controvérsia. O caso terminou, assim, por ser redistribuído ao Min. Joaquim Barbosa, sucedido pelo Min. Luís Roberto Barroso. Ao final, o tema foi decidido no mérito e a decisão de origem foi reformada *por unanimidade* (j. 30.4.2015). O caso ilustra a disfuncionalidade em deliberar sobre a repercussão geral de matérias infraconstitucionais – considerando que o art. 102, §3º, da CF se refere à repercussão geral de *questões constitucionais*, o que será visto abaixo –, bem como o risco de efeito contrário ou *backfire* de um voto do relator no sentido da ausência de repercussão geral (item 1.1.3.2.2).

---

[179] Cf., *e.g.*, 1ª T, AI nº 700.744 AgR, Rel. Min. Ricardo Lewandowski, j. 13.5.2008; 2ª T., RE nº 577.836 AgR, Rel. Min. Cezar Peluso, j. 7.10.2008.

Os exemplos se multiplicam.[180] Com isso busca-se demonstrar que a discussão sobre o caráter constitucional ou infraconstitucional de uma controvérsia – que é, ou deveria ser, uma questão técnica – fica obscurecida pela relevância que o Tribunal atribui ao tema, aferida segundo critérios discricionários, e, às vezes, pelo resultado a ser alcançado: em caso de não provimento do recurso, a matéria é tida como infraconstitucional; na hipótese de provimento, o tema é visto como constitucional. No entanto, sem mudança da Constituição, uma matéria reiteradamente entendida como infraconstitucional não passa a ser subitamente constitucional. Se isso ocorre, possivelmente existem considerações de ordem não estritamente técnica envolvidas nessas definições. O problema, porém, não reside propriamente na existência dessas considerações, que são até certo ponto inevitáveis, mas no seu obscurecimento.[181] Trata-se, em suma, de um "mecanismo informal de seletividade recursal no STF",[182] como afirma Damares Medina, em citação longa, mas pertinente:

---

[180] Rapidamente será feita referência a mais um: no RE nº 572.020, Rel. Min. Marco Aurélio, j. 6.2.2014, foi conhecido recurso para discutir a cobrança de ICMS sobre serviço de habilitação de celular, matéria cuja repercussão geral já havia sido negada no RE nº 592.887, Rel. Min. Ellen Gracie, j. 9.9.2010, por enquadrar-se a matéria como infraconstitucional. Do inteiro teor do acórdão mais recente, nota-se um inconformismo do Min. Marco Aurélio com a negativa de repercussão geral de matéria infraconstitucional, bem como com o fato de que, dos nove votos contados no sentido da ausência de repercussão geral, dois foram *silentes*, mas assim computados em razão do enquadramento infraconstitucional da controvérsia dado pela relatora. De toda forma, no acórdão mais recente, o recurso foi conhecido por nove votos a um (vencido apenas o Min. Luiz Fux, que se fiava no caráter infraconstitucional do tema), porque o acórdão do Tribunal de Justiça do Distrito Federal e Territórios havia abordado a questão sob o prisma constitucional, muito embora o acórdão recorrido (do STJ) não o tivesse feito. Os Ministros Dias Toffoli e Ayres Britto também sublinharam a relevância do tema, contrariamente ao que haviam feito no Plenário Virtual (este último Ministro chegou a dizer que a matéria era "importantíssima"), de modo que a Corte desconsiderou seu precedente sobre a pouca relevância (ou caráter infraconstitucional) do tema. Embora o recurso tenha sido interposto anteriormente à ER nº 21/2007, de modo que era dispensado da *preliminar formal* de repercussão geral, ele não deveria ter sido conhecido se a matéria fosse infraconstitucional.

[181] Nessa linha, apontando que o debate sobre o caráter "direto" ou "reflexo" da ofensa à Constituição em verdade parece "se tratar de uma fuga da questão central: [...] a existência ou não, na hipótese em exame, de repercussão geral": FILPO, Klever Paulo Leal; BARBUTO, Renata Campbell. Aspectos controvertidos do filtro da repercussão geral em perspectiva empírica. *Revista de Estudos Empíricos em Direito*, v. 4, n. 2, jun. 2017, p. 105-120.

[182] Já se identificou fenômeno parecido no TST, Corte em que, por divergências internas, o requisito da "transcendência", instituído pela MP nº 2.226/2001, só foi regulamentado mais de quinze anos depois, pela Lei nº 13.467/2017. Assim, ao menos até então, cada ministro utilizava seus poderes decisórios monocráticos para fazer individualmente sua própria análise sobre a transcendência, de maneira informal ("transcendência branca", na expressão do Min. Ives Gandra). Nesse sentido: SOUZA, José Pedro de Camargo Rodrigues de. *Apontamentos sobre a transcendência do recurso de revista*. 2011. Dissertação (Mestrado em Direito do Trabalho e da Seguridade Social) – Faculdade de Direito, Universidade de São Paulo, São Paulo, 2011. Disponível em: http://www.teses.usp.br/teses/disponiveis/2/2138/tde-31052012-154840/pt-br.php. Acesso em: 24 jun. 2017.

Dados da atividade jurisdicional do STF indicam que dentre todos os processos distribuídos no STF entre 2007 e 2013, aproximadamente 80% foram decididos monocraticamente.

Esse cenário sugere outra realidade, subjacente ao modelo normativo da jurisdição constitucional brasileira, na qual o Supremo teria uma ampla discricionariedade na escolha daquilo que efetivamente julga (decisão colegiada e dialógica).

O diagnóstico de que o STF não tem o controle de sua pauta e de que seria relativamente fácil acessar o tribunal merece ser revisitado, especialmente porque ancorado de forma exclusiva em análises quantitativas dos recursos autuados no tribunal, sem investigar os rumos e destinos efetivamente dados a essa massa recursal (fulcrado no dogma de que o juiz não pode deixar de decidir).

Nesse sentido, Veríssimo já observara a existência de mecanismos informais de seletividade recursal no STF, no exercício do controle incidental de constitucionalidade no STF, cunhando a expressão "*certiorari* à brasileira".

Essa escolha do que julgar (em contraposição ao que é cartorariamente decidido) é operacionalizada monocraticamente pelos ministros do STF, por intermédio dos filtros recursais, nos quais se aplica a jurisprudência defensiva do tribunal.

[…] Decerto, a necessidade de dar uma resposta jurisdicional a centenas de milhares de recursos anuais deu azo ao surgimento de mecanismos informais de seletividade recursal, na dinâmica decisória do STF. […]

[…] O perfil preponderantemente monocrático da atividade jurisdicional do STF sugere mais uma operacionalidade da seletividade do tribunal (no legítimo exercício ao direito de escolha do que é possível julgar), que o distanciamento entre a práxis jurisdicional do tribunal e o seu modelo normativo constitucional.

Isso porque incumbe ao STF o controle do cumprimento de uma constituição analítica e eclética de 250 artigos, 97 disposições transitórias, mais 88 emendas constitucionais.[183]

---

[183] MEDINA, Damares. *A repercussão geral no Supremo Tribunal Federal*. São Paulo: Saraiva, 2016. *e-book*, p. 83-85. No mesmo sentido: "Sempre nos pareceu ser extremamente saudável que houvesse um filtro para os recursos endereçados aos Tribunais Superiores. Estes filtros, que existem em muitos outros países, são uma forma de seleção muito mais razoável do que a nossa conhecida e criticável jurisprudência *defensiva*. […] Além do mais, a jurisprudência 'defensiva' já significa, hoje, um *certiorari de facto*". (WAMBIER, Teresa Arruda Alvim; WAMBIER, Luiz Rodrigues. Repercussão geral: como transformá-la num instituto adequado à magnitude da missão de uma Corte Superior? *In*: FUX, Luiz; FREIRE, Alexandre; DANTAS, Bruno (Coords.). *Repercussão geral da questão constitucional*. Rio de Janeiro: Forense, 2014. p. 621).

Antes mesmo da EC nº 45/2004,[184] Marcos Paulo Veríssimo já identificava a existência de um *"certiorari* informal", ou o exercício de "juízos materiais de irrelevância" por decisões monocráticas. Por sua relevância, a transcrição também é importante. Veja-se:

> É verdade que pode haver também, por trás dessas decisões monocráticas, uma espécie de *certiorari* informal, isto é, de filtro informal destinado a tornar viável a gestão de casos nas turmas e no plenário. Nesse sentido, não se pode saber se já não estaria sendo praticado informalmente, no tribunal, antes mesmo da Emenda Constitucional nº 45.04, um juízo prévio de relevância dos casos relativos a recursos extraordinários, juízo esse justificado formalmente sob o prisma formal-procedimental da admissibilidade (nesse sentido, decisões de indeferimento liminar fundadas na falta de requisitos formais ou materiais de admissibilidade poderiam estar travestindo, já de algum tempo, juízos materiais de irrelevância, somente autorizados a partir da EC nº 45). Essa é uma conjectura que pode fazer especial sentido quando se tem em conta a rigidez com que o STF foi construindo ao longo do tempo suas exigências formais e materiais de admissibilidade do recurso extraordinário (por exemplo, quanto às últimas, no que diz respeito ao pré-questionamento, ou à noção de interpretação razoável, contida na Súmula nº 400, ou a todas as matérias tratadas nas Súmulas nº 283, 284, 356 e 636, entre outras). No entanto, a inexistência de qualquer pesquisa metodologicamente consistente apontando essa tendência com clareza impede-nos de tratar essa suposição como qualquer coisa além de pura conjectura.[185]

Após dez anos de funcionamento da repercussão geral, os dados parecem confirmar a conjectura: apenas 5% dos recursos de natureza extraordinária (AI, ARE e RE) decididos monocraticamente foram providos pelo STF entre 2007 e 2013, enquanto, nos temas com repercussão geral julgados no mesmo período, houve provimento em 38% dos casos.[186] Isso sugere que a Corte mantém monocraticamente

---

[184] Também anterior à EC nº 45/2004 é a observação de Flávio Luiz Yarshell: "[...] a realidade chegou antes da norma. Em termos práticos, mesmo à míngua de dados estatísticos que respaldem a assertiva, o aludido tribunal [STF] só julga – efetivamente por colegiado – as questões que tem como relevantes". (YARSHELL, Flávio Luiz. A reforma do Judiciário e a promessa de 'duração razoável do processo'. *Revista do Advogado*, São Paulo: AASP, ano XXIV, p. 29, abr. 2004).

[185] VERÍSSIMO, Marcos Paulo. A Constituição de 1988, vinte anos depois: Suprema Corte e ativismo judicial 'à brasileira'. *Revista Direito GV*, v. 4, n. 2, p. 420-421, jul./dez. 2008.

[186] MEDINA, Damares. *A repercussão geral no Supremo Tribunal Federal.* São Paulo: Saraiva, 2016. *e-book*, p. 93-94.

95% das decisões que lhe são submetidas não por considerá-las corretas, mas por não as reputar suficientemente relevantes para um reexame. Tanto que, nas matérias relevantes, o índice de provimento é bastante superior.

Seria mesmo contrafactual um cenário em que a esmagadora maioria dos recursos fosse devidamente colhida por óbices de caráter formal, que, por sua própria natureza, são evidentes. Por isso mesmo, deveriam incidir apenas em hipóteses grosseiras, que, por definição, são excepcionais. A difusão dessa técnica para a quase totalidade dos recursos extraordinários, por si só, já evidencia uma utilização algo distorcida desse tipo de decisão.

A ideia de um "juízo oculto de relevância", além de endossada pelo Min. Luís Roberto Barroso em artigo acadêmico que menciona este trabalho,[187] também foi enunciada pelo Min. Gilmar Mendes no julgamento do RE nº 377.457 ED, em 19.10.2016, nos seguintes termos:

> Se a gente examinar – e a toda hora isso ocorre –, inclusive agora na repercussão geral, essas escapadelas que damos e, na matéria infra, devemos ter mais cuidado, como dizemos a *"ofensa reflexa", no fundo, é um juízo de relevância*. Às vezes, nós estamos concordando com o caso; às vezes, nós estamos... Em suma, diante da massa de casos que chegam aos gabinetes, isso se vai fazendo. Toda hora, isso ocorre, infelizmente. E o ideal é que se reduzam os números de processos para que, de fato, isso seja mais consistente. *Mas todos nós, vamos dizer de maneira muito clara, acabamos dizendo: "Não, essa matéria é infra", às vezes, ou ofensa reflexa. No momento seguinte, a matéria ganha densidade e a gente acaba discutindo em Plenário*. Certamente, todos vamos ter exemplos disso. [...]

---

[187] "Na prática, o que ocorre é o seguinte: o Ministro, com a ajuda dos seus assessores, seleciona, em meio aos milhares de processos que recebe, aqueles poucos que irão ter repercussão geral reconhecida. Todos os demais ele decide monocraticamente. Trata-se, na verdade, de uma *negativa de repercussão geral oculta*, como apontado pelo juiz auxiliar do meu gabinete Frederico Montedonio, em dissertação de mestrado da qual sou orientador. Os processos não selecionados para repercussão geral, e consequente julgamento em Plenário, são descartados pelos argumentos defensivos tradicionais: matéria infraconstitucional, violação indireta à Constituição, questão de fato, ausência de pré-questionamento, deficiência na demonstração da repercussão geral etc. Com isso, os gabinetes têm metade de sua força de trabalho dedicada a processos em que será mantida a decisão da origem, por não conhecimento do recurso extraordinário apresentado. O absurdo é total. Muito melhor e mais transparente seria simplificar esta tarefa, permitindo aos Ministros que simplesmente justifiquem a inadmissibilidade do recurso por falta de repercussão geral do caso – e não necessariamente da questão constitucional nele suscitada –, levando sua decisão ao Plenário Virtual para escrutínio dos demais". (BARROSO, Luís Roberto. *O Supremo Tribunal Federal em 2016*: o ano que custou a acabar. p. 12. Disponível em: http://www.migalhas.com.br/arquivos/2017/1/art20170109-01.pdf. Acesso em: 15 jan. 2017).

Porque, no fundo, também vamos reconhecer... Quer dizer, conseguir que o recurso extraordinário passe em todas as peneiras para chegar ao conhecimento, essa é uma dificuldade. É um pouco uma batalha, como a do espermatozoide, não é? Aquela coisa realmente dificílima. (Destaques acrescentados.)

A falta de clareza na distinção entre a relevância e a natureza constitucional do tema pode ser ainda demonstrada pela fusão entre ambos os conceitos na prática do STF. As deliberações do Plenário Virtual mostram que a decisão quanto ao caráter constitucional ou não da questão está entrelaçada ao juízo quanto à existência ou não de repercussão geral. Nada impede que se negue repercussão geral a uma questão constitucional, mas na imensa maioria dos casos não é o que acontece. É o que demonstra Damares Medina, cuja análise se estende da ER nº 31/2009, que inaugurou a deliberação no Plenário Virtual quanto ao caráter constitucional ou não do tema, até 31.12.2013. Diz a autora:

No universo de 510 temas que tiveram a questão constitucional apreciada no plenário virtual, em 348 ela foi reconhecida e em apenas dois destes tiveram a sua repercussão geral negada (Temas 175 e 681). Em todos os 162 temas em que a questão constitucional foi negada, a repercussão geral também foi negada.

Conclui-se que há uma correlação positiva entre a questão constitucional e a repercussão geral.[188]

---

[188] MEDINA, Damares. *A repercussão geral no Supremo Tribunal Federal*. São Paulo: Saraiva, 2016. *e-book*, p. 88. No mesmo sentido: "Nas decisões do STF tem havido forte associação entre ausência de repercussão geral e infraconstitucionalidade. O Tribunal vem tendendo a admitir como possuidora de repercussão geral a grande maioria dos casos em que a questão discutida é realmente de índole constitucional. [...] Uma hipótese que se pode levantar para a explicação desse tipo de uso da repercussão geral é que esta configuração corresponderia a uma primeira fase do instituto, na qual o STF, antes um tribunal que funcionava como última instância recursal, vem se afirmando exclusivamente como Corte constitucional, demarcando as fronteiras do que pode ser considerada uma controvérsia genuinamente constitucional. Apenas após essa 'limpeza de terreno' haveria o uso da repercussão geral preponderantemente como filtro de relevância. Outra hipótese explicativa é que a cultura de julgamento no STF ainda não se adaptou à ideia de um filtro de relevância, persistindo a mentalidade de que questões constitucionais, não importam quais sejam, merecem julgamento pela Corte. A essa cultura poderia estar atrelada certa postura de considerar determinadas questões como de natureza infraconstitucional para não submetê-las a juízo de relevância". (SUNDFELD, Carlos Ari; SOUZA, Rodrigo Pagani (Coords.). Repercussão geral e o sistema brasileiro de precedentes. *Série pensando o Direito*, n. 40. Brasília: Ministério da Justiça, 2011. p. 29 e 31. Disponível em: http://pensando. mj.gov.br/wp-content/uploads/2015/07/40Pensando_Direito11.pdf. Acesso em: 19 jul. 2017).

Dados mais recentes indicam que, dos 380 temas cuja repercussão geral foi negada até meados de novembro de 2021, em 335 (88,15%) isso ocorreu porque a matéria foi considerada infraconstitucional, enquanto em apenas 45 a negativa se deu propriamente em razão da pouca relevância do tema.[189]

Assim, no Plenário Virtual, quando se considera o tema constitucional, quase sempre se reconhece a repercussão geral; quando se nega repercussão geral, via de regra, o tema é tido como infraconstitucional. Esta última hipótese gera um problema lógico, pois, se a controvérsia é infraconstitucional, em rigor não se precisaria deliberar sobre a existência ou não de repercussão geral,[190] que somente se refere a questões constitucionais (CF, art. 102, §3º).[191] No entanto, essa sistemática passou a ser adotada a partir do RE nº 584.608, Rel. Min. Ellen Gracie, j. 4.12.2008,[192] e apenas se explica como forma de atribuir ao tema os efeitos transcendentes da falta de repercussão geral, impedindo a subida de novos processos sobre o assunto, na forma do art. 324, §2º, do RI/STF.[193] Houve um debate sobre essa sistemática no

---

[189] BRASIL. Supremo Tribunal Federal. *Números da repercussão geral*. Disponível em: http://www.stf.jus.br/arquivo/cms/publicacaoBOInternet/anexo/RG/Numeros/Total_RG_Geral.mhtml. Acesso em: 25 nov. 2021.

[190] Em sentido contrário, sustenta-se ser possível deliberar sobre a repercussão geral em casos de ofensa indireta ou reflexa à Constituição, para fins de "definição acerca de qual órgão jurisdicional será competente naquele momento para dirimir aquela específica controvérsia dotada de colorido constitucional, ainda que mediato" (FORTES, Luiz Henrique Krassuski. Como aprimorar o funcionamento da repercussão geral? Um diálogo com Luís Roberto Barroso e Frederico Montedonio Rego. *In*: MARINONI, Luiz Guilherme *et al*. (Orgs. e Coords.). *Processo constitucional*. São Paulo: Thomson Reuters Brasil, 2019, artigo nº 31, cap. 5. *e-book*.

[191] Observando esse "paradoxo": DIPP, Gilson. *A repercussão geral no recurso extraordinário e o Superior Tribunal de Justiça*. Superior Tribunal de Justiça: doutrina: edição comemorativa, 25 anos. Brasília: Superior Tribunal de Justiça, 2014. p. 36. Em sentido contrário, sustentando que o *quorum* de dois terços também deve ser observado quanto a matérias infraconstitucionais: BUENO, Cássio Scarpinella. Algumas considerações sobre o instituto da repercussão geral. *In*: FUX, Luiz; FREIRE, Alexandre; DANTAS, Bruno (Coords.). *Repercussão geral da questão constitucional*. Rio de Janeiro: Forense, 2014. p. 186-187.

[192] O voto da relatora é expresso nesse sentido: "Ora, se se chega à conclusão de que não há questão constitucional a ser discutida, por estar o assunto adstrito ao exame da legislação infraconstitucional, por óbvio falta ao caso elemento de configuração da própria repercussão geral. [...] Dessa forma, penso ser possível aplicar os efeitos da ausência de repercussão geral tanto quando a questão constitucional debatida é de fato desprovida da relevância exigida como também em casos como o presente, no qual não há sequer matéria constitucional a ser discutida em recurso extraordinário". Para uma crítica a esse entendimento, cf. TEDESCO, Paulo Camargo. Jurisprudência defensiva de segunda geração. *Revista de Processo*, v. 182, p. 259-290, abr. 2010.

[193] Nesse sentido: "A hipótese, na verdade, não é de falta de repercussão geral, pois a matéria não é constitucional, segundo o próprio STF. O caso é de descabimento do

RE nº 572.020, Rel. Min. Marco Aurélio, j. 6.2.2014, em que o relator, de forma irônica, afirmou: "[e]stamos colocando no Plenário virtual recursos extraordinários que não versam matéria constitucional. Não sei qual é a finalidade. Não sei que maldade está por trás disso!"

A exigência do *quorum* qualificado nessa hipótese gerava perplexidades. No RE nº 946.648, Rel. Min. Marco Aurélio, j. 30.6.2016, seis ministros entenderam que a matéria era infraconstitucional e sem repercussão geral, enquanto outros cinco manifestaram-se no sentido de que se tratava de controvérsia constitucional e com repercussão geral (o que comprova mais uma vez que os conceitos estão embaralhados). Como a maioria absoluta se manifestou pelo caráter infraconstitucional, em rigor estaria prejudicada a deliberação quanto à repercussão geral da "questão constitucional", para a qual o art. 102, §3º, da Constituição exige *quorum* de dois terços.[194] No entanto, como no Plenário Virtual ambas as votações são simultâneas, e o art. 324, §2º, do RI/STF, na redação dada pela ER nº 47/2012, exigia *quorum* de dois terços para negar repercussão geral mesmo a matérias infraconstitucionais, a proclamação eletrônica do resultado foi pelo reconhecimento do caráter constitucional e da repercussão geral do tema, vencidos seis

---

recurso extraordinário, pura e simplesmente. Essa análise é, inclusive, *anterior* à que se faz sobre a existência de repercussão geral. Se a questão discutida no recurso extraordinário não é constitucional, nem há que se indagar sobre se ela tem ou não repercussão geral. [...] Essa incompreensão do STF certamente decorre de uma preocupação de ordem prática. Deparando-se com diversos recursos extraordinários incabíveis (por veicularem questão infraconstitucional, p. ex.) e repetitivos, o STF houve por bem resolver a sua admissibilidade pela técnica da repercussão geral, de modo a que a respectiva decisão fosse considerada vinculante para os tribunais inferiores, que deixariam, por isso, de remeter ao STF recursos extraordinários interpostos naqueles termos". (DIDIER JR., Fredie; CUNHA, Leonardo Carneiro da. *Curso de direito processual civil*. 14. ed. Salvador: JusPodivm, 2017. v. 3, p. 427). A solução proposta pelos autores – utilização da técnica do julgamento de casos repetitivos –, embora tecnicamente preferível à atual praxe do STF, seria apenas uma forma diferente de fazer a mesma coisa, embora com um melhoramento significativo: não haveria dúvida sobre a dispensa do *quorum* qualificado. Como se defenderá ao longo do texto, o filtro de repercussão geral tem potencialidades para além da resolução de casos repetitivos.

[194] Já houve casos em que se negou a repercussão geral por seis votos, sendo quatro expressos e duas abstenções, por se entender que se tratava de matéria infraconstitucional (AI nº 841.047, Rel. Min. Cezar Peluso, j. 27.05.2011; RE nº 633.843, Rel. Min. Cezar Peluso, j. 27.05.2011). Tais decisões foram consideradas "bizarras" por Luciano Felício Fuck. (FUCK, Luciano Felício. Repercussão geral: desenvolvimento e desafios. *In:* FUX, Luiz; FREIRE, Alexandre; DANTAS, Bruno (Coords.). *Repercussão geral da questão constitucional*. Rio de Janeiro: Forense, 2014. p. 393). Com a redação dada ao art. 324, §2º, do RI/STF pela Emenda Regimental nº 47/2012, passou-se a exigir o *quorum* de dois terços para negar a repercussão geral mesmo em se tratando de matéria infraconstitucional. O dispositivo veio a ser depois alterado pela ER nº 54/2020, que passou a exigir apenas o *quorum* de maioria absoluta nessa hipótese, como se verá adiante.

ministros. Apesar da objeção do Min. Dias Toffoli, o mérito foi julgado em 2020. O caso deixa claro o atrelamento entre o caráter constitucional ou infraconstitucional da controvérsia e a presença ou a ausência de repercussão geral, respectivamente, bem como as perplexidades geradas pela forma de trabalho do STF.

Em hipótese semelhante (ARE nº 702.780, reautuado como RE nº 729.884, Rel. Min. Dias Toffoli, j. 27.9.2012), houve seis votos pelo caráter infraconstitucional da controvérsia sobre a possibilidade ou não de impor à Fazenda Pública o ônus de liquidar sentença contra si proferida. No entanto, a repercussão geral foi reconhecida, tendo votado nesse sentido apenas dois ministros, sendo as três abstenções somadas a tais votos. Quando do julgamento de mérito, porém, a Corte decidiu não conhecer do recurso com base na votação ocorrida no Plenário Virtual, em que a maioria absoluta entendia não haver matéria constitucional. Talvez tenha contribuído para isso – de forma um tanto paradoxal – o fato de que foi pautada para a mesma sessão a ADPF nº 219, Rel. Min. Marco Aurélio, em que se discutia *exatamente a mesma questão*. É curioso constatar, no entanto, que a mesma controvérsia foi recusada, em recurso extraordinário, por ser reputada infraconstitucional, enquanto paralelamente é julgada numa ADPF, cujo parâmetro de cabimento é ainda mais restrito: não basta se tratar de matéria constitucional, sendo necessário que se alegue violação a "preceito fundamental". É mais uma prova da inconsistência dos critérios e da seletividade informal adotada pelo STF: aqui, o não conhecimento do recurso extraordinário serviu como meio de economia processual, tendo em vista que a questão já seria debatida nos autos da ADPF.

Anteriormente, o Tribunal já havia dispensado o *quorum* de dois terços para reconhecer o caráter infraconstitucional do tema, com efeitos de negativa da repercussão geral. No RE nº 607.607, Rel. Min. Luiz Fux, foi desafetada do regime de repercussão geral uma disputa movida por servidores estaduais do Rio Grande do Sul, que buscavam obter reajuste mensal de auxílio-alimentação. Entendeu-se, por 7 a 4, que o tema era infraconstitucional. Opostos embargos de declaração, o Tribunal confirmou que o *quorum* de dois terços não se aplicava nesse caso (j. 2.10.2013). Essa orientação veio a ser consagrada no RI/STF a partir da ER nº 54/2020, que alterou o art. 324, §2º, do RI/STF para prever que o enquadramento do tema no plano infraconstitucional por maioria absoluta – dispensado, portanto, o *quorum* de dois terços – tem os mesmos efeitos da ausência de repercussão geral.

De fato, como notado pelo Min. Luís Roberto Barroso no RE nº 607.607, enquadrar um debate como infraconstitucional é algo que pode ser feito até mesmo monocraticamente, de modo que não se justificava a exigência do *quorum* de dois terços, o qual, nos termos do art. 102, §3º, da Constituição, somente se refere a questões *constitucionais*.[195] Entretanto, como defendem Fredie Didier e Leonardo Carneiro da Cunha,[196] a atribuição dos efeitos de negativa de repercussão geral a todos os processos sobre o mesmo tema, embora possa ser tomada por maioria, deveria observar o rito do incidente de resolução de demandas repetitivas, com direito, por exemplo, a sustentações orais (CPC/2015, art. 984, II), o que não corresponde à atual prática do STF. Note-se, ainda, que o IRDR não exige *quorum* de maioria absoluta, diferentemente do que prevê a nova redação do art. 324, §2º, do RI/STF: nada impediria que, havendo *quorum* de deliberação, a decisão fosse tomada por maioria simples.[197]

Com o CPC/2015, a tradicional nebulosidade na fronteira entre o que é constitucional e infraconstitucional não poderá mais servir de pretexto para a extinção sumária de processos, porque os arts. 1.032 e 1.033 preveem o dever de conversão do recurso especial em extraordinário, e vice-versa.[198] Tenta-se acabar com uma hipótese que gerava perplexidade, na qual o STJ não conhecia do recurso especial por entender que a matéria era constitucional, e o STF não conhecia do recurso extraordinário por entender que a mesma matéria seria infraconstitucional. *Os dispositivos reconhecem a falta de clareza da jurisprudência ao definir o caráter constitucional ou não de uma controvérsia*, privilegiando a solução de mérito pela Corte que, afinal, o STF considerar competente (o STJ ou o próprio STF). Caso continue a funcionar da

---

[195] Essa orientação foi confirmada em julgamentos mais recentes: RE nº 956.304 RG-ED, Rel. Min. Dias Toffoli, j. 24.8.2020; RE nº 611.505 ED, Rel. para o acórdão Min. Cármen Lúcia, j. 31.8.2020; ARE 664.575 RG-2JULG, Rel. Min. Luís Roberto Barroso, j. 1º.10.2020.

[196] DIDIER JR., Fredie; CUNHA, Leonardo Carneiro da. *Curso de direito processual civil*. 18. ed. Salvador: JusPodivm, 2021. v. 3, p. 473-474.

[197] Nesse sentido: "a inadmissibilidade por conta da natureza infraconstitucional da questão não deveria exigir quórum qualificado, porque nada na Constituição aponta nesse sentido e ela seria mais uma das hipóteses gerais de inadmissibilidade do recurso extraordinário" (DIDIER JR., Fredie; CUNHA, Leonardo Carneiro da. *Curso de direito processual civil*, 18. ed. Salvador: JusPodivm, 2021. v. 3, p. 473).

[198] A propósito, defendendo que o art. 1.033 do CPC/2015 é incompatível com o art. 324, §2º, do RI/STF: v. MUZZI FILHO, Carlos Victor; CARVALHO, Luisa Mendonça Albergaria de. A falta de questão ou a falta de repercussão: exame do art. 324, §2º, do RISTF, ante os artigos 1.032 e 1.033 do CPC/2015. *Revista de Política Judiciária, Gestão e Administração da Justiça*. Curitiba, v. 2, n. 2, p. 87-108, jul./dez. 2016.

mesma maneira, degradando ao plano infraconstitucional as matérias implicitamente consideradas não relevantes, o STF terminará por agravar a situação do STJ, porquanto o recurso extraordinário deverá ser convertido em recurso especial.[199]

Assim, a baixa utilização do mecanismo formal existente para a negativa de repercussão geral tem sido contrabalançada por uma superutilização do filtro de maneira oculta. Porém, embora concebidos para fazer frente à alta demanda numérica de decisões do STF, todos esses mecanismos informais de seletividade recursal, operacionalizados principalmente por meio de decisões monocráticas, em verdade se frustram, porque acabam retroalimentando a litigiosidade, como se pretende demonstrar a seguir.

1.2.2 O obscurecimento dos juízos de relevância como causa retroalimentadora da litigiosidade: uma produtividade frustrada

O sobre-esforço que resulta na prolação de dezenas de milhares de decisões por ano gera vários efeitos colaterais.[200] São evidentes, *e.g.*, os riscos de decisões contraditórias[201] e de desconhecimento da jurisprudência da Corte, como já foi diagnosticado pela doutrina:

---

[199] Foi o que ocorreu, *e.g.*, no RE nº 1.287.510 RG, j. 22.10.2020, remetido ao STJ por se tratar de tema infraconstitucional. Observe-se, porém, que o STF vem restringindo o alcance do dispositivo, deixando de aplicá-lo quando a decisão recorrida tenha sido publicada sob a vigência do CPC/1973 (*e.g.*, ARE nº 883.744, 2ª T., AgR, Rel. Min. Teori Zavascki, j. 30.9.2016), ou quando a alegada ofensa reflexa não for a única base da decisão recorrida (*e.g.*, STF, 2ª T., RE nº 930.313 AgR, Rel. Min. Celso de Mello, j. 23/9/2016), ou, ainda, quando já tenha sido interposto recurso especial (RE nº 1.121.379 AgR, Rel. Min. Luís Roberto Barroso, j. 25.10.2019), especialmente quando tal recurso já tenha sido desprovido por outros fundamentos (*e.g.*, STF, 1ª T., ARE nº 1.054.963 AgR, Rel. Min. Alexandre de Moraes, j. 7.11.2017).

[200] No contexto de uma jurisdição pletórica, marcada por formalismos e inconsistências, o Poder Judiciário em geral pode ser considerado "um dos principais, senão o maior, dos causadores da litigiosidade", porque "o excesso de formalismos acarreta numa maior variedade de decisões, aumentando o hiato de expectativas das partes quanto ao resultado de uma demanda e, por via de consequência, a litigiosidade". A boa notícia é que, para esse problema, a "solução só depende da atitude do Judiciário". (PARIZZI, João Hagenbeck. *Abuso do direito de litigar*: uma interpretação do direito de acesso ao Judiciário através do desestímulo econômico dos litigantes habituais. 2016. Dissertação (Mestrado) – Centro Universitário de Brasília, Brasília. 2016. p. 106-107 e 109).

[201] "Cite-se, como exemplo, o Tema 488, que teve sua repercussão geral reconhecida no RE nº 646.104, Rel. Min. Dias Toffoli, DJe de 11.11.2011, e trata do direito à sindicalização das micro e pequenas empresas. A matéria constitucional controvertida envolveu a tramitação de 13 recursos repetitivos no STF: enquanto um ministro provia o agravo para

É certo que quando um ordenamento determinado decide aliviar a crise quantitativa dos Tribunais Superiores com mecanismos de "superprodução", corre-se o risco certo e demonstrável de afetar a coerência de sua produção jurisdicional e, consequentemente, comprometer uma das principais missões de qualquer Corte Suprema, como a de guiar o desenvolvimento do direito e a jurisprudência em uma jurisdição determinada.[202]

Vale observar que o número absurdamente exagerado de pronunciamentos do STF acaba por vulgarizar sua atuação e gera um efeito reflexivo perigoso, pois as instâncias ordinárias deixam de seguir a jurisprudência da Corte ora porque não a conhecem, ora porque ela é contraditória, o que gera mais casos submetidos ao exame do STF, num interminável ciclo vicioso.[203]

Isso, contudo, não esgota o problema. Como visto, em vez de utilizar formalmente o Plenário Virtual para negar repercussão geral nas hipóteses que não considera relevantes, assumindo assim o exercício de um juízo de relevância, a Corte prefere valer-se de outros obstáculos de natureza pretensamente técnica, que dispensam o *quorum* de dois terços e supostamente produzem o mesmo resultado (inadmissão do recurso), sem os "problemas" das decisões negativas de repercussão geral. Porém, a utilização desses obstáculos demanda um tempo de

---

apreciar melhor a questão (STF – AI nº 839.691, Rel. Min. Gilmar Mendes, DJe 12.5.2011), outro submetia o recurso extraordinário ao plenário virtual no qual a repercussão geral foi unanimemente reconhecida (STF – RE nº 646.104, Rel. Min. Dias Toffoli, DJe de 11.11.2011). Mas antes de isso acontecer, quatro agravos foram distribuídos a um mesmo ministro (único juízo singular) e decididos de forma diferente. Note-se que a matéria versada nos seis recursos era idêntica e as condições objetivas de processamento e tramitação semelhantes, sendo que a jurisprudência defensiva serviu de fundamento para negativa de seguimento de três deles (AI nº 841.009, AI nº 841.363 e AI nº 845.517, Rel. Min. Luiz Fux, DJe de 19.8.2011), ao passo que o quarto deles foi provido para melhor exame do tema (AI nº 845.068, Rel. Min. Luiz Fux, DJe de 26.8.2011). Tudo isso em recursos repetitivos, em tramitação no mesmo tribunal, em um mesmo órgão julgador singular e no mesmo período (com uma semana de interregno entre as decisões), o que atesta a ampla margem de discricionariedade no uso da jurisprudência defensiva na aplicação dos filtros recursais monocráticos". (MEDINA, Damares. *A repercussão geral no Supremo Tribunal Federal*. São Paulo: Saraiva, 2016. e-book, p. 83-85).

[202] GIANNINI, Leandro. *El certiorari*: la jurisdicción discrecional de las Cortes Supremas. La Plata: Librería Editora Platense, 2016. t. I, p. 43. Tradução livre do autor. No original: "Es cierto que cuando un ordenamiento determinado decide paliar la crisis cuantitativa de los Superiores Tribunales con mecanismos de 'superproducción', se corre el riesgo cierto y demostrable de afectar la coherencia de su producción sentencial y, consecuentemente, de enervar una de las principales misiones de cualquier Corte Suprema, como es la de guiar el desarrollo del derecho y la jurisprudencia en una jurisdicción determinada".

[203] DANTAS, Bruno. *Repercussão geral*. 3. ed. São Paulo: Revista dos Tribunais, 2012. p. 271.

análise processual muito superior ao que exigiria um filtro inicial assumidamente baseado na relevância: hoje, por menos relevantes que sejam as discussões "do ponto de vista econômico, político, social ou jurídico" (CPC/2015, art. 1.035, §1º), é preciso tempo para debruçar-se sobre elas e compreender os fundamentos do acórdão recorrido, as teses do recurso extraordinário, as contrarrazões e a decisão de admissibilidade, tudo a fim de aferir se a controvérsia "pouco relevante" é fática, infraconstitucional, não está pré-questionada etc. E, como afirma Leandro Giannini: "o estudo do caso, embora seja 'invisível' para o litigante, consome boa parte dos recursos humanos e materiais do alto tribunal".[204]

Um bom exemplo para demonstrar o argumento é o ARE nº 729.870, Rel. Min. Teori Zavascki, j. 8.10.2013. Trata-se de um agravo em recurso extraordinário interposto por uma consumidora que adquiriu, por R$ 5,69 (cinco reais e sessenta e nove centavos), um pacote de pães de queijo que estavam mofados. Em razão disso, pleiteou uma indenização de cinco mil reais por danos morais, em razão da "grande frustração" por não poder consumir os pães de queijo imediatamente. Nas instâncias de origem (juizado especial e turma recursal), foi reconhecido apenas o direito ao ressarcimento pelo valor do produto, mas não a indenização por danos morais. A consumidora recorreu ao STF, alegando violação a oito dispositivos constitucionais diferentes (CF, art. 5º, V, X, XXXII, XXXV, LIV, LV; art. 93, IX; e art. 170, V). O relator proferiu uma decisão monocrática de cinco páginas, rebatendo todas as alegações por razões formais, e ao final desabafou: "não basta haver leis no País filtrando o acesso às instâncias extraordinárias. É preciso que haja também uma mudança de cultura, uma séria tomada de consciência, inclusive pelos representantes judiciais das partes [...]".

Para além do disparate que representa a situação acima narrada, o caso bem ilustra que o tempo de análise processual exigido para identificar se cada uma dessas supostas ofensas constitucionais seria ou não direta, estaria ou não pré-questionada ou envolveria ou não matéria de fato – o que é necessário para a aplicação de óbices formais em decisões

---

[204] GIANNINI, Leandro. El certiorari: la jurisdicción discrecional de las Cortes Supremas. La Plata: Librería Editora Platense, 2016. t. I, p. 202. Tradução livre do autor. No original: "[...] el estudio del caso, [que] pese a ser 'invisible' para el litigante, consume buena parte de los recursos humanos y materiales del alto cuerpo [...]".No mesmo sentido DIAS, Ricardo Gueiros Bernardes; DELLAQUA, Leonardo Goldner. Repercussão geral: superação de filtros ocultos e vinculação das teses em abstrato. Meritum. Belo Horizonte, v. 14, n. 1, p. 107, jan./jun. 2019.

monocráticas –, é muito superior ao tempo que seria necessário para recusar o recurso se fosse utilizado um filtro transparente e prioritário de relevância. Além disso, a situação demonstra a insuficiência de um filtro de relevância baseado apenas na enunciação de teses abstratas. Se o Tribunal decidisse negar repercussão geral a partir da extração de uma tese jurídica do caso concreto, poderia concluir que "não cabe recurso extraordinário por negativa de indenização por danos morais a consumidor que adquire pães de queijo mofados". Essa seria uma tese demasiadamente restrita e virtualmente inútil como precedente. Por outro lado, se fosse formulada uma tese mais ampla, como a de que "não cabe recurso extraordinário por negativa de indenização por danos morais a consumidor", talvez houvesse o problema oposto, já que o Tribunal, a partir dessa decisão, não poderia conhecer de recurso extraordinário numa situação hipotética em que consumidores sofressem danos graves e de alcance nacional, caso em que poderia estar presente a repercussão geral.[205] Em suma: não é conveniente extrair *sempre* teses jurídicas abstratas de casos concretos, quando o que se pretende é apenas uma filtragem para concentrar a força de trabalho do Tribunal tão somente sobre os casos mais relevantes.

Quando se recebem dezenas de milhares de processos todos os anos, mostrando-se necessário proferir ainda mais decisões para dar conta da demanda, o tempo de análise exigido para cada processo determina se o Tribunal cumpre bem ou não o seu papel institucional, além de ser um fator crucial para a decisão das partes de recorrer ou não ao STF, bem como de provocar ou não incidentes dentro da própria Corte. A análise baseada em obstáculos técnicos, ao contrário do que pode parecer, cria um incentivo e um pretexto para impugnações pela parte que está a perder a causa, retroalimentando a litigiosidade.

O incentivo é a maior demora exigida por tal análise de natureza pretensamente técnica, em comparação com o tempo que seria demandado por um filtro inicial de relevância: assim, apenas por retardar significativamente o trânsito em julgado de uma decisão desfavorável, pode-se dizer que o recurso cumpriu a sua função e foi bem-sucedido, independentemente do resultado.[206] Quanto maior for

---

[205] Também apontando problemas quanto à precisão e abrangência da delimitação dos temas de repercussão geral, e também quanto ao correto enquadramento de casos concretos em temas abstratos: FILPO, Klever Paulo Leal; BARBUTO, Renata Campbell. Aspectos controvertidos do filtro da repercussão geral em perspectiva empírica. *Revista de Estudos Empíricos em Direito*, v. 4, n. 2, jun. 2017, p. 105-120.

[206] "[M]uitos dos recursos destinados aos Tribunais Superiores, ao invés de objetivarem as funções para as quais foram concebidos, buscam, além da pura procrastinação, remotas

a demora gerada pelo recurso para tornar definitiva uma conclusão desfavorável, maior será o incentivo para recorrer. Nesse sentido, a idade média dos processos ainda pendentes no STF em 31.12.2017 foi de dois anos e quatro meses.[207] Embora essa média venha baixando ao longo do tempo (já tendo atingido quatro anos e seis meses em 2011), trata-se ainda de uma dilação muito expressiva, especialmente considerando que tais casos em geral já tramitaram por dois ou até três graus de jurisdição.

O pretexto é precisamente o obstáculo técnico invocado: uma decisão monocrática segundo a qual a matéria discutida tem natureza infraconstitucional é o pretexto para o agravo interno da parte que alegará o caráter constitucional da discussão. Como regra geral, esse agravo confirmará a decisão monocrática, por julgamento em lista (sumário e sem debates). A decisão do agravo fornece o pretexto para a parte insistir na natureza constitucional do tema, opondo primeiros embargos de declaração, segundos embargos de declaração, embargos de divergência, embargos de declaração em embargos de divergência etc. Não se quer aqui discutir quem tem razão, se a parte ou o Tribunal, mas sim a lógica da discussão: não faz sentido ter um debate sempre baseado em obstáculos de natureza técnica quando se dispõe de um filtro de relevância que, se utilizado de forma prioritária e assumida, poderia gerar uma decisão bem mais rápida e irrecorrível (CPC/2015, art. 1.035, *caput*), eliminando o incentivo e o pretexto para os recursos e produzindo uma jurisdição mais transparente.[208]

---

chances de reforma, baseadas em crenças probabilísticas ínfimas, estimuladas por motivações aleatórias, isto é, pretensões recursais carentes de prognóstico de reversão efetiva dos julgados". (TIMM, Luciano Benetti; TRINDADE, Manoel Gustavo Neubarth. As recentes alterações legislativas sobre os recursos aos tribunais superiores: a repercussão geral e os processos repetitivos sob a ótica da law and economics. *Revista de Processo*, v. 178, p. 153-179, dez. 2009).

[207] BRASIL. Conselho Nacional de Justiça. *Supremo em ação 2018*: ano-base 2017. Brasília, 2018. p. 53. Disponível em: https://www.cnj.jus.br/wp-content/uploads/2017/06/fd55c3e8 cece47d9945bf147a7a6e985.pdf. Acesso em: 14 fev. 2021. Levando em conta o mesmo relatório, mesmo que se considerem apenas os recursos de natureza extraordinária pendentes, a média é menor, mas ainda muito elevada: um ano e onze meses de idade em 2017 (p. 54). Não se está levando em conta aqui o tempo médio de tramitação apenas dos processos *baixados* em 2017, que foi de sete meses nos processos em geral e de seis meses nos recursos de natureza extraordinária (p. 53-54): isto se dá em razão das taxas de congestionamento da Corte – 27,6% no geral e 22% para recursos de natureza extraordinária em 2017 (p. 50) –, a revelar que o STF só conseguiu baixar entre sete e oito processos a cada dez que tramitaram no ano.

[208] Ao constatar que a taxa de recorribilidade interna é de cerca de 15%, Giannini elogia a efetividade do sistema brasileiro, baseado na confiança em que, de forma geral, as partes se contentarão com a decisão monocrática do relator, não sendo generalizada a interposição de agravos internos (GIANNINI, Leandro. *El certiorari*: la jurisdicción discrecional de las

O Plenário do Supremo Tribunal Federal validou essa compreensão em recente julgamento, ao assentar que:

> os inúmeros recursos que atravessam os atuais filtros são, em sua esmagadora maioria, indeferidos no SUPREMO por meio da aplicação de um variado repertório de óbices processuais, o que acaba por ofuscar a percepção quanto à inexpressividade de grande parte desses casos. Em vez de dar primazia ao filtro de relevância, de matriz constitucional, a CORTE dedica grande atenção à análise de uma miríade de pressupostos de admissibilidade, o que desvia o foco de seu fundamental propósito em sede recursal extraordinária – dar a última palavra em discussões constitucionais **relevantes**. (ARE nº 1.273.640 AgR, Rel. Min. Alexandre de Moraes, j. 8.9.2020 – destaques no original)

O CPC/2015 ajuda a tornar a relevância o critério preferencial, tirando o suporte da jurisprudência defensiva,[209] ao dispor que o STF e o STJ poderão "desconsiderar vício formal de recurso tempestivo[210] ou determinar sua correção, desde que não o repute grave" (art. 1.029, §3º).[211] Perde relevo, assim, o argumento pragmático de que

---

Cortes Supremas. La Plata: Librería Editora Platense, 2016. t. I, p. 552-554). No entanto, o próprio autor observa que, no período de 2010 a 2014, o Tribunal proferiu uma média anual de 80.640 decisões monocráticas finais, ao lado de 12.294 decisões em recursos internos (do que resulta a taxa de recorribilidade média aproximada de 15%). Embora a proporção possa parecer relativamente baixa – e recentemente ela subiu para 20% (BRASIL. Supremo Tribunal Federal. *Relatório de atividades 2020*. Brasília, 2021, p. 42. Disponível em: http://www.stf.jus.br/arquivo/cms/publicacaoCatalogoProdutoConteudoTextual/anexo/ RelatorioAtividadesSTF2020.pdf. Acesso em: 11 mar. 2021) –, a grandeza dos números absolutos revela uma Corte que decide em quantidade muito superior a outros tribunais com filtros de relevância. De fato, não se deve celebrar uma taxa de recorribilidade de "apenas 15%" quando, para isso, o Tribunal teve de proferir anualmente mais de 80.000 decisões monocráticas, resultantes em "apenas" 12.000 agravos por ano. Isso é exatamente o contrário do que se pretendeu ao criar a repercussão geral, provando que ela não tem produzido resultados satisfatórios, apesar de seus mais de dez anos de efetivo funcionamento.

[209] Diversamente, entendendo que a exigência de repercussão geral das *questões* constitucionais teria reforçado ou reintroduzido o requisito do *pré-questionamento*, v. CASTILHO, Manoel Lauro Wolkmer de. O recurso extraordinário, a repercussão geral e a súmula vinculante. *Revista de Processo*, n. 151, p. 101-102, set. 2007.

[210] Apenas a título de curiosidade, é interessante observar que o STF já desconsiderou até mesmo vício de intempestividade para conhecer de agravo regimental, em razão da relevância da matéria: "[...] 4. A decisão impugnada foi publicada em 13.3.2007. O agravo foi interposto em 20.3.2007. No dia 19.3.2007, encerrou-se o prazo processual hábil para a interposição do recurso. Agravo regimental intempestivo, porque o recurso foi interposto fora do prazo legal de 5 (cinco) dias. 5. *Superação da questão da intempestividade deste agravo considerando a relevância da tese suscitada pela agravante* [...]". (Pleno, Inq 3.105, Rel. Min. Gilmar Mendes, j. 31.10.2007 – destaques acrescentados).

[211] Fredie Didier e Leonardo Carneiro da Cunha observam que "o §3º do art. 1.029 do CPC inova, em relação ao art. 932, par. único, ao permitir que o tribunal superior *desconsidere*

não faria sentido analisar-se o preenchimento ou não da repercussão geral, movimentando a máquina do STF para uma análise política, quase meritória, da questão constitucional subsumida no recurso, se fosse ele, por exemplo, deserto em virtude da insuficiência de preparo.[212]

---

o defeito: ou seja, não há sequer a necessidade de determinar a correção. Se o defeito pode ser corrigido, não há razão para que o STF ou o STJ não determine a sua correção. Assim, a utilidade prática da desconsideração do defeito, referida na primeira parte do §3º do art. 1.029, CPC, parece estar exatamente na possibilidade de o tribunal superior *ignorar* defeitos insanáveis, desde que não os repute graves". A título de exemplo, os autores citam o AI nº 375.011, Rel. Min. Ellen Gracie, j. 5.10.2004, em que se desconsiderou a ausência de pré-questionamento, num caso paradigmático de *objetivação* do recurso extraordinário. (DIDIER JR., Fredie; CUNHA, Leonardo Carneiro da. *Curso de direito processual civil*. 18. ed. Salvador: JusPodivm, 2021. v. 3, p. 412). A propósito do dispositivo, Rodrigo Teixeira observa que "a tão temida discricionariedade, que existiu à época da arguição de relevância, quando o recorrente sequer sabia o motivo pelo qual o seu recurso extraordinário não foi admitido, será utilizada em benefício ao recorrente e a toda sociedade que aguarda o posicionamento do Supremo Tribunal Federal em relação à questão discutida". (TEIXEIRA, Rodrigo Valente Giublin. *Repercussão geral*. Belo Horizonte: Arraes, 2016. p. 71).

[212] MANCUSO, Rodolfo de Camargo; POLITANO, Vanessa Chacur. Análise crítica do instituto da repercussão geral dentro da atual sistemática processual – necessidade de tomada de ações preventivas. FUX, Luiz; FREIRE, Alexandre; DANTAS, Bruno (Coords.). *Repercussão geral da questão constitucional*. Rio de Janeiro: Forense, 2014. p. 599. Em outra obra, porém, o primeiro dos autores acima citados defende que a repercussão geral deve ser aferida antes dos demais requisitos (MANCUSO, Rodolfo de Camargo. *Recurso extraordinário e recurso especial*. 13. ed. São Paulo: Revista dos Tribunais, 2015. p. 207-210). Também defendem a inexistência de prioridade da análise da repercussão geral sobre os demais requisitos de admissibilidade, *v.g.*: SARTÓRIO, Élvio Ferreira; JORGE, Flávio Cheim. O recurso extraordinário e a demonstração da repercussão geral. *In*: WAMBIER, Tereza Arruda Alvim *et al.* (Coords.). *Reforma do judiciário*: primeiros ensaios críticos sobre a EC nº 45/2004. São Paulo: Saraiva, 2005. p. 186; RAMOS, Glauco Gumerato. Repercussão geral na teoria dos recursos: juízo de admissibilidade: algumas observações. *Revista Nacional de Direito e Jurisprudência*, ano 7, n. 84, p. 54, dez. 2006; ASSIS, Carlos Augusto de. Repercussão geral como requisito de admissibilidade do recurso extraordinário. *Revista Dialética de Direito Processual*, n. 54, p. 32-46, set. 2007; BARIONI, Rodrigo. Repercussão geral das questões constitucionais: observações sobre a Lei nº 11.418/2006. *In*: MELLO, Rogério Licastro Torres de. *Recurso especial e extraordinário*: repercussão geral e atualidades. São Paulo: Método, 2007. p. 226; FUX, Luiz. Repercussão geral e o recurso extraordinário (Lei nº 11.418/2006 com entrada em vigor em 21.02.2007). *In*: DIREITO, Carlos Alberto Menezes; TRINDADE, Antônio Augusto Cançado; PEREIRA, Antônio Celso Alves. *Novas perspectivas do direito internacional contemporâneo*: estudos em homenagem ao professor Celso D. de Albuquerque Mello. Rio de Janeiro: Renovar, 2008. p. 1092; LAMY, Eduardo de Avelar. Demonstração a repercussão geral no recurso extraordinário. *In*: MEDINA, José Miguel Garcia *et al.* Os poderes do juiz e o controle das decisões judiciais: estudos em homenagem à professora Teresa Arruda Alvim Wambier. São Paulo: Revista dos Tribunais, 2008. p. 900; HARTMANN, Guilherme Kronenberg. Apontamentos sobre a repercussão geral do recurso extraordinário. *Revista Seleções Jurídicas*, p. 14, abr. 2011; MARINONI, Luiz Guilherme; MITIDIERO, Daniel. *Repercussão geral no recurso extraordinário*. 3. ed. São Paulo: Revista dos Tribunais, 2012. p. 55; DANTAS, Bruno. *Repercussão geral*. 3. ed. São Paulo: Revista dos Tribunais, 2012. p. 315-316; OLIVEIRA, Pedro Miranda de. *Recurso extraordinário e o requisito da repercussão geral*. São Paulo: Revista dos Tribunais, 2013. p. 332-333; ALVIM, Arruda. Repercussão geral: impressões e perspectivas. *In*: FUX, Luiz; FREIRE, Alexandre; DANTAS, Bruno (Coords.). *Repercussão geral da questão constitucional*.

Mesmo antes do CPC/2015, o STF já relevou um problema com o preparo do recurso em razão da importância do tema, ao qual foi atribuída repercussão geral: "saber se o ensino domiciliar (*homeschooling*) pode ser proibido pelo Estado ou viabilizado como meio lícito de cumprimento, pela família, do dever de prover educação, tal como previsto no art. 205 da CRFB/1988" (RE nº 888.815, Rel. Min. Luís Roberto Barroso, j. 4.6.2015). Mais recentemente, o Tribunal vem aplicando este dispositivo e o art. 998, parágrafo único, do CPC para, em nome da relevância do tema de fundo, conhecer e julgar até recursos *prejudicados*, desde que tempestivos, seja o prejuízo anterior ou posterior ao reconhecimento da repercussão geral do tema.[213] Extrai-se do exposto que o critério primordial é a relevância:[214] portanto, *o filtro da repercussão*

Rio de Janeiro: Forense, 2014. p. 111-112 (numa aparente mudança de posição, já que antes este autor defendia que a análise da repercussão geral era anterior ao juízo de admissibilidade propriamente dito – cf. ALVIM, Arruda. A Emenda Constitucional 45 e a repercussão geral. *Revista de Direito Renovar*, Rio de Janeiro, v. 31, p. 75-130, jan./abr. 2005, p. 103); MELLO, Marco Aurélio. Juízo de admissibilidade do recurso extraordinário no novo Código de Processo Civil. *In:* MENDES, Aluísio Gonçalves de Castro *et al.* O novo processo civil brasileiro: temas relevantes – estudos em homenagem ao professor, jurista e ministro Luiz Fux. v. II. Rio de Janeiro: GZ, 2018, p. 211. MATTA, Darilê Marques da. Repercussão geral no Supremo Tribunal Federal. Florianópolis: Empório do Direito, 2018, p. 166-167 e 250; DIDIER JR., Fredie; CUNHA, Leonardo Carneiro da. *Curso de direito processual civil.* 18. ed. Salvador: JusPodivm, 2021. v. 3, p. 463 e 472; GUIMARÃES, Rafael. *Recursos especial e extraordinário:* técnica de elaboração, processamento e julgamento. São Paulo: Revista dos Tribunais, 2020, p. 139. FORTES, Luiz Henrique Krassuski. Como aprimorar o funcionamento da repercussão geral? Um diálogo com Luís Roberto Barroso e Frederico Montedonio Rego. *In:* MARINONI, Luiz Guilherme *et al.* (Orgs. e Coords.). *Processo constitucional.* São Paulo: Thomson Reuters Brasil, 2019, artigo nº 31, cap. 5. *e-book.* MARINONI, Luiz Guilherme. MITIDIERO, Daniel. *Recurso extraordinário e recurso especial:* do jus litigatoris ao jus constitutionis. 2. ed. São Paulo: Revista dos Tribunais, 2020, p. 220. Nesta última obra, porém, os autores justificam o art. 1.029, §3º, do CPC como forma de "dar unidade ao direito", função que "não pode ser obstaculizada pelo desempenho imperfeito dos ônus recursais das partes" (p. 185), o que conduziria à primazia da repercussão geral em detrimento dos demais requisitos de admissão.

213 RE nº 929.670, Rel. para o acórdão Min. Luiz Fux, j. 1º.3.2018 (prejuízo posterior ao reconhecimento da repercussão geral). ARE nº 1.054.490 QO, Rel. Min. Luís Roberto Barroso, j. 5.10.2017 (prejuízo anterior ao reconhecimento da repercussão geral). Refira-se, porém, que em outras oportunidades o Tribunal cancelou o próprio reconhecimento da repercussão geral em razão do prejuízo do recurso extraordinário: v. *e.g.*, RE nº 1.171.152, Rel. Min. Alexandre de Moraes, j. 8.2.2021, no qual houve acordo entre as partes, e RE nº 1.086.583, Rel. Min. Marco Aurélio, j. 2.2.2021, no qual houve despacho da Presidência com determinação de cancelamento do tema, pois o RE incidia na Súmula nº 733/STF e não se encontrou outro RE semelhante.

214 No sentido do texto: CARVALHO FILHO, José dos Santos. *Repercussão geral:* balanço e perspectivas. São Paulo: Almedina, 2015. p. 59. Merece registro a opinião do Min. Oscar Dias Corrêa, ainda antes do advento da Constituição de 1988, segundo a qual essa era uma política da Corte: "na minha opinião, desde que a matéria é considerada relevante, a Corte deve ter certa liberalidade no conhecimento do recurso extraordinário. Isto, aliás, já acontece: quando a matéria está, ainda que nebulosamente, exposta na petição,

geral deve ser o primeiro a ser aplicado, não o último. Do contrário, o Tribunal passará a maior parte do seu tempo decidindo casos pouco relevantes.

Em reforço, no que diz respeito ao instituto congênere da transcendência, o art. 896-A da CLT prevê que "[o] Tribunal Superior do Trabalho, no recurso de revista, examinará *previamente* se a causa oferece transcendência com relação aos reflexos gerais de natureza econômica, política, social ou jurídica". A expressão "previamente" no dispositivo ora transcrito, que se repete no art. 247 do Regimento Interno do TST, só pode ser referir aos demais requisitos de admissibilidade do recurso,[215] o que confirma que o juízo de relevância deve ser prévio a qualquer outro.[216]

O STF deve, portanto, analisar a repercussão geral com precedência sobre os demais requisitos de admissibilidade, exceto nos casos de recursos intempestivos ou que contenham vícios formais graves, não alcançáveis pelo art. 1.029, §3º, do CPC/2015. Mais ainda: deve abster-se de classificar previamente a controvérsia como constitucional

---

o Supremo conhece da matéria. Não é preciso o prequestionamento expresso, do artigo tal, da Lei tal, inciso tal. Quando a matéria é relevante, nós todos, naturalmente, temos condescendência para o conhecimento do recurso extraordinário". (CORRÊA, Oscar Dias. A emenda regimental nº 2/85 ao Regimento Interno do STF. *Revista do Advogado*, n. 26, p. 28, ago. 1988). Em sentido semelhante: CÔRTES, Osmar Mendes Paixão. As inovações da EC nº 45/2004 quanto ao cabimento do recurso extraordinário. *In*: WAMBIER, Teresa Arruda Alvim *et al*. (Coords.). *Reforma do Judiciário*: primeiros ensaios críticos sobre a EC nº 45/2004. São Paulo: Revista dos Tribunais, 2005. p. 545. SILVA, Maria Thaís Pinto. *Repercussão geral*: instrumento eficaz de filtragem ou de aglomeração processual? Monografia apresentada no curso de graduação em Direito do Centro Universitário de Brasília – UniCEUB. Brasília, 2018, p. 38, mimeografado. Disponível em: https://repositorio.uniceub.br/jspui/bitstream/prefix/12925/1/21445623.pdf. Acesso em: 28 mar. 2021. BENEDUZI, Renato Resende. *Repercussão geral no recurso especial por analogia*. Disponível em: https://www.academia.edu/33061592/Repercuss%C3%A3o_Geral_no_Recurso_Especial_por_analogia?auto=download. Acesso em: 1º abr. 2021. DIAS, Ricardo Gueiros Bernardes; DELLAQUA, Leonardo Goldner. Repercussão geral: superação de filtros ocultos e vinculação das teses em abstrato. *Meritum*. Belo Horizonte, v. 14, n. 1, p. 107, jan./jun. 2019.

[215] Nesse sentido: BELMONTE, Alexandre Agra. *Breves apontamentos sobre o instituto da transcendência*. 26.8.2019. Disponível em: https://www.aasp.org.br/em-pauta/breves-apontamentos-sobre-o-instituto-da-transcendencia/. Acesso em: 31 mar. 2021.

[216] Há registro de que isso não vem sendo observado: na prática, os Ministros do TST fariam uma análise global da admissibilidade e, ausente algum requisito formal, afirmariam a falta de transcendência ou julgariam prejudicado seu exame (SAMPAIO, Patrícia Maria Santana. *Transcendência como mecanismo de filtro recursal*. Dialética, 2020, p. 75. *e-book*). Trata-se da mesma lógica de suposta economia processual que, ao final, apenas esvazia o filtro de relevância e consome a quase totalidade da força de trabalho do tribunal com a análise de óbices formais. A operação eficiente do filtro de relevância pressupõe justamente o caráter prévio de sua análise e a superação de questões formais em razão da importância do tema de fundo.

ou infraconstitucional, assumindo, pela mera afirmação do recorrente (*in statu assertionis*), a existência de questão constitucional apenas para fins de debate sobre sua repercussão geral, desde que eventual decisão negativa tenha efeitos limitados ao caso, como será visto no capítulo 3. Isso porque, considerando o caráter obscuro da distinção entre questões constitucionais e infraconstitucionais (item 1.2.1), especialmente numa Constituição analítica como a brasileira, esse debate classificatório prévio conspiraria contra a agilidade propiciada pelo filtro de relevância. Além disso, trata-se de uma fonte quase inesgotável de inconsistências e que pode vir a resultar em sobrecarga para o STJ,[217] já que agora os recursos extraordinários sobre matérias tidas como infraconstitucionais não devem mais ser simplesmente inadmitidos e extintos, mas sim, remetidos àquela Corte Superior (CPC/2015, art. 1.033).

Ganhou força, portanto, a posição defendida pelo Min. Gilmar Mendes em seu voto no ARE nº 663.637 AgR-QO, Rel. Min. Ayres Britto, j. 12.09.2012, no sentido de que "a flexibilização dos requisitos de admissibilidade do recurso extraordinário é imperativo lógico da sistemática da repercussão geral, a partir da análise de relevância do tema".[218] Veja-se que o sobrestamento de recursos sobre temas com

---

[217] Concordando com o diagnóstico: PEREIRA, Carlos Frederico Bastos. O Superior Tribunal de Justiça e a repercussão geral no recurso especial. *Revista Eletrônica de Direito Processual*. Rio de Janeiro, a. 13, v. 20, n. 2, maio/ago. 2019. Disponível em: https://www.e-publicacoes. uerj.br/index.php/redp/article/view/37849. Acesso em: 19 mar. 2021.

[218] O entendimento também era defendido doutrinariamente: "[...] tal norma [art. 102, §3º, da CF] não deve ser interpretada como instituidora de um requisito a mais, simplesmente para o conhecimento do recurso extraordinário, e sim como forma de substituir os requisitos ligados ao formalismo procedimental, pelo requisito de fundo, ligado à repercussão geral da questão constitucional". (MACHADO, Hugo de Brito. Conhecimento do recurso extraordinário: repercussão geral das questões constitucionais. *Revista Dialética de Direito Processual*, v. 34, p. 51, jan. 2006). Cf. ainda, *v.g.*: FÉRES, Marcelo Andrade. Impactos da Emenda Constitucional nº 45/2004 sobre o recurso extraordinário: a repercussão geral (ou transcendência) e a nova alínea d do inciso III do art. 102 da Constituição. *Revista Dialética de Direito Processual*, n. 39, p. 112, jun. 2006; BRAWERMAN, André. Recurso extraordinário, repercussão geral e a advocacia pública. *Revista Brasileira de Direito Constitucional*, n. 10, p. 145-146, jul./dez. 2007; LEVADA, Filipe Antônio Marchi. A repercussão geral na Constituição Federal e no projeto de lei que acrescenta os arts. 543-A e 543-B ao CPC. *In:* MELLO, Rogério Licastro Torres de. *Recurso especial e extraordinário*: repercussão geral e atualidades. São Paulo: Método, 2007. p. 93; MORAIS, Fernanda Bezerra. A (in)subsistência do prequestionamento após o advento da repercussão geral? *Revista da ESMAPE*, v. 13, n. 27, p. 145-171, jan./jun. 2008; QUINTAS, Fábio Lima. A nova dogmática do recurso extraordinário: o advento da repercussão geral e o ocaso do prequestionamento. *Revista Direito Público*, v. 5, n. 22, p. 7-23, jul./ago. 2008; NOGUEIRA, Gustavo Santana. A repercussão geral do recurso extraordinário e a Emenda Regimental nº 21/2007 do STF: uma proposta de interpretação da análise deste novo requisito de admissibilidade. *In:* MEDINA, José Miguel Garcia *et al. Os poderes do juiz e o controle das decisões judiciais*: estudos em homenagem à professora Teresa Arruda Alvim Wambier.

repercussão geral reconhecida é feito nas instâncias de origem *antes do juízo de admissibilidade* (RI/STF, art. 328-A), justamente porque esse juízo poderia resultar na inadmissão do recurso segundo os critérios da jurisprudência defensiva não expressamente relacionados à relevância (ofensa indireta, matéria fática, falta de pré-questionamento etc.). Isso acabaria por gerar a interposição de um agravo em recurso extraordinário, que não poderia deixar de ser encaminhado ao STF, por não estar expressamente baseado numa negativa de repercussão geral (CPC/1973, art. 544; CPC/2015, art. 1.042).[219] Tudo isso reforça que a não realização expressa de juízos de relevância gera uma produtividade frustrada, por retroalimentar a litigiosidade, e prova que os critérios da jurisprudência defensiva podem ser vistos como juízos ocultos de pouca relevância, justamente por poderem ser superados pela análise sobre a relevância do tema.[220]

São Paulo: Revista dos Tribunais, 2008. p. 926; FONSECA, Rodrigo Garcia da. O papel do Supremo Tribunal Federal e a repercussão geral no recurso extraordinário. *In*: MARTINS, Ives Gandra da Silva; JOBIM, Eduardo (Coords.). *O processo na Constituição*. São Paulo: Quartier Latin, 2008. p. 229-231; GAIO JÚNIOR, Antônio Pereira. Considerações sobre a ideia da repercussão geral e a multiplicidade de recursos repetitivos no STF e STJ. *Revista de Processo*, v. 170, p. 140-155, abr. 2009; FERRAZ, Taís Schilling. Repercussão geral – muito mais que um pressuposto de admissibilidade. *In*: PAULSEN, Leandro (Coord.). *Repercussão geral no recurso extraordinário*: estudos em homenagem à Ministra Ellen Gracie. Porto Alegre: Livraria do Advogado, 2011. p. 93 e 95; FARINA, Fernanda Mercier Querido. Jurisprudência defensiva e a função dos tribunais superiores. *Revista de Processo*, v. 209, p. 105-144, jul. 2012; FUCK, Luciano Felício. Repercussão geral: desenvolvimento e desafios. *In*: FUX, Luiz; FREIRE, Alexandre; DANTAS, Bruno (Coords.). *Repercussão geral da questão constitucional*. Rio de Janeiro: Forense, 2014. p. 390-391; FREITAS JÚNIOR, Horival Marques de. *Repercussão geral das questões constitucionais*: sua aplicação pelo Supremo Tribunal Federal. São Paulo: Malheiros, 2015. p. 188; TEIXEIRA, Rodrigo Valente Giublin. *Repercussão geral*. Belo Horizonte: Arraes, 2016. p. 56-72.

[219] Nesse sentido, é significativa a imagem de que o STF viria a se tornar um "tribunal de agravos" caso as instâncias de origem permanecessem realizando um juízo defensivo de admissibilidade antes do sobrestamento. (FERRAZ, Taís Schilling. Repercussão geral – muito mais que um pressuposto de admissibilidade. *In*: PAULSEN, Leandro (Coord.). *Repercussão geral no recurso extraordinário*: estudos em homenagem à Ministra Ellen Gracie. Porto Alegre: Livraria do Advogado, 2011. p. 90-91).

[220] Também concordando com o diagnóstico de existência de um filtro oculto de relevância no STF: PEDRON, Flavio Quinaud; FARIA, Guilherme Henrique Lage. Repercussão geral em recursos especiais é aposta em mecanismo fracassado. *Consultor Jurídico*, 3 jun. 2018. Disponível em: https://www.conjur.com.br/2018-jun-03/opiniao-repercussao-geral-resp-aposta-mecanismo-fracassado. Acesso em: 18 mar. 2021. MELLO, Patricia Perrone Campos; CUNHA, Leonardo. Transformações do recurso extraordinário e impactos sobre o processo colegiado de decisão do Supremo Tribunal Federal: o que mudou? O que precisa mudar? *In*: NERY JUNIOR, Nelson; ALVIM, Teresa Arruda; OLIVEIRA, Pedro Miranda de. *Aspectos polêmicos dos recursos cíveis e assuntos afins*. v. 14. São Paulo: Thomson Reuters Brasil, 2018, p. 317. DIAS, Ricardo Gueiros Bernardes; DELLAQUA, Leonardo Goldner. Repercussão geral: superação de filtros ocultos e vinculação das teses em abstrato. *Meritum*. Belo Horizonte, v. 14, n. 1, p. 106, jan./jun. 2019. GUERREIRO,

Por isso, discorda-se de Luiz Guilherme Marinoni e Luiz Henrique Krassuski Fortes, quando afirmam que isso "acaba por transformar a repercussão geral em uma autorização para 'esconder' a fundamentação de decisões quanto a vícios formais dos recursos que chegam ao Supremo".[221] Como já demonstrado, *o que estava escondido era o juízo de relevância*, exercido sob a forma de decisões formais nem sempre consistentes. Com a primazia do debate sobre a repercussão geral, o debate sobre os requisitos formais não é "escondido", mas *prejudicado*, inclusive porque o art. 1.029, §3º, do CPC/2015 admite sua superação. Ao contrário do que sustenta o segundo autor em outro texto,[222] a literalidade do dispositivo não se restringe a permitir a desconsideração de vícios formais apenas dos recursos considerados relevantes, mas de todos os recursos extraordinários e também especiais – nos quais não há mecanismo equivalente à repercussão geral –, o que permite a análise prioritária acerca da relevância da matéria de fundo discutida, que, no caso do STF, poderá ou não ser reconhecida.

Essa precedência da repercussão geral sobre os demais requisitos de admissibilidade foi assentada em recente julgamento pelo Plenário do Supremo Tribunal Federal, já sob a vigência da ER nº 54/2020, no qual se afirmou que a negativa de repercussão geral com efeitos limitados ao caso concreto (que será melhor tratada no capítulo 3 deste livro) "precede a análise do extenso repertório de

---

Mário Augusto Figueiredo de Lacerda. Desenvolvimentos recentes do instituto da repercussão geral. *In*: RODRIGUES, Décio Luiz José; SANTOS JUNIOR, Walter Godoy dos (Coords.). *Jurisprudência do STF comentada*. São Paulo: Escola Paulista da Magistratura, 2021, p. 160-161. Disponível em: https://www.prefeitura.sp.gov.br/cidade/secretarias/upload/CEJUR%20-%20PGM/CEJUR%20Clipping/38%c2%aa%20edi%c3%a7%c3%a3o/not%c3%adcias%20do%20judici%c3%a1rio/7.pdf. Acesso em: 8 nov. 2021. COÊLHO, Marcus Vinicius Furtado. O Supremo Tribunal Federal na encruzilhada: entre a celeridade e a Justiça. Reflexões sobre a repercussão geral e a súmula vinculante em quinze anos de Emenda Constitucional nº 45/2004. *In*: TOFFOLI, Dias. CRUZ, Felipe Santa. GODINHO, André (Orgs.). *Emenda Constitucional nº 45/2004*: 15 anos do novo Poder Judiciário. Brasília, OAB, Conselho Federal, 2019, p. 410. Utilizando outra expressão: LIMA, Flavia Danielle Santiago; ANDRADE, Louise Dantas de. Repercussão geral em sede de recurso extraordinário: seletividade "à moda da casa" no Supremo Tribunal Federal. *Revista de Política Judiciária, Gestão e Administração da Justiça*. Brasília, v. 2, n. 1, p. 20-41, jan./jun. 2016.

[221] MARINONI, Luiz Guilherme; FORTES, Luiz Henrique Krassuski. Decisões mais importantes do STF em 2020 das quais você não ouviu falar. *JOTA*, 9 fev. 2021 (parte II). Disponível em: https://www.jota.info/opiniao-e-analise/artigos/decisoes-mais-importantes-do-stf-em-2020-das-quais-voce-nao-ouviu-falar-2-09022021. Acesso em: 11 mar. 2021.

[222] FORTES, Luiz Henrique Krassuski. Como aprimorar o funcionamento da repercussão geral? Um diálogo com Luís Roberto Barroso e Frederico Montedonio Rego. *In*: MARINONI, Luiz Guilherme *et al*. (Orgs. e Coords.). *Processo constitucional*. São Paulo: Thomson Reuters Brasil, 2019, artigo nº 31, cap. 5. *e-book*.

pressupostos recursais de admissibilidade, que, portanto, só será realizada caso o recurso ultrapasse o crivo de relevância definido nos novos parágrafos do art. 326 do RISTF" (ARE nº 1.273.640, Rel. Min. Alexandre de Moraes, j. 8.9.2020). Reforça o exposto a previsão do art. 326, §4º, do RI/STF, segundo o qual, uma vez vencido o relator quanto à negativa de repercussão geral com efeitos limitados ao caso concreto, o feito deve ser redistribuído e "o novo relator sorteado *prosseguirá no exame de admissibilidade do recurso"*, confirmando que os demais requisitos de admissibilidade devem ser analisados depois, e não antes da repercussão geral. Deve-se, porém, observar a prática da Corte daqui em diante para saber se esse modelo será consolidado.

Reconhecendo os problemas de transparência gerados pela aplicação em massa de óbices técnico-formais de admissibilidade recursal, afirma Luís Roberto Barroso:

> [...] os critérios tradicionais de admissibilidade – que não costumam ser exclusivamente objetivos – também podem, em tese, prestar-se ao papel de rechaçar os casos politicamente difíceis, com a agravante de tal opção restar encoberta. Assim, parece mais democrático que o filtro da Corte seja explícito, até para que fique exposto à crítica pública.[223]

Antes de encerrar este item, vale um esclarecimento. Seria temerário dizer que *todas* as decisões monocráticas do STF contêm em si um juízo oculto de pouca relevância da questão discutida, por pelo menos duas razões: a) porque essa afirmação demandaria um exame exaustivo de todas as decisões monocráticas da Corte, tarefa inabarcável; e b) porque há decisões monocráticas que, para além de qualquer dúvida razoável, aplicam óbices formais de forma acertada, como, *e.g.*, as que inadmitem recursos intempestivos ou que não contêm nenhuma *exposição* sobre a repercussão geral da questão.[224] De toda forma, isso não invalida as conclusões até aqui alcançadas, não apenas pela observação das inconsistências acima apontadas, mas também porque a repercussão geral é um requisito de admissibilidade

---

[223] BARROSO, Luís Roberto. *O controle de constitucionalidade no direito brasileiro*. 8. ed. São Paulo: Saraiva, 2019. *e-book*, posição 2061.

[224] O art. 543-A, §2º, do CPC/1973, exigia que a repercussão geral deveria ser demonstrada pelo recorrente "em preliminar do recurso". A ausência dessa "preliminar", formal e fundamentada, é causa de inadmissão liminar do recurso (STF, Pleno, RE nº 569.476 AgR, Rel. Min. Ellen Gracie, j. 2.4.2008). O art. 1.035, §2º, do CPC/2015 não repetiu a expressão "preliminar", mas manteve a exigência de demonstração pelo recorrente.

aplicável a todos os recursos extraordinários, por força do art. 102, §3º, da Constituição. Salvo nos casos mais grosseiros, não é possível ficar indiferente ao requisito: o pretenso silêncio não deixa de ser uma forma de manifestação sobre a matéria. Isso foi reforçado pelo art. 1.029, §3º, do CPC/2015, que flexibiliza as exigências formais do recurso extraordinário em nome da relevância, de modo que a ausência dessa flexibilização, com a inadmissão do recurso, é uma manifestação – ainda que implícita – sobre a pouca relevância da questão.

Conclui-se que o exercício oculto de juízos de relevância, especialmente em decisões monocráticas, foi a forma encontrada pelo STF para fazer frente à grande demanda numérica por decisões, contornando os "problemas" do uso expresso das decisões negativas de repercussão geral. Mas, ao obscurecer o exercício dos juízos de relevância, mesclando-o com a definição sobre o caráter constitucional ou não de uma controvérsia (item 1.2.1), geram-se inconsistências que, em última análise, anulam boa parte do sobre-esforço do Tribunal. Em outros termos, cria-se uma produtividade frustrada, que retroalimenta e estimula a litigiosidade (item 1.2.2), num ciclo vicioso em que o número de recursos cresce ainda mais que o volume de decisões. Ademais, parece humanamente impossível exigir consistência de qualquer tribunal que profira mais de 100 mil decisões por ano, circunstância que potencializa erros de todo tipo. Como afirma Michele Taruffo:

> [O] número descontrolado de decisões promove uma ulterior degeneração, isto é, frequentemente, verificam-se incoerências, muitas vezes evidentes contradições e repentinas mudanças de direção. [...] [Esses fenômenos] levam a fazer com que o uso da jurisprudência seja, muitas vezes, uma tarefa complicada, difícil e arriscada. De um lado, de fato, não se sabe quase nunca se realmente se chegou a conhecer *toda* a jurisprudência (o que é muitas vezes impossível) ou, pelo menos, toda a jurisprudência *relevante* sobre um determinado assunto. Por outro lado, frequentemente se descobre que a jurisprudência é incoerente e contraditória: tratar-se-á então de estabelecer se há ou não jurisprudência *conforme*, se há uma jurisprudência *prevalente*, se a jurisprudência é *incerta*, ou mesmo se há uma situação de caos jurisprudencial.[225]

---

[225] TARUFFO, Michele. Precedente e jurisprudência. Trad. Chiara de Teffé. *Civilistica.com*, a. 3, n. 2, p. 6, jul./dez. 2014. Disponível em: http://civilistica.com/precedente-e-jurisprudencia/. Acesso em: 24 jul. 2017.

Além de passar a maior parte do tempo consumido pela análise de casos que provavelmente não sobreviveriam a um juízo assumido de relevância – casos que, por isso mesmo, não podem ser considerados relevantes –, essa forma de proceder desacredita a jurisprudência da Corte. Trata-se, em suma, de um esforço monumental para recusar os casos considerados não relevantes, e que até atinge esse resultado, mas de forma menos transparente, mais trabalhosa e com graves efeitos colaterais.[226]

Sendo esse o quadro no Brasil, impõe-se a pergunta: como se explica o sucesso de outros países na utilização formal dos filtros de relevância em suas Cortes Supremas? Sem a pretensão de realizar uma exposição exaustiva, o capítulo seguinte pretende investigar se há algo em comum nas experiências internacionais mais conhecidas no Ocidente, notadamente quanto à relação da motivação com o alcance das decisões tidas como pouco relevantes.

---

[226] "Filtro por filtro, melhor a previsão e a utilização com razoabilidade do instrumento da repercussão geral pelo Supremo Tribunal Federal do que a tentativa infrutífera de redução do elevadíssimo número de recursos que sobem diariamente à Suprema Corte sem sistematização" (CÔRTES, Osmar Mendes Paixão. Transcendência x repercussão geral. *Revista do TRT da 9ª Região*, ano X, n. 92, set. 2020, p. 77).

CAPÍTULO 2

A MOTIVAÇÃO COMO VEÍCULO DE CONTROLE FORMAL DOS EFEITOS DAS DECISÕES NEGATIVAS NOS FILTROS DE RELEVÂNCIA DAS CORTES SUPREMAS

No capítulo anterior, houve uma associação entre, de um lado, o fenômeno da baixa utilização expressa das decisões negativas de repercussão geral no Brasil e, de outro, a rigidez da prática ao menos até a ER nº 54/2020, segundo a qual os efeitos de tais decisões expandem-se automaticamente para todos os casos que tratem da questão examinada. Em síntese: o filtro depende da formação de precedentes sobre questões pouco relevantes. Essa inflexibilidade do filtro formal vem levando a Corte a sobreutilizar uma ferramenta informal, um "filtro oculto" que contorna essa expansão de efeitos – os quais, assim, ficam limitados ao caso concreto –, mas termina por ocasionar sérios danos colaterais, como a banalização dos pronunciamentos da Corte, o risco de inconsistências e a retroalimentação da litigiosidade.

Como visto, apenas 0,021% (cerca de 350 em 1.650.000) das decisões do STF de 2007 a 2020 foram formalmente negativas de repercussão geral. Considerando que filtros de relevância são mais usados formalmente em outros países – alguns dos quais expressamente lembrados como fonte de inspiração da repercussão geral no Brasil –, é válido verificar o modo de funcionamento de mecanismos congêneres em outras experiências internacionais. A hipótese a ser investigada é a de que outros sistemas utilizam filtros formais de relevância com maior frequência devido à menor rigidez e alcance dos seus efeitos, sobretudo em razão da motivação das "decisões negativas", isto é, daquelas em que "se decide não decidir", ou, em outros termos, daquelas em que se entende que certo caso não deve superar o filtro. A exposição começará por demonstrar que a motivação de uma decisão tende a naturalmente expandir o seu alcance (2.1), sobretudo nas Cortes Supremas, por sua posição institucional (2.2), de modo que nelas é especialmente necessário calibrar a motivação para prevenir uma expansão indesejada de efeitos, a fim de não banalizar seus precedentes (2.3). Cada um desses argumentos é desenvolvido a seguir.

2.1 A expansão do alcance das decisões judiciais como decorrência da sua motivação: sua natural vocação para servir como precedentes

É difícil exagerar a importância que ganhou mundo afora o dever de motivação das decisões judiciais em geral. O direito dos jurisdicionados, correspondente a tal dever dos juízes, é celebrado como uma garantia contra o exercício arbitrário do poder, como um elemento indispensável do Estado Democrático de Direito – com funções endo e extraprocessuais–,[227] e mesmo como o mais básico entre todos os direitos fundamentais.[228] O prestígio de que o dever de motivação desfruta é merecido, e, ao menos no Brasil, ainda há um longo caminho a percorrer para que ele seja consolidado com todas as suas consequências, tendo o CPC/2015 dado vários passos nessa direção.[229] Não se pretende aqui

---

[227] Em síntese, a função endoprocessual do dever de motivação relaciona-se com a garantia de participação das partes no processo, enquanto a função extraprocessual refere-se ao controle social da atividade jurisdicional. Sobre o tema, cf. TARUFFO, Michele. *A motivação da sentença civil*. Tradução de Daniel Mitidiero, Rafael Abreu e Vitor de Paula Ramos. São Paulo: Marcial Pons Brasil, 2015. p. 317-347.

[228] "Essa é, assim, a reivindicação mais básica e universal de todo ser humano, que outros seres humanos e estados não podem rejeitar: *o direito a justificativa*, o direito de ser respeitado como pessoa moral que é autônoma ao menos no sentido de que ele ou ela não podem ser tratados de certa maneira para a qual ele se possa fornecer razões adequadas". (FORST, Rainer. The basic right to justification: toward a constructivist conception of human rights. *Constellations*, Oxford, v. 6, n. 1, p. 40, 1999. Disponível em: http://spocri.unimc.it/it/site-news/eventi/seminars.-justice-citizenship-and-economic-development/4.%20 Seminar%20May%207_%20recommended%20reading_%20Forst.pdf. Acesso em: 24 maio 2017). Tradução livre do autor. No original: "This is thus the most universal and basic claim of every human being, which other human beings or states cannot reject: *the right to justification*, the right to be respected as a moral person who is autonomous at least in the sense that he or she must not be treated in any manner for which adequate reasons cannot be provided".

[229] Para uma análise da dimensão democrática do dever de motivação das decisões judiciais, com ênfase na disciplina prevista no CPC/2015, cf. REGO, Frederico Montedonio. A dimensão democrática do dever de motivação das decisões judiciais: o novo Código de Processo Civil como concretização da Constituição de 1988. *Revista Opinião Jurídica*,

discorrer genericamente sobre o dever de motivação das decisões judiciais – tema vastíssimo e objeto de extensa bibliografia–,[230] mas ressaltar só um de seus aspectos mais marcantes: a natural expansão do alcance de uma decisão motivada, de um caso concreto para outros semelhantes.

Motivar é dar razões, e razões, por definição, são enunciados com algum grau de universalidade, ainda que mínimo. Para ser universal, um enunciado deve *pretender-se aplicável* a mais de um caso (ou seja, a dois ou mais), ainda que, na prática, a situação hipotética nunca ocorra, ou se dê efetivamente apenas uma vez. Mas não há enunciado realmente universal que se *pretenda aplicável* a menos que isso. Como afirma MacCormick:

> [...] não há nenhuma justificação sem universalização; [...]. Para que fatos particulares – ou motivos particulares – possam ser *razões justificadoras*, elas têm que ser subsumíveis a um princípio relevante de ação universalmente afirmado, mesmo que a proposição universal respectiva seja reconhecidamente excepcionável (*defeasible*).[231]

A expressão "universalidade" é aqui empregada como oposta à "singularidade", seja quanto aos destinatários de uma proposição, seja quanto à conduta proposta. No tocante aos destinatários, a universalidade de uma proposição caracteriza-se pela sua *generalidade*, isto é, por ter em conta uma pluralidade de sujeitos (ao menos mais de um), em oposição à *individualidade* de proposições destinadas a apenas um. Já quanto à conduta, a universalidade caracteriza-se pela *abstração*, isto é, pela delimitação de uma classe de ações ("ações-tipo"),

---

ano 14, n. 18, p. 177-206. Disponível em: http://periodicos.unichristus.edu.br/index.php/opiniaojuridica/article/view/594/265. Acesso em: 15 jan. 2017.

[230] Algumas obras em português, *v.g.*: TARUFFO, Michele. *A motivação da sentença civil*. Tradução de Daniel Mitidiero, Rafael Abreu e Vitor de Paula Ramos. São Paulo: Marcial Pons Brasil, 2015. (a 1ª edição do original é de 1975). MOREIRA, José Carlos Barbosa. A motivação das decisões judiciais como garantia inerente ao estado de direito. *Revista Brasileira de Direito Processual*, v. 16, 4. trim., p. 111-125, 1978; NOJIRI, Sérgio. *O dever de fundamentar as decisões judiciais*. São Paulo: Revista dos Tribunais, 1998; VASCONCELLOS, Fernando Andreoni; ALBERTO, Tiago Gagliano Pinto (Orgs.). *O dever de fundamentação no novo CPC*: análises em torno do artigo 489. Rio de Janeiro: Lumen Juris, 2015; LUCCA, Rodrigo Ramina de. *O dever de motivação das decisões judiciais*. Salvador: JusPodivm, 2015; SCHMITZ, Leonard Ziesemer. *Fundamentação das decisões judiciais*: a crise na construção das respostas no processo civil. São Paulo: Revista dos Tribunais, 2015.

[231] MACCORMICK, Neil. *Retórica e o Estado de Direito*: uma teoria da argumentação jurídica. Tradução de Conrado Hubner Mendes e Marcos Paulo Veríssimo. Rio de Janeiro: Elsevier, 2008. p. 131.

que inclusive podem repetir-se no tempo, em oposição à *concretude*, que se esgota numa única ação. Assim, para ser universal, um enunciado precisa ter algum grau de generalidade (abranger mais de um destinatário) e/ou de abstração (abranger mais de uma conduta).[232]

É possível, porém, estar diante de um enunciado falsamente universal, isto é, que tem uma forma aparentemente universal, mas que, em razão dos parâmetros escolhidos, destina-se de fato a reger uma única situação já ocorrida, ou que apenas pode ocorrer uma única vez. Imagine-se, *e.g.*, uma regra segundo a qual "não se comemorará o feriado referente ao Dia do Trabalho em todos os anos bissextos ocorridos de 2019 a 2021": apesar da formulação aparentemente abstrata, ela se dirige a uma única incidência: suprimir o feriado de 1º.5.2020.

Frederick Schauer assim expõe a universalidade (generalidade),[233] inerente às razões:

---

[232] BOBBIO, Norberto. *Teoria da norma jurídica*. Tradução de Fernando Pavan Baptista e Ariani Bueno Sudatti. Bauru: EDIPRO, 2001. p. 177-183. O autor dá os seguintes exemplos: "Na realidade, combinando-se os quatro requisitos, o da generalidade, o da abstração, o da individualidade e o da concretude, as normas jurídicas podem ser de quatro tipos: *normas gerais e abstratas* (deste tipo são a maior parte das leis, por exemplo, as leis penais); *normas gerais e concretas* (uma lei que declara mobilização geral se volta a uma classe de cidadãos e ao mesmo tempo prescreve uma ação singular que, uma vez cumprida, exaure a eficácia da norma); *normas individuais e abstratas* (uma lei que atribui a uma determinada pessoa um ofício, por exemplo, o de juiz da Corte Constitucional, se dirige a um só indivíduo e lhe prescreve não uma ação singular, mas todas aquelas que são inerentes ao exercício da função); *normas individuais e concretas* (o exemplo mais característico é fornecido pelas sentenças do juiz)". (BOBBIO, Norberto. *Teoria da norma jurídica*. Tradução de Fernando Pavan Baptista e Ariani Bueno Sudatti. Bauru: EDIPRO, 2001. p. 183). É de se ressalvar o terceiro exemplo dado, de norma individual e abstrata, pois a previsão das funções de um juiz da Corte Constitucional não se destina a uma pessoa específica, mas a todas as pessoas que venham a desempenhar essa função. Antes na mesma obra (p. 179), o autor oferece um exemplo de norma individual e abstrata que parece mais adequado: uma sentença judicial que ordena a um cônjuge específico (destinatário singular) "manter consigo os filhos e prover o seu sustento, sua educação e instrução" (conduta abstrata).

[233] Às vezes, generalidade e a abstração são empregadas como expressões sinônimas. Da mesma forma, é possível encontrar menções à generalidade ou à abstração no sentido aqui empregado como "universalidade" (BOBBIO, Norberto. *Teoria da norma jurídica*. Tradução de Fernando Pavan Baptista e Ariani Bueno Sudatti. Bauru: EDIPRO, 2001. p. 180). É o que ocorre com Schauer, quando se refere à generalidade (cf. citação a seguir), bem como com Sunstein, quando se refere à abstração, no seguinte trecho: "razões são por definição mais abstratas que os resultados para os quais servem de base". (SUNSTEIN, Cass. *Incompletely theorized agreements*. *Harvard Law Review*, v. 108, p. 1737, 1994. Disponível em: http://chicagounbound.uchicago.edu/cgi/viewcontent. cgi?article=1149&context=public_law_and_legal_theor. Acesso em: 4 abr. 2017. Tradução livre do autor. No original: "reasons are by definition more abstract than the outcome for which they account").

Quando advogados peticionam e juízes sentenciam, eles pretendem *justificar* suas conclusões, e o fazem oferecendo *razões*. As razões que eles oferecem, contudo, são mais abrangentes que os resultados para os quais servem de apoio. Com efeito, se uma razão não fosse mais geral que o resultado a ser justificado, ela dificilmente contaria como uma razão. O ato de *dar* uma razão, portanto, é um exercício de generalização. O advogado ou o juiz que oferece uma razão dá um passo atrás e além do caso em questão para algo mais abrangente. [...]

[...] *dar uma razão para uma decisão é incluir aquela decisão num princípio de maior generalidade que a decisão em si*. Quando damos uma razão para uma decisão particular, tipicamente apresentamos uma regra, princípio, padrão, norma, ou máxima mais abrangente que a decisão em si, e isto ocorre mesmo que a forma de articulação não seja exatamente aquela que identificamos como sendo a de um princípio. "Eu critiquei Maria porque ela não escreveu um bilhete de agradecimento" pressupõe (ou, coloquialmente, implica) que há um princípio segundo o qual pessoas na mesma situação de Maria devem escrever bilhetes de agradecimento, e o comportamento de Maria, abrangido pelo alcance do princípio, está sujeito à crítica por não se conformar ao princípio. [...] Dar uma razão num caso particular é, portanto, transcender a particularidade mesma daquele caso.[234]

Essa necessária universalidade das razões responde por boa parte do elevado *status* ostentado pelo dever de motivação. Decisões baseadas em razões não se apresentam como casuísticas, mas sim, como inspiradas em regras universais que, boas ou más, são aplicáveis a todas as situações semelhantes, isto é, a todos os casos que se enquadrem nos seus parâmetros. Essa ideia inspira imparcialidade e

---

[234] SCHAUER, Frederick. Giving reasons. *Stanford Law Review*, v. 47, n. 4, p. 635 e 641, abr. 1995. Disponível em: http://www.law.virginia.edu/pdf/faculty/hein/schauer/47stan_l_rev633_1995.pdf. Acesso em: 28 mar. 2017. Tradução livre do autor. No original: "When lawyers argue and when judges write opinions, they seek to *justify* their conclusions, and they do so by offering *reasons*. The reasons they provide, however, are broader than the outcomes they are reasons for. Indeed, if a reason were no more general than the outcome it purports to justify, it would scarcely count as a reason. The act of *giving* a reason, therefore, is an exercise in generalization. The lawyer or judge who gives a reason steps behind and beyond the case at hand to something more encompassing. [...] *to provide a reason for a decision is to include that decision within a principle of greater generality than the decision itself. When we provide a reason for a particular decision, we typically provide a rule, principle, standard, norm, or maxim broader than the decision itself*, and this is so even if the form of articulation is not exactly what we normally think of as a principle. 'I criticized Mary because she did not write a thank-you note' presupposes (or conversationally implies) that there is a principle pursuant to which people in Mary's situation should write thank-you notes, and that Mary's behavior, falling within the scope of the principle, is open to criticism for not comporting with the principle. [...] To provide a reason in a particular case is thus to transcend the very particularity of that case".

estabilidade, valores muito caros ao Estado Democrático de Direito, e serve para combater perseguições e favorecimentos. Tal característica explica a relevância do raciocínio silogístico no direito e é retratada na própria denominação das proposições que o compõem: a premissa *maior* (a norma) tem esse nome exatamente em razão da sua superior abrangência – vale dizer, da sua universalidade – em relação à premissa *menor* (o caso concreto). Daí porque dar razões significa estabelecer regras universais, isto é, resolver não apenas um caso, mas pretender dar a solução de outros que possam ser tidos como semelhantes. Ou ainda: dar razões para decidir um caso é prometer que casos semelhantes serão resolvidos segundo as mesmas razões, ainda que não sejam conhecidas todas as particularidades desses casos. Veja-se novamente o que diz Schauer:

> Dar razões induz confiança razoável, em parte devido à prática social subjacente segundo a qual declarações induzem confiança razoável, em parte porque a indução de confiança é tipicamente a (conhecida) intenção do declarante, e em parte porque sem confiança não haveria sentido na tarefa de dar razões. Portanto, assim como fazer uma promessa induz confiança razoável, dar uma razão cria um compromisso *prima facie*, por parte de quem dá a razão, de decidir casos subsequentes de acordo com aquela razão. [...]
>
> Descrição não é justificação. Mas se dar razões se explica principalmente pela generalidade de uma razão, bem como pelo compromisso de quem dá a razão com aquela generalidade, então dar uma razão é como estabelecer uma regra. Justificar o oferecimento de razões levará a justificar decisões baseadas em regras e, inversamente, justificar a falta de oferecimento de razões equivalerá a justificar decisões altamente particularistas. Em outras palavras, justificar a prática do oferecimento de razões e tratar tais razões como compromissos terá implicações conhecidas sobre as vantagens e as desvantagens das regras. [...]
>
> Se uma julgadora está *prima facie* comprometida no futuro com as razões que ela oferece para uma conclusão agora, e se aquelas razões são tipicamente mais gerais do que a conclusão que elas fundamentam, então ela se compromete a decidir certo número de casos cujos detalhes factuais ela não pode compreender agora [...]
>
> [...] uma razão é, em si, um tipo de regra. Como consequência, um juiz de quem se exige uma razão é um juiz chamado a invocar uma regra preexistente ou a criar uma nova.[235]

---

[235] SCHAUER, Frederick. Giving reasons. *Stanford Law Review*, v. 47, n. 4, p. 649, 651 e 652, abr. 1995. Disponível em: http://www.law.virginia.edu/pdf/faculty/hein/schauer/47stan_l_rev633_1995.pdf. Acesso em: 28 mar. 2017. Tradução livre do autor. No original: "Giving

Por isso, pode-se concluir que a motivação, por si só, expande o alcance de uma decisão, pois as respectivas razões – enunciados universais, que pretendem colher o caso em questão e ao menos mais um – reivindicam incidência em outras situações semelhantes. Assim, pode-se falar numa vocação natural de toda decisão motivada para servir como precedente, no sentido de parâmetro para solucionar casos semelhantes. Essa expansão de alcance gerada pela motivação das decisões é, em geral, apenas persuasiva. Mas, no caso das Cortes Supremas, esse efeito amplifica-se por sua própria posição institucional, como segue.

2.2 A amplificação do alcance expansivo da motivação nas decisões das Cortes Supremas: seu *locus* institucional como fator favorável à criação de precedentes

Uma Corte Suprema, por definição, é um órgão único: dois tribunais com jurisdição sobre um mesmo território e sobre as mesmas matérias não poderiam ser considerados simultaneamente "supremos", pois um acabaria por se sobrepor ao outro ou ambos se anulariam.[236]

---

reasons induces reasonable reliance, partly because of the background social practice that statements induce reasonable reliance, partly because the inducement of reliance is typically the (known) intention of the reason-giver, and partly because without reliance there would be much less point in bothering to give reasons. Thus just as making a promise induces reasonable reliance, giving a reason creates a prima facie commitment on the part of the reason giver to decide subsequent cases in accordance with that reason. [...] Description is not justification. But if giving reasons is centrally explained by a reason's generality and the reason giver's commitment to that generality, then giving a reason is like setting forth a rule. Justifying reason-giving will thus track justifying rule-based decisionmaking and, conversely, justifying the avoidance of reason-giving will parallel justifying highly particularistic decisionmaking. In other words, justifying the practice of giving reasons and treating those reasons as commitments will implicate familiar questions about the advantages and disadvantages of rules. [...] If a decisionmaker is prima facie committed in the future to the reasons she gives for a conclusion now, and if those reasons are typically more general than the conclusion they support, then she commits herself to deciding some number of cases whose full factual detail she cannot possibly now comprehend. [...] a reason is, itself, a type of rule. As a result, a judge required to give a reason is a judge required either to call forth a preexisting rule or to create a new one". No mesmo sentido: SUNSTEIN, Cass. Incompletely theorized agreements. *Harvard Law Review*, v. 108, p. 1754-1755, 1994. Disponível em: http://chicagounbound.uchicago.edu/cgi/viewcontent.cgi?article=1149&context=public_law_and_legal_theor. Acesso em: 4 abr. 2017.

[236] No entanto, a atual situação de disfuncionalidade do STF, decorrente da quantidade excessiva e do caráter contraditório de suas decisões, tem levado autores a apontar que no Brasil existiriam "11 Supremos", sendo tal fragmentação usada muitas vezes como

Por estarem situadas, na organização judiciária, acima de todos os outros juízes em seu âmbito de jurisdição, Cortes Supremas são capazes, por um lado, de receber demandas propostas nos mais diversos pontos abrangidos pelo espaço territorial de sua competência – em geral, todo o território de um país –, e, por outro, de proferir, em última instância, decisões que se espraiam por todo o sistema, tal como uma nascente situada no alto de uma montanha, cujas águas correm e dividem-se em rios. Há, por assim dizer, uma função receptora de casos (entrada) e outra difusora de decisões (saída), ambas intimamente relacionadas.

Quanto à função receptora, não compete a uma Suprema Corte a revisão de todos os casos que tramitam no território nacional, nos quais uma das partes permaneça insatisfeita: "uma competência semelhante seria juridicamente inaceitável, teleologicamente inútil e materialmente impossível de desempenhar".[237] Para isso já existem duas instâncias, e nisso se esgota a garantia do duplo grau de jurisdição. No Brasil, por exemplo, dos cerca de 18.000 juízes existentes,[238] apenas onze integram o STF: não faria sentido que eles tivessem uma competência recursal universal. "Embora a Constituição garanta aos habitantes o direito de ter seu 'dia na Corte', não contempla a necessidade de ter um 'dia na Suprema Corte'".[239] Esse desenho institucional já justifica a limitação da competência e do papel das Cortes Supremas.

Esses mecanismos limitativos variam no tempo e no espaço. É muito comum instituir requisitos rígidos e abstratos aos recursos

---

estratégia política deliberada, para evitar, "emparedar" ou contrariar o Plenário. Nesse sentido: FALCÃO, Joaquim; ARGUELHES, Diego Werneck. Onze Supremos: todos contra o Plenário. *In:* FALCÃO, Joaquim; ARGUELHES, Diego Werneck; RECONDO, Felipe (Orgs.). *Onze Supremos:* o Supremo em 2016. Belo Horizonte: Letramento: Casa do Direito: Supra: Jota: FGV Rio, 2017. p. 20-28. Disponível em: http://bibliotecadigital.fgv.br/dspace/bitstream/handle/10438/17959/Onze%20Supremos%20-%20o%20Supremo%20em%20 2016.pdf?sequence=1. Acesso em: 27 jun. 2017.

[237] GIANNINI, Leandro. *El certiorari:* la jurisdicción discrecional de las Cortes Supremas. La Plata: Librería Editora Platense, 2016. t. I, p. 39. Tradução livre do autor. No original: "[...] una competencia semejante sería jurídicamente inaceptable, teleológicamente inútil y materialmente imposible de desempeñar [...]".

[238] Ao final de 2020, o Brasil tinha 17.988 juízes. (BRASIL. Conselho Nacional de Justiça. *Justiça em números 2021:* ano-base 2020. p. 50. Brasília: Conselho Nacional de Justiça, 2021. Disponível em: https://www.cnj.jus.br/wp-content/uploads/2021/11/relatorio-justica-em-numeros2021-221121.pdf. Acesso em: 25. nov. 2021. . Acesso em: 25 nov. 2021.

[239] GIANNINI, Leandro. *El certiorari:* la jurisdicción discrecional de las Cortes Supremas. La Plata: Librería Editora Platense, 2016. t. I, p. 87. Tradução livre do autor. No original: "Si bien la Constitución brinda a los habitantes el derecho de tener su 'día en la Corte', no contempla la necesidad de tener un 'día en la Suprema Corte". A expressão "ter seu dia na Corte" vem do inglês "the right to have his or her day in court", que denota o direito de acesso à justiça.

dirigidos às Cortes Supremas, tais como: limitação da matéria controvertida (*e.g.*, apenas questões de direito e não de fato, apenas matérias constitucionais ou legais etc.), caráter final da decisão recorrida, esgotamento das instâncias inferiores, valores de alçada,[240] limitações ao número de profissionais habilitados a postular perante tais tribunais,[241] óbices financeiros impostos ao recorrente[242] etc. Porém, em vários países, tais requisitos rígidos provaram-se insuficientes para conter o volume de trabalho desses tribunais, razão pela qual a eles foram acrescidos mecanismos flexíveis: os chamados "filtros de relevância", já definidos. A ideia é que a limitada capacidade de trabalho das Cortes Supremas deve ser empregada nas questões mais relevantes. Esta não é a sede própria para reeditar o debate sobre os prós e os contras desse tipo de mecanismo, mas, partindo da premissa da sua adoção, verificar como se dá a motivação das decisões negativas.

A função difusora, por sua vez, é favorecida pela simples localização estrutural das Cortes Supremas, que lhes dá uma grande visibilidade. Da sua elevada posição, elas detêm o poder de ditar a

---

[240] Na Espanha, por exemplo, o art. 477, 2, 2º, da Ley de Enjuiciamiento Civil prevê que o recurso de cassação para o Tribunal Supremo é sempre cabível quando a quantia discutida no processo exceder a 600.000 euros, embora esta não seja a sua única hipótese de cabimento.

[241] Na França, *e.g.*, atualmente apenas pouco mais de cem profissionais estão habilitados a atuar perante a Corte de Cassação e o Conselho de Estado: são os chamados "avocats aux Conseils", o que será visto adiante. Em contraste, no dia 18.11.2016, o Brasil atingiu a marca de um milhão de advogados – todos, em tese, aptos a atuar no STF –, atingindo assim o terceiro maior número absoluto de advogados entre todos os países (atrás de Índia e EUA) e o segundo maior número relativo (atrás do Paraguai). Cf. notícias disponíveis em: https://jota.info/carreira/brasil-o-pais-dos-bachareis-um-em-cada-dez-universitarios-estuda-direito-18102016 e https://jota.info/carreira/oab-registra-1-milhao-de-advogados-em-seus-quadros-18112016. Acesso em: 22 jul. 2017). A possível influência desse fenômeno sobre a chamada "crise do STF", no entanto, ultrapassa os limites do presente estudo.

[242] Na Argentina, *e.g.*, exige-se um depósito recursal substancial para o caso de inadmissibilidade do recurso extraordinário pelo tribunal de origem. A regra geral na Argentina, tal como no Brasil (CPC/2015, art. 1.029), é a de que o recurso extraordinário seja interposto perante a própria instância recorrida, que fará um juízo de admissibilidade (art. 257 do CPC argentino). Caso o extraordinário seja inadmitido, cabe um recurso de queixa ("queja"), correlato ao agravo em recurso extraordinário brasileiro (CPC/2015, art. 1.042), ressalvando-se que a interposição da queixa ocorre diretamente junto à Suprema Corte. Esta queixa, com prazo de cinco dias, deve ser acompanhada de um depósito, atualmente no valor de 100.000 pesos argentinos (Acordada nº 40/2019, da Suprema Corte Argentina), o que equivale a aproximadamente R$ 5.500,00 (na cotação de 1 peso = R$0,055, válida para 25.11.2021). Tal depósito, que não precisa ser realizado por quem seja isento de taxas judiciais, apenas é devolvido ao recorrente se o recurso for admitido (arts. 285 a 287 do CPC argentino).

última palavra formal na resolução das causas que lhe chegam,[243] a qual deverá ser observada não apenas pelas partes do processo e pelas instâncias inferiores a ele vinculadas, mas por todas as pessoas que se encontrem em situação semelhante. A eficácia expansiva da motivação das decisões é, portanto, amplificada pela competência das Cortes Supremas para dar a última palavra, o que torna esses órgãos um *locus* privilegiado para a construção de precedentes. A depender do sistema jurídico, essa expansão do alcance das decisões para outros casos semelhantes (isto é, a eficácia dos precedentes) pode ser meramente persuasiva ou tecnicamente vinculante, mas é inegável que ela decorre das razões (enunciados universais) invocadas na sua motivação. Quanto ao ponto, no Brasil já se reconheceu, tanto no plano jurisprudencial[244] quanto no plano teórico, que "as decisões do STF, especialmente em tema de controle da constitucionalidade de atos normativos ou de decisões das instâncias inferiores, já nascem com natural vocação expansiva".[245]

---

[243] Excede os limites deste trabalho a instigante discussão sobre se as Cortes Supremas têm ou não o "poder de dar a última palavra" numa democracia, ou se o seu processo decisório é apenas parte de um diálogo institucional mais amplo. Basta aqui assumir que o STF dá formalmente a última palavra na resolução dos casos que lhe são submetidos. Sobre o tema, com o uso da feliz expressão "última palavra provisória", cf. MENDES, Conrado Hubner. *Direitos fundamentais, separação de poderes e deliberação.* 2008. Tese (Doutorado) – USP, São Paulo, 2008. Cf. ainda BRANDÃO, Rodrigo. *Supremacia constitucional versus diálogos constitucionais*: a quem cabe a última palavra sobre o sentido da Constituição? Rio de Janeiro: Lumen Juris, 2012.

[244] Na Rcl nº 4.335, Pleno, Rel. Min. Gilmar Mendes, j. 20.3.2014, consta da ementa que foi reconhecido naquele caso um "[e]feito *ultra partes* da declaração de inconstitucionalidade em controle difuso", bem assim um "[c]aráter expansivo da decisão". Além disso, o STF já imprimiu expressamente efeitos vinculantes e *erga omnes* a uma declaração incidental de inconstitucionalidade (ADIs 3.406 e 3.470, Rel. Min. Rosa Weber, j. 29.11.2017). Apesar disso, de forma geral, a Corte ainda reluta em julgar procedentes reclamações fundadas na "teoria dos motivos determinantes", segundo a qual a *ratio decidendi* de uma decisão do STF poderia ser transplantada para casos semelhantes, de modo a que sejam julgados igualmente, pela via da reclamação. Note-se que o STF tem rejeitado a "teoria dos motivos determinantes" ainda quando o parâmetro seja decisão proferida em controle concentrado (Rcl nº 8.168, Pleno, Rel. p/ o acórdão Min. Edson Fachin, j. 19.11.2015), o que, por maior razão, aplica-se a decisões de controle difuso. Seja como for, essa é uma discussão apenas referente ao *grau de vinculatividade* da decisão do STF, que veio a ser reforçada pelo art. 988, §5º, II, do CPC/2015, segundo o qual, *a contrario sensu*, cabe reclamação por descumprimento de decisão do STF proferida em caso com repercussão geral reconhecida (portanto, em controle difuso), desde que, no entanto, sejam esgotadas as instâncias ordinárias. Seja qual for o grau de vinculatividade, o ponto a demonstrar é que há uma natural eficácia expansiva (ainda que apenas persuasiva) decorrente da motivação, o que é reforçado pela posição institucional das Cortes Supremas, e ocorre independentemente do cabimento de reclamação.

[245] FERRAZ, Taís Schilling. *A amplitude dos efeitos das decisões sobre questão constitucional de repercussão geral*: critérios para aplicação de precedentes no direito brasileiro. 2015.

Se toda decisão judicial motivada tem uma vocação natural para servir como precedente, e se isso é ainda mais verdadeiro para as decisões das Cortes Supremas, faz-se especialmente necessário que esses órgãos disponham de instrumentos para moderar a criação de precedentes, como forma de permitir que eles sejam conhecidos e seguidos. Do contrário, haveria uma banalização dos pronunciamentos da Suprema Corte e um comprometimento das suas funções e da sua própria autoridade institucional: é materialmente impossível conhecer e seguir um tribunal que profere um número exorbitante de decisões todos os anos, decisões essas que, não raro, conflitam entre si, comprometendo a consistência da jurisprudência.

Instrumentos moderadores da criação de precedentes atuam nas duas pontas do funcionamento das Cortes Supremas. Na função receptora (entrada de casos), os mecanismos limitativos de competência destinam-se a restringir a chegada de demandas, permitindo que as Cortes Supremas criem menos precedentes pelo simples fato de terem menos casos a decidir. Na função difusora (saída de decisões), procura-se qualificar os pronunciamentos da Corte, de modo a que suas decisões motivadas concentrem-se nas hipóteses mais relevantes.

Os filtros de relevância atuam em ambas as funções. Quanto à função receptora, a enunciação de parâmetros – ainda que flexíveis – de acesso pode inibir a banalização dos recursos ao tribunal, reduzindo, assim, o volume de casos que lhe chegam. Isso, porém, depende, sobretudo, de como o filtro é usado na prática: no Brasil, como visto, a existência da repercussão geral não tem impedido a chegada de 100.000 processos por ano ao STF.

No tocante à função difusora, os filtros de relevância são responsáveis por calibrar a motivação das decisões segundo a sua importância. Ao constatar que as Cortes Supremas mais sobrecarregadas do mundo funcionavam segundo o hábito de deixar a "porta aberta a todos os litigantes descontentes", sem filtros seletivos baseados na relevância, concluiu André Tunc: "[a] quem fizer um esforço de se desfazer de seus hábitos para observar objetivamente o problema, parecerá irresistível ser conduzido à ideia de seleção".[246] E, referindo-se principalmente à

Dissertação (Mestrado em Direito) – PUC/RS, Porto Alegre, 2015. Disponível em: http://biblioteca.trf4.jus.br/diap/teses/FERRAZ_TA%C3%8DS_SCHILLING.pdf. Acesso em: 30 out. 2016.

[246] TUNC, André. Conclusions: la cour suprême idéale. *Revue Internationale de Droit Comparé*, v. 30, n. 1, p. 440, jan./mar. 1978. Disponível em: http://www.persee.fr/doc/ridc_0035-3337_1978_num_30_1_18544. Acesso em: 23 jul. 2017. Tradução livre do autor. No original,

Cour de cassation francesa em 1978 – anteriormente, portanto, à reforma de 2001 (v. item 2.3.3) –, o autor assim relacionou o filtro de relevância com a motivação:

> [E]stá claro que o exame apressado de milhares de casos não é compatível, para uma Corte Suprema, com o bom exercício de sua missão essencial. Na França, afirmamos, o recurso de cassação se transformou no "reflexo normal" da parte que perdeu seu processo. Certamente ocorre o mesmo na Itália ou mesmo talvez na Bélgica. Como resultado, afirmamos ainda a respeito da França, que uma "minoria ínfima" dos recursos apresenta questões de direito e levam a Corte a interpretar a lei. A própria Corte de cassação estima que as decisões que, por sua novidade ou importância da solução que apresentam, podem interessar às autoridades públicas ou aos operadores do direito, não passam de 1,5% do total de decisões proferidas, mas que as demais não lhe exigem menos cuidado e trabalho. Como, então, compreender que os mais altos magistrados da nação estejam colocados essencialmente a serviço de litigantes insatisfeitos e talvez de má fé? Que a maior parte de seu trabalho seja estranha à sua verdadeira missão? [...]
>
> Para uma Corte Suprema, *a escolha dos casos que serão examinados atentamente e sobre os quais será proferida uma decisão motivada parece-nos evidente*. A recente conversão da República Federal da Alemanha à ideia da seleção e os benefícios que disso extrai sua Corte de justiça ajudarão talvez a abalar hábitos nefastos. [...]
>
> Ao apresentar a síntese dos critérios de seleção adotados nos diversos países onde a Corte Suprema é senhora de seu trabalho, constatou-se de forma crua – fenômeno notável – uma verdadeira unanimidade. A questão da admissão de uma decisão ao exame do tribunal é resolvida essencialmente em função do interesse que apresentaria um julgado da Corte para esclarecer ou orientar o direito [...].[247]

---

logo após se referir a "les cours dont la porte est ouverte à tout plaideur mécontent": "[s]i l'on s'efforce de se dépouiller de ses habitudes pour observer objectivement le problème, il semble qu'on soit irrésistiblement conduit à l'idée de sélection".

[247] TUNC, André. Conclusions: la cour suprême idéale. *Revue Internationale de Droit Comparé*, v. 30, n. 1, p. 441, 443 e 445, jan./mar. 1978. Disponível em: http://www.persee.fr/doc/ridc_0035-3337_1978_num_30_1_18544. Acesso em: 23 jul. 2017. Tradução livre do autor. No original: "[...] il est clair que l'examen hâtif de milliers d'affaires n'est pas compatible, pour une cour suprême, avec le bon exercice de sa mission essentielle. En France, nous dit-on, le pourvoi en cassation est devenu 'le réflexe normal' du plaideur qui a perdu son procès. Il en est certainement de même en Italie ou même peut-être en Belgique. Il en résulte, nous dit-on encore au sujet de la France, que c'est 'une infime minorité' des pourvois qui posent des questions de droit et conduisent la cour à interpréter la loi. La Cour de cassation elle-même estime que les décisions qui, par leur nouveauté ou l'importance de la solution qu'elles apportent, sont susceptibles d'intéresser les autorités publiques ou les praticiens du droit, ne forment que 1,5% du total des décisions qu'elle rend, mais que les autres ne lui ont pas demandé moins de soin et de travail. Comment,

Assim, os filtros de relevância funcionam de acordo com a seguinte mecânica básica: de um lado, os casos considerados importantes recebem uma motivação analítica e exaustiva – indispensável para o funcionamento de um sistema de precedentes–,[248] a qual permite que eles sejam invocados em situações semelhantes;[249] de outro, havendo acordo num tribunal quanto à reduzida importância de uma controvérsia, a ênfase é dada a esse consenso, e não às razões que cada juiz possa ter para chegar a essa conclusão.

Esta hipótese é um tipo de "acordo não completamente teorizado" (*"incompletely theorized agreement"*), na terminologia de Cass Sunstein,[250] isto é, de um acordo sobre *o que fazer*, sem necessariamente haver concordância sobre as *razões para fazê-lo*. O acordo se dá quanto ao resultado ou a razões com baixo grau de universalidade. Isso ocorre em situações cotidianas: *e.g.*, é possível que duas pessoas discordem sobre

---

dès lors, comprendre que les plus hauts magistrats de la nation soient mis essentiellement au service de plaideurs mécontents et parfois de mauvaise foi? que la plus grande partie de leur labeur soit étranger à leur vraie mission? [...] Pour une cour suprême, le choix des affaires qu'elle examinera attentivement et sur lesquelles elle rendra une décision motivée nous semble s'imposer. La récente conversion de la République fédérale d'Allemagne à l'idée de sélection et les bienfaits qu'en retire sa Cour de justice aideront peut-être à ébranler des habitudes néfastes. [...] En présentant la synthèse des critères de sélection retenus dans les divers pays où la cour suprême est maître de son travail, on avait cru constater — phénomène remarquable — une véritable unanimité. La question de l'admission d'une décision à l'examen de la cour est tranchée essentiellement en fonction de l'intérêt que présenterait un arrêt de la cour pour clarifier ou orienter le droit [...]".

[248] Nesse sentido, referindo-se aos sistemas de *common law*, afirma Barbosa Moreira que "se os Tribunais deixassem de fundamentar suas decisões, todo o sistema do *case law* cairia por terra. Basta pensar, com efeito, na importância das razões de decidir para a atuação do mecanismo dos precedentes". (MOREIRA, José Carlos Barbosa. A motivação das decisões judiciais como garantia inerente ao estado de direito. *Revista Brasileira de Direito Processual*, v. 16, 4. trim., p. 84, 1978). Quanto à identificação da regra geral de um precedente no *common law* (*holding*), as discussões giram em torno de dois métodos básicos: a) o fático-concreto, que dá mais relevância aos fatos; e b) o abstrato-normativo, que dá maior valor à fundamentação. Sobre o tema, cf. MELLO, Patrícia Perrone Campos. *Precedentes*: o desenvolvimento judicial do direito no constitucionalismo contemporâneo. Rio de Janeiro: Renovar, 2008. p. 127-130.

[249] Mathilde Cohen ressalta que, mesmo na ausência de uma obrigação legal de fundamentar suas decisões, desenvolveu-se na Suprema Corte dos EUA, nos tribunais intermediários de apelação e entre os juízes federais daquele país uma robusta tradição de motivação, que os torna conhecidos por suas decisões altamente sofisticadas, informativas e detalhadas. Em tribunais americanos de apelação, regras internas apontam no sentido de que votos escritos somente devem ser dados se tiverem valor como precedente. (COHEN, Mathilde. When judges have reasons not to give reasons: a comparative law approach. *Washington & Lee Law Review*, v. 72, n. 2, p. 491-493, 2015. Disponível em: http://scholarlycommons.law.wlu.edu/cgi/viewcontent.cgi?article=4449&context=wlulr. Acesso em: 30 mar. 2017).

[250] SUNSTEIN, Cass. Incompletely theorized agreements. *Harvard Law Review*, v. 108, p. 1733-1772, 1994. Disponível em: http://chicagounbound.uchicago.edu/cgi/viewcontent.cgi?article=1149&context=public_law_and_legal_theor. Acesso em: 4 abr. 2017.

os motivos pelos quais se deve impor uma sanção a um criminoso – com base em distintas teorias da pena, como a retributiva e a preventiva –, mas, diante de um crime, concordem que uma pena deve ser imposta. E também ocorre em situações mais solenes, como narrado numa passagem de Jacques Maritain sobre a negociação da Declaração Universal dos Direitos Humanos da ONU, de 1948:

> Durante uma das reuniões da Comissão Nacional francesa da UNESCO, na qual se discutiam os direitos humanos, alguém ficou atônito ao informar que certos partidários de ideologias violentamente antagônicas haviam chegado a um acordo sobre a redação da lista de tais direitos. Sim, responderam, estamos de acordo sobre esses direitos *contanto que não nos perguntem o porquê*. Porque com o "porquê" começa a disputa.[251]

Segundo Sunstein, "acordos não completamente teorizados" são uma estratégia de convivência numa sociedade plural, pois preservam o respeito entre os interlocutores, que não precisam questionar as crenças fundamentais uns dos outros se isso não for necessário para resolver problemas concretos: se é impossível concordar em planos muito abstratos, passa-se a planos mais concretos até que o consenso seja possível. Além disso, esse tipo de acordo atende a relevantes fins práticos, porquanto decisões baseadas em teorizações abrangentes são muito trabalhosas e apresentam um grau menor de flexibilidade e abertura para o futuro, já que servem como precedentes para situações do porvir ainda não totalmente conhecidas. Para resolver apenas o caso presente, o ideal é não oferecer uma motivação ambiciosa demais.

Não por outra razão, Sunstein apresenta o filtro de relevância da Suprema Corte dos EUA (*"writ of certiorari"*) como um exemplo de "acordo não teorizado", que visa a resolver apenas e tão somente um caso concreto (*"full particularity"*),[252] sem criar precedentes:

---

[251] MARITAIN, Jacques. *El hombre y el Estado*. Tradução de Manuel Gurrea. 3. ed. Buenos Aires: Editorial Guillermo Kraft, 1956. p. 94. Tradução livre do autor. No original: "Durante una de las reuniones de la Comisión Nacional Francesa de la UNESCO, en la que se discutían los derechos del hombre, alguien se quedó asombrado al advertir que ciertos partidarios de ideologías violentamente antagónicas habían llegado a un acuerdo sobre la redacción de la lista de dichos derechos. Si, contestaron, estamos de acuerdo sobre esos derechos *con tal que no se nos pregunte el porqué*. Porque con el 'porqué' empieza la disputa". Tal exemplo de "acordo não completamente teorizado" é devido ao Professor Inocêncio Mártires Coelho, a quem agradeço.

[252] O exemplo da denegação de *certiorari* como decisão voltada apenas para o caso concreto também pode ser encontrado em SCHAUER, Frederick. Giving reasons. *Stanford Law Review*, v. 47, n. 4, p. 637 e 653, abr. 1995. Disponível em: http://www.law.virginia.edu/

Dar razões é algo normalmente valorizado no direito, como naturalmente deveria ser. Sem razões, não há garantia de que as decisões não serão arbitrárias ou irracionais, e as pessoas perderiam a capacidade de se planejar.

Em poucas áreas do direito, no entanto, permite-se às instituições operar com particularidade total. As pessoas concordam com o resultado, mas não precisam dar razões para sua decisão. Com particularidade total, o julgamento não é apenas não completamente teorizado; ele não é teorizado em medida alguma. *Ao denegar certiorari, por exemplo, a Suprema Corte fica em silêncio*; ao dar vereditos, júris não oferecem razões; processos seletivos universitários produzem resultados, mas raramente justificações. *Cada decisão se aplica* única *e exclusivamente ao caso concreto em questão*. Os participantes podem ter razões, mas se recusar a dá-las; ou eles podem não ter razões, no sentido de que não são capazes de articular o que serve de base para a decisão; ou cada um deles, numa instituição colegiada, pode ter suas razões, mas ser incapaz de concordar com os demais sobre elas, e assim deixam o resultado oficialmente inexplicado. Em todos esses casos, trata-se de uma abordagem com particularidade total porque, por sua própria natureza, razões são mais abstratas que os resultados que elas justificam. Uma vez tornadas públicas, razões podem assim se aplicar a casos que a Corte, ao justificar uma decisão particular, ainda não tem diante de si.[253]

Assim, às vezes há "razões para não dar razões", como defende Mathilde Cohen.[254] A autora afirma que, mesmo em sistemas nos quais

---

pdf/faculty/hein/schauer/47stan_l_rev633_1995.pdf. Acesso em: 28 mar. 2017.

[253] SUNSTEIN, Cass. Incompletely theorized agreements. *Harvard Law Review*, v. 108, p. 1754-1755, 1994. Disponível em: http://chicagounbound.uchicago.edu/cgi/viewcontent. cgi?article=1149&context=public_law_and_legal_theor. Acesso em: 4 abr. 2017. Tradução livre do autor. No original: "Reason-giving is usually prized in law, as of course it should be. Without reasons, there is no assurance that decisions are not arbitrary or irrational, and people will be less able to plan their affairs. In a few areas of law, however, institutions are permitted to operate with full particularity. People converge on the result, but they need offer no reasons for their decision. With full particularity, the judgment is not merely incompletely theorized: it is not theorized at all. *In denying certiorari, for example, the Supreme Court is silent*; in issuing verdicts, juries do not give reasons; college admission offices produce results but rarely justifications. *Each decision applies to the case at hand and to that case alone*. Participants may actually have reasons but refuse to give them; or they may lack reasons in the sense that they are unable to articulate what accounts for their decision; or each of them, on a multimember institution, may have reasons but be unable to agree with one another about them, and hence they leave an outcome officially unexplained. In any of these cases, this approach offers full particularity because, by their very nature, reasons are more abstract than the outcomes that they justify. Once offered publicly, reasons may therefore apply to cases that the court, in justifying a particular decision, does not have before it" (destaques acrescentados).

[254] COHEN, Mathilde. When judges have reasons not to give reasons: a comparative law approach. *Washington & Lee Law Review*, v. 72, n. 2, p. 483-517, 2015. Disponível em: http://

o dever de motivação é imposto por normas gerais e abstratas – como geralmente ocorre em países de *civil law* –, e não apenas graduado pelos próprios juízes – o que é a regra nos países de *common law* –, na realidade ambos os sistemas não diferem tanto assim nesse particular: na prática, juízes ponderam prós e contras da motivação em diferentes cenários.[255] A autora conclui haver um "mecanismo de filtragem implícito", ou um *"certiorari de facto"* – segundo o qual apenas as decisões consideradas importantes são adequadamente motivadas –, não apenas em tribunais federais americanos abaixo da Suprema Corte, como até mesmo na Corte Europeia de Direitos Humanos. Como se vê, não é apenas no Brasil que mecanismos rígidos têm dado lugar a soluções informais:

> [...] a Corte Europeia de Direitos Humanos de fato pondera os prós e os contras de dar razões. Em contraste com a Suprema Corte dos EUA, cuja carga de trabalho vem diminuindo nos últimos anos, a Corte Europeia de Direitos Humanos não tem à sua disposição o *"writ of certiorari"*. Mas isso não impediu o tribunal europeu de resolver sumariamente uma grande parte de seus casos a partir de soluções processuais, e de concentrar sua atenção na pequena parcela de casos que ela decide com o objetivo de criar precedentes, enquanto emite decisões-padrão ou decisões inteiramente redigidas por assessores para os casos

---

scholarlycommons.law.wlu.edu/cgi/viewcontent.cgi?article=4449&context=wlulr. Acesso em: 30 mar. 2017.

[255] De um lado, a autora levanta as seguintes "razões para dar razões": a) assegurar que a participação das partes no processo seja levada em consideração, ao mesmo tempo em que elas são tratadas como sujeitos, o que aumenta a legitimidade da decisão e as chances de que ela seja cumprida; b) promover responsabilidade (*accountability*) e transparência por parte dos juízes; e c) ensejar decisões de melhor qualidade, por obrigar a uma maior reflexão e ao uso de fundamentos aceitáveis. De outro lado, as "razões para não dar razões" são de ordem: a) institucional (não acirrar conflitos entre as partes e preservar a credibilidade do Judiciário); b) cognitiva (obrigar a motivar pode levar a insinceridade e artificialismo, pois a motivação pode ser pensada estrategicamente a depender do auditório, constituindo em verdade um simples processo *post facto*); e c) pragmática (motivar toma tempo e compromete a rápida solução dos litígios). Em sentido semelhante, Schauer (SCHAUER, Frederick. Giving reasons. *Stanford Law Review*, v. 47, n. 4, p. 637 e 653, abr. 1995. Disponível em: http://www.law.virginia.edu/pdf/faculty/hein/schauer/47stan_l_rev633_1995.pdf. Acesso em: 28 mar. 2017), arrola prós e contras da motivação, agregando aos primeiros a estabilidade e a imparcialidade inerentes a um modelo de razões (regras), e aos segundos o risco de abrangência excessiva (*overreaching*) e de enfraquecimento da autoridade: enquanto dar razões é um sinal de que a autoridade não se baseia apenas na própria força, mas na correção de suas razões, não dar razões reforça a autoridade, pois indica que objeções não serão toleradas. Sunstein ainda agrega aos "contras" o risco de que as razões de uma decisão sejam "superinclusivas" ou "subinclusivas" (*over- and under-inclusive*) como precedentes para casos futuros (SUNSTEIN, Cass. Incompletely theorized agreements. *Harvard Law Review*, v. 108, p. 1755, 1994. Disponível em: http://chicagounbound.uchicago.edu/cgi/viewcontent.cgi?article=1149&context=public_law_and_legal_theor. Acesso em: 4 abr. 2017).

remanescentes que ela decide no mérito. Em outras palavras, a Corte Europeia de Direitos Humanos opera parcialmente como um tribunal que dispõe de um *certiorari*, no qual a motivação funciona como um mecanismo de filtragem implícito. *De facto*, ela seleciona os casos que vai julgar com uma motivação substancial.[256]

É certo que os papeis específicos de uma Corte Suprema podem variar bastante conforme o país estudado, havendo, no entanto, algumas funções relativamente comuns. Tais funções podem ser divididas em dois grandes grupos,[257] conforme sejam voltadas predominantemente: a) a uma finalidade pública, de tutela do direito objetivo (*ius constitutionis*),

---

[256] COHEN, Mathilde. When judges have reasons not to give reasons: a comparative law approach. *Washington & Lee Law Review*, v. 72, n. 2, p. 568-569, 2015. Disponível em: http://scholarlycommons.law.wlu.edu/cgi/viewcontent.cgi?article=4449&context=wlulr. Acesso em: 30 mar. 2017. Tradução livre do autor. No original: "[...] the ECtHR [European Court of Human Rights] is in fact balancing reasons for and against reason-giving. In contrast to the U.S. Supreme Court, whose caseload has been diminishing in the past years, the ECtHR does not have at its disposal the writ of certiorari. But that has not prevented the European court from disposing of a large proportion of its docket through procedural terminations and from concentrating its attention on the small share of cases it decides with an eye to making law, all the while issuing boilerplate opinions or opinions entirely written by the staff for the remaining cases of its reviews on the merits. In other words, the ECtHR is partly operating as a certiorari court in which reason-giving functions as an implicit filtering mechanism. De facto, it selects the cases judges will decide by giving meaningful reasons".

[257] Tal classificação é atribuída a Calamandrei e encontra raízes no direito romano, segundo o qual, como afirma o autor, "são nulas as sentenças *contra ius constitutionis*, isto é, as viciadas por um erro relativo à existência de uma norma de direito objetivo; são, ao contrário, válidas aquelas *contra ius litigatoris*, isto é, as viciadas por um erro – sem distinção se de fato ou de direito – que se refira somente à existência do direito subjetivo das partes, que não se estenda a negar, em geral, observância a uma norma legal, mesmo violando-a em suas relações com o caso concreto. Sentenças *contra ius constitutionis* são, pois, somente as viciadas por um erro de direito relativo à premissa maior, mas não todas; sentenças *contra ius litigatoris* são todas as viciadas por um erro, de direito ou de fato, relativo à premissa menor e algumas das viciadas por um erro relativo à premissa maior, que não se refere à existência de uma norma legal". (CALAMANDREI, Piero. *La casación civil*. Tradução de Santiago Sentis Melendo. Buenos Aires: Editorial Bibliográfica Argentina, 1945. t. I, v. 1, p. 71. Tradução livre do autor. No original: "son nulas las sentencias *contra ius constitutionis*, esto es, las viciadas por un error relativo a la existencia de una norma de derecho objetivo; son, por el contrario, válidas aquellas *contra ius litigatoris*, esto es, las viciadas por un error – sin distinguir si de hecho o de derecho – que se refiera solamente a la existencia del derecho subjetivo de las partes, que no se extienda a negar, en general, observancia a una norma de ley, aun violándola en sus relaciones con el caso concreto. Sentencias *contra ius constitutionis* son, pues, solamente las viciadas por un error de derecho relativo a la premisa mayor, pero no todas; sentencias *contra ius litigatoris* son todas las viciadas por un error, de derecho o de hecho, relativo a la premisa menor y algunas de las viciadas por un error relativo a la premisa mayor, que no se refiere a la existencia de una norma de ley").

isto é, de caráter *nomofilático*[258] e até paradigmático (vinculante); ou b) a uma finalidade privada, de tutela do direito subjetivo dos litigantes (*ius litigatoris*), isto é, de caráter uniformizador (controle da igual aplicação de precedentes a casos concretos) e/ou *dikelógico* (fazer justiça no caso concreto).[259] Há uma tensão nem sempre bem resolvida entre tais funções, pois a limitada capacidade de trabalho das Cortes Supremas não lhes permite cumprir uma delas em toda a sua extensão sem sacrificar as demais. A *Corte Suprema di Cassazione* italiana, que não é dotada de um filtro de relevância em sentido próprio, exemplifica essa "tensão"[260] entre as funções pública e privada, que também se revela na atual prática do STF, apesar da criação da repercussão geral pela EC nº 45/2004. As Cortes Supremas mais sobrecarregadas são as que privilegiam as funções aqui ditas privadas.[261]

---

[258] "A *nomofilaquia* do recurso dirigido à Corte Suprema consubstancia-se, assim, na *consecução da unidade do Direito* mediante sua *adequada interpretação*. A promoção da unidade do Direito realiza-se, de um lado, com a *orientação da sociedade civil* a respeito do significado do Direito em determinado caso e *efetiva vinculação de todo o Poder Judiciário* ao sentido outorgado ao Direito pela Corte Suprema a partir de determinada causa, e, de outro, pelo *adequado desenvolvimento* do Direito diante das novas necessidades sociais". (MITIDIERO, Daniel. *Cortes Superiores e Cortes Supremas*: do controle à interpretação, da jurisprudência ao precedente. 3. ed. São Paulo: Revista dos Tribunais, 2017. p. 80).

[259] Sobre as funções nomofilática, uniformizadora, *dikelógica* e paradigmática dos recursos para os tribunais de cúpula, embora enquadrando a função uniformizadora entre aquelas de finalidade pública, cf. DANTAS, Bruno. *Repercussão geral*. 3. ed. São Paulo: Revista dos Tribunais, 2012. p. 64-84.

[260] A fim de resolver essa tensão entre as funções pública e privada, Taruffo propõe que a Corte italiana privilegie as primeiras, assumindo o papel de "Corte Suprema" em detrimento do de "terceira instância". Pugna o autor por uma "'grande reforma', que parta de um adequado repensar das funções que a Corte de Cassação é chamada a desempenhar no ordenamento atual, e que opere uma redefinição do modelo fundamental de Corte Suprema, acabando com a ambiguidade que há muito tempo caracteriza a teoria e a disciplina normativa, bem como a praxe, da Corte de Cassação". (TARUFFO, Michele. *El vértice ambiguo*: ensayos sobre la casación civil. Trad. de Juan J. Monroy Palacios e Juan F. Monroy Galvez. Lima: Palestra, 2005. p. 236. Tradução livre do autor. No original: "Parece entonces indispensable una 'gran reforma', que parta de una adecuada remeditación de las funciones que la Corte de Casación está llamada a desarrollar en el ordenamiento actual, y que opere una redefinición del modelo fundamental de Corte Suprema, acabando con la ambiguedad que desde hace largo tiempo caracteriza la teoría y la disciplina normativa, así como a la praxis, de la Corte de Casación").

[261] "Quanto maior a carga de trabalho, mais disposta a Corte está a se preocupar com a função privada; quanto mais a Corte está disposta a se preocupar com a função privada, maior a carga de trabalho". (JOLOWICZ, J. A. The role of the supreme court at the national and international level. *In*: YESSIOU-FALTSI, Pelayia (ed.). *The role of the supreme courts at the national and international level*: reports for the Thessaloniki International Colloquium: 21-25 may 1997. Thessaloniki: Sakkoulas, 1998. p. 56. Tradução livre do autor. No original: "The heavier the caseload, the more willing is a court to concern itself with the private purpose; the more willing is a court to concern itself with the private purpose, the heavier its caseload").

Marinoni e Mitidiero defendem que a função pública de defesa do direito objetivo (*jus constitutionis*) *exige* o uso de filtros de relevância por parte das Cortes de interpretação e de precedentes, e que a repercussão geral autoriza o STF a *selecionar* os casos que deve julgar:

> O recurso para uma corte de controle e de jurisprudência – fundado que é no *jus litigatoris* – é incompatível com a existência de filtros recursais. Se a função da Corte está em controlar o erro e o acerto das decisões judiciais das Cortes de Justiça, é compreensível que suas portas se abram para todos os casos em que a parte afirme a existência de uma violação à ordem jurídica pela decisão recorrida e que a sua função só possa ser realizada de maneira completa com o exame de todos os recursos interpostos. [...]
>
> O recurso para uma corte de interpretação e de precedentes – fundado que é no *jus constitutionis* – não só é compatível com a existência de filtros recursais, como em realidade exige a sua previsão. Como a nomofilaquia do recurso interposto para a corte de interpretação e de precedentes não está no exercício de um controle caso a caso das decisões recorridas, o recurso para a Corte não tem nenhuma razão para ser encarado como um direito subjetivo da parte. [...]
>
> O critério teleológico – que permite ao Supremo Tribunal Federal *selecionar* os casos em que deve intervir e, portanto, indica quais recursos extraordinários deve admitir ou não – está consubstanciado em nossa ordem jurídica na exigência de demonstração da *repercussão geral* da questão constitucional arguida no recurso extraordinário (arts. 102, §3º, da CRFB, e 1.035 do CPC). O que interessa para a legitimação da abertura da cognição do Supremo Tribunal Federal é o *impacto que pode advir, a partir do julgamento do recurso, para a ordem jurídica como um todo*.
>
> A existência do filtro da repercussão geral está intimamente ligada à transformação do Supremo Tribunal Federal em uma Corte Suprema – isto é, em uma corte de interpretação e de precedentes. Apenas se o Supremo Tribunal Federal passar a decidir menos é que poderá decidir melhor, dedicando-se a manter uma agenda de trabalho mais organizada e previamente submetida à crítica pública.[262]

---

[262] MARINONI, Luiz Guilherme; MITIDIERO, Daniel. *Recurso extraordinário e recurso especial*: do jus litigatoris ao jus constitutionis. 2. ed. São Paulo: Revista dos Tribunais, 2020, p. 215-218 (destaques no original). Em passagem posterior da mesma obra, os autores afirmam que a repercussão geral "obviamente" segue o modelo de jurisdição discricionária da Suprema Corte dos EUA e da Corte Federal de Justiça alemã (BGH), "mas é praticada de modo insuficiente", e que o ideal é "diminuir a massa recursal nas Cortes Supremas mediante efetiva escolha de casos para julgamento" (p. 284). Os autores defendem ainda que o STJ, embora não disponha de um mecanismo formal como a repercussão geral, também deve, na qualidade de "corte de interpretação e de precedentes", "*selecionar os casos* que merecem atenção para o apropriado desempenho de suas atividades", o que seria "*imanente* da natureza de suas funções", tendo por base o argumento de que

Seja como for, por sua simples localização na cúpula, as decisões de uma Corte Suprema possuem maior visibilidade e capacidade de disseminação pelo sistema, isto é: têm uma *transcendência inerente* à *sua posição institucional*,[263] pois interessam não apenas às partes, mas a toda a sociedade.[264] Ademais, uma Corte dotada de um filtro de relevância dá um passo claro na direção de privilegiar suas funções de ordem pública (*ius constitutionis*), em detrimento da simples tutela de interesses privados (*ius litigatoris*).[265] Assim, na prática, perde relevo a decomposição da repercussão geral a partir do binômio "transcendência e relevância", se ao menos a primeira já é inerente aos pronunciamentos das Cortes Supremas.

Aliás, o requisito da transcendência, entendido como a projeção de impacto da decisão sobre um "grupo social relevante", poderia, no limite, levar à negação de uma das funções mais importantes das cortes constitucionais em geral: a proteção dos direitos fundamentais

---

"[q]uem dá o *fim* necessariamente dá os *meios*" (p. 237 – destaques no original). Nessa linha: BENEDUZI, Renato Resende. *Repercussão geral no recurso especial por analogia.* Disponível em: https://www.academia.edu/33061592/Repercuss%C3%A3o_Geral_no_Recurso_Especial_por_analogia?auto=download. Acesso em: 1º abr. 2021.

[263] Referindo-se a "[e]sta conhecida virtualidade dos pronunciamentos das Cortes Supremas", Giannini afirma que "determinados critérios jurisprudenciais dos superiores tribunais têm um particular efeito exemplar ou 'contagioso', que transforma a norma de conduta individual contida na decisão em uma regra aplicável em casos similares". (GIANNINI, Leandro. *El certiorari*: la jurisdicción discrecional de las Cortes Supremas. La Plata: Librería Editora Platense, 2016. t. II, p. 176. Tradução livre do autor. No original: "[...] determinados criterios jurisprudenciales emanados de los Superiores tribunales tienen un particular efecto ejemplificador o 'contagioso', que transforma a la norma de conducta individual contenida en el decisorio, en una regla trasladable en casos similares. Esta conocida virtualidad de los pronunciamentos de las Cortes Supremas [...]".

[264] "Conquanto a validade e a eficácia das decisões seja, predominantemente, circunscrita às partes, *as que são proferidas pelos Tribunais de cúpula – e particularmente as proferidas pelo STF – transcendem o ambiente das partes*, e com isto, projetam-se o prestígio e a autoridade da decisão no segmento da atividade jurídica, de todos quantos lidam com o direito, e, mesmo em espectro maior, para a sociedade toda". (ALVIM, Arruda. A Emenda Constitucional 45 e a repercussão geral. *Revista de Direito Renovar*, Rio de Janeiro, v. 31, p. 75-130, jan./abr. 2005, p. 105). "O 'ir além' do interesse direto e imediato de recorrente e recorrido é, de resto, uma básica característica dos recursos de direito estrito, por isso mesmo ditos *excepcionais*, permitindo hoje falar-se numa *objetivação do recurso extraordinário*, sustentando-se que nele *sobreleva* o interesse público, ou social [...]". (MANCUSO, Rodolfo de Camargo. *Recurso extraordinário e recurso especial.* 13. ed. São Paulo: Revista dos Tribunais, 2015. p. 214).

[265] Neste sentido: "Com a exigência de repercussão geral, resta claro que o foco da atuação do STF é deslocado das partes processuais para a sociedade. [...] No novo modelo, o STF se valerá do potencial de transcendência que reveste seus precedentes, em vez da utopia de que é possível controlar todas as decisões proferidas no País". (DANTAS, Bruno. *Repercussão geral.* 3. ed. São Paulo: Revista dos Tribunais, 2012. p. 271 e 274).

de *minorias*.[266] Daí o caráter problemático de uma noção meramente quantitativa de transcendência. Mas, mesmo que se pretenda corrigir esse problema considerando haver também uma transcendência qualitativa ("importe da questão debatida para a sistematização e o desenvolvimento do direito"),[267] tal conceituação parece mais afeta à noção de *relevância* do ponto de vista jurídico. Tudo está a reforçar o caráter inócuo, quando não contraproducente, em exigir "transcendência" no pronunciamento de Cortes Supremas, cujas decisões, apenas por sua topografia institucional, já são naturalmente dotadas desse atributo, particularmente aquelas incumbidas de interpretar a Constituição, como é o caso do STF.[268]

Nos casos que superam o filtro de relevância, a fim de permitir que suas decisões sejam conhecidas e seguidas em casos semelhantes, as Supremas Cortes em geral motivam analiticamente suas conclusões, de modo a permitir a identificação das premissas fáticas e jurídicas da decisão, das *rationes decidendi* e dos *obiter dicta*, o que é necessário para saber se casos novos se amoldam àquela orientação ou se devem ser de alguma forma diferenciados. Quase sempre, ao referir-se às decisões das Cortes Supremas, a doutrina alude a esses casos, que constituem precedentes a serem amplamente observados, e nos quais a motivação desempenha um papel fundamental.[269] Poucos mencionam o trabalho

---

[266] Atento a esse ponto, afirma Bruno Dantas: "[...] é da essência dos direitos fundamentais proteger não só os cidadãos em face do Estado, mas também salvaguardar os interesses das *minorias*, para que não sejam esmagadas pela *maioria*. Observado o problema sob esse prisma, fica evidenciada a cautela que se deve ter ao exigir pura e simplesmente *repercussão geral*. [...] No caso da tutela a grupos numericamente não representativos da sociedade, simultaneamente deve ser utilizado um critério de *relevância social*". (DANTAS, Bruno. *Repercussão geral*. 3. ed. São Paulo: Revista dos Tribunais, 2012. p. 255). Com isso, todavia, a dimensão subjetiva (transcendência) acaba sendo assimilada à objetiva (relevância social).

[267] MARINONI, Luiz Guilherme; MITIDIERO, Daniel. *Repercussão geral no recurso extraordinário*. 3. ed. São Paulo: Revista dos Tribunais, 2012. p. 44.

[268] "Tratando-se de interpretação da Constituição, a eficácia da decisão deve *transcender* ao caso particular, de modo que os seus fundamentos determinantes sejam observados por todos os tribunais e juízos nos casos futuros. A não observância das decisões do Supremo Tribunal Federal debilita a força normativa da Constituição. A força da Constituição está ligada à autoridade dos precedentes do Supremo Tribunal Federal". (MARINONI, Luiz Guilherme. *Precedentes obrigatórios*. 5. ed. São Paulo: Revista dos Tribunais, 2016. p. 299 – destaques acrescentados).

[269] Veja-se um exemplo: "Portanto, para atuarem de forma adequada, dando unidade ao Direito, o Supremo Tribunal Federal e o Superior Tribunal de Justiça devem trabalhar lógico-argumentativamente, interpretando de maneira justificada, universalizável e coerente, os enunciados constitucionais e infraconstitucionais federais. É a partir desse *método* interpretativo que essas Cortes poderão fornecer *boas razões* para *pacificar* o entendimento judicial a respeito de determinada questão e para *desenvolver* o direito brasileiro,

de "limpeza do terreno" que o Tribunal precisa fazer antes de debruçar-se sobre os casos mais relevantes: isto é, a atividade pela qual as Cortes Supremas "decidem não decidir" os casos que não passam pelo filtro de relevância, justamente para que possam se concentrar nos casos mais importantes. Em vários sistemas, as mesmas cortes que motivam analiticamente as decisões mais relevantes não costumam fazê-lo nos casos que não passam pelo filtro de relevância, o que é assumido de forma transparente e desassombrada. Tal prática, decorrente do alcance expansivo da motivação das decisões, especialmente as das Cortes Supremas, será vista a seguir.

2.3 A necessidade de calibrar a motivação para evitar efeitos indesejados: como outras Cortes Supremas evitam a banalização de precedentes

Passa-se agora a analisar como funciona a motivação das decisões negativas em algumas Cortes Supremas que utilizam filtros de relevância. Isso se justifica, pois, como visto, experiências como a dos EUA e da Argentina foram expressamente citadas na exposição de motivos da norma que criou o requisito da transcendência no TST (MP nº 2.226/2001), bem como no parecer da "Reforma do Judiciário", que criou a repercussão geral (EC nº 45/2004). Como todas as empreitadas de direito comparado, o exercício a seguir envolve riscos.[270] A fim de minimizá-los, este item não pretende fazer uma exposição abrangente dos mecanismos de acesso a outros tribunais de cúpula mundo afora. Esse tema é objeto de outros trabalhos, tal como a obra de Leandro Giannini, em dois tomos, sobre os filtros de vários tribunais pelo mundo,[271] que serviu como referência – embora não exclusiva – para a exposição abaixo.

O escopo aqui será tão restrito quanto possível – a motivação das decisões negativas –, na esperança de que essa limitação de foco,

---

ofertando para o sistema *verdadeiros precedentes* capazes de promover a igualdade e a segurança jurídica para toda a sociedade civil". (MITIDIERO, Daniel. *Cortes Superiores e Cortes Supremas*: do controle à interpretação, da jurisprudência ao precedente. 3. ed. São Paulo: Revista dos Tribunais, 2017. p. 101).

[270] Para uma exposição desses riscos, como vieses anglo-eurocêntricos, falsos universalismos e comparações estratégicas, cf. FRANKENBERG, Gunther. *Comparative law as critique*. Cheltenham: Elgar, 2016.

[271] GIANNINI, Leandro. *El certiorari*: la jurisdicción discrecional de las Cortes Supremas. La Plata: Librería Editora Platense, 2016. 2 t.

necessária para que não se perca o fio condutor deste trabalho, não significa uma subestimação de toda a complexidade e a riqueza de detalhes de diversas experiências jurídicas internacionais. A lista de Supremas Cortes contempladas na análise – Estados Unidos, Alemanha, França, Reino Unido, Argentina e Itália –, longe de exaustiva, pretende, no entanto, ser ilustrativa e representativa de uma nota básica[272] dos filtros de relevância, em vários locais nos quais ele vem sendo amplamente utilizado, enquanto o caso da Itália, que não dispõe de um filtro de relevância em sentido próprio, será citado, por contraste, para reforçar a tese defendida neste trabalho.

O tema objeto deste tópico toca de perto o que talvez seja a discussão mais sensível relacionada aos filtros de relevância: seu caráter discricionário ou não. Em outras palavras, associa-se o exercício da motivação ao caráter legítimo ou arbitrário[273] da ferramenta. Esta controvérsia será examinada com detalhes no capítulo seguinte. Por ora, é interessante notar que os países a serem analisados, de maneira geral, são Estados Democráticos de Direito consolidados, que respeitam as garantias processuais das partes e levam a sério o dever de motivação das decisões judiciais. A hipótese a ser demonstrada é que, mesmo nesses países, no tocante aos filtros de relevância, há uma atenuação na motivação das decisões negativas, enquanto os casos admitidos são amplamente fundamentados. Uma das razões para isso é não banalizar a criação de precedentes, a fim de resguardar a autoridade e o bom funcionamento das Cortes Supremas: se suas manifestações têm uma

---

[272] Não se ignora, por um lado, que é muito difícil encontrar semelhanças gerais nos diversos países que adotam filtros de relevância (TARUFFO, Michele. Prólogo. *In*: GIANNINI, Leandro. *El certiorari*: la jurisdicción discrecional de las Cortes Supremas. La Plata: Librería Editora Platense, 2016. t. I, p. 21; o próprio Giannini faz afirmação semelhante à p. 212 da mesma obra). O mesmo ocorre, aliás, com o dever de motivação das decisões judiciais. (TARUFFO, Michele. *A motivação da sentença civil*. Tradução de Daniel Mitidiero, Rafael Abreu e Vitor de Paula Ramos. São Paulo: Marcial Pons Brasil, 2015. p. 276; MOREIRA, José Carlos Barbosa. A motivação das decisões judiciais como garantia inerente ao estado de direito. *Revista Brasileira de Direito Processual*, v. 16, 4. trim., p. 114, 1978). Por outro lado, como já visto, é inegável que a instituição de filtros de relevância é um fenômeno mundial, inclusive em países filiados a tradições jurídicas distintas (GIANNINI, Leandro. *El certiorari*: la jurisdicción discrecional de las Cortes Supremas. La Plata: Librería Editora Platense, 2016. t. I, p. 211), o que, por si só, é indício da existência de algo que seja comum.

[273] Nesse sentido: "[E]xistem limites objetivos no que tange à proposta de um argumento válido, correto ou permitido em face às regras de fundamentação que condicionam o praticante do direito, nas formas de requisitos negativos de validade que, uma vez transgidos, contaminam com a pecha da arbitrariedade o argumento proposto". (SIQUEIRA, José Eduardo Paiva Miranda de. *A arbitrariedade na fundamentação das decisões do Supremo Tribunal Federal*. 2016. Dissertação (Mestrado) – Centro Universitário de Brasília, Brasília 2016. p. 115).

transcendência inerente e uma vocação amplificada para servir como precedentes, é preciso concentrar esses pronunciamentos nas hipóteses mais relevantes, vale dizer, nas decisões dos recursos admitidos depois de passar pelo filtro de relevância, analiticamente motivadas.

Feita essa observação inicial, é oportuno começar com aquele que talvez seja o mais conhecido de todos os filtros de relevância: o *writ of certiorari* da Suprema Corte dos EUA.

2.3.1 Suprema Corte dos Estados Unidos

A Constituição americana prevê que a competência recursal da Corte deve ser inteiramente disciplinada por lei.[274] A origem do filtro tal como existe hoje remonta a uma lei de 1925 (*Judges' Bill,* cujo nome decorre da iniciativa dos próprios juízes da Corte),[275] que transformou a competência discricionária do tribunal numa regra com pouquíssimas exceções.[276] O nome do instituto tem origem no *common law* inglês e refere-se à ordem que um tribunal superior emitia a um inferior para

---

[274] Constituição dos EUA, art. III, seção 2, item 2: "In all Cases affecting Ambassadors, other public Ministers and Consuls, and those in which a State shall be Party, the supreme Court shall have original Jurisdiction. In all the other Cases before mentioned, the supreme Court shall have appellate Jurisdiction, both as to Law and Fact, with such Exceptions, and under such Regulations as the Congress shall make". No entanto, a competência originária da Corte pode ser ou não exclusiva (há hipóteses de competência concorrente de outros órgãos), e também tem sido exercida de forma discricionária, tanto que raramente a Corte julga mais de um caso de competência originária por ano. (GIANNINI, Leandro. *El certiorari*: la jurisdicción discrecional de las Cortes Supremas. La Plata: Librería Editora Platense, 2016. t. I, p. 219-222).

[275] É interessante notar que, à época da sua edição, a *Judges' Bill* recebeu o apoio da *American Bar Association,* a Ordem dos Advogados local, apesar de privar os litigantes do "direito" a obter a revisão de um caso pela Suprema Corte. Isso porque a medida favoreceria a melhor administração da justiça, ao dotar de maior celeridade a resolução final dos pleitos. (GIANNINI, Leandro. *El certiorari*: la jurisdicción discrecional de las Cortes Supremas. La Plata: Librería Editora Platense, 2016. t. I, p. 251, nota 209). Para um relato crítico do processo legislativo referente à *Judges' Bill,* v. HARNETT, Edward. Questioning certiorari: some reflections seventy-five years after the Judges' Bill. *Columbia Law Review,* v. 100, n. 7, p. 1643-1738, nov. 2000.

[276] Tais exceções vieram a ser virtualmente eliminadas em 1988, e a competência recursal da Corte hoje é exercida, uma vez concedido o *certiorari,* contra decisões de tribunais estaduais de última instância que discutam a validade de tratados ou leis federais; ou a validade de leis estaduais impugnadas em face da Constituição, tratados ou leis federais; ou quando qualquer título, direito, privilégio ou imunidade seja invocado sob a Constituição, tratados, leis federais e suas delegações (28 U.S. Code §1.257). Cabe também recurso à Suprema Corte contra as decisões da Suprema Corte de Porto Rico, da Suprema Corte das Ilhas Virgens e do Tribunal de Apelações das Forças Armadas (28 U.S. Code §§1.258 a 1.260).

certificar e remeter-lhe os autos, a fim de que pudessem ser revisados.[277] Assim, o recorrente requer a concessão do *certiorari* (algo equivalente ao conhecimento do recurso), pedido que a Corte processa, em geral, como segue.

As petições de concessão de *certiorari* são primeiramente submetidas a uma análise técnico-formal pelo "Escrivão da Corte" (*Clerk of the Court*), que serve a todo o tribunal. A Corte não tem órgãos fracionários. Ouvida a outra parte e eventuais *amici curiae*, cópias das peças são distribuídas às assessorias dos nove juízes, que analisam se o caso é "digno de *certiorari*" (*certworthy*), por meio de um procedimento chamado *screening process*, cuja metodologia variou no tempo. Num primeiro momento, quando o volume era menor, cada assessoria fazia o seu próprio memorando, que era estudado pelos juízes antes da reunião em que se decidia se o *certiorari* deveria ou não ser concedido. Com o aumento do volume, isso ficou impraticável e foi necessário delegar tarefas à assessoria.

Os assessores (*law clerks*), em número máximo de quatro por juiz, são em geral jovens recém-formados, com notável histórico acadêmico e pouca experiência, que desempenham suas funções por até um ano. A partir da década de 1970, foi criada uma divisão para tratar dos pedidos de *certiorari*, o chamado *certiorari pool*, em que assessores dividem os casos entre si e elaboram memorandos (*pool memos*) que serão usados por todos os seus integrantes. Cada juiz é livre para aderir ou não ao *pool*, que conta, atualmente, com a adesão de ao menos seis dos nove *justices*.[278] Feito o estudo dos casos por cada gabinete, a partir dos *pool memos* ou não, passa-se à fase da deliberação, em reuniões semanais fechadas apenas entre os juízes (*conferences*), em que se decide para que casos o *certiorari* será concedido.

Os parâmetros gerais para a concessão do *certiorari* estão previstos na Regra 10 das *Rules of the Supreme Court*,[279] o Regimento

---

[277] Hoje não há necessariamente a emissão de uma ordem formal de requisição dos autos, pois o pedido pode ser decidido com base na documentação trazida à Suprema Corte pelas próprias partes.

[278] Segundo notícia de 1.5.2017, apenas os *Justices* Samuel Alito e Neil Gorsuch não participam atualmente do "*certiorari pool*". (Disponível em: https://www.nytimes.com/2017/05/01/us/politics/gorsuch-supreme-court-labor-pool-clerks.html?_r=0. Acesso em: 26 maio 2017). O *Justice* Brett Kavanaugh, empossado em 6.10.2018, aderiu ao *cert pool* (notícia disponível em: https://finance.yahoo.com/news/unlike-gorsuch-kavanaugh-jumps-scotus-060749971.html. Acesso em: 15 fev.2021). Não foram localizadas informações sobre a adesão ou não ao *cert pool* por parte da *Justice* Amy Coney Barrett, empossada em 27.10.2020.

[279] "*Rule 10. Considerations Governing Review on Certiorari.* Review on a writ of certiorari is not a matter of right, but of judicial discretion. A petition for a writ of certiorari will be

Interno da Corte. A norma deixa claro que, nessa matéria, não se está diante de uma questão de direito, mas de discricionariedade judicial. "[O]s parâmetros mencionados possuem uma nota genérica distintiva (acompanhada gramaticalmente por uma marcada adjetivação): sua excepcionalidade".[280] Acrescente-se ainda sua não exaustividade e indeterminação semântica. É o que se depreende quando se lê que a concessão do *certiorari* depende de "razões irrefutáveis" (*compelling reasons*), de que as questões federais envolvidas sejam "importantes", ou de que os precedentes supostamente violados da Corte sejam "relevantes". Há uma ênfase na função uniformizadora da Corte quando se prevê a concessão por divergência jurisprudencial, bem como se dispõe que o *certiorari* pode ser dado para rever decisões que podem ser chamadas de "extravagantes" ("so far departed from the accepted and usual course of judicial proceedings"), ou, em casos excepcionais, para rever decisões tidas como "aberrantes", por sérios erros de fato ou de direito ("[a] petition for a writ of certiorari is rarely granted when the asserted error consists of erroneous factual findings or the misapplication of a properly stated rule of law"). Igualmente rara é a concessão do *certiorari* antes da decisão final do tribunal de origem, o chamado *certiorari before judgment*, o que pressupõe haver uma "importância pública imperativa".[281] A Regra 14 disciplina como

---

granted only for compelling reasons. The following, although neither controlling nor fully measuring the Court's discretion, indicate the character of the reasons the Court considers: (a) a United States court of appeals has entered a decision in conflict with the decision of another United States court of appeals on the same important matter; has decided an important federal question in a way that conflicts with a decision by a state court of last resort; or has so far departed from the accepted and usual course of judicial proceedings, or sanctioned such a departure by a lower court, as to call for an exercise of this Court's supervisory power; (b) a state court of last resort has decided an important federal question in a way that conflicts with the decision of another state court of last resort or of a United States court of appeals; (c) a state court or a United States court of appeals has decided an important question of federal law that has not been, but should be, settled by this Court, or has decided an important federal question in a way that conflicts with relevant decisions of this Court. A petition for a writ of certiorari is rarely granted when the asserted error consists of erroneous factual findings or the misapplication of a properly stated rule of law".

[280] Sobre o tema, v.: GIANNINI, Leandro. *El certiorari*: la jurisdicción discrecional de las Cortes Supremas. La Plata: Librería Editora Platense, 2016. t. I, p. 256. Tradução livre do autor. No original: "[...] los estándares mencionados poseen una nota genérica distintiva (acompañada gramaticalmente por una marcada adjetivación): su excepcionalidad".

[281] *"Rule 11. Certiorari to a United States Court of Appeals Before Judgment. A petition for a writ of certiorari to review a case pending in a United States court of appeals, before judgment is entered in that court, will be granted only upon a showing that the case is of such imperative public importance as to justify deviation from normal appellate practice and to require immediate determination in this Court. See 28 U.S.C. §2101(e)".

deve ser formulada a petição de *certiorari*, contendo exigências formais marcadas pela preocupação com a objetividade do requerimento.

No início do funcionamento do mecanismo, o presidente da Corte (*chief justice*) elaborava uma lista com os casos para os quais propunha a não concessão do *certiorari*: era a chamada *"dead list"*. Com o tempo, isso se inverteu: o *chief justice* atualmente elabora uma lista para discussão (*discuss list*) apenas com os casos para os quais propõe a concessão do *certiorari*. Cada um dos demais juízes (*associate justices*) pode pedir a inclusão de outros casos na lista, para debate na reunião. *Os casos que não constam da lista são automaticamente rejeitados.*[282] Dos casos que constam da lista, somente serão admitidos aqueles em que pelo menos quatro juízes se manifestarem pela concessão do *certiorari* (*"rule of four"*). Há ainda um costume ou "regra de cortesia" segundo a qual, se apenas três juízes se manifestarem pela concessão, um dos outros *justices* reconsidera a sua posição original e se junta à minoria, para que sejam obtidos os quatro votos (*join-three vote*).[283] Há, portanto, um *quorum* qualificado para negar o *certiorari*: seis de nove juízes, ou dois terços. Como sugere William Rehnquist, que serviu por mais de 33 anos na Suprema Corte – de 1972 a 1986 como *Associate Justice*, e de 1986 até sua morte, em 2005, como *Chief Justice* –, tal *quorum* destina-se a compensar o alto grau de discricionariedade no exercício do *certiorari*.[284]

Há, portanto, duas formas básicas pelas quais se nega *certiorari* a um caso: a) pela sua simples não inclusão na *"discuss list"*, isto é, pela falta de iniciativa do *chief justice* ou de qualquer *associate justice* nesse sentido, o que significa que o caso não será sequer discutido na reunião

---

[282] REHNQUIST, William. *The Supreme Court*. Vintage Books: New York, 2007. *e-book*, p. 246.

[283] Há registro de que essa prática tem sido atenuada (GIANNINI, Leandro. *El certiorari*: la jurisdicción discrecional de las Cortes Supremas. La Plata: Librería Editora Platense, 2016. t. I, p. 245).

[284] "Embora nosso Tribunal normalmente funcione pela regra da maioria simples, como seria de se esperar, a concessão de certiorari tem exigido historicamente apenas os votos de quatro dos nove juízes. Em 1925, ano em que o Congresso concedeu à Suprema Corte um alto grau de discricionariedade para aceitar ou não casos para revisão, a praxe da Corte era conceder certiorari se quatro dos juízes desejassem ouvir o caso, e tal praxe continua até os dias atuais". (REHNQUIST, William. *The Supreme Court*. Vintage Books: New York, 2007. *e-book*, p. 244-246. Tradução livre do autor. No original: "Although our Court otherwise operates by majority rule, as would be expected, the granting of certiorari has historically required only the votes of four of the nine justices. In 1925, the year when Congress allowed the Supreme Court a great deal more discretion in the kinds of cases it would review, the practice of the Court was to grant certiorari if four out of the justices wished to hear the case, and that practice has continued to this day"). Nesse sentido: GIANNINI, Leandro. *El certiorari*: la jurisdicción discrecional de las Cortes Supremas. La Plata: Librería Editora Platense, 2016. t. I, p. 277, nota 243.

entre os juízes; e b) em caso de inclusão na lista, se não alcançados os quatro votos necessários para a concessão. Nos dois casos, não se produz uma decisão escrita: não há, portanto, nenhuma motivação formal para a decisão negativa de *certiorari* nos EUA.[285] Quando muito, há apenas um debate oral na reunião entre os *justices*, sem publicidade. A denegação do *certiorari* tem efeitos limitados ao caso concreto.[286] Nos casos em que o *certiorari* é concedido, as decisões em geral são fundamentadas,[287] e os precedentes vinculantes somente podem se

---

[285] Sublinhando o contraste entre a motivação no procedimento de seleção de casos e na decisão de mérito dos casos selecionados: CORDRAY, Margaret Meriwether; CORDRAY, Richard. The philosophy of certiorari: jurisprudential considerations in Supreme Court case selection. *Washington University Law Review*, v. 82, p. 405-406, 2004.

[286] Nesse sentido: *"não há qualquer consequência negativa para o tema jurídico referente ao processo em que não se concedeu o certiorari*, seja quanto à admissibilidade de um caso análogo no futuro, seja quanto ao mérito da matéria; assim, no futuro, o tema pode retornar em outro processo, ser admitido no crivo do certiorari e julgado pela Corte". (CALDEIRA, Marcus Flávio Horta. *O desenvolvimento dos modelos americano, alemão e brasileiro de controle de constitucionalidade e a "objetivação" processual*: com destaque para o Writ of certiorari norte-americano, a Verfassungsbeschwerde alemã e a "objetivação" do recurso extraordinário brasileiro. 2014. Dissertação (Mestrado) – IDP, Brasília, 2014. p. 133). "Essa é certamente a mais significativa diferença entre a repercussão geral e o *writ of certiorari*, no qual o instituto brasileiro foi inspirado: enquanto no *certiorari* uma questão não apreciada pode ser encaminhada diversas vezes à Suprema Corte, que, em algum momento, pode rever seu posicionamento e conhecer da matéria, em virtude de eventuais alterações políticas e sociais, a repercussão geral impede que uma matéria anteriormente não conhecida seja novamente levada ao conhecimento da Corte, ainda que haja uma alteração em sua composição, ou uma alteração social, política ou econômica, por aplicação do art. 557, §1º-A, da Lei nº 5.869/1973 no primeiro juízo de admissibilidade". (LIMA, Flávia Danielle Santiago; ANDRADE, Louise Dantas de; OLIVEIRA, Tassiana Moura de. As (in)alterações do novo Código de Processo Civil na repercussão geral: apontamentos sobre a atuação do STF. *Revista CEJ*, ano XIX, n. 67, p. 81, set./dez. 2015). "Também não há efeitos de precedente vinculante para a não concessão do *certiorari*, em determinada matéria. Apenas apreciação pontual da Corte sobre um determinado caso". (GIACOMET, Daniela Allam e. *Filtros de acesso a Cortes constitucionais*. Brasília: Gazeta Jurídica, 2017. p. 32).

[287] "Embora os Estados Unidos sejam um dos poucos países ocidentais onde a motivação das decisões judiciais não é obrigatória, em geral são motivadas as da Suprema Corte (salvo as que rejeitam a *petition*), mas a prática revela exceções: às vezes, a Corte anuncia uma decisão *per curiam* – isto é, sem indicação do redator –, desprovida de motivação". (MOREIRA, José Carlos Barbosa. A Suprema Corte norte-americana: um modelo para o mundo? In: *Temas de direito processual*: oitava série. São Paulo: Saraiva, 2004. p. 245). É a prática das *"summary dispositions"* (v. *Rule* 16), em que, num mesmo ato, o *certiorari* é concedido e o caso resolvido por uma decisão *per curiam*, confirmando ou deixando sem efeito a decisão atacada, caso em que será necessária nova decisão da instância inferior. Tal procedimento é criticado por seu efeito surpresa (já que não há sustentação oral nem argumentação de mérito pelas partes, e sim apenas de *certiorari*), mas usada na prática, especialmente em casos nos quais a Corte considera ter havido um erro tão evidente que seria perda de tempo abrir todo o procedimento formal. Nesse sentido: GIANNINI, Leandro. *El certiorari*: la jurisdicción discrecional de las Cortes Supremas. La Plata: Librería Editora Platense, 2016. t. I, p. 278-279 e nota 249.

formar quando há acordo não apenas sobre o resultado, mas sobre as *razões* que lhes dão suporte, o que estimula a busca pelo consenso.[288] Apenas as decisões dos casos que sobrevivem ao filtro do *certiorari* têm "objetivação". Afirma Caldeira:

> [...] com o filtro do *certiorari*, há, inicialmente, uma filtragem rigorosa dos temas (objetos) que lhe pareçam mais relevantes. Depois, há o julgamento dos processos selecionados, muitas vezes, sem levar em conta os efeitos práticos para o caso concreto que ensejou a discussão ou suas características específicas. O que se busca decidir é, em verdade, o tema que pareceu ao Tribunal realmente relevante para a sociedade norte-americana e que terá repercussão para todos.[289]

O *certiorari* também pode ser concedido apenas parcialmente, de modo que apenas algumas das discussões travadas pelas partes serão resolvidas pela Corte (*limited grant of certiorari*). Além disso, a decisão que concede o *certiorari* pode ser revista a qualquer momento, a partir da prática conhecida pelo acrônimo DIG (*dismissing certiorari as improvidently granted*, ou *digging*), por errônea avaliação da importância da causa, dados supervenientes etc., o que ocorre em média três vezes por ano, de forma imotivada, embora possa haver uma explicação sumária para esse tipo de reconsideração.[290]

É bastante conhecido o resultado estatístico do modo pelo qual a Corte exerce sua competência para "decidir que casos decidir": tem-se concedido *certiorari* a apenas cerca de 1% dos casos. De 2004 a 2013, na média, houve uma apresentação de 7.934 casos por ano, dos quais 82 foram admitidos,[291] de modo a seguir-se o rito até a decisão de mérito, com a apresentação de sustentações orais. A ordem de grandeza de tais números, com o mesmo baixo índice de concessão do *certiorari*, se mantém até hoje.[292] Isso tem levado o Tribunal a sofrer críticas. Termina

---

[288] GIANNINI, Leandro. *El certiorari*: la jurisdicción discrecional de las Cortes Supremas. La Plata: Librería Editora Platense, 2016. t. I, p. 192-193, nota 142, e p. 239-240.

[289] CALDEIRA, Marcus Flávio Horta. *O desenvolvimento dos modelos americano, alemão e brasileiro de controle de constitucionalidade e a "objetivação" processual*: com destaque para o Writ of certiorari norte-americano, a Verfassungsbeschwerde alemã e a "objetivação" do recurso extraordinário brasileiro. 2014. Dissertação (Mestrado) – IDP, Brasília, 2014. p. 131.

[290] GIANNINI, Leandro. *El certiorari*: la jurisdicción discrecional de las Cortes Supremas. La Plata: Librería Editora Platense, 2016. t. I, p. 279-280.

[291] GIANNINI, Leandro. *El certiorari*: la jurisdicción discrecional de las Cortes Supremas. La Plata: Librería Editora Platense, 2016. t. I, p. 192-193, nota 142, e p. 243.

[292] V. relatórios anuais da Suprema Corte, de 2000 a 2020, disponíveis em: https://www.supremecourt.gov/publicinfo/year-end/year-endreports.aspx. Há também uma tabela

a Corte sendo qualificada como "elitista", "olímpica" ou "imperial", por abrir mão, na prática, de desempenhar o papel uniformizador da jurisprudência e de guiar o desenvolvimento do direito, e restringir-se a ser um árbitro de questões políticas de alto impacto nacional.[293] A dinâmica das decisões sobre o *certiorari* também tem sido alvo de estudos empíricos, que revelam a influência de fatores estratégicos alheios à estrita relevância das controvérsias, e de variáveis não previstas na Regra 10, embora esta não seja exaustiva.[294]

Apesar do seu enorme prestígio, a Suprema Corte americana realmente não é, em tudo, um modelo para o mundo.[295] Algumas de

---

com dados estatísticos de 2015 a 2019 da Corte disponível em: https://www.uscourts.gov/sites/default/files/data_tables/supcourt_a1_0930.2020.pdf. Ambos foram acessados em: 15 fev. 2021.

[293] GIANNINI, Leandro. *El certiorari*: la jurisdicción discrecional de las Cortes Supremas. La Plata: Librería Editora Platense, 2016. t. I, p. 246.

[294] Por interessante que seja o tema, ele desborda dos limites deste trabalho. No entanto, para dar uma rápida ideia do que se trata, é útil o apanhado a seguir (com base em GIANNINI, Leandro. *El certiorari*: la jurisdicción discrecional de las Cortes Supremas. La Plata: Librería Editora Platense, 2016. t. I, p. 259-265), sobre variáveis que têm sido identificadas na prática como relevantes para a concessão ou não do *certiorari*: a) a prática do *"defensive denial"*, segundo a qual um *justice* não concede *certiorari* em casos nos quais provavelmente ficará vencido no mérito (o que é semelhante à prática parlamentar de esvaziar *quorum*), revelando considerações puramente estratégicas e alheias à relevância do tema, e que encontra o seu exato oposto na prática do *"aggresive grant"*; b) grau de maturidade do assunto na opinião pública, na experiência forense ou na cultura política média, funcionando o *certiorari* como um instrumento de autocontenção ou silêncio estratégico, um dos mais refinados mecanismos políticos dos tribunais superiores; c) dinâmica política e adaptação da cosmovisão dos juízes da Corte às mutações ideológico-políticas dos outros Poderes, por não convir sustentar uma interpretação que não encontra eco na sociedade contemporânea; d) conflito institucional entre a Suprema Corte e certos tribunais inferiores, o que explica altas taxas de concessão de *certiorari* em casos oriundos de alguns tribunais; e) a circunstância de a decisão recorrida ter sido proferida em plenário do tribunal *a quo* ou não; e f) a elaboração do requerimento de *certiorari* por um advogado experiente na Suprema Corte, pelo advogado-geral da União (*solicitor general*) ou por grupos de interesse agindo como *amici curiae*: quanto maior a pressão, maior a percepção de repercussão do caso, o que aumenta as possibilidades de admissão. Sobre o tema, cf. ainda DANTAS, Bruno. *Repercussão geral*. 3. ed. São Paulo: Revista dos Tribunais, 2012. p. 108-111; PINTO, José Guilherme Berman C. O writ de certiorari. *Revista Jurídica da Presidência da República*, v. 9, n. 86, p. 87-103, ago./set. 2007; CORDRAY, Margaret Meriwether; CORDRAY, Richard. The philosophy of certiorari: jurisprudential considerations in Supreme Court case selection. *Washington University Law Review*, v. 82, p. 389-452, 2004. Um estudo observou que a denegação do *certiorari* na área do direito penal é uma estratégia da Corte para manter sua autoridade e evitar proferir decisões favoráveis aos réus por motivos técnicos, que seriam tidas por impopulares (HANUS, Jerome J. Denial of certiorari and Supreme Court policy-making. *The American University Law Review*, v. 17, p. 41-53, 1967).

[295] MOREIRA, José Carlos Barbosa. A Suprema Corte norte-americana: um modelo para o mundo? *In: Temas de direito processual*: oitava série. São Paulo: Saraiva, 2004. p. 251.

suas práticas seriam consideradas inaceitáveis em outras partes. E, de fato, o dever de motivação não é difundido em todo o Judiciário estadunidense.[296] Mas, mesmo em países filiados a tradições jurídicas distintas, também se verifica a atenuação da motivação nas decisões negativas dos filtros de relevância das Cortes Supremas. Considerem-se, agora, alguns casos da Europa – onde o dever de motivação é previsto em norma internacional –,[297] começando pelo Tribunal Constitucional Federal alemão[298] (*Bundesverfassungsgericht*, ou BVerfGE), que também é referência mundial.

2.3.2 Tribunal Constitucional Federal da Alemanha

As competências do BVerfGE estão previstas no art. 93 da Lei Fundamental alemã[299] e referem-se basicamente à resolução de

---

[296] TARUFFO, Michele. *A motivação da sentença civil*. Tradução de Daniel Mitidiero, Rafael Abreu e Vitor de Paula Ramos. São Paulo: Marcial Pons Brasil, 2015. p. 23.

[297] O dever de motivação é tido como corolário do art. 6º, 1, da Convenção Europeia de Direitos Humanos, com o seguinte teor: *"Artigo 6º Direito a um processo equitativo 1.* Qualquer pessoa tem direito a que a sua causa seja examinada, equitativa e publicamente, num prazo razoável por um tribunal independente e imparcial, estabelecido pela lei, o qual decidirá, quer sobre a determinação dos seus direitos e obrigações de carácter civil, quer sobre o fundamento de qualquer acusação em matéria penal dirigida contra ela. O julgamento deve ser público, mas o acesso à sala de audiências pode ser proibido à imprensa ou ao público durante a totalidade ou parte do processo, quando a bem da moralidade, da ordem pública ou da segurança nacional numa sociedade democrática, quando os interesses de menores ou a protecção da vida privada das partes no processo o exigirem, ou, na medida julgada estritamente necessária pelo tribunal, quando, em circunstâncias especiais, a publicidade pudesse ser prejudicial para os interesses da justiça".

[298] Não se analisará aqui o filtro de relevância do *Bundesgerichtshof* – BGH, a Corte Federal de Justiça alemã, equiparável ao STJ brasileiro. Embora tal Corte esteja presente em muitas obras que tratam dos filtros de relevância, já que o recurso de revisão (*"Revision"*) pressupõe a existência de "significação fundamental" (*"grundsätzliche Bedeutung"*), ou a necessidade de desenvolver o direito ou de assegurar a aplicação uniforme da lei (ZPO, §543, (2)), há uma diferença importante: caso, ao realizar o primeiro juízo de admissibilidade, o tribunal inferior entenda presente o requisito, tal juízo vincula o BGH, que não poderá inadmitir o recurso (ZPO, §543, (2), 2, *in fine*). Sobre o tema, cf. GIANNINI, Leandro. *El certiorari*: la jurisdicción discrecional de las Cortes Supremas. La Plata: Librería Editora Platense, 2016. t. I, p. 323-330; CABRAL, Antonio do Passo. Requisitos de relevância no sistema recursal alemão. *In*: FUX, Luiz; FREIRE, Alexandre; DANTAS, Bruno (Coords.). *Repercussão geral da questão constitucional*. Rio de Janeiro: Forense, 2014. p. 71-85.

[299] Este autor não domina o idioma alemão e por isso se valeu de uma tradução oficial da Lei Fundamental feita pelo Parlamento (*Bundestag*) para o inglês (disponível em: https://www.btg-bestellservice.de/pdf/80201000.pdf. Acesso em: 27 maio 2017). O trecho acerca da queixa constitucional, ou, em inglês, "constitutional complaint", é o seguinte: *"Article 93. Jurisdiction of the Federal Constitutional Court.* (1) The Federal Constitutional Court shall rule: [...] 4a. on constitutional complaints, which may be filed by any person alleging that one of his basic rights or one of his rights under paragraph (4) of Article 20 or under

conflitos entre entes federativos e ao controle concentrado de constitucionalidade. A "'rainha' das vias de acesso"[300] à Corte é o "recurso de amparo", também conhecido como queixa ou reclamação constitucional (*Verfassungsbeschwerde*), um mecanismo ora semelhante a um sucedâneo recursal, ora a um mandado de segurança *per saltum*,[301] ajuizável por qualquer pessoa sob a alegação de violação a direitos fundamentais. Tal queixa responde atualmente por cerca de 6.000 casos por ano, ou, historicamente, por cerca de 96% do volume de trabalho da Corte.[302]

O instituto é regulado pela Lei do Tribunal Constitucional Federal (*Bundesverfassungsgerichtsgesetz*–BVerfGG), cujo §93a exige, como condição de admissibilidade, a existência de "significação constitucional fundamental" ("*grundsätzliche verfassungsrechtliche Bedeutung*") e a adequação do instrumento para proteger direitos fundamentais, requisito que se considera atendido caso o requerente demonstre estar sujeito a um prejuízo grave na hipótese de sua inadmissão.[303] Como regra geral, o ajuizamento de uma queixa constitucional pressupõe o esgotamento de todas as outras instâncias, mas é possível excepcionar essa regra se a hipótese for de "significação geral" ("*allgemeine*

Article 33, 38, 101, 103 or 104 has been infringed by public authority; 4b. on constitutional complaints filed by municipalities or associations of municipalities on the ground that their right to self-government under Article 28 has been in-fringed by a law; in the case of infringement by a Land law, however, only if the law cannot be challenged in the constitutional court of the Land; 4c. on constitutional complaints filed by associations concerning their non-recognition as political parties for an election to the Bundestag".

[300] HÄBERLE, Peter. O recurso de amparo no sistema germânico de justiça constitucional. *Revista Direito Público*, n. 2, p. 109, out./dez. 2003. Disponível em: http://dspace.idp.edu. br:8080/xmlui/bitstream/handle/123456789/452/Direito%20Publico%20n22003_Peter%20 Haberle.pdf?sequence=1&isAllowed=y. Acesso em: 22 jun. 2017.

[301] CABRAL, Antonio do Passo. Requisitos de relevância no sistema recursal alemão. *In*: FUX, Luiz; FREIRE, Alexandre; DANTAS, Bruno (Coords.). *Repercussão geral da questão constitucional*. Rio de Janeiro: Forense, 2014. p. 74.

[302] O número abrange o período de 7.9.1951 (início do funcionamento da Corte) a 31.12.2020, em que, segundo relatório oficial disponível em inglês, houve 249.023 procedimentos, dos quais 240.251 (96,47%) foram queixas constitucionais. (ALEMANHA. Bundesverfassungsgericht. *2020 Report*. 2021, p. 56-57. Disponível em: https://jahresbericht. bundesverfassungsgericht.de/en/. Acesso em: 25 nov. 2021).

[303] Por não dominar o alemão, este autor valeu-se de uma tradução oficial da BVerfGG para o inglês, feita pelo próprio Tribunal Federal Constitucional e disponível em: http:// www.bundesverfassungsgericht.de/SharedDocs/Downloads/EN/Gesetze/BVerfGG. pdf?__blob=publicationFile&v=1. Acesso em: 15 fev. 2021. O texto é o seguinte: "§93a (1) A constitutional complaint shall be subject to admission for decision. (2) It shall be admitted a) in so far as it has general constitutional significance, b) if it is appropriate in order to enforce the rights referred to in §90(1); this may also be the case if the complainant would suffer a particularly severe disadvantage if the Court refused to decide on the complaint".

Bedeutung") e se esse prévio esgotamento ocasionar grave prejuízo ao requerente (BVerfGG, §90, (2)).[304]

O BVerfGE é dividido em dois Senados, com oito juízes cada, os quais podem constituir um número variável de Câmaras, com três membros cada (BVerfGG, §§2 e 15a).[305] E aqui está o ponto crucial: *a competência para o juízo de admissibilidade, o quorum necessário para a decisão e sua motivação variam segundo o resultado, vale dizer, conforme a decisão seja negativa ou positiva. As decisões negativas competem* às Câmaras *e são tomadas de forma unânime e imotivada* (BVerfGG, §93d, (1)). Decisões desse tipo responderam por cerca de 95% das inadmissões em 2020.[306] Quanto às decisões positivas, é preciso diferenciar duas hipóteses: a) quando se considera que a matéria tem significação constitucional fundamental, mas ainda não foi decidida pela Corte, a *admissão* compete ao Senado (BVerfGG, §93b); ou b) quando a matéria já foi decidida pela Corte em sentido vantajoso ao requerente, a *admissão* e a decisão favorável de mérito competem à Câmara, caso em que sua decisão tem o mesmo valor de uma do Senado (BVerfGG, §93c).[307] Em todos os casos,

---

[304] "BVerfGG, §90, (2) If legal recourse to other courts exists, the constitutional complaint may only be lodged after all remedies have been exhausted. However, the Federal Constitutional Court may decide on a constitutional complaint that was lodged before all remedies were exhausted if the complaint is of general relevance or if prior recourse to other courts were to the complainant's severe and unavoidable disadvantage".

[305] "BVerfGG, §2º (1) The Federal Constitutional Court shall consist of two Senates. (2) Eight Justices shall be elected to each Senate. (3) Three Justices of each Senate shall be elected from among the judges of the supreme federal courts. As a general rule, only judges who have served at least three years with one of the supreme federal courts shall be elected. [...] §15a. (1) The Senates shall appoint several Chambers for the duration of one judicial year. Each Chamber shall consist of three Justices. The composition of a Chamber should not remain unchanged for more than three years. (2) Before the start of each judicial year, the Senate shall, for the duration of that year, decide the allocation of proceedings pursuant to §80 and of constitutional complaints pursuant to §§90 and 91 among the reporting Justices, the number and composition of the Chambers, as well as their substitute members".

[306] Segundo relatório oficial do BVerfGE, das 4.983 decisões de inadmissão em 2020, 4.018 (80,63%) foram imotivadas e 714 (14,33%) tiveram uma motivação de "meia frase" (*half a sentence*), tão sucinta que é inserida diretamente no dispositivo da decisão (*operative part*), e não numa fundamentação à parte. Apenas 251 decisões de inadmissão (5,04%) foram motivadas (ALEMANHA. Bundesverfassungsgericht. *2020 Report*. 2021, p. 48. Disponível em: https://jahresbericht.bundesverfassungsgericht.de/en/. Acesso em: 25 nov. 2021.

[307] Apesar de não obrigadas a motivar em alguns casos, as Câmaras podem oferecer decisões motivadas: "A chamber is not required to file a formal opinion justifying its refusal to accept a complaint for a decision on the merits. As a matter of practice, however, whether deciding a complaint on the merits or on the question of admissibility (Zulässigkeit), a chamber often accompanies its decision with an opinion that can be as short as one page and as long as several pages". (KOMMERS, Donald P.; MILLER, Russel A. *The constitutional jurisprudence of the Federal Republic of Germany*. 3. ed. Durham: Duke University Press, 2012. p. 20).

a decisão sobre a admissibilidade é tomada sem que haja sustentação oral e de forma irrecorrível (BVerfGG, §93d). As decisões da Câmara devem ser unânimes; já as decisões do Senado pela admissão devem ser tomadas por pelo menos três de seus oito juízes (BVerfGG, §93d, (3)).[308] Enquanto uma decisão do Senado estiver pendente, compete à Câmara tomar decisões interlocutórias (BVerfGG, §93d, (2)).

Assim, uma queixa constitucional pode ser inadmitida por uma Câmara, desde que haja a unanimidade dos seus três juízes, caso em que a decisão negativa é imotivada. Isso ocorre com cerca de 99% dos casos. Mais precisamente, a taxa histórica de sucesso do instrumento é de apenas 2,3%.[309] Isso, porém, não tem comprometido o êxito do instituto para proteger os direitos fundamentais: ao contrário, seu sucesso está exatamente em permitir que a Corte decida poucos casos considerados importantes, com qualidade suficiente para orientar toda a sociedade ao cumprimento da Constituição.[310] Não obtida a unanimidade, a queixa

---

[308] "BVerfGG, §93b. The Chamber may refuse to admit a constitutional complaint or may admit it for decision in the case referred to in §93c. In all other cases, the decision on admission shall be taken by the Senate. §93c. (1) If the requirements of §93a(2) letter b are met, and if the constitutional issue determining the outcome of the constitutional complaint has already been decided by the Federal Constitutional Court, the Chamber may grant the constitutional complaint if it is manifestly well-founded. The order of the Chamber shall be considered equal to a decision by the Senate. A decision that, with the effect of §31(2), declares a law to be incompatible with the Basic Law or other federal law or to be void shall be reserved to the Senate. (2) §94(2) and (3) and §95(1) and (2) shall apply to the proceedings. §93d (1) Decisions pursuant to §93b and §93c shall be issued without an oral hearing. They cannot be appealed. Refusal to admit the constitutional complaint for decision does not require reasons to be given. (2) As long and in so far as the Senate has not decided whether to admit the constitutional complaint for decision, the Chamber may issue all decisions concerning the constitutional complaint proceedings. Preliminary injunctions which suspend the application of a law in full or in part may only be issued by the Senate; §32(7) shall remain unaffected. The Senate shall also decide in the cases referred to in §32(3). (3) Decisions of the Chamber shall be adopted by unanimous vote. Admission by the Senate is granted if at least three Justices agree".

[309] O índice se refere ao período de 1951 a 2019 (ALEMANHA. Bundesverfassungsgericht. *Anual Statistics 2019*. p. 1. Disponível em: https://www.bundesverfassungsgericht.de/ SharedDocs/Downloads/EN/Statistik/statistics_2019.pdf?__blob=publicationFile&v=3. Acesso em: 15 fev. 2021). De 2011 a 2020, a taxa média de sucesso foi ainda menor: 1,88% (ALEMANHA. Bundesverfassungsgericht. *2020 Report*. 2021, p. 47. Disponível em: https:// jahresbericht.bundesverfassungsgericht.de/en/. Acesso em: 25 nov. 2021.

[310] "Esta reduzida 'quota de êxito' não altera a história exemplar do sucesso do recurso de amparo como instituto. Pelo contrário, transforma o Estado constitucional da Constituição (GG) num 'Estado dos direitos fundamentais' e a sua sociedade numa 'sociedade dos direitos fundamentais' na medida em que questões fundamentais têm sido frequentemente decididas em grandes sentenças ditadas pela via do art. 93.1.4.a da Constituição (GG) e em que o recurso de amparo se tem fixado na consciência dos cidadãos". (HÄBERLE, Peter. O recurso de amparo no sistema germânico de justiça constitucional. *Revista Direito Público*, n. 2, p. 109-110, out./dez. 2003. Disponível em: http://dspace.idp.edu.br:8080/

é remetida ao Senado para decisão sobre a admissão, hipótese em que uma decisão negativa apenas poderá ocorrer se ao menos seis dos seus oito juízes votarem nesse sentido. Também há, portanto, um *quorum* qualificado para a inadmissão, a depender do órgão: unanimidade da Câmara ou três quartos do Senado. Havendo pelo menos três votos no Senado pela admissão, profere-se uma decisão positiva e segue-se uma análise de mérito necessariamente motivada, não apenas pela interpretação *a contrario sensu* do §93d, (1), da BVerfGG, mas também porque a decisão de mérito que julgar a queixa procedente deve indicar o preceito constitucional violado e o ato ou omissão responsável pela violação (BVerfGG, §95).[311]

Nesse particular, portanto, o BVerfGE observa um padrão semelhante ao da Suprema Corte americana:[312] decisões negativas são imotivadas, mas exigem um *quorum* qualificado. Enquanto as decisões dos casos que passam pelo filtro de admissibilidade têm efeito *erga omnes* (BVerfGG, §31, (1)),[313] as decisões de inadmissibilidade, exatamente por serem imotivadas, não produzem qualquer efeito para além dos autos, ou seja:

---

xmlui/bitstream/handle/123456789/452/Direito%20Publico%20n22003_Peter%20Haberle.pdf?sequence=1&isAllowed=y. Acesso em: 22 jun. 2017).

[311] "BVerfGG, §95. (1) If the Court grants a constitutional complaint, it shall declare in its decision which provision of the Basic Law was violated and by which act or omission. The Federal Constitutional Court may at the same time declare that any repetition of the contested act or omission would also violate the Basic Law. (2) If the Court grants a constitutional complaint which challenges a decision, the Federal Constitutional Court shall reverse the decision; in the cases referred to in §90(2) first sentence it shall remand the matter to a competent court. (3) If the Court grants a constitutional complaint which challenges a law, that law shall be voided. The same shall apply if a constitutional complaint is granted pursuant to subsection 2 because the reversed decision was based on an unconstitutional law. §79 shall apply accordingly".

[312] No sentido do texto: CALDEIRA, Marcus Flávio Horta. *O desenvolvimento dos modelos americano, alemão e brasileiro de controle de constitucionalidade e a "objetivação" processual*: com destaque para o Writ of certiorari norte-americano, a Verfassungsbeschwerde alemã e a "objetivação" do recurso extraordinário brasileiro. 2014. Dissertação (Mestrado) – IDP, Brasília, 2014. p. 241. Em sentido contrário, negando tal aproximação e defendendo a inexistência de discricionariedade por parte do BVerfGE, cf. HÄBERLE, Peter. O recurso de amparo no sistema germânico de justiça constitucional. *Revista Direito Público*, n. 2, p. 121 e 132, out./dez. 2003. Disponível em: http://dspace.idp.edu.br:8080/xmlui/bitstream/handle/123456789/452/Direito%20Publico%20n22003_Peter%20Haberle.pdf?sequence=1&isAllowed=y. Acesso em: 22 jun. 2017.

[313] "BVerfGG, §31, (1) The decisions of the Federal Constitutional Court shall be binding upon the constitutional organs of the Federation and of the *Laender*, as well as on all courts and those with public authority".

não impedem que os temas neles versados não possam vir a ser analisados pelo Tribunal em um momento posterior, talvez em outros processos melhor aparelhados, ou em outra época em que a questão esteja melhor amadurecida por parte da Corte.[314]

Embora a motivação das sentenças seja imposta pelo Código de Processo Civil alemão (ZPO, §313 (1), 6, e (3)),[315] na avaliação da "significação constitucional fundamental", a motivação é reservada às hipóteses que passam pelo filtro, em razão da sua relevância. Por isso, não são inteiramente exatas algumas comparações das decisões de tais Cortes com a atual prática do STF, como a seguinte:

> No direito brasileiro, a adoção da aferição de repercussão geral da controvérsia constitucional discutida no recurso extraordinário e a conseguinte eficácia vinculante da decisão a respeito da sua existência *ou inexistência* contribuem decisivamente para concretização do direito fundamental ao processo com duração razoável. A vinculação dá-se, tal como no direito estadunidense, tanto horizontal quanto verticalmente. Ocorre, ainda, à *semelhança do direito germânico, pela fundamentação despendida pelo Supremo na análise da controvérsia constitucional.*[316]

Embora essa afirmação seja verdadeira para as decisões positivas, isto é, aquelas proferidas depois da superação dos filtros de relevância (*certiorari* nos EUA e "significação constitucional fundamental" na

---

[314] CALDEIRA, Marcus Flávio Horta. *O desenvolvimento dos modelos americano, alemão e brasileiro de controle de constitucionalidade e a "objetivação" processual*: com destaque para o Writ of certiorari norte-americano, a Verfassungsbeschwerde alemã e a "objetivação" do recurso extraordinário brasileiro. 2014. Dissertação (Mestrado) – IDP, Brasília, 2014. p. 236.

[315] Por não dominar o alemão, este autor valeu-se de uma tradução do Código de Processo Civil (*Zivilprozessordnung*, ou ZPO) com o timbre do Ministério Federal da Justiça e Proteção ao Consumidor da Alemanha, e disponível em: https://www.gesetze-im-internet. de/englisch_zpo/englisch_zpo.html. Acesso em: 28 maio 2017. O texto é o seguinte: "ZPO, Section 313. Form and content of the judgment. (1) The judgment shall set out: 1. The designation of the parties, their legal representatives, and the attorneys of record; 2. The designation of the court and the names of the judges contributing to the decision; 3. The date on which the court proceedings were declared terminated; 4. The operative provisions of a judgment; 5. The merits of the case; 6. The reasons on which a ruling is based. (2) The section addressing the facts and the merits of the case is to summarise, in brief and based on the essential content, the claims asserted and the means of challenge or defence brought before the court, highlighting the petitions filed. The details of the circumstances and facts as well as the status of the dispute thus far are to be included by reference being made to the written pleadings, the records of the hearings, and other documents. (3) The reasoning for the judgment shall contain a brief summary of the considerations of the facts and circumstances of the case and the legal aspects on which the decision is based".

[316] MARINONI, Luiz Guilherme; MITIDIERO, Daniel. *Repercussão geral no recurso extraordinário*. 3. ed. São Paulo: Revista dos Tribunais, 2012. p. 32-33 (destaques acrescentados).

Alemanha), não há que se falar em eficácia vinculante das decisões *negativas*, que, como visto, não são sequer motivadas naqueles países. Assim, descabe invocar tais experiências estrangeiras para justificar a eficácia vinculante de decisões negativas dos filtros de relevância, que lá costumam ter efeitos limitados ao caso concreto.

2.3.3 Corte de cassação da França

Algo parecido ocorre com o filtro de relevância da Corte de cassação francesa.[317] A *Cour de cassation* é o órgão incumbido da uniformização da jurisprudência cível e criminal, ressalvada a matéria constitucional, que compete ao Conselho Constitucional, e a jurisdição administrativa do Conselho de Estado. Assim dispõe o art. L411-1 do Código de Organização Judiciária da França: "Há, para toda a República, uma Corte de cassação".[318] Como ocorreu em muitos lugares, a Corte de cassação francesa viu-se premida pelo volume de casos no decorrer dos anos e testou algumas soluções que se viram frustradas.[319]

A Corte também experimentou, ao longo da história, um aumento progressivo na sua composição, insuficiente, todavia, para atenuar sua carga de trabalho.[320] Hoje dividida em seis câmaras – três

---

[317] Não se tratará aqui do Conselho Constitucional francês. Isso porque, nos termos da Constituição francesa, compete ao Conselho Constitucional supervisionar as eleições presidenciais (art. 58), julgar os membros da Assembleia Nacional e os Senadores (art. 59), supervisionar referendos (art. 60), realizar um controle preventivo e abstrato de constitucionalidade de leis (art. 61) e um controle de constitucionalidade repressivo pelo rito da "*question prioritaire de constitutionnalité*" (QPC). Embora a QPC deva ser dotada de *seriedade* ("*caractère serieux*", na dicção do art. 1º da Lei Orgânica nº 2009-1523), o que pode ser analisado pelo próprio Conselho, a questão lhe é submetida não diretamente pelas partes de um processo, mas pelo juiz da causa, que a encaminha ao Conselho de Estado ou à Corte de Cassação (art. 61-1), que, por sua vez, remetem ou não a QPC ao Conselho Constitucional por decisão irrecorrível, o que já constitui, por si, uma forte barreira de acesso. Sobre o tema: GIACOMET, Daniela Allam e. *Filtros de acesso a Cortes constitucionais*. Brasília: Gazeta Jurídica, 2017. p. 33-56; OLIVEIRA, Phelippe Toledo Pires de; AMARAL JÚNIOR, José Levi Mello do. A questão prioritária de constitucionalidade francesa em matéria tributária. *Revista Jurídica da Presidência da República*, v. 18, n. 116, p. 666-691, out. 2016/jan. 2017.

[318] No original: "Il y a, pour toute la République, une Cour de cassation".

[319] Uma delas foi a chamada *Chambre des requêtes*, órgão destinado a excluir os recursos "vexatórios e mal fundamentados". Mas sua atuação era criticada em razão da demora e também porque veio a formar uma jurisprudência própria da fase de admissibilidade, que muitas vezes contrastava com a dos órgãos incumbidos de decidir o mérito. Assim, o órgão passou a ser visto apenas como um fator de atraso dos julgamentos, sendo extinto em 1947. (GIANNINI, Leandro. *El certiorari*: la jurisdicción discrecional de las Cortes Supremas. La Plata: Librería Editora Platense, 2016. t. I, p. 440-441).

[320] Guy Canivet narra que, em 1791, o primeiro ano de funcionamento da Corte, houve 557 recursos, enquanto que, em 2001, chegou-se ao recorde de 32.500. No período, a

cíveis, uma comercial, uma social e uma penal – e composta por 224 juízes (*magistrats du siège*) e 56 membros do *Parquet* (*magistrats du parquet général*),[321] ela somente pode ser acionada por pouco mais de 100 profissionais.[322] Sua principal via de acesso é o *pourvoi en cassation*, um recurso exclusivamente de direito contra decisões de última instância, no qual a Corte não opera como um tribunal de terceiro grau:[323] na maior parte das hipóteses de provimento, devolve-se o caso para nova decisão do órgão inferior. É o sistema "puro" ou "negativo" de cassação, apenas não adotado quando não haja outra solução possível a ser dada pelo órgão *a quo*, ou quando o enquadramento fático permita aplicar a regra de direito adequada: nesses casos, excepcionalmente – de 1% a 2% do total de pronunciamentos –, a Corte resolve o mérito sem reenviar o caso ao tribunal *a quo*.[324]

A Corte utiliza o *pourvoi en cassation* para duas finalidades básicas:[325] uma dita normativa, pela qual o tribunal uniformiza a interpretação do direito, o que inclui um controle de correção *material* da motivação das decisões recorridas (*manque de base légale*); e outra

---

Corte passou de uma composição de três Câmaras, com menos de 50 conselheiros, para uma formação de seis Câmaras, totalizando cerca de 200. (CANIVET, Guy. *Vision prospective de la Cour de cassation*. 2006. Disponível em: https://www.asmp.fr/travaux/communications/2006/canivet.htm. Acesso em: 28 maio 2017).

[321] FRANÇA. Cour de cassation. *Statistiques 2020*. Disponível em: https://www.courdecassation.fr/institution_1/activite_chiffres_58/statistiques_2020_46274.html. Acesso em: 15 fev. 2021.

[322] Os advogados habilitados a atuar perante a Corte de Cassação e o Conselho de Estado são os chamados *"avocats aux Conseils"*, integrantes de uma Ordem e detentores do monopólio dessa atuação, salvo disposição legal em sentido diverso (art. 973 do Código de Processo Civil francês). A relação dos profissionais está disponível em: https://www.ordre-avocats-cassation.fr/ordre/avocats. Acesso em: 15 fev. 2021. Estima-se que tais profissionais desaconselhem o recurso a tais Cortes em 30% dos casos, enquanto, nos restantes, atuam com reconhecida qualidade, o que evita problemas comuns a muitas Cortes Supremas, como o tempo de análise de petições tecnicamente defeituosas. Sobre o tema, cf. GIANNINI, Leandro. *El certiorari*: la jurisdicción discrecional de las Cortes Supremas. La Plata: Librería Editora Platense, 2016. t. I, p. 398-402.

[323] É o que decorre da fórmula segundo a qual "a Corte de Cassação não conhece do fundo dos casos", prevista na 2ª parte do art. L411-2 do Código de Organização Judiciária da França: "La Cour de cassation statue sur les pourvois en cassation formés contre les arrêts et jugements rendus en dernier ressort par les juridictions de l'ordre judiciaire. La Cour de cassation ne connaît pas du fond des affaires, sauf disposition législative contraire".

[324] GIANNINI, Leandro. *El certiorari*: la jurisdicción discrecional de las Cortes Supremas. La Plata: Librería Editora Platense, 2016. t. I, p. 425-429.

[325] WEBER, Jean-François. Comprendre un arrêt de la Cour de cassation rendu en matière civile. *Bulletin d'information*, n. 702, p. 10-11, Cour de cassation, 2009. Disponível em: https://www.courdecassation.fr/IMG/pdf/Bicc_702.pdf. Acesso em: 30 maio 2017; GIANNINI, Leandro. *El certiorari*: la jurisdicción discrecional de las Cortes Supremas. La Plata: Librería Editora Platense, 2016. t. I, p. 413-418.

"disciplinar" (em sentido amplo), relacionada ao controle *formal* da motivação da decisão recorrida em cada caso (*default de motifs*). A legislação interna francesa dispõe que o dever de motivação também incide de forma geral em sentenças cíveis[326] e penais.[327] Na França, historicamente prevaleceu a visão segundo a qual a cassação tem uma função mais privada, de defesa do litigante (*ius litigatoris*), do que pública, de defesa do direito (*ius constitutionis*), razão por que os filtros de relevância não faziam parte da tradição francesa.[328]

Em 2001, porém, uma reforma legal criou um "procedimento de não admissão" do *pourvoi en cassation*: deu-se ao art. L131-6 do Código de Organização Judiciária da França redação segundo a qual passou a ser possível à Corte, por uma "formação restrita" de apenas três juízes, negar admissão a tais recursos quando eles forem "inadmissíveis ou não fundados num motivo sério de cassação" (*"irrecevables ou non fondés sur un moyen sérieux de cassation"*).[329] Trata-se de fórmula inspirada na que já vigorava para o Conselho de Estado desde 1987.[330] São

---

[326] CPC francês, art. 455: "Le jugement doit exposer succinctement les prétentions respectives des parties et leurs moyens. Cet exposé peut revêtir la forme d'un visa des conclusions des parties avec l'indication de leur date. Le jugement doit être motivé. Il énonce la décision sous forme de dispositif".

[327] CPP francês, art. 485: "Tout jugement doit contenir des motifs et un dispositif. Les motifs constituent la base de la décision. Le dispositif énonce les infractions dont les personnes citées sont déclarées coupables ou responsables ainsi que la peine, les textes de loi appliqués, et est condamnations civiles. Il est donné lecture du jugement par le président ou par l'un des juges; cette lecture peut être limitée au dispositif. Dans le cas prévu par l'alinéa premier de l'article 398, elle peut être faite même en l'absence des autres magistrats du siège".

[328] GIANNINI, Leandro. *El certiorari*: la jurisdicción discrecional de las Cortes Supremas. La Plata: Librería Editora Platense, 2016. t. I, p. 389 e 434-435.

[329] "Après le dépôt des mémoires, les affaires soumises à une chambre civile sont examinées par une formation de trois magistrats appartenant à la chambre à laquelle elles ont été distribuées. Cette formation déclare non admis les pourvois irrecevables ou non fondés sur un moyen sérieux de cassation. Elle statue lorsque la solution du pourvoi s'impose. Dans le cas contraire, elle renvoie l'examen du pourvoi à l'audience de la chambre. Toutefois, le premier président ou le président de la chambre concernée, ou leurs délégués, d'office ou à la demande du procureur général ou de l'une des parties, peuvent renvoyer directement une affaire à l'audience de la chambre par décision non motivée. Lorsque la solution d'une affaire soumise à la chambre criminelle lui paraît s'imposer, le premier président ou le président de la chambre criminelle peut décider de faire juger l'affaire par une formation de trois magistrats. Cette formation peut renvoyer l'examen de l'affaire à l'audience de la chambre à la demande de l'une des parties ; le renvoi est de droit si l'un des magistrats composant la formation restreinte le demande. La formation déclare non admis les pourvois irrecevables ou non fondés sur un moyen sérieux de cassation". (art. L131-6 do Código de Organização Judiciária da França, na redação dada pela Lei nº 2001-539).

[330] Code de Justice Administrative, art. L822-1: "Le pourvoi en cassation devant le Conseil d'Etat fait l'objet d'une procédure préalable d'admission. L'admission est refusée par décision juridictionnelle si le pourvoi est irrecevable ou n'est fondé sur aucun moyen sérieux".

situações tidas como evidentes, em que "a solução do recurso se impõe" (*"la solution du pourvoi s'impose"*), o que, além dos casos "inadmissíveis" ou "não fundados em motivos sérios", também atinge situações pouco complexas de improcedência (*rejet*) ou procedência (*cassation*).[331] Fora dessas hipóteses, o caso é submetido à "formação de seção" da Câmara, um colegiado com mais juízes. O *quorum* relativo em qualquer formação não varia, pois todas as decisões da Corte devem ser unânimes e não há votos dissidentes.[332]

O uso desse procedimento para casos de "inadmissibilidade" somente se dá na presença de vícios formais manifestos, como, *e.g.*, intempestividade, ilegitimidade e não esgotamento das instâncias. Embora a lei não qualifique a inadmissibilidade como "manifesta", a Corte reserva para essas hipóteses a não admissão pela formação restrita, a fim de que possa elaborar precedentes em situações de inadmissibilidade inéditas, delicadas ou, de qualquer forma, não manifestas, nas quais haja algum "interesse doutrinário".[333] Assim, a hipótese mais representativa de uso desse mecanismo é a da ausência de um "motivo sério de cassação", cuja motivação resume-se à seguinte fórmula genérica: "Visto o art. L.131-6 do Código de Organização Judiciária; Considerando que o motivo de cassação anexo à presente decisão, invocado contra a decisão atacada, não é de natureza que permita a admissão do recurso; DECLARA não admitido o recurso".

---

[331] FRANÇA. Cour de cassation. *L'instruction et le jugement du pourvoi*. Disponível em: https://www.courdecassation.fr/cour_cassation_1/presentation_2845/instruction_jugement_pourvoi_30994.html. Acesso em: 29 maio 2017; GIANNINI, Leandro. *El certiorari*: la jurisdicción discrecional de las Cortes Supremas. La Plata: Librería Editora Platense, 2016. t. I, p. 394.

[332] "Il n'y a pas d'opinion dissidente". (FRANÇA. Cour de cassation. *L'instruction et le jugement du pourvoi*. Disponível em: https://www.courdecassation.fr/cour_cassation_1/presentation_2845/instruction_jugement_pourvoi_30994.html. Acesso em: 29 maio 2017). A explicação para essa prática é a de que os julgamentos devem expressar o entendimento unitário da Corte, cuja autoridade ficaria minada por votos individuais divergentes. Além disso, o anonimato protegeria os juízes de pressões, preservando sua independência. Para uma visão crítica dessa prática, qualificada como uma "ficção", cf. ANCEL, Jean-Pierre. *Les opinions dissidentes*. 2005. Disponível em: https://www.courdecassation.fr/IMG/File/opinions_dissidentes_jp_ancel.pdf. Acesso em: 29 maio 2017; COHEN, Mathilde. When judges have reasons not to give reasons: a comparative law approach. *Washington & Lee Law Review*, v. 72, n. 2, p. 559, 2015. Disponível em: http://scholarlycommons.law.wlu.edu/cgi/viewcontent.cgi?article=4449&context=wlulr. Acesso em: 30 mar. 2017.

[333] Sobre o tema, cf. CANIVET, Guy. *La procédure d'admission des pourvois en cassation*: bilan d'un semestre d'application de l'article L 131-6 du Code de l'organisation judiciaire. 2002. Disponível em: https://www.courdecassation.fr/publications_26/discours_entretiens_2039/archives_2201/admission_pourvois_cassation_8424.html. Acesso em: 29 maio 2017; GIANNINI, Leandro. *El certiorari*: la jurisdicción discrecional de las Cortes Supremas. La Plata: Librería Editora Platense, 2016. t. I, p. 443.

Anexa à decisão, segue a lista dos motivos que o recorrente invocava em sua impugnação recursal. Trata-se, portanto, de decisões que "carece[m] substancialmente de motivação",[334] que "não são verdadeiramente 'julgamentos'", que não possuem "nenhum alcance normativo".[335]

Há quem duvide do caráter inovador da reforma de 2001, devido à prática anterior da Corte, que já havia desenvolvido uma técnica de motivação muito breve para certos casos.[336] De toda sorte, segundo Guy Canivet, que foi Presidente da referida Corte de 1999 a 2007, a falta de motivação das decisões negativas no filtro de relevância francês tem o objetivo de não banalizar os precedentes da Corte de cassação. O autor expõe essa ideia com muita clareza:

> Para bem cumprir sua missão, a Corte de cassação tem, desde sua origem, sido guiada pela preocupação de limitar o número de decisões criadoras de jurisprudência para melhor unificar o direito. Estes dois objetivos estão efetivamente ligados; é produzindo menos decisões juridicamente significativas, mas garantindo mais clareza e coerência aos julgamentos criadores de direito que a Corte de cassação pode elaborar uma jurisprudência de envergadura, mais legível, mais explícita, que evite as incertezas, as ambiguidades e as flutuações nocivas à previsibilidade da regra. [...]
>
> A experiência mostrou perfeitamente que se esse mecanismo de regulação do acesso à Corte de cassação falhar, isto é, se a abertura da via recursal, embora extraordinária como é o *pourvoi en cassation*, for desenfreada e obrigatória em todos os casos, qualquer que seja o valor da crítica a uma decisão motivada segundo a técnica onerosa do recurso, os recursos humanos e materiais da Corte devem ser multiplicados ao infinito para fazer frente a um fluxo de recursos em crescimento constante, e esse aumento contínuo da força de trabalho provoca uma modificação na natureza da Corte e de graves consequências sobre a unidade e a coerência da jurisprudência.
>
> Foi o que se passou no curso dos últimos cinquenta anos. Ao aumento contínuo do número de casos, respondeu-se, geralmente – com atraso

---

[334] GIANNINI, Leandro. *El certiorari*: la jurisdicción discrecional de las Cortes Supremas. La Plata: Librería Editora Platense, 2016. t. I, p. 453.

[335] "Les décisions de non-admission, qui ne sont pas véritablement des 'arrêts' puisqu'elles ne comportent aucune réponse de la Cour si ce n'est le visa de l'article 1014 du code de procédure civile, ont les effets d'un arrêt de rejet, mais sans aucune portée normative". (WEBER, Jean-François. Comprendre un arrêt de la Cour de cassation rendu en matière civile. *Bulletin d'information*, n. 702, p. 14, Cour de cassation, 2009. Disponível em: https://www.courdecassation.fr/IMG/pdf/Bicc_702.pdf. Acesso em: 30 maio 2017).

[336] GIANNINI, Leandro. *El certiorari*: la jurisdicción discrecional de las Cortes Supremas. La Plata: Librería Editora Platense, 2016. t. I, p. 444 e nota 522.

e de maneira insuficiente –, com a criação de câmaras e uma adequação do número de juízes efetivos, convocados e suplentes. Tal crescimento conduz por si só a uma multiplicação dos colegiados de julgamento, a um aumento considerável de decisões, logo a riscos de divergências ou de insegurança da jurisprudência, eles mesmos causadores de recursos, de agravamento da demora e de alongamento dos prazos de julgamento. Tal fenômeno cumulativo, segundo André Tunc, fez da Corte de cassação uma instituição em crise [...]. Era necessário quebrar o círculo vicioso. [...]

O ponto essencial é que a decisão de não admissão é dispensada de motivação.[337]

O procedimento francês de não admissão foi impugnado perante a Corte Europeia de Direitos Humanos. No caso *Burg et autres c. France*, os requerentes questionavam uma decisão da Câmara Social da Corte de cassação francesa, que não admitiu um apelo porque os motivos apresentados não seriam "de natureza a permitir a admissão do recurso". Perante a Corte de Direitos Humanos, os requerentes

---

[337] CANIVET, Guy. *La procédure d'admission des pourvois en cassation*: bilan d'un semestre d'application de l'article L 131-6 du Code de l'organisation judiciaire. 2002. Disponível em: https://www.courdecassation.fr/publications_26/discours_entretiens_2039/archives_2201/admission_pourvois_cassation_8424.html. Acesso em: 29 maio 2017. Tradução livre do autor. No original: "Pour bien accomplir sa mission, la Cour de cassation a, dès son origine, été guidée par la préoccupation de limiter le nombre de décisions créatrices de jurisprudence pour mieux unifier le droit. Ces deux objectifs sont effectivement liés; c'est en rendant moins de décisions juridiquement significatives, mais en veillant davantge à la clarté et à la cohérence des arrêts créateurs de droit que la Cour de cassation peut élaborer une jurisprudence d'envergure, plus lisible, plus explicite, évitant les incertitudes, les ambiguïtés et les fluctuations nuisibles à la prévisibilité de la règle. [...] L'expérience a parfaitement montré que si ce mécanisme de régulation de l'accès à la Cour de cassation fait défaut, c'est-à-dire si l'ouverture de la voie de recours pourtant extraordinaire qu'est le pourvoi en cassation est incontrôlé et oblige dans tous les cas, quelle que soit la valeur de la critique, à une décision motivée selon la technique lourde du pourvoi, les moyens humains et matériels de la Cour doivent être multipliés à l'infini pour faire face à un flux de recours en constante augmentation, cette croissance continue des effectifs provoquant une modification de la nature de la Cour et de graves conséquences sur l'unité et la cohérence de la jurisprudence. C'est ce qui s'est passé au cours des cinquante dernières années. A une augmentation continue du nombre des affaires, on a, généralement - avec retard et de manière insuffisante -, répondu par des créations de chambres et un ajustement du nombre des magistrats du siège, conseillers ou conseillers référendaires. Une telle augmentation conduisant elle-même à une multiplication des formations de jugements, à une croissance considérable des décisions, donc à un risque de divergences ou d'insécurité de la jurisprudence, elles-mêmes sources de pourvois, d'aggravation des retard et d'allongement des délais de jugement. Ce phénomène cumulatif a, selon André Tunc, fait de la Cour de cassation une institution en crise [...]. Il fallait donc briser le cercle vicieux. [...] Le point essentiel est que la décision de non-admission est dispensée de motivation".

alegaram a incompatibilidade do art. L131-6 do Código de Organização Judiciária da França com o art. 6º, 1, da Convenção Europeia de Direitos Humanos, sede internacional do dever de motivação das decisões judiciais. A Corte Europeia, porém, validou o filtro da *Cour de cassation*, assim como já havia feito a respeito do Conselho de Estado.[338] Decidiu a Corte Europeia que "incumbe aos tribunais responder aos argumentos essenciais das partes, sabendo-se que a extensão desse dever pode variar segundo a natureza da decisão e deve assim ser analisado à luz das circunstâncias da espécie […]". Afirmou, ainda, que "o art. 6º não exige que seja detalhadamente motivada uma decisão pela qual uma instância recursal, com base numa disposição legal específica, inadmite um recurso como desprovido de chances de êxito". E concluiu:

> Na espécie, a Corte observa que a decisão da Corte de Cassação fundou-se na ausência de motivos de natureza a permitir a admissão do recurso, nos termos do art. L131-6 do Código de Organização Judiciária, tal qual modificado pela Lei nº 2001-539, de 25 de junho de 2001. Nessas condições, ela não revela nenhuma aparência de violação ao art. 6, §1º da Convenção.[339]

Essa linha jurisprudencial da Corte Europeia de Direitos Humanos foi posteriormente reafirmada em várias ocasiões, mesmo em matéria penal, de modo que está consolidada.[340]

Em 2006 e 2008, o art. L131-6 do Código de Organização Judiciária foi desmembrado: a parte referente à formação restrita para julgar casos em que "a solução se imponha", bem como, assim não sendo, à remessa do caso para a formação em seção, passou a vigorar como

---

[338] Caso *Société Anonyme Immeuble Group Kosser c. France*, Requête nº 38748/97, j. 9.3.1999.

[339] Caso *Burg et autres c. France*, Requête nº 34763/02, j. 28.1.2003. Tradução livre do autor. No original: "Il incombe aux juridictions de répondre aux moyens de défense essentiels, sachant que l'étendue de ce devoir peut varier selon la nature de la décision et doit donc s'analyser à la lumière des circonstances de l'espèce […]. Enfin, la Cour rappelle sa jurisprudence selon laquelle l'article 6 n'exige pas que soit motivée en détail une décision par laquelle une juridiction de recours, se fondant sur une disposition légale spécifique, écarte un recours comme dépourvu de chance de succès […]. En l'espèce, la Cour note que la décision de la Cour de cassation était fondée sur l'absence de moyens de nature à permettre l'admission de la requête au sens de l'article L. 131-6 du code de l'organisation judiciaire, tel que modifié par la loi nº 2001-539 du 25 juin 2001. Dans ces conditions, elle ne décèle aucune apparence de violation de l'article 6 §1º de la Convention".

[340] Para uma relação de precedentes da Corte Europeia nesse sentido, cf. GIANNINI, Leandro. *El certiorari*: la jurisdicción discrecional de las Cortes Supremas. La Plata: Librería Editora Platense, 2016. t. I, p. 458.

art. L431-1 do mesmo Código; enquanto isso, a parte referente à não admissão de recursos "inadmissíveis ou não fundados num motivo sério de cassação" passou a ser prevista no art. 567-1-1 do CPP[341] e no art. 1.014 do CPC.[342] Em 2014, uma nova alteração modificou a terminologia legal do CPC, deixando ainda mais clara a dispensa substancial de motivação: a norma hoje em vigor dispõe caber à formação restrita decidir que "não cabe julgar por uma decisão especialmente motivada quando o recurso invocar uma ou mais razões inadmissíveis ou não sejam manifestamente de natureza a levar à cassação".[343]

Apesar do exposto, há controvérsias sobre se o "procedimento de não admissão" é um autêntico filtro de relevância à disposição da Corte francesa. Uma leitura sugere que a ausência de "motivos sérios" não diria respeito à relevância, mas à reduzida chance de êxito do recurso. Segundo essa visão, a reforma de 2014 teria deixado isso mais claro, com a adoção de um critério mais "seguro" ou "tradicional", não discricionário *stricto sensu*.[344] No entanto, a nova redação consagrou expressamente a desnecessidade de motivação substancial e utilizou a terminologia que já era empregada pela Corte, como transcrito acima.[345] Nesse sentido, segundo documento oficial do Ministério da Justiça

---

[341] CPP francês, art. 567-1-1: "Lorsque la solution d'une affaire soumise à la chambre criminelle lui paraît s'imposer, le premier président ou le président de la chambre criminelle peut décider de faire juger l'affaire par une formation de trois magistrats. Cette formation peut renvoyer l'examen de l'affaire à l'audience de la chambre à la demande de l'une des parties; le renvoi est de droit si l'un des magistrats composant la formation restreinte le demande. La formation déclare non admis les pourvois irrecevables ou non fondés sur un moyen sérieux de cassation".

[342] CPC francês, art. 1.014: "Après le dépôt des mémoires, cette formation déclare non admis les pourvois irrecevables ou non fondés sur un moyen sérieux de cassation". (Redação que esteve em vigor de 2008 a 2014).

[343] CPC francês, art. 1.014: "Après le dépôt des mémoires, cette formation décide qu'il n'y a pas lieu de statuer par une décision spécialement motivée lorsque le pourvoi est irrecevable ou lorsqu'il n'est manifestement pas de nature à entraîner la cassation. Toute formation peut aussi décider de ne pas répondre de façon spécialement motivée à un ou plusieurs moyens irrecevables ou qui ne sont manifestement pas de nature à entraîner la cassation". (Redação em vigor desde 2014).

[344] Tal visão é defendida por GIANNINI, Leandro. *El certiorari*: la jurisdicción discrecional de las Cortes Supremas. La Plata: Librería Editora Platense, 2016. t. I, p. 439-440 e 444-448, com citação de autores franceses.

[345] Compare-se o texto legal de 2014 com esta decisão de 2009: "Vu l'article 1014 du Code de procédure civile; Attendu que les deux moyens de cassation annexés, qui sont invoques à l'encontre de la décision attaquée, ne sont pas de nature à permettre l'admission du pourvoi; DECLARE non admis le pourvoi". (FRANÇA. Cour de cassation. Chambre Commerciale. *Décision nº 10557 F*. Pourvoi nº M 08.18.028. 24.11.2009. Disponível em: http://www.autoritedelaconcurrence.fr/doc/cass08d05_nov09.pdf. Acesso em: 30 maio 2017).

francês,[346] a alteração legal buscou apenas fazer uma "clarificação", para adequar a terminologia do filtro, e não modificar sua natureza. Parece inegável que uma ferramenta exercida de forma não substancialmente motivada, com base em parâmetros igualmente amplos – quais sejam: a) ausência de "motivos sérios de cassação" (até 2014); e b) a invocação de "um ou mais motivos que não sejam manifestamente de natureza a levar à cassação" (após 2014) –, constitui um filtro de relevância, um instrumento qualitativo que permite à Corte "decidir que casos decidir".

Além da semelhança entre a redação legal e a terminologia já usada pela Corte, outra prova de que a alteração de 2014 não mudou a natureza do filtro é que antes, tanto quanto agora, a decisão de "não admissão" não é um juízo de mérito quanto à correção da decisão recorrida.[347] A ideia se reforça ante a constatação de que não houve mudança substancial nas estatísticas, e que, nos levantamentos plurianuais, as decisões de "não admissão" pré-2014 são agrupadas na mesma rubrica das decisões "não especialmente motivadas" de 2014 em diante.

A propósito, em 2019, descontadas as hipóteses de desistência e outras, a não admissão sem motivação respondeu, em média, por cerca de 35% das decisões cíveis da Corte de Cassação e 43% das decisões penais. Fora dos casos de rejeição não especialmente motivada, a formação restrita proferiu 51% das decisões cíveis e 61% das penais. As formações de seção responderam por apenas 15% das decisões cíveis e 8% das penais. Ao longo do ano de 2019, a Corte recebeu 25.111 recursos (17.071 cíveis e 8.040 penais), proferiu 25.083 decisões (17.613 cíveis e 7.470 penais), e encerrou o período com um estoque de 19.231 casos cíveis e 3.616 penais – total de 22.847 –, sendo que a

---

[346] *"La clarification de la procédure de non admission.* L'article 19 du décret reformule la procédure tendant à permettre à la Cour de cassation de rendre dans certains cas une décision non spécialement motivée, en reconsidérant l'appellation peu appropriée de la procédure de 'non-admission', qui en réalité permet seulement à la Cour, après une instruction contradictoire de l'affaire par le rapporteur, de rendre une décision qui n'est pas spécialement motivée. Il consacre également la pratique de la non-admission partielle". (FRANÇA. Ministère de la Justice. Bulletin officiel du Ministère de la Justice. *Circulaire du 12 novembre 2014 de présentation du décret n° 2014-1338 du 6 novembre 2014 relatif à la procédure civile devant la Cour de cassation.* p. 4. Disponível em: http://www.textes. justice.gouv.fr/art_pix/JUSC1418921C.pdf. Acesso em: 20 maio 2017).

[347] WEBER, Jean-François. Comprendre un arrêt de la Cour de cassation rendu en matière civile. *Bulletin d'information*, n. 702, p. 14, Cour de cassation, 2009. Disponível em: https://www.courdecassation.fr/IMG/pdf/Bicc_702.pdf. Acesso em: 30 maio 2017; GIANNINI, Leandro. *El certiorari:* la jurisdicción discrecional de las Cortes Supremas. La Plata: Librería Editora Platense, 2016. t. I, p. 449.

média de duração de um caso cível foi de 429 dias, enquanto a de um caso penal era de 168 dias.[348] Embora se trate de números elevados, houve atenuação, especialmente na área cível, quanto à situação antes da implantação do "procedimento de não admissão": no final do ano de 2001, a Corte tinha 35.085 casos cíveis e 3.343 penais em estoque – total de 38.428 –, com duração média de 750 dias para os casos cíveis e de 164 para os penais.[349]

Os números ainda incomodam os franceses, que discutem reformas no *pourvoi en cassation*. A instituição de um mecanismo mais explícito de filtragem chegou a ser proposta em abril de 2017, no relatório de uma "comissão de reflexão" formada na própria Corte, com os seguintes parâmetros para admissão de recursos: violação de um direito ou princípio fundamental, questão jurídica de princípio ou interesse no desenvolvimento do direito ou na unificação da jurisprudência.[350] Entretanto, em 2019, o Ministério da Justiça francês, consultado pela Corte, limitou-se a propor a esse respeito um procedimento de admissão reforçado e um tratamento diferenciado dos recursos.[351] Esta última medida veio a ser adotada pela Corte no ano seguinte por uma "nota de implementação" (*note de mise en œuvre*), com a instituição de três "circuitos" pelos quais podem passar os recursos interpostos a partir de 1º.9.2020: um circuito curto (*court*), destinado aos recursos mais simples, entre os quais se enquadram as decisões de inadmissão não especialmente motivadas; um circuito aprofundado (*approfondi*), para os recursos com questões novas, ou recorrentes, ou de grande impacto, ou ainda com potencial para mudança de jurisprudência; e um circuito intermediário (*intermédiaire*), para os recursos não enquadrados nos dois outros circuitos.[352] Além disso, digna de nota é a recente reforma

---

[348] FRANÇA. Cour de cassation. *Rapport annuel 2019*, p. 240-245 Disponível em: https://www.courdecassation.fr/IMG/pdf/20200923_rapport_2019.pdf. Acesso em: 15 fev. 2021.

[349] FRANÇA. Cour de cassation. *Rapport annuel 2003*. p. 533-536. Disponível em: https://www.courdecassation.fr/IMG/pdf/Rapport_2003_optimise.pdf. Acesso em: 29 maio 2017.

[350] FRANÇA. Cour de cassation. *Rapport de la commission de réflexion sur la réforme de la Cour de cassation*. Avril 2017, p. 41-42. Disponível em: https://www.courdecassation.fr/IMG///Synth%C3%A8se%20introductive%20de%20la%20Commission%20de%20r%C3%A9flexion.pdf. Acesso em: 15 fev. 2021.

[351] FRANÇA. Ministère de la Justice. *Pour une reforme du pourvoi en cassation en matière civile*. 30 septembre 2019, p. 14. Disponível em: https://www.dalloz-actualite.fr/sites/dalloz-actualite.fr/files/resources/2019/11/nallet.pdf. Acesso em: 15 fev. 2021.

[352] A notícia da mudança, com *link* para o relatório da comissão de trabalho integrada pelos três presidentes de câmara que propuseram a medida, encontra-se em: FRANÇA. Cour de cassation. *Rapport sur les méthodes de travail*. 17 juillet 2020. Disponível em: https://www.courdecassation.fr/institution_1/reforme_cour_7109/travaux_reforme_2020_9803/methodes_travail_45167.html. Acesso em 15 fev. 2021.

sobre a motivação e a redação das decisões, também levada a efeito administrativamente: enquanto as decisões em geral devem ser redigidas em estilo "direto", os julgamentos mais importantes – isto é, os mudam ou unificam a jurisprudência, ou versam sobre direitos fundamentais, ou ainda apresentam soluções inovadoras – deverão ser dotados de motivação "desenvolvida" (*développée*) ou "enriquecida" (*enrichie*).[353]

Conclui-se que, no exercício do seu filtro de relevância, a Corte de cassação francesa faz uma calibragem da motivação de suas decisões negativas, de forma a não banalizar seus precedentes, à vista do elevado número de provocações que recebe anualmente. As decisões negativas são substancialmente motivadas apenas quando se quer formar precedentes sobre questões de admissibilidade inéditas, delicadas ou, de qualquer forma, não manifestas, nas quais haja algum "interesse doutrinário". Do contrário, usa-se uma fórmula genérica para a não admissão do recurso, que, por isso mesmo, não tem alcance para além do caso concreto. Não gerar precedentes a partir de decisões negativas também é uma preocupação da Suprema Corte do Reino Unido,[354] da qual se passará a tratar na sequência.

2.3.4 Suprema Corte do Reino Unido

Apesar de sua longa tradição jurídica, o Reino Unido somente veio a instalar formalmente uma Suprema Corte em 2009, a partir de recomendação do Parlamento Europeu (Resolução nº 1.342/2003). Antes disso, as funções judiciais de último grau eram exercidas pela Câmara dos Lordes – uma das casas do Parlamento britânico –, o que, apesar da elevada respeitabilidade que o órgão conquistou ao longo dos séculos, foi considerado inadequado à luz da separação de poderes. Formada hoje por doze juízes que podem reunir-se em colegiados de composição variável, a Corte atua como órgão de última instância cível para todo o Reino Unido, bem como de última instância penal para os casos da Inglaterra, País de Gales e Irlanda do Norte (excluindo, assim,

---

[353] Notícia sobre a referida reforma, com *links* para a nota e o guia que veicularam as mudanças na motivação, pode ser lida em: FRANÇA. Cour de cassation. *Les réformes de la motivation et de la rédaction des décisions de la Cour de cassation*. Disponível em: https://www.courdecassation.fr/institution_1/reforme_cour_7109/travaux_reforme_2014_2019_9706/redaction_decisions_9223/. Acesso em: 15 fev. 2021.

[354] Sobre o tema, cf. GIANNINI, Leandro. *El certiorari*: la jurisdicción discrecional de las Cortes Supremas. La Plata: Librería Editora Platense, 2016. t. I, p. 292-323.

a Escócia). Por essa razão, seu papel não é "limitado à interpretação final de temas comuns a todo o país, mas também a questões derivadas da hermenêutica de cada um dos ordenamentos autônomos".[355]

Na maioria dos casos, o acesso ao tribunal depende de uma autorização (*permission to appeal*), postulada na instância recorrida, com recurso cabível à Suprema Corte.[356] O sistema de autorizações para recorrer é amplamente difundido no direito inglês, inclusive em outras instâncias, mas os parâmetros para a concessão variam. A licença para a apelação ordinária pressupõe que o recurso apresente uma de duas hipóteses: a) uma "real perspectiva de êxito"; ou b) uma "razão irrefutável para que seja conhecido".[357] Para recursos a partir do segundo grau, aplica-se lógica semelhante, mas, na primeira hipótese, a "real perspectiva de êxito" deve ser acompanhada por uma "importante questão de princípio ou prática".[358]

Na Suprema Corte do Reino Unido, os pedidos de *permission to appeal* são analisados por um colegiado composto em geral por três juízes (*Appeal panel*). Em sua *Practice Direction 3*, a Corte prevê que a admissão do recurso depende se ele apresenta ou não uma "plausível questão de direito de importância pública geral que deva ser decidida pela Corte naquele momento, tendo em conta que a matéria já terá sido objeto de decisão judicial e poderá já ter sido examinada em recurso". A Corte dá "breves razões" pelas quais recusa a autorização, mas tais razões "*não devem ser levadas em conta como tendo algum valor como precedente*".[359] E, na prática, as razões oferecidas são genéricas: na

---

[355] GIANNINI, Leandro. *El certiorari*: la jurisdicción discrecional de las Cortes Supremas. La Plata: Librería Editora Platense, 2016. t. I, p. 309.

[356] Supreme Court Rules, §10 (2): "An application for permission to appeal must be made first to the court below, and an application may be made to the Supreme Court only after the court below has refused to grant permission to appeal".

[357] Civil Procedure Rules: "*Permission to appeal test – first appeals*. 52.6 (1) Except where rule 52.7 applies, permission to appeal may be given only where (a) the court considers that the appeal would have a real prospect of success; or (b) there is some other compelling reason for the appeal to be heard".

[358] Civil Procedure Rules: "*Permission to appeal test – second appeals*. 52.7 (1) Permission is required from the Court of Appeal for any appeal to that court from a decision of the County Court, the family court or the High Court which was itself made on appeal, or a decision of the Upper Tribunal which was made on appeal from a decision of the First-tier Tribunal on a point of law where the Upper Tribunal has refused permission to appeal to the Court of Appeal. (2) The Court of Appeal will not give permission unless it considers that (a) the appeal would (i) have a real prospect of success; and (ii) raise an important point of principle or practice; or (b) there is some other compelling reason for the Court of Appeal to hear it".

[359] Tradução livre do autor. O trecho pertinente da U.K. Supreme Court Pratice Direction 3 é: "3.3.3. Permission to appeal is granted for applications that, in the opinion of the

maior parte das hipóteses de inadmissão da *permission to appeal*, apenas se repete a fórmula da *Pratice Direction 3*.[360] Outras têm pouquíssimos acréscimos. Assim, "como ocorre em outros lugares, a decisão final da Corte carece substancialmente de motivação", o que também ocorria na *House of Lords*.[361]

Não há como deixar de observar que o volume de casos submetidos à Corte é consideravelmente menor do que em outros tribunais congêneres.[362] No período de 2015 a 2020, ela recebeu um total de 1.146 pedidos de *permissions to appeal* (aproximadamente 230 por ano).[363] Em média, um terço dos pedidos são admitidos e outros dois terços rejeitados,[364] o que leva em conta apenas os pedidos formulados diretamente à Suprema Corte, e não aqueles negados nos tribunais de origem sem que a parte os tenha impugnado. No exercício 2019-2020,

---

Appeal Panel, raise an arguable point of law of general public importance which ought to be considered by the Supreme Court at that time, bearing in mind that the matter will already have been the subject of judicial decision and may have already been reviewed on appeal. An application which in the opinion of the Appeal Panel does not raise such a point of law is refused on that ground. The Appeal Panel gives brief reasons for refusing permission to appeal. **The reasons given for refusing permission to appeal should not be regarded as having any value as a precedent**" (destaques no original)

[360] Um exemplo: "Permission to appeal be refused because the application does not raise an arguable point of law of general public importance which ought to be considered at this time bearing in mind that the case has already been the subject of judicial decision and reviewed on appeal". (UKSC nº 2016/0163. Informação extraída de: https://www.supremecourt.uk/docs/permission-to-appeal-2017-0103.pdf. Acesso em: 31 maio 2017). A lista completa de decisões de pedidos de *permission to appeal*, dividida mês a mês, pode ser encontrada em: https://www.supremecourt.uk/news/permission-to-appeal.html. Acesso em: 16 fev. 2021.

[361] GIANNINI, Leandro. *El certiorari*: la jurisdicción discrecional de las Cortes Supremas. La Plata: Librería Editora Platense, 2016. t. I, p. 321. Tradução livre do autor. No original: "al igual que en otras latitudes, la decisión final de la Corte *carece sustancialmente* de motivación, práctica ya existente durante la actuación de la Cámara de los Lores como Tribunal de última instancia [...]".

[362] É possível que esse baixo volume seja influenciado pelo elevado custo de acionar a Suprema Corte britânica: a normativa em vigor prevê que a formulação de uma "*permission to appeal*" custa 1.000 libras esterlinas (The Supreme Court Fees (Amendment) Order 2011). No entanto, a explicação mais provável para esse fenômeno reside no contexto cultural do Reino Unido, segundo o qual o recurso para uma ou mais instâncias não é considerado um direito da parte, que possa ser exercido a partir do cumprimento de algumas condições previamente estabelecidas. (GIANNINI, Leandro. *El certiorari*: la jurisdicción discrecional de las Cortes Supremas. La Plata: Librería Editora Platense, 2016. t. I, p. 319).

[363] REINO UNIDO. The Supreme Court. *The Supreme Court* annual reports and accounts 2019-2020, p. 65. Disponível em: https://www.supremecourt.uk/docs/annual-report-2019-20.pdf. Acesso em: 16 fev. 2021.

[364] Segundo dados extraídos dos relatórios oficiais intitulados "*The Supreme Court Annual Report and Accounts*", um para cada período, de 2009 a 2020. (Disponíveis em: https://www.supremecourt.uk/about/planning-and-governance.html. Acesso em: 16 fev. 2021).

o tempo médio de tramitação processual foi de 518 dias (cerca de 1 ano e 5 meses).[365]

Verifica-se, portanto, que, mesmo ao dar razões para suas decisões negativas – em regra genéricas, apesar do pequeno volume de casos que recebe por ano –, a Suprema Corte do Reino Unido não lhes reconhece nenhum valor como precedente. Trata-se da prática que vem sendo destacada como fio condutor da exposição: há uma calibragem na motivação das decisões negativas dos filtros de relevância nas Cortes Supremas, para que seus precedentes não sejam banalizados. Essa também é a prática adotada na Argentina,[366] como se vê abaixo.

2.3.5 Suprema Corte da Argentina

A *Corte Suprema de Justicia de la Nación Argentina* compõe-se atualmente de cinco juízes. Sua principal via de acesso é o *recurso extraordinario*,[367] cabível nas hipóteses previstas no art. 14 da Ley nº 48, de 1863,[368] ainda em vigor, que constituem uma tradução quase literal do

---

[365] REINO UNIDO. The Supreme Court. *The Supreme Court* annual reports and accounts 2019-2020, p. 67. Disponível em: https://www.supremecourt.uk/docs/annual-report-2019-20.pdf. Acesso em: 16 fev. 2021.

[366] Para uma exposição exaustiva dos filtros de relevância da *Corte Suprema de Justicia de la Nación Argentina*, bem como da *Suprema Corte de Justicia de la Provincia de Buenos Aires*: GIANNINI, Leandro. *El certiorari*: la jurisdicción discrecional de las Cortes Supremas. La Plata: Librería Editora Platense, 2016. t. II, p. 17-667. Também serviu como fonte de pesquisa a respeito do primeiro tribunal a obra de HOCKL, María Cecilia; DUARTE, David. *Competencias y atribuciones de la Corte Suprema de Justicia de la Nación*. Buenos Aires: Legis Argentina, 2006. p. 329-471. Cf. ainda DANTAS, Bruno. *Repercussão geral*. 3. ed. São Paulo: Revista dos Tribunais, 2012. p. 122-134.

[367] Esta classe processual, juntamente com a queixa ("*queja*" ou "*recurso de hecho*") interposta contra a inadmissão do extraordinário na instância de origem (semelhante ao agravo em recurso extraordinário brasileiro), respondeu por 96,9% do volume de trabalho da Corte em 2013. (GIANNINI, Leandro. *El certiorari*: la jurisdicción discrecional de las Cortes Supremas. La Plata: Librería Editora Platense, 2016. t. II, p. 240).

[368] Ley nº 48, de 1863, art. 14: "Una vez radicado un juicio ante los Tribunales de Provincia, será sentenciado y fenecido en la jurisdicción provincial, y sólo podrá apelarse a la Corte Suprema de las sentencias definitivas pronunciadas por los tribunales superiores de provincia en los casos siguientes: 1º Cuando en el pleito se haya puesto en cuestión la validez de un Tratado, de una ley del Congreso, o de una autoridad ejercida en nombre de la Nación y la decisión haya sido contra su validez. 2º Cuando la validez de una ley, decreto o autoridad de Provincia se haya puesto en cuestión bajo la pretensión de ser repugnante a la Constitución Nacional, a los Tratados o leyes del Congreso, y la decisión haya sido en favor de la validez de la ley o autoridad de provincia. 3º Cuando la inteligencia de alguna cláusula de la Constitución, o de un Tratado o ley del Congreso, o una comisión ejercida en nombre de la autoridad nacional haya sido cuestionada y la decisión sea contra la validez del título, derecho; privilegio o exención que se funda en dicha cláusula y sea materia de litígio".

Judiciary Act de 1789 dos EUA.[369] Segundo classificação doutrinária,[370] o recurso extraordinário argentino serve para que a Suprema Corte atenda a três finalidades básicas: a) realizar o controle de constitucionalidade incidental; b) fixar o sentido e o alcance da legislação federal (aí incluídos os tratados);[371] e c) garantir a supremacia das instituições federais. Assim, o extraordinário é um recurso exclusivamente de direito que visa à tutela da Constituição, tratados, leis do Congresso e atos federais: há de haver, portanto, uma "questão federal", o que abrange tanto a Constituição quanto a legislação infraconstitucional federal. Como se não bastasse essa amplitude, ao longo dos anos a jurisprudência daquela Suprema Corte tratou de aumentar ainda mais as hipóteses de admissibilidade do recurso, notadamente a partir das figuras conhecidas como *arbitrariedad* e *gravedad institucional*.

A primeira – arbitrariedade –,[372] desenvolvida a partir do caso "Rey c/ Rocha" (1909), mitiga o requisito da "questão federal" ao permitir o cabimento do recurso extraordinário mesmo para apreciação de matérias de fato, prova, direito comum, local e outras, desde que a decisão recorrida seja, por exceção, considerada *arbitrária*. A ideia é a de que a arbitrariedade não é um simples equívoco, mas um erro grave, caso em que se entende que a "questão federal" reside na contrariedade entre a própria decisão recorrida e a Constituição (*e.g.*, princípios da legalidade, ampla defesa, devido processo legal etc.).

A segunda – gravidade ou interesse institucional –,[373] também de difícil definição, ocorre quando "o decidido excede o interesse individual das partes e pertence também ao da coletividade".[374] Trata-se de um

---

[369] HOCKL, María Cecilia; DUARTE, David. *Competencias y atribuciones de la Corte Suprema de Justicia de la Nación*. Buenos Aires: Legis Argentina, 2006. p. 338.

[370] HOCKL, María Cecilia; DUARTE, David. *Competencias y atribuciones de la Corte Suprema de Justicia de la Nación*. Buenos Aires: Legis Argentina, 2006. p. 330-334.

[371] O chamado "bloco federal" é composto pela Constituição, pelos tratados internacionais e pelas leis federais *stricto sensu*, isto é, aquelas editadas pelo Congresso Nacional excluindo-se a chamada "legislação comum" (civil, comercial, penal, minerária, trabalhista e da seguridade social), por força do art. 75, 12, da Constituição argentina. Cf. GIANNINI, Leandro. *El certiorari*: la jurisdicción discrecional de las Cortes Supremas. La Plata: Librería Editora Platense, 2016. t. II, p. 23, nota 9.

[372] HOCKL, María Cecilia; DUARTE, David. *Competencias y atribuciones de la Corte Suprema de Justicia de la Nación*. Buenos Aires: Legis Argentina, 2006. p. 431-441.

[373] GIANNINI, Leandro. *El certiorari*: la jurisdicción discrecional de las Cortes Supremas. La Plata: Librería Editora Platense, 2016. t. II, p. 210-213; HOCKL, María Cecilia; DUARTE, David. *Competencias y atribuciones de la Corte Suprema de Justicia de la Nación*. Buenos Aires: Legis Argentina, 2006. p. 442-449.

[374] Tradução livre do autor. No original: "[...] corresponde admitirla [la gravedad institucional] en los supuestos en que lo decidido excede del interés individual de las

conceito desenvolvido jurisprudencialmente a partir do caso "Jorge Antonio" (1960), e sua presença num caso pode autorizar a excepcional concessão de efeito suspensivo ao recurso extraordinário, bem como a dispensa de alguns de seus requisitos de admissibilidade, tais como o pré-questionamento (*planteo de la cuestión federal*), o caráter final da decisão recorrida (autorizando-se o recurso *per saltum*),[375] ou até mesmo, segundo alguns autores e precedentes, a existência de questão federal.[376] Às vezes invocada juntamente com a arbitrariedade, a gravidade institucional encontra exemplos em questões relacionadas a direitos e garantias constitucionais, organização, divisão e funcionamento dos poderes, matéria fiscal, trabalhista, previdenciária etc. Como se vê, a *gravedad institucional* surgiu com uma função ampliativa da jurisdição da Suprema Corte argentina, embora ela atualmente também venha desempenhando um papel restritivo, pois sua ausência é uma das hipóteses de recusa de recursos pelo Tribunal, como se verá adiante.

Como vários outros tribunais congêneres, a Suprema Corte argentina também se viu envolvida numa crise numérica, potencializada pela flexibilização jurisprudencial dos requisitos de admissibilidade dos seus recursos extraordinários, a partir de "filtros positivos" como a *arbitrariedad* e a *gravedad institucional*. Como reação a esse problema, a Ley nº 23.774/1990 alterou o art. 280 do Código de Processo Civil

---

partes y atañe también al de la colectividad". Fallos 247:602(1960). Caja de Previsión Social de Médicos, Bioquímicos, Odontólogos, Farmacéuticos, Veterinarios y Obstetras de Córdoba v. S. R. L. Medical. Disponível em: http://sjconsulta.csjn.gov.ar/sjconsulta/documentos/verDocumentoSumario.html?idDocumentoSumario=57663. Acesso em: 3 mar. 2017.

[375] Esta hipótese ganhou previsão legal expressa a partir da Ley nº 26.790/2012, que acrescentou o art. 257-bis ao CPC argentino, *in verbis*: "Procederá el recurso extraordinario ante la Corte Suprema prescindiendo del recaudo del tribunal superior, en aquellas causas de competencia federal en las que se acredite que entrañen cuestiones de notoria gravedad institucional, cuya solución definitiva y expedita sea necesaria, y que el recurso constituye el único remedio eficaz para la protección del derecho federal comprometido, a los fines de evitar perjuicios de imposible o insuficiente reparación ulterior. Existirá gravedad institucional en aquellas cuestiones sometidas a juicio que excedan el interés de las partes en la causa, proyectándose sobre el general o público, de modo tal que por su trascendencia queden comprometidas las instituciones básicas del sistema republicano de gobierno o los principios y garantías consagrados por la Constitución Nacional y los Tratados Internacionales por ella incorporados. La Corte habilitará la instancia con alcances restringidos y de marcada excepcionalidad. Sólo serán susceptibles del recurso extraordinario por salto de instancia las sentencias definitivas de primera instancia, las resoluciones equiparables a ellas en sus efectos y aquellas dictadas a título de medidas cautelares. No procederá el recurso en causas de materia penal".

[376] Para um levantamento das divergências jurisprudenciais e doutrinárias sobre o assunto, cf. HOCKL, María Cecilia; DUARTE, David. *Competencias y atribuciones de la Corte Suprema de Justicia de la Nación*. Buenos Aires: Legis Argentina, 2006. p. 443-444.

argentino para prever um "filtro negativo" de admissão de recursos extraordinários, segundo o qual:

> [a] Corte, segundo sua sã discricionariedade, e com a só invocação desta norma, poderá recusar o recurso extraordinário, por falta de lesão federal suficiente ou quando as questões discutidas resultarem insubstanciais ou carentes de transcendência.[377]

A mesma possibilidade é prevista para a queixa (*queja*) contra a inadmissão do extraordinário pela instância de origem (art. 285 do CPC argentino),[378] recurso semelhante ao agravo em recurso extraordinário brasileiro.

Assim como se dá na França, há controvérsias sobre o caráter inovador do referido filtro na Argentina. É corrente a opinião de que a norma apenas consagrou uma prática da Corte que já era habitual.[379] Esse argumento foi invocado nos debates parlamentares para "desdramatizar" o impacto da norma, pois antes o tribunal já inadmitia recursos por breves fórmulas padronizadas, funcionando como a Suprema Corte americana, embora sem dizê-lo.[380] Giannini discorda dessa visão, por entender que a prática anterior da Corte equivalia apenas a um filtro "impróprio", de agilização da decisão em recursos cuja inadmissibilidade podia ser constatada *prima facie*, e assim expressa em fórmulas sucintas para casos que discutiam "questões de fato", "questões de direito local" etc.[381] Naturalmente, institucionalizar um "filtro próprio" contribui para o desenvolvimento de sua prática, o que de fato traz uma mudança qualitativa. Isso, porém, não exclui a percepção amplamente difundida de que a Suprema Corte argentina

---

[377] CPC argentino, art. 280: "Cuando la Corte Suprema conociere por recurso extraordinario, la recepción de la causa implicará el llamamiento de autos. La Corte, según su sana discreción, y con la sola invocación de esta norma, podrá rechazar el recurso extraordinario, por falta de agravio federal suficiente o cuando las cuestiones planteadas resultaren insustanciales o carentes de trascendencia. [...]". (Redação dada pela Ley nº 23.774/1990).

[378] CPC argentino, art. 285: "[...] Si la queja fuere por denegación del recurso extraordinario, la Corte podrá rechazar este recurso en los supuestos y forma previstos en el artículo 280, párrafo segundo [...]".

[379] HOCKL, María Cecilia; DUARTE, David. *Competencias y atribuciones de la Corte Suprema de Justicia de la Nación*. Buenos Aires: Legis Argentina, 2006. p. 345.

[380] GIANNINI, Leandro. *El certiorari*: la jurisdicción discrecional de las Cortes Supremas. La Plata: Librería Editora Platense, 2016. t. II, p. 54-55, 75, 80-85, 92, 101-102.

[381] GIANNINI, Leandro. *El certiorari*: la jurisdicción discrecional de las Cortes Supremas. La Plata: Librería Editora Platense, 2016. t. II, p. 55, 71-72 e 101-102.

já operava com um "filtro oculto" – como ocorre atualmente no STF (cf. item 1.2). Um filtro que nem sempre pode ser considerado apenas "impróprio", pois determinante para o resultado do julgamento (inadmissão do recurso), embora sem motivação substancial, sobretudo porque opera a partir de variáveis não autoevidentes: muitas vezes não é banal a definição de uma matéria como de fato ou de direito, federal ou local, constitucional ou infraconstitucional etc.

Seja como for, a Suprema Corte argentina dispõe de três possibilidades para recusar recursos extraordinários "segundo sua sã discricionariedade": a) falta de lesão federal suficiente; b) discussão de questões insubstanciais; e c) discussão de questões intranscendentes. Vale notar que as duas primeiras – questões insuficientes e insubstanciais – já existiam na prática da Suprema Corte quando da inadmissão de recursos antes de 1990. A doutrina procura destrinchar cada uma delas, embora, na prática, a Corte utilize apenas a seguinte fórmula geral ao invocar tal norma para inadmitir recursos extraordinários:

> Buenos Aires [*data*]. Vistos os autos: [*capa do processo*]. Considerando: Que o recurso extraordinário é inadmissível (art. 280 do Código Processual Civil e Comercial da Nação). Por isso, é inadmitido o recurso extraordinário. Custas na forma da lei. Intimem-se e dê-se baixa.[382]

Trata-se, evidentemente, de uma decisão genérica, não substancialmente motivada, como é a praxe das decisões negativas dos filtros de relevância.

A primeira hipótese – falta de lesão federal suficiente ou "não bastante", segundo a terminologia utilizada pela Suprema Corte –[383] é muito vaga e de difícil definição. Para Giannini,[384] há duas acepções possíveis para o termo "questão insuficiente": a) aquela não fundamentada adequadamente pelo recorrente (não impugnação específica da decisão recorrida, argumentação extemporânea etc.); e

---

[382] GIANNINI, Leandro. *El certiorari*: la jurisdicción discrecional de las Cortes Supremas. La Plata: Librería Editora Platense, 2016. t. II, p. 206. Trad. livre. No original: "Buenos Aires [*fecha*]. Vistos los autos: [*carátula*]. Considerando: Que el recurso extraordinario es inadmisible (art. 280 del Código Procesal Civil y Comercial de la Nación). Por ello, se desestima el recurso extraordinario planteado. Con costas. Notifíquese y devuélvase".

[383] HOCKL, María Cecilia; DUARTE, David. *Competencias y atribuciones de la Corte Suprema de Justicia de la Nación*. Buenos Aires: Legis Argentina, 2006. p. 352.

[384] GIANNINI, Leandro. *El certiorari*: la jurisdicción discrecional de las Cortes Supremas. La Plata: Librería Editora Platense, 2016. t. II, p. 146-152.

b) aquela sem "qualidade" ou "peso suficiente" para abrir a via de acesso à Corte, o que é algo nebuloso. A expressão "suficiente" qualifica a lesão federal, o que compromete a possibilidade de uma interpretação meramente quantitativa da norma: ou bem o caso discute uma questão federal ou não. Por outro lado, entender que a questão discutida tenha que possuir uma dimensão qualitativa, capaz de por em risco a integridade do ordenamento jurídico e gerar consequências para além dos autos, seria confundir "lesão federal suficiente" com "questão transcendente",[385] que é uma hipótese autônoma. Assim, para Giannini, a suficiência é a "relação direta e imediata" da questão federal com a decisão impugnada, e essa "imediatidade", sim, pode ser medida, porquanto a decisão recorrida pode basear-se também em outros fundamentos suficientes para mantê-la.

A segunda hipótese – questão insubstancial – refere-se a matérias objeto de jurisprudência firme da Suprema Corte argentina, sem que o recorrente tenha apresentado razões suficientes para a sua revisão.[386] Por fim, a terceira hipótese – questão intranscendente – é considerada por Giannini como a autêntica inovação da Ley nº 23.374/1990.[387] Costuma-se relacionar a transcendência com o conceito de gravidade institucional: a gravidade institucional seria apenas uma das hipóteses de transcendência, requisito mais amplo que "não se limita a questões que comprometam as instituições ou a sociedade inteira, mas que inclui também casos com implicações jurídicas, sociais, econômicas e éticas".[388] Giannini esmiúça o conceito de transcendência,[389] propondo sua divisão em dois elementos, cada um dos quais necessário, mas por si só insuficiente para caracterizá-la: a) a *pertinência institucional*, isto é, a questão seria transcendente se a decisão a seu respeito for útil ao cumprimento e ao aperfeiçoamento do papel institucional da Corte[390]

---

[385] HOCKL, María Cecilia; DUARTE, David. *Competencias y atribuciones de la Corte Suprema de Justicia de la Nación*. Buenos Aires: Legis Argentina, 2006. p. 352-353.

[386] GIANNINI, Leandro. *El certiorari*: la jurisdicción discrecional de las Cortes Supremas. La Plata: Librería Editora Platense, 2016. t. II, p. 133-146.

[387] GIANNINI, Leandro. *El certiorari*: la jurisdicción discrecional de las Cortes Supremas. La Plata: Librería Editora Platense, 2016. t. II, p. 130-133.

[388] HOCKL, María Cecilia; DUARTE, David. *Competencias y atribuciones de la Corte Suprema de Justicia de la Nación*. Buenos Aires: Legis Argentina, 2006. p. 353.

[389] GIANNINI, Leandro. *El certiorari*: la jurisdicción discrecional de las Cortes Supremas. La Plata: Librería Editora Platense, 2016. t. II, p. 152-198.

[390] Giannini afirma não haver grandes divergências quanto aos papéis da Suprema Corte argentina: controle de constitucionalidade, cassação de direito federal, uma ampla e heterogênea função axiológica (principalmente por meio da doutrina da arbitrariedade)

(interpretação teleológica); e b) a *repercussão geral*, ou seja, a aptidão da decisão para expandir seus efeitos, direta ou indiretamente,[391] sobre uma porção relevante da comunidade. Assim, Giannini concorda que transcendência e gravidade institucional possuem uma relação de gênero e espécie: enquanto esta afetaria toda a comunidade, aquela impactaria apenas uma porção relevante dela.

Giannini defende a tese de que o art. 280 do CPC argentino confere à Suprema Corte uma discricionariedade apenas parcial, ou seja, seu poder verdadeiramente discricionário – exercido a partir de critérios de valoração primários e autoproclamados – seria apenas para *admitir* recursos que *não* cumprissem o requisito da transcendência, e não para *inadmitir* recursos que o atendessem.[392] A transcendência seria um conceito jurídico indeterminado, cuja interpretação, embora flexível, não se confundiria com uma tarefa sujeita à discricionariedade *stricto sensu*.[393] E, mesmo para admitir discricionariamente recursos que discutam questões intranscendentes, a fim de fazê-lo de forma "sã" e não violar o princípio da isonomia, a Corte deveria seguir os critérios da *verossimilhança* (ou perspectiva real de êxito) do recurso, bem como da *necessidade* (de julgar questões intranscendentes para decidir casos relevantes), e ainda levar em conta a *magnitude do prejuízo* sofrido pelo recorrente.[394]

Um diálogo com algumas das premissas da teoria do autor argentino será feito no capítulo seguinte. Por ora, a fim de prosseguir com a exposição, cabe apenas o registro de que, embora historicamente a

---

e atuação como "cabeça" do Judiciário. (GIANNINI, Leandro. *El certiorari*: la jurisdicción discrecional de las Cortes Supremas. La Plata: Librería Editora Platense, 2016. t. II, p. 155-172).

[391] A expansão direta decorreria do alcance subjetivo da coisa julgada, enquanto a indireta corresponderia ao efeito exemplar ou "contagioso" característico dos pronunciamentos das Cortes Supremas, que os transformam em parâmetros relevantes para a decisão de um significativo número de casos análogos. Isso às vezes é imposto normativamente (*stare decisis*), e às vezes por imperativos morais ou de economia processual. Esse impacto direto ou indireto deve ter um suficiente grau de concretude, o que diferencia a repercussão geral em sentido técnico da repercussão midiática de um julgamento: ambas podem estar presentes, mas não necessariamente. (GIANNINI, Leandro. *El certiorari*: la jurisdicción discrecional de las Cortes Supremas. La Plata: Librería Editora Platense, 2016. t. II, p. 173-179).

[392] GIANNINI, Leandro. *El certiorari*: la jurisdicción discrecional de las Cortes Supremas. La Plata: Librería Editora Platense, 2016. t. II, p. 117-122.

[393] GIANNINI, Leandro. *El certiorari*: la jurisdicción discrecional de las Cortes Supremas. La Plata: Librería Editora Platense, 2016. t. I, p. 139-165.

[394] GIANNINI, Leandro. *El certiorari*: la jurisdicción discrecional de las Cortes Supremas. La Plata: Librería Editora Platense, 2016. t. II, p. 187-189.

Corte tenha construído uma jurisprudência de admissão de recursos em princípio incabíveis – casos de arbitrariedade e gravidade institucional, numa espécie de "*certiorari* positivo" –,[395] ela vem proclamando ser "imperativo recusar pleitos de questões que, embora sejam federais, careçam de transcendência".[396] Essa prática tem aliviado a ainda pesada carga de trabalho do tribunal, que, somente em 2016, resolveu 14.076 casos a partir de 7.615 julgamentos, dos quais apenas 132 foram casos de procedência com fundamentos desenvolvidos pela própria Corte.[397] A maior parte dos julgamentos – 5.896, ou 77,4% do total – foi de não procedência, dos quais 5.307 utilizaram "fórmulas" como a do art. 280 do CPC,[398] o que evidencia sua relevância.[399]

---

[395] A expressão "*certiorari* positivo" é utilizada por alguns autores para abarcar todas as hipóteses em que um recurso supera o filtro do art. 280 do CPC argentino, como se tratasse, assim, da "contraface" do *certiorari* negativo. A acepção empregada no texto, mais restrita, refere-se aos casos que a Corte admite, apesar da ausência de algum requisito normal de admissibilidade. Cf. GIANNINI, Leandro. *El certiorari*: la jurisdicción discrecional de las Cortes Supremas. La Plata: Librería Editora Platense, 2016. t. II, p. 208-210.

[396] Fallos 322:3217 (1999). Asociación de Prestaciones Sociales para Empresarios v. Set Sociedad Anónima (cf. especialmente p. 3218 e 3224). Tradução livre do autor. No original: "Pese al aparente carácter potestativo del art. 280 del Código Procesal Civil y Comercial de la Nación, que impone a la Corte el deber de seleccionar 'según su sana discreción', las causas en que conocerá por recurso extraordinario, la obligación de hacer justicia por la vía del control de constitucionalidad torna *imperativo desatender los planteos de cuestiones, aun federales, carentes de trascendencia*". Registre-se, ainda uma vez, a opinião de Giannini, para quem o "imperativo" de recusar questões intranscendentes não é jurídico, e sim prático, o que seria confirmado por exemplos de admissão de recursos de interesse restrito às partes. (GIANNINI, Leandro. *El certiorari*: la jurisdicción discrecional de las Cortes Supremas. La Plata: Librería Editora Platense, 2016. t. II, p. 123-126).

[397] O art. 16 da Ley nº 48, de 1863, permite à Corte Suprema da Argentina simplesmente cassar a decisão recorrida, devolvendo o feito ao tribunal de origem para que seja novamente julgado, ou decidir ela própria o mérito da causa. Veja-se a redação do dispositivo: "En los recursos que tratan los dos artículos anteriores, cuando la Corte Suprema revoque, hará una declaratoria sobre el punto disputado, y devolverá la causa para que sea nuevamente juzgada; o bien resolverá sobre el fondo, y aun podrá ordenar la ejecución especialmente si la causa hubiese sido una vez devuelta por idéntica razón".

[398] Outra fórmula relevante para tal estatística refere-se à aplicação da "*Acordada* nº 4/2007*", norma da Suprema Corte sobre requisitos formais para interposição do recurso extraordinário. (Disponível em: http://servicios.infoleg.gob.ar/infolegInternet/anexos/125000-129999/126562/norma.htm. Acesso em: 3 jun. 2017). Ao isolarem-se as decisões de "*certiorari* negativo", vê-se que elas responderam por uma média de 35,5% (15.777) de todas as decisões (44.401) da Corte entre 2010 e 2012. (GIANNINI, Leandro. *El certiorari*: la jurisdicción discrecional de las Cortes Supremas. La Plata: Librería Editora Platense, 2016. t. II, p. 252).

[399] ARGENTINA. Corte Suprema de Justicia de La Nación. *Fallos 2016*. Disponível em: http://datos.csjn.gov.ar/dataset/3fa1c718-8e02-403c-a1fb-9910eb37d16d/resource/ff3a9ec0-13aa-4a07-814c-fb685998996e/download/fallos2016.pdf. Acesso em: 3 jun. 2017. A discrepância entre o número de decisões e de casos resolvidos explica-se pela prática segundo a qual uma mesma decisão pode resolver mais de um caso. (Cf. GIANNINI, Leandro.

2.3.6 Corte Suprema de Cassação da Itália

Por fim, uma breve referência ao caso da Itália –[400] onde não se dispõe de um filtro próprio de relevância, no sentido adotado neste trabalho – pode, por contraste, reforçar a ideia de que é necessário calibrar a motivação de pelo menos algumas decisões das Cortes Supremas. De forma semelhante ao que ocorre na França, a *Corte Suprema di Cassazione* é a instância mais elevada do Judiciário italiano, responsável pela última palavra na interpretação do direito em matéria cível e penal, ressalvadas as atribuições da Corte Constitucional e do Conselho de Estado. Compete-lhe, nos termos do art. 65 da Lei de Organização Judiciária (*Regio Decreto* nº 12/1941),[401] assegurar a interpretação uniforme da lei e a unidade do direito objetivo nacional. Trata-se de um dos maiores tribunais do mundo, com cerca de quatrocentos juízes,[402] e que exibe outros números impressionantes. Apenas em 2020, a Corte recebeu 32.548 casos cíveis e 38.508 casos penais novos; no mesmo período, foram baixados 29.100 casos cíveis e 37.618 penais; o estoque pendente ao final do ano era de 120.473 casos cíveis e 24.473 casos penais; no final do período, apurou-se que a duração média dos processos foi de três anos, um mês e quatro dias para os casos cíveis, e de 204 dias para os casos penais.[403]

El certiorari: la jurisdicción discrecional de las Cortes Supremas. La Plata: Librería Editora Platense, 2016. t. II, p. 236, nota 203).

[400] Não se tratará aqui da Corte Constitucional italiana, mas apenas da Corte de Cassação. Isso porque a natureza mais restrita do acesso à Corte Constitucional representa, por si só, um mecanismo de contenção. Nos termos dos arts. 134 a 137 da Constituição da Itália, compete à Corte Constitucional julgar, de forma concentrada, a constitucionalidade das leis, o que, nos termos da Lei nº 87/1953, não se dá por provocação direta das partes interessadas, mas pelo juiz da causa. Além desse controle incidental, há também um abstrato, mas exercido apenas por provocação de alguns legitimados. Ademais, compete à Corte Constitucional julgar conflitos entre os poderes central e regionais, bem como acusações contra o Presidente da República.

[401] *"65. Attribuzioni della Corte Suprema di cassazione.* La Corte Suprema di cassazione, quale organo supremo della giustizia, assicura l'esatta osservanza e l'uniforme interpretazione della legge, l'unità del diritto oggettivo nazionale, il rispetto dei limiti delle diverse giurisdizioni; regola i conflitti di competenza e di attribuzioni, ed adempie gli altri compiti ad essa conferiti dalla legge. La Corte Suprema di cassazione ha sede in Roma ed ha giurisdizione su tutto il territorio dello Stato e su ogni altro territorio soggetto alla sua sovranità".

[402] GIANNINI, Leandro. *El certiorari*: la jurisdicción discrecional de las Cortes Supremas. La Plata: Librería Editora Platense, 2016. t. I, p. 338.

[403] Dados obtidos a partir de relatórios oficiais da Corte: (a) ITÁLIA. Corte Suprema di Cassazione. *La cassazione civile*: annuario statistico. 2020, p. 2. Disponível em: https://www.Cortedicassazione.it/cassazione-resources/resources/cms/documents/20210107_ANNUARIO-Civile2020.pdf. Acesso em: 16 fev. 2021; (b) ITÁLIA. Corte Suprema di

A principal via de acesso à Corte é o *ricorso per cassazione*, um recurso exclusivamente de direito contra decisões de apelação ou instância única, ressalvados alguns casos de cabimento *per saltum*.[404] Há dificuldades jurídicas para instituir limites à admissão do recurso, porque o art. 111, §7, da Constituição italiana prevê que é "sempre" permitido o recurso de cassação por violação da lei contra sentenças e resoluções sobre liberdade pessoal pronunciadas por órgãos jurisdicionais ordinários e especiais.[405] Porém, como o volume de trabalho adquiriu proporções intoleráveis, e a massiva produção decisória da Corte dá origem a pronunciamentos contraditórios – que comprometem sua função de garantia da unidade do direito –, conseguiu-se criar um "filtro impróprio", não destinado a uma seleção qualitativa de causas, mas a agilizar a solução daquelas sem chances reais de êxito. Busca-se antecipar o juízo de não provimento, que seria inevitavelmente tomado, por um rito simplificado.

Tal mecanismo foi consagrado no art. 360-bis do Código de Processo Civil italiano, inserido em 2009,[406] fruto de um processo legislativo cheio de idas e vindas refletidas na redação da norma, e cujo

---

Cassazione. *La cassazione penale*: annuario statistico 2020, p. 2. Disponível em: https://www.Cortedicassazione.it/cassazione-resources/resources/cms/documents/ANNUARIO_PENALE_2020.pdf. Acesso em: 16 fev. 2021.

[404] CPC italiano: *"Art. 360. (Sentenze impugnabili e motivi di ricorso)* Le sentenze pronunciate in grado d'appello o in unico grado possono essere impugnate con ricorso per cassazione: 1) per motivi attinenti alla giurisdizione; 2) per violazione delle norme sulla competenza, quando non è prescritto il regolamento di competenza; 3) per violazione o falsa applicazione di norme di diritto e accordi collettivi nazionali di lavoro; 4) per nullità della sentenza o del procedimento; 5) per omesso esame circa un fatto decisivo per il giudizio che è stato oggetto di discussione tra le parti. (2) Può inoltre essere impugnata con ricorso per cassazione una sentenza appellabile del tribunale, se le parti sono d'accordo per omettere l'appello; ma in tale caso l'impugnazione può proporsi soltanto a norma del primo comma, n. 3. Non sono immediatamente impugnabili con ricorso per cassazione le sentenze che decidono di questioni insorte senza definire, neppure parzialmente, il giudizio. Il ricorso per cassazione avverso tali sentenze può essere proposto, senza necessità di riserva, allorché sia impugnata la sentenza che definisce, anche parzialmente, il giudizio. Le disposizioni di cui al primo comma e terzo comma si applicano alle sentenze ed ai provvedimenti diversi dalla sentenza contro i quali è ammesso il ricorso per cassazione per violazione di legge".

[405] "Contro le sentenze e contro i provvedimenti sulla libertà personale, pronunciati dagli organi giurisdizionali ordinari o speciali, è sempre ammesso ricorso in Cassazione per violazione di legge".

[406] CPC italiano: *"Art. 360-bis (Inammissibilità del ricorso)* Il ricorso è inammissibile: 1) quando il provvedimento impugnato ha deciso le questioni di diritto in modo conforme alla giurisprudenza della Corte e l'esame dei motivi non offre elementi per confermare o mutare l'orientamento della stessa; 2) quando è manifestamente infondata la censura relativa alla violazione dei princìpi regolatori del giusto processo".

resultado terminou por não agradar a ninguém.[407] Pelo chamado "filtro", considera-se inadmissível o recurso quando: a) a decisão recorrida estiver em conformidade com a jurisprudência da Corte e os argumentos postos não sejam capazes de modificá-la; ou b) quando a argumentação recursal de violação ao devido processo for manifestamente infundada. Quanto ao primeiro caso, a norma não qualifica a "jurisprudência", nem o ordenamento sistematiza as hipóteses de vinculatividade dos precedentes, o que gera dúvidas decorrentes da hiperatividade da Corte e da variação injustificada de suas decisões. Quanto à segunda hipótese, qualificou-se um caso específico de evidente improcedência (que já permitia antes a adoção de um rito simplificado),[408] havendo assim uma sobreposição que originou interpretações diversas sobre os casos de sua aplicação. Não se entrará aqui nos detalhes desses debates, que desviariam o foco do presente estudo.

Há dois tipos de rito na Corte: o cameral (sem argumentos orais) e o ordinário (com argumentos orais). Para determinar o rito a seguir, os casos, ao entrar no tribunal, passam pela *apposita sezione*, apelidada pela doutrina de "seção filtro", com exceção dos casos de competência das "seções unidas", grupos de seções que se reúnem para prevenir divergências ou para resolver assuntos de especial importância. Tal seção compõe-se de integrantes das outras seções da Corte, e por isso se trata de um mecanismo concentrado, diferente do sistema francês, em que a seleção inicial é feita por uma formação restrita do mesmo órgão competente para julgar o mérito, o que evita o trânsito do processo por diversos órgãos. A "seção filtro" pode: a) declarar o recurso liminarmente inadmissível (art. 360-bis do CPC); b) determinar o rito cameral (simplificado) nas hipóteses do art. 375 do CPC, como desistência e outras; ou c) determinar o rito ordinário, com marcação de audiência.

O ponto que interessa mais de perto ao presente tópico é que, em 22.3.2011, o Presidente da Corte editou uma "medida sobre a motivação simplificada das sentenças e despachos decisórios cíveis",[409] na qual

---

[407] Sobre o tema, cf. GIANNINI, Leandro. *El certiorari*: la jurisdicción discrecional de las Cortes Supremas. La Plata: Librería Editora Platense, 2016. t. I, p. 374-387.

[408] Conforme art. 375 do CPC italiano (*Pronuncia in camera di consiglio*).

[409] Texto original disponível em: http://www.Cortedicassazione.it/cassazione-resources/resources/cms/documents/20110322_Provvedimento_motivazione_semplificata.pdf. Acesso em: 31 maio 2017. Tradução feita a pedido do autor por Aline Vasconcellos Leal.

C O N V I D A Todos os colegas das seções cíveis, *quando forem chamados a decidir sobre recursos que não exigem o exercício da função de nomofilaquia* ou que levantam questões jurídicas cuja solução comporta a aplicação de princípios jurídicos já afirmados pela Corte e aprovados pelo conselho, a redigirem uma sentença (ou um despacho de conteúdo decisório) "em motivação simplificada", de tipo extremamente sintético com referência aos vícios de motivação, ou com apelo aos semelhantes precedentes em caso de apresentação de questões jurídicas já resolvidas pela jurisprudência da Corte, estabelecido que a motivação simplificada também deve fornecer uma explicação clara da *ratio decidendi*, referida especificamente ao fato concreto decidido (não podendo, portanto, esgotar-se na adoção de fórmulas de estilo aplicáveis a cada fato concreto), mesmo se expressa com a maior síntese possível e *sem as argumentações exigidas pela motivação de uma decisão que constitui o exercício da função de nomofilaquia.*[410]

A adoção dessa "motivação simplificada" deve ser expressamente indicada para deixar claros os casos em que "a Corte não exerceu a função de nomofilaquia, de tal modo facilitando a atividade do Gabinete do *Massimario*[411] na *seleção dos pronunciamentos a não serem encaminhados ao processo de extração dos princípios [massimazione]".*[412]

---

[410] "*I N V I T A* Tutti i collegi delle sezioni civili, quando sono chiamati a decidere su ricorsi che non richiedono l'esercizio della funzione di nomofilachia o che sollevano questioni giuridiche la cui soluzione comporta l'applicazione di principi giuridici già affermati dalla Corte e condivisi dal collegio, a redigere una sentenza (o un'ordinanza a contenuto decisorio) 'a motivazione semplificata', di tipo estremamente sintetico con riferimento ai vizi di motivazione, o con richiamo dei precedenti conformi in caso di prospettazione di questioni giuridiche già risolte dalla giurisprudenza della Corte, fermo restando che anche la motivazione semplificata deve comunque fornire una spiegazione chiara della *ratio decidendi*, riferita specificamente alla fattispecie decisa (non potendosi esaurire quindi nell'adozione di formule di stile applicabili ad ogni fattispecie), pure se espressa con la maggiore sintesi possibile e senza le argomentazioni richieste dalla motivazione di una decisione costituente esercizio della funzione di nomofilachia".

[411] O *Ufficio del Massimario e del Ruolo* funciona na *Corte Suprema di Cassazione*, competindo-lhe, entre outras atribuições, auxiliar o exercício da função nomofilática da Corte, a partir da leitura, seleção e extração de princípios ou "máximas" (*massimazione*) dos julgados. Suas atribuições estão previstas no §60 e seguintes da *Tabella di Organizzazione* da Corte, disponível em: http://www.Cortedicassazione.it/cassazione-resources/resources/cms/documents/Tabella_di_organizzazione.pdf. Acesso em: 2 jun. 2017. Sobre o tema, cf. TARUFFO, Michele. Precedente e jurisprudência. Trad. Chiara de Teffé. *Civilistica. com*, a. 3, n. 2, p. 4-5, jul./dez. 2014. Disponível em: http://civilistica.com/precedente-e-jurisprudencia/. Acesso em: 24 jul. 2017.

[412] "[...] ritenuto opportuno che l'opzione del collegio in favore della redazione della motivazione in forma semplificata sia documentata attraverso un'esplicita indicazione sia nel dispositivo interno, redatto sull'apposito modulo predisposto dalla cancelleria, che nel corpo della sentenza o dell'ordinanza a contenuto decisorio, allo scopo di favorire la diffusione di tale tecnica motivazionale e di segnalare, con scelta responsabile del collegio,

Em 2016 a Corte editou novos atos sobre o tema, inclusive com adoção da "motivação simplificada" também para as sentenças penais (Decretos nºs 84/2016[413] e 136/2016[414]).

Há, portanto, uma pretensão de "simplificar" a motivação fora dos casos em que a Corte exerce sua função nomofilática, isto é, quando não está a criar precedentes, o que confirma a ideia desta exposição: é preciso calibrar a motivação das decisões das Cortes Supremas que não criam precedentes, casos que não são nem mesmo submetidos ao processo de extração dos princípios (*"massimazione"*). "[A] atenuação da motivação que se propicia na resolução referida é vista como um caminho para aliviar os efeitos nocivos que produz, nos tempos do processo, a superexposição da Corte de Cassação à resolução de dezenas de milhares de expedientes por ano".[415] A calibragem feita pela Corte de Cassação italiana, contudo, não tem sido bastante para atenuar a carga de trabalho e melhorar o funcionamento do tribunal. Ao menos na área cível, apesar da reforma do CPC em 2009 e da resolução sobre a motivação simplificada de 2011, as estatísticas permanecem relativamente estáveis há mais de dez anos: recebimento e baixa de cerca de 30.000 casos/ano e estoque de mais 100.000.[416]

Uma Corte Suprema não pode pretender unificar a interpretação do direito quando os diferentes órgãos que a integram proferem dezenas de milhares de decisões motivadas todos os anos: quando isso ocorre, "o risco de inconsistências aumenta dramaticamente, o conhecimento da jurisprudência da Alta Corte por parte dos diversos operadores

---

che la Corte non ha esercitato la funzione di nomofilachia, in tal modo agevolando l'attività dell'Ufficio del massimario nella *selezione delle pronunce da non avviare alla massimazione*" (destaques acrescentados).

[413] ITÁLIA. Corte Suprema di Cassazione. *Provvedimento sulla motivazione semplificata di sentenze penali.* 8 jun. 2016. Disponível em: https://www.Cortedicassazione.it/cassazione-resources/resources/cms/documents/Provvedimento_motivazione_sentenze_penali_84. pdf. Acesso em: 16 fev. 2021.

[414] ITÁLIA. Corte Suprema di Cassazione. *La motivazione dei provvedimenti civili: in particolare, la motivazione sintetica.* 14 set. 2016. Disponível em: https://www.Cortedicassazione. it/cassazione-resources/resources/cms/documents/Provvedimento_motivazione_ provvedimenti_civili_136.pdf. Acesso em: 16 fev. 2021.

[415] GIANNINI, Leandro. *El certiorari:* la jurisdicción discrecional de las Cortes Supremas. La Plata: Librería Editora Platense, 2016. t. I, p. 387. Tradução livre do autor. No original: "la atenuación de la motivación que se propicia en la resolución referida, es vista como un camino para paliar los nocivos efectos que produce, en los tiempos del proceso, la sobreexposición de la Corte de Cassación a la resolución de decenas de miles de expedientes por año".

[416] GIANNINI, Leandro. *El certiorari:* la jurisdicción discrecional de las Cortes Supremas. La Plata: Librería Editora Platense, 2016. t. I, p. 340-341.

jurídicos se desvanece, e se expande a limites desproporcionais a demora na resolução final da causa".[417] Vale observar que Michele Taruffo, um dos maiores processualistas italianos, que analisou com profundidade todas as nuances do dever de motivação em sua obra clássica *La motivazione della sentenza civile*, publicada pela primeira vez em 1975 – na qual defendeu a tese de que a sentença não motivada é juridicamente inexistente, e não "meramente" nula –,[418] afirma a compatibilidade dos filtros de relevância com as garantias fundamentais do processo, o que inclui a da motivação, prevista no art. 111, §6, da Constituição italiana.[419] Ressalta o mestre italiano, no prólogo à obra de Leandro Giannini:

> Nesta primeira parte da obra, Giannini também desenvolve uma análise exaustiva da possível compatibilidade dos métodos de seleção de recursos com as garantias fundamentais do processo, e argumenta com razão em sentido afirmativo. Sem entrar em detalhes, quero assinalar que – contrariamente ao que se diz com frequência – a seleção de recursos perante a Corte Suprema também é compatível com normas que – como o art. 111 da Constituição Italiana – garantem a todos o direito de a ela recorrer por violação à lei. O que na verdade se garante é o direito de recorrer, ou seja, o direito de interpor o recurso, mas não o direito de obter em cada caso uma decisão sobre o mérito da impugnação.[420]

Para não tornar cansativa a exposição, é oportuno encerrar o presente tópico e retornar ao STF a partir do capítulo seguinte. Procurou-se

---

[417] GIANNINI, Leandro. *El certiorari*: la jurisdicción discrecional de las Cortes Supremas. La Plata: Librería Editora Platense, 2016. t. I, p. 373-374. Tradução livre. No original, referindo-se à Corte italiana: "cuando un tribunal de dichas características dicta más de 30.000 sentencias por año, el riesgo de inconsistencias aumenta dramáticamente, el conocimiento de la jurisprudencia del Alto cuerpo por parte de los diversos operadores jurídicos se desvanece y se expande a límites desproporcionados la demora en la resolución final de la causa".

[418] TARUFFO, Michele. *A motivação da sentença civil*. Tradução de Daniel Mitidiero, Rafael Abreu e Vitor de Paula Ramos. São Paulo: Marcial Pons Brasil, 2015. p. 383-386.

[419] "Tutti i provvedimenti giurisdizionali devono essere motivati".

[420] TARUFFO, Michele. Prólogo. *In*: GIANNINI, Leandro. *El certiorari*: la jurisdicción discrecional de las Cortes Supremas. La Plata: Librería Editora Platense, 2016. t. I, p. 20. Tradução livre do autor. No original: "En esta primera parte de la obra Giannini también desarrolla un análisis exaustivo de la posible compatibilidad de los métodos de selección de recursos con las garantías fundamentales del proceso, y argumenta con razón en sentido afirmativo. Sin entrar en detalles, quiero señalar que – contrariamente a lo que a menudo se dice – la selección de los recursos ante la Corte Suprema también es compatible con normas que – como el artículo 111 de la Constitución Italiana – garantizan a todos el derecho de recurrir en Casación (por violación de la ley). Lo que en realidad se garantiza es el derecho de recurrir, o sea, el derecho a interponer un recurso, pero no el derecho de obtener en cada caso una decisión sobre el mérito de la impugnación".

demonstrar nos itens anteriores que decisões judiciais motivadas apresentam uma vocação natural para servir como precedentes, porque motivar significa dar razões (enunciados universais) aplicáveis, em tese, a pelo menos mais de uma situação, e que, por isso, têm a pretensão de reger casos semelhantes (item 2.1). Isso é especialmente verdadeiro quando se trata das decisões motivadas das Cortes Supremas, órgãos situados no topo da organização judiciária, com a competência de dar a última palavra formal na resolução dos casos que lhe são submetidos, e que, por isso, são um local privilegiado para a criação de precedentes (item 2.2). Em razão dessas circunstâncias, e como forma de preservar suas funções e sua autoridade institucional, tais Cortes necessitam de mecanismos moderadores da criação de precedentes – isto é, de uma calibragem na motivação das decisões negativas de seus filtros de relevância –, a fim de que seus pronunciamentos não sejam banalizados e possam ser observados e seguidos (item 2.3).

No exercício dos seus filtros de relevância, foi visto que a Suprema Corte dos EUA e o Tribunal Constitucional Federal alemão não são obrigados a motivar as decisões pelas quais inadmitem pedidos, desde que o façam por *quorums* qualificados. Na Corte de cassação francesa, a inadmissão pode ocorrer por decisões "não especialmente motivadas" (CPC francês, art. 1.014), prática já validada pela Corte Europeia de Direitos Humanos. No Reino Unido, as justificativas da Suprema Corte para denegar a *permission to appeal* são genéricas e não possuem valor como precedente. Na Argentina, a inadmissibilidade de recursos extraordinários pela Suprema Corte pode ocorrer apenas com a invocação do art. 280 do CPC. E a Corte de Cassação italiana, embora não conte com um filtro próprio de relevância, busca simplificar a motivação das decisões que não exercem função nomofilática.

Nesse sentido, os filtros de relevância parecem ser uma forma de administrar não apenas a carga de trabalho, mas também a tensão existente entre o universalismo e o particularismo nas Cortes Supremas, a partir da relevância das questões tratadas: reconhecida a relevância, profere-se uma decisão motivada que se universaliza; do contrário, inadmite-se o recurso, mantendo-se a decisão particular dada pela instância recorrida, sem prejuízo da possibilidade de revisitar o tema no futuro, quando se poderá proferir uma decisão universalizável.[421]

---

[421] Sobre o tema, cf. PEREIRA, Paula Pessoa. *Legitimidade dos precedentes*: universabilidade das decisões do STJ. São Paulo: Revista dos Tribunais, 2014. p. 79-133. Destacam-se os seguintes trechos: "Para o universalismo, a relevância das razões é uniforme para todos os

No próximo capítulo, o objetivo é demonstrar que esse modo de trabalho é compatível com a sistemática da repercussão geral atualmente vigente no direito brasileiro.

---

casos em que as mesmas características e circunstâncias se apresentam. E, neste sentido, é universal porque as razões têm sua fonte em normas e estas são conteúdos de condições universais. Ao contrário, para o particularismo, a existência de razões é sempre relativa às propriedades que se apresentem relevantes num dado caso concreto, não a normas universais. [...] particularismo e universalismo são apenas facetas de como tomamos decisões em um ambiente institucional ao longo do tempo. A decisão judicial deve ter a pretensão de ser universalizável, mas sempre haverá uma dialética entre as normas jurídicas definidas e os novos conjuntos de fatos e argumentos que se apresentam. E isso faz parte do desenho institucional do processo, que, ao contrário de ter a pretensão de abolir ou negar o particular, favorece o permanente diálogo entre a pretensão universal e os particulares, retomando estes para a criação de novos espaços universais. [...] Ainda assim, resultados errôneos serão produzidos, mas, como ocorre com toda escolha, assumimos os riscos e erros que com ela podem advir, e assim fazemos porque igualmente temos consciência que o problema de unir o melhor dos dois mundos de forma completa é objetivo inatingível, na medida em que temos as limitações da falibilidade humana. Ademais, o direito, por ser uma prática social, é formado justamente por esta perene tensão entre o universal e o particular, entre a restrição e a dominação da contingência e a defesa da heteronomia democrática". (PEREIRA, Paula Pessoa. *Legitimidade dos precedentes*: universabilidade das decisões do STJ. São Paulo: Revista dos Tribunais, 2014. p. 79, 127 e 132-133).

CAPÍTULO 3

A NEGATIVA DE REPERCUSSÃO GERAL COMO INSTRUMENTO DE SELEÇÃO QUALITATIVA DE RECURSOS EXTRAORDINÁRIOS

Até aqui, a exposição concentrou-se em demonstrar que a repercussão geral, tal como formalmente praticada no Brasil ao menos até 2020, tem se limitado a um instrumento de resolução de demandas repetitivas muito pouco utilizado, o que vem ensejando a superutilização de um filtro de relevância informal ou oculto (capítulo 1). Em seguida, procurou-se expor que a motivação das decisões judiciais, por sua própria natureza, expande o seu alcance para outros casos, especialmente quando se trata das Cortes Supremas, de modo que nelas é mais do que necessário contar com mecanismos de moderação da criação de precedentes, como são os filtros de relevância (capítulo 2). Neste capítulo, busca-se demonstrar que o direito brasileiro vigente é compatível com a utilização da repercussão geral como instrumento de seleção qualitativa de recursos extraordinários – como foi reconhecido no RI/STF pela ER nº 54/2020 –, e não apenas para a resolução de casos repetitivos.

Para tanto, é preciso começar por reconhecer que a repercussão geral é um instrumento de graduação inevitavelmente discricionária da relevância que todas as questões constitucionais possuem em algum grau (item 3.1). Em razão disso, o *quorum* de dois terços funciona como um contrapeso destinado a dificultar eventual exercício arbitrário do poder discricionário de negar repercussão geral (item 3.2). Pretende-se ainda refutar algumas possíveis objeções ao uso da repercussão geral como instrumento de seleção qualitativa de recursos extraordinários, de modo a reforçar sua compatibilidade com o direito brasileiro vigente, notadamente a Constituição e o CPC (item 3.3). Se tais argumentos forem convincentes, é possível concluir que os obstáculos que se apresentam a um uso mais produtivo da repercussão geral não são de natureza jurídica (item 3.4). É o que se expõe.

3.1 A repercussão geral como graduação inevitavelmente discricionária da relevância que todas as questões constitucionais possuem em algum grau

A repercussão geral tem uma dimensão intrinsecamente comparativa, a qual reconhece que, embora todas as questões jurídicas possuam algum grau de relevância – especialmente as de natureza constitucional –, isso não significa que todas devam ser tratadas com o mesmo nível de prioridade, nem que seja possível motivar analiticamente dezenas de milhares de comparações de relevância (item 3.1.1). Também por isso, deve-se reconhecer o caráter discricionário do juízo de atribuição ou não de repercussão geral (item 3.1.2), como segue.

3.1.1 A dimensão comparativa da repercussão geral: a impraticabilidade de motivar analiticamente milhares de comparações de relevância

É possível encontrar na doutrina brasileira uma espécie de "conceito ontológico" de repercussão geral, como se se tratasse de algo que preexiste no mundo e está apenas à espera de ser descoberto. Nesse sentido, referindo-se à repercussão geral, Bruno Dantas afirma que:

> [...] *a decisão do STF tão somente declara o que a natureza das coisas determina.* As questões constitucionais têm ou não têm repercussão geral em razão de diversos *fatores concernentes* à *sua essência,* ao grupo social considerado, ao momento histórico, político e econômico vivenciado pelo grupo social, etc., *e isso independe da vontade dos membros do STF.*
>
> A nosso ver, a repercussão geral tem o condão de reforçar a função do STF como poderoso catalisador de sentimentos da sociedade, pois, diante do novo instituto, seus membros têm, agora com ainda mais razão, o dever de manter aguda sensibilidade para *detectar* em casos corriqueiros questões de interesse fundamental da sociedade inteira ou de largos segmentos dela.

De fato, pode efetivamente ocorrer – sem que, todavia, isso altere o que estamos a afirmar – de o STF *negar o que o mundo empírico lhe revela, reconhecendo repercussão geral onde não existe ou não a vislumbrando onde ela está presente.* Tratar-se-ia, à evidência, de decisão mais que *contra legem*, pois o texto violado é nada menos do que a Carta Política, e, embora possível em tese, não vem ao caso conjecturar como seria o mundo se o guardião máximo da Constituição fizesse tábula rasa dela.[422]

Trata-se de uma forma de defender o ponto de vista segundo o qual não há discricionariedade na apreciação do requisito: uma questão ou bem seria dotada de repercussão geral ou não seria, cabendo ao STF apenas "declarar", "detectar" ou "reconhecer" esse fato.[423] No entanto, há outra forma possível de ver o instituto.

---

[422] DANTAS, Bruno. *Repercussão geral.* 3. ed. São Paulo: Revista dos Tribunais, 2012. p. 231-232 (destaques acrescentados).

[423] Também no sentido da inexistência de discricionariedade na atividade de aplicação do requisito da repercussão geral *in concreto, v.g.*: GOMES JÚNIOR, Luiz Manoel. *Arguição de relevância*: a repercussão geral das questões constitucional e federal. Rio de Janeiro: Forense, 2001. p. 75-80; GOMES JÚNIOR, Luiz Manoel. A repercussão geral da questão constitucional no recurso extraordinário. *Revista de Processo*, ano 30, n. 119, p. 104, jan. 2005; ALVIM, Arruda. A Emenda Constitucional 45 e a repercussão geral. *Revista de Direito Renovar*, Rio de Janeiro, v. 31, p. 75-130, jan./abr. 2005, p. 110. (reconhecendo, no entanto, que o filtro dá ao STF um poder político); STRECK, Lenio Luiz. A 'repercussão geral das questões constitucionais' e a admissibilidade do recurso extraordinário: a preocupação do constituinte com as 'causas irrelevantes'. *In*: AGRA, Walber de Moura (Coord.). *Comentários à reforma do Poder Judiciário.* Rio de Janeiro: Forense, 2005. p. 134-137; TUCCI, José Rogério Cruz e. A 'repercussão geral' como pressuposto de admissibilidade do recurso extraordinário. *Revista dos Tribunais*, v. 848, p. 60-65, jun. 2006; THEODORO JÚNIOR, Humberto. Repercussão geral no recurso extraordinário (Lei nº 11.418) e Súmula Vinculante do Supremo Tribunal Federal (Lei nº 11.417). *Revista Magister de Direito Civil e Processual Civil*, ano III, n. 18, p. 10-13, maio/jun. 2007; WAMBIER, Luiz Rodrigues; WAMBIER, Teresa Arruda Alvim; MEDINA, José Miguel Garcia. *Breves comentários à nova sistemática processual civil.* São Paulo: Revista dos Tribunais, 2007. p. 242-245; TALAMINI, Eduardo. Repercussão geral em recurso extraordinário: nota sobre sua regulamentação. *Revista Dialética de Direito Processual*, n. 54, p. 58, set. 2007; PORTO, Sérgio Gilberto; USTÁRROZ, Daniel. A repercussão geral das questões constitucionais no recurso extraordinário (inovações procedimentais da Lei nº 11.418 e na Emenda Regimental nº 21 do STF). *In*: ASSIS, Araken *et al. Direito civil e processo*: estudos em homenagem ao professor Arruda Alvim. São Paulo: Revista dos Tribunais, 2007. p. 1499; COUTO, Mônica Bonetti. Repercussão geral da questão constitucional: algumas notas reflexivas. *In*: ASSIS, Araken *et al. Direito civil e processo*: estudos em homenagem ao professor Arruda Alvim. São Paulo: Revista dos Tribunais, 2007. p. 1377; KOZIKOSKI, Sandro Marcelo. A repercussão geral das questões constitucionais e o juízo de admissibilidade do recurso extraordinário (Lei nº 11.418/2006). *Cadernos de soluções constitucionais*, n. 3, p. 412, 2008; MENEZES, Isabella Ferraz Bezerra de. A repercussão geral das questões constitucionais como mecanismo de contenção recursal e requisito de admissibilidade do recurso extraordinário. *Revista da ESMAPE*, v. 13, n. 28, p. 268-271, jul./dez. 2008; COELHO, Gláucia Mara. *Repercussão geral*: da questão constitucional no processo civil brasileiro. São Paulo: Atlas, 2009. p. 102-106; AZEM, Guilherme Beux Nassif. *Repercussão geral da questão constitucional no recurso*

extraordinário. Porto Alegre: Livraria do Advogado, 2009. p. 71-76; LOR, Encarnacion Alfonso. *Súmula vinculante e repercussão geral*. São Paulo: Revista dos Tribunais, 2009, p. 50-51; SOUZA, Camila Mutran de. A repercussão geral no recurso extraordinário – investigação dos aspectos processuais civis decorridos do advento da Lei nº 11.418/2006. *Revista LTr*, ano 73, n. 5, p. 586, maio 2009; CALDAS, Natália Cabral Alves Toscano. Da arguição de repercussão geral em sede de recurso extraordinário. *Revista da ESMAPE*, v. 14, n. 29, p. 343-344, jan./jun. 2009; OLIVEIRA, Guilherme José Braz de. *Repercussão geral das questões constitucionais e suas conseqüências para o julgamento do recurso extraordinário*. 2009. Dissertação (Mestrado em Direito Processual) – Faculdade de Direito, Universidade de São Paulo, São Paulo 2009. Disponível em: http://www.teses.usp.br/teses/disponiveis/2/2137/tde-16042010-124802/pt-br.php. Acesso em: 18 jul. 2017. p. 178. Disponível em: http://www.teses.usp.br/teses/disponiveis/2/2137/tde-16042010-124802/pt-br.php. Acesso em: 18 jul. 2017; CONCENTINO, Luciana de Castro. A nova sistemática do recurso extraordinário. *Revista IOB de Direito Civil e Processual Civil*, n. 61, p. 124, set./out. 2009; SILVA, Márcio Henrique Mendes da; VILHENA, Walter Luis. Repercussão geral no recurso extraordinário: práxis e ethos. *In*: FIGUEIREDO, Guilherme José Purvin de; BARROS, Marcos Ribeiro de. *Estudos jurídicos em homenagem ao Ministro Sepúlveda Pertence*. São Paulo: Letras Jurídicas, 2009. p. 119 e 125; COSTA, Regina Helena. Repercussão geral em matéria tributária: primeiras reflexões. *In*: PAULSEN, Leandro (Coord.). *Repercussão geral no recurso extraordinário*: estudos em homenagem à Ministra Ellen Gracie. Porto Alegre: Livraria do Advogado, 2011. *e-book.*, p. 121; RIBEIRO, Flávia Pereira. A repercussão geral no recurso extraordinário. *Revista de Processo*, v. 197, p. 447-467, jul. 2011; BELMONTE, Luciana Lombas. A repercussão geral, a interpretação subjetiva e o prejuízo dos julgamentos por amostragem no caso concreto. *Decisório Trabalhista*, n. 205, p. 14-15, ago. 2011; RAMOS, Carlos Henrique; CUNHA, Paulo Eduardo Ramos Mendes da. Perspectivas atuais da repercussão geral no recurso extraordinário. *Revista Dialética de Direito Processual*, n. 102, p. 15-16, set. 2011; MARINONI, Luiz Guilherme; MITIDIERO, Daniel. *Repercussão geral no recurso extraordinário*. 3. ed. São Paulo: Revista dos Tribunais, 2012. p. 41-42; ANGELIS, Daniela de. Writ of certiorari e repercussão geral no recurso extraordinário: considerações acerca da discricionariedade das Supremas Cortes norte-americana e brasileira. *Publicações da Escola da AGU*, n. 16, p. 117-130, mar. 2012. Disponível em: https://seer.agu.gov.br/index.php/EAGU/article/view/1651/1333. Acesso em: 10 nov. 2021. RODRIGUES, Valdeleuse Marnie da Silva. Repercussão geral no recurso extraordinário. *Boletim Científico ESMPU*, n. 39, p. 67-75, jul./dez. 2012; OLIVEIRA, Pedro Miranda de. *Recurso extraordinário e o requisito da repercussão geral*. São Paulo: Revista dos Tribunais, 2013. p. 288-290; SÁ, Danielle Carlomagno Gonçalves de. *A repercussão geral da questão constitucional*: uma análise crítica. 2014. Dissertação (Mestrado em Direito Processual) – Universidade de São Paulo, São Paulo, 2014. Disponível em: http://www.teses. usp.br/teses/disponiveis/2/2137/tde-26022015-161417/pt-br.php. Acesso em: 21 jul. 2017. p. 51-53; AURELLI, Arlete Inês. Uma revisita ao tema da repercussão geral como requisito de admissibilidade do recurso extraordinário. *In*: FUX, Luiz; FREIRE, Alexandre; DANTAS, Bruno (Coords.). *Repercussão geral da questão constitucional*. Rio de Janeiro: Forense, 2014. p. 94-95; GOMES JÚNIOR, Luiz Manoel; GAJARDONI, Fernando da Fonseca. Anotações sobre a repercussão geral nos recursos extraordinário e especial. *In*: FUX, Luiz; FREIRE, Alexandre; DANTAS, Bruno (Coords.). *Repercussão geral da questão constitucional*. Rio de Janeiro: Forense, 2014. p. 459-461; WAMBIER, Teresa Arruda Alvim; WAMBIER, Luiz Rodrigues. Repercussão geral: como transformá-la num instituto adequado à magnitude da missão de uma Corte Superior? *In*: FUX, Luiz; FREIRE, Alexandre; DANTAS, Bruno (Coords.). *Repercussão geral da questão constitucional*. Rio de Janeiro: Forense, 2014. p. 622-625; MANCUSO, Rodolfo de Camargo. *Recurso extraordinário e recurso especial*. 13. ed. São Paulo: Revista dos Tribunais, 2015. p. 211; FREITAS JÚNIOR, Horival Marques de. *Repercussão geral das questões constitucionais*: sua aplicação pelo Supremo Tribunal Federal. São Paulo: Malheiros, 2015. p. 130-133; MADRUGA, Tatiana Cláudia Santos Aquino. *O filtro da repercussão geral nos recursos extraordinários por meio da análise dos temas julgados pelo Supremo Tribunal Federal*. 2015. 254 p. Dissertação (Mestrado em Direito Processual) – Centro de Ciências Jurídicas e Econômicas, Universidade Federal do Espírito Santo,

É preciso começar pela recordação de que o direito, por definição, não cuida de assuntos irrelevantes: o contrário seria um contrassenso, até porque as sanções jurídicas em geral impõem-se coercitivamente, a partir do uso de um aparato estatal, o que evidencia sua relevância social. Essa constatação tem raízes ao menos tão antigas quanto a máxima latina *de minimis non curat lex* e é precisamente um dos argumentos invocados contra a implantação de filtros de relevância. Ao manifestar-se contrariamente à antiga arguição de relevância do STF, afirmou Calmon de Passos, em 1977:

> Kelsen, com sua genial acuidade, demonstrou que desde o momento em que uma norma de direito protege um interesse particular, esta proteção já constitui, por si mesma, um interesse geral, público, conseguintemente. Por outro lado, com referência a cada norma de Direito Administrativo ou Penal, tipicamente ramos do Direito Público, pode-se determinar a existência de um interesse particular cuja proteção é objeto da norma. Todo preceito jurídico, por conseguinte, é expressão de um interesse público e protege um interesse particular.

> Assim sendo, a exata aplicação do direito objetivo ao caso concreto é interesse não dos sujeitos em conflito, interesse meramente particular ou exclusivamente privado, mas interesse, também, de ordem geral, interesse público. Por força disso, em boa teoria, toda injustiça num caso concreto, no sentido de inexata aplicação do direito ao fato reconstituído processualmente, ou inexata reconstituição do fato, toda má aplicação do direito é violação de interesse da comunidade, público, portanto, e de ordem geral. [...]

Vitória, 2015. Disponível em: http://repositorio.ufes.br/bitstream/10/1628/1/O%20filtro%20da%20repercussao%20geral%20nos%20recursos%20extraordinarios%20por%20meio%20da%20analise%20dos%20temas%20julgados%20pelo%20supremo%20tribunal%20federal.pdf. Acesso em: 23 jul. 2017. p. 76 e 87; SILVEIRA, José Néri da. Reflexos da exigência de 'repercussão geral das questões constitucionais discutidas no caso' sobre a natureza e a amplitude do recurso extraordinário. *Revista do Tribunal Regional Federal da 4ª Região*, a. 26, n. 88, p. 31-32, 2015. COSTA, Arthur de Oliveira Calaça; OLIVEIRA, Karen França de. A análise do requisito de admissibilidade da repercussão geral nos recursos extraordinários pelo STF, dever de fundamentação e sua relação com o writ of certiorari norte-americano. *Revista dos Estudantes de Direito da UnB*, n. 12, 2016. MELLO, Marco Aurélio. Juízo de admissibilidade do recurso extraordinário no novo Código de Processo Civil. *In*: MENDES, Aluísio Gonçalves de Castro *et al*. *O novo processo civil brasileiro*: temas relevantes – estudos em homenagem ao professor, jurista e ministro Luiz Fux. v. II. Rio de Janeiro: GZ, 2018, p. 209. MATTA, Darilê Marques da. Repercussão geral no Supremo Tribunal Federal. Florianópolis: Empório do Direito, 2018, p. 197. MARTINS, Leonardo. Questões constitucionais na ordem processual: entre a repercussão geral e a tutela de direitos fundamentais individuais. *Espaço Jurídico*. Joaçaba, v. 20, n. 1, 2019, p. 55 (entendendo que a discricionariedade não poderia ser instituída, sob pena de violação ao art. 60, §4º, IV, da Constituição).

Na verdade, perquirir-se da relevância da questão para admitir-se o recurso é consequência da irrelevância do indivíduo aos olhos do poder instituído. Considerar-se de pouca valia a lesão que se haja ilegitimamente infligido à honra, à vida, à liberdade ou ao patrimônio de alguém, ou a outros bens que lhe sejam necessários ou essenciais é desqualificar-se a pessoa humana.

Não há injustiça irrelevante! Salvo quando o sentimento de Justiça deixou de ser exigência fundamental na sociedade política. E quando isso ocorre, foi o Direito mesmo que deixou de ser importante para os homens. Ou quando nada para alguns homens – os poderosos.[424]

Sem prejuízo da correção teórica desse raciocínio e da eloquência da exposição, a implantação de filtros de relevância em escala mundial deve-se à constatação de que, se *todos* os assuntos forem vistos como *igualmente* relevantes, nada poderá ser realmente tratado como relevante, o que reverterá em prejuízo de todos, pois ninguém poderá contar com uma atuação tempestiva da Suprema Corte. Assim, embora todas as questões jurídicas possam ter a *sua carga* de relevância, ou ser relevantes em alguma medida, isso não implica que cada uma delas deva ser tratada exatamente com o mesmo grau de prioridade de todas as outras.[425]

Se é certo que o direito em geral, por definição, não cuida de assuntos irrelevantes, isso é especialmente verdadeiro para o direito constitucional.[426] Nada obstante, o requisito da repercussão geral

---

[424] PASSOS, J. J. Calmon de. Da arguição de relevância no recurso extraordinário. *Revista Forense*, v. 259, n. 889/891, p. 15-16, jul./set. 1977. Cf. ainda BECKER, L. A. Reflexões críticas sobre a arguição de relevância. *In*: BECKER, L. A.; SANTOS, E. L. Silva. *Elementos para uma teoria crítica do processo*. Porto Alegre: Sérgio Antônio Fabris, 2002. p. 85-93. Quanto à repercussão geral, crítica semelhante é feita por CUNHA, Sérgio Sérvulo da. O recurso extraordinário, a repercussão geral e a mula de Tales. *Cadernos de soluções constitucionais*, n. 3, p. 431-433, 2008.

[425] "Quando se diz que *tudo é importante*, disso normalmente resulta que *nada ou quase nada é tratado, ou melhor, pode ser tratado como realmente importante, até mesmo pela impossibilidade material, mesmo porque com isto ocorre a banalização definitiva do significado real de 'importante'*". (ALVIM, Arruda. A Emenda Constitucional 45 e a repercussão geral. *Revista de Direito Renovar*, Rio de Janeiro, v. 31, p. 75-130, jan./abr. 2005, p. 116).

[426] Antes mesmo da instituição da arguição de relevância, Victor Nunes Leal já afirmava que "Em princípio, qualquer problema de aplicação da lei é de interesse público. Mas, na prática, muitas questões têm repercussão limitada às partes, ou a pequeno número de casos, e há problemas legais cujas consequências são muito reduzidas, mesmo para as partes, servindo antes como pretexto para manobras protelatórias ou que visam a subtrair o mérito do litígio ao direito aplicável. [...] As questões constitucionais, por exemplo, são de alta relevância, porque está em discussão o direito fundamental do País". (LEAL, Victor Nunes. Aspectos da reforma judiciária. *In*: LEAL, Victor Nunes. *Problemas do direito público e outros problemas*. Brasília: Ministério da Justiça, 1997. v. 2, p. 88 (texto originalmente publicado em 1965).

refere-se a *questões constitucionais*, o que significa dizer que questões constitucionais podem ser qualificadas conforme se lhes atribua ou não repercussão geral. Essa também é uma das perplexidades que ronda o instituto, pois sua simples existência indicaria haver "questões constitucionais irrelevantes", o que seria como uma contradição em termos.[427] Não por outra razão, a antiga arguição de relevância não se aplicava a matérias constitucionais, entendimento que não se pode cogitar hoje, à luz do art. 102, §3º, da CF. Por isso, alguns autores têm como inconstitucional a instituição do requisito da repercussão geral pela EC nº 45/2004, seja por violação à cláusula pétrea do direito de acesso à justiça (CF, art. 5º, XXXV),[428] seja por violação à

---

[427] "[...] a admissão de que existem questões constitucionais irrelevantes seria a própria negação de boa parte da teoria da Constituição, que aponta o seu objeto de estudo como a essência e a fonte de validade de todo o ordenamento jurídico". (DANTAS, Bruno. *Repercussão geral*. 3. ed. São Paulo: Revista dos Tribunais, 2012. p. 34). Observações semelhantes podem ser lidas, *v.g.*, em: YARSHELL, Flávio Luiz. A reforma do Judiciário e a promessa de 'duração razoável do processo'. *Revista do Advogado*, São Paulo: AASP, ano XXIV, p. 28-29, abr. 2004; VIANA, Juvêncio Vasconcelos. Questão de repercussão geral (§3º do art. 102 da Constituição Federal) e a admissibilidade do recurso extraordinário. *Revista Dialética de Direito Processual*, n. 30, p. 75-76, set. 2005; ANDRADE, Milso Nunes Veloso de. A 'repercussão geral' como pressuposto de apreciação de recurso extraordinário: algumas considerações. *Revista Direito Público*, n. 22, p. 44-45, jul./ago. 2008; COÊLHO, Sacha Calmon Navarro. A repercussão geral no Supremo Tribunal Federal do Brasil – tema novo ou variação recorrente do papel das Supremas Cortes? In: PAULSEN, Leandro (Coord.). *Repercussão geral no recurso extraordinário*: estudos em homenagem à Ministra Ellen Gracie. Porto Alegre: Livraria do Advogado, 2011. e-book, p. 124; BUZINGNANI, Wilian Zendrini. *Aspectos modernos do recurso extraordinário*: repercussão geral e outros apontamentos. Curitiba: CRV, 2013. p. 80.

[428] Cf. *v.g.*: CUNHA JÚNIOR, Dirley da; MARTINS, Carlos Eduardo Behrmann Rátis. *EC nº 45*: comentários à reforma do Poder Judiciário. Salvador: JusPodivm, 2005. p. 44; BERALDO, Leonardo de Faria. A arguição de relevância da questão constitucional no recurso extraordinário sob o prisma da EC nº 45/2004. *Revista Síntese de Direito Civil e Processual Civil*, ano VI, n. 35, p. 139-153, maio/jun. 2005; AURELLI, Arlete Inês. Repercussão geral como requisito de admissibilidade do recurso extraordinário. *Revista de Processo*, v. 151, p. 140-149, set. 2007; SANTOS, Ivanilson Francisco dos. A repercussão geral como instrumento de limitação ao exercício do direito fundamental de livre acesso à jurisdição – definições e contornos jurídicos. In: *Pós-graduação em direito público – PUC Minas*. Brasília: Escola da Advocacia-Geral da União, 2010. p. 145-161; PEDRON, Flavio Quinaud. A EC nº 45/2004 e a inconstitucionalidade dos filtros recursais da transcendência e da repercussão geral. *Revista CEJ*, n. 53, p. 31-44, abr./jun. 2011; BRANT, Moema Barros. A repercussão geral das questões constitucionais e o acesso à jurisdição. In: CASTRO, João Antônio Lima; FREITAS, Sérgio Henriques Zandona (Coords.). *Direito processual*. Belo Horizonte: PUC Minas, 2011. p. 48-60. Uma variação da crítica invoca a inafastabilidade do controle jurisdicional, o juiz natural, o devido processo legal, o contraditório e a ampla defesa para considerar inconstitucional o art. 1.035 do CPC/2015 e faz uma *interpretação conforme* do art. 102, §3º, da CF, atribuindo ao recorrente apenas o ônus "ultraestrito" de apresentar oportunamente sua convicção acerca da existência de questão constitucional, a ser conhecida *ex officio* (MARTINS, Leonardo. Questões constitucionais na ordem processual: entre a repercussão geral e a tutela de direitos fundamentais individuais. *Espaço Jurídico*. Joaçaba, v. 20, n. 1, 2019, p. 21-72).

competência do STF para a guarda da Constituição, inclusive das questões constitucionais sem repercussão geral (CF, art. 102).[429] O constituinte, porém, pode restringir as hipóteses de cabimento de recursos extraordinários.[430] Assim, a melhor maneira de conceber a repercussão geral não é equipará-la a uma ferramenta aniquiladora de questões constitucionais, mas de *graduação* da relevância que todas possuem, em maior ou menor grau, de modo a permitir o tratamento prioritário das mais importantes.[431]

É certo que nem tudo pode ser reconhecido como relevante, sob pena de se desnaturar a própria razão de ser do filtro. Todo problema jurídico tem a *sua carga* de relevância e pode ser mesmo relevantíssimo para o recorrente. No entanto, é requisito de conhecimento do recurso extraordinário a existência de repercussão *geral*. Enquanto o recorrente só tem a visão do seu caso – e o correspondente ônus[432] de demonstrar a repercussão geral das questões constitucionais nele discutidas –, o Tribunal, por receber todos os recursos, tem a visão do conjunto, reunindo assim as condições e a competência para formular um juízo de relevância comparativo[433] que leve em conta o acervo recebido e os seus limites materiais de trabalho.

---

[429] BAHIA, Alexandre Gustavo Melo Franco; VECCHIATTI, Paulo Roberto Iotti. Inconstitucionalidade do requisito da repercussão geral do recurso extraordinário e da técnica do julgamento por pinçamento. *Revista dos Tribunais*, n. 911, p. 243-258, set. 2011.

[430] Nesse sentido, *v.g.*: BUENO, Cássio Scarpinella. Repercussão geral no projeto de novo Código de Processo Civil. *In*: PAULSEN, Leandro (Coord.). *Repercussão geral no recurso extraordinário*: estudos em homenagem à Ministra Ellen Gracie. Porto Alegre: Livraria do Advogado, 2011. *e-book*, p. 144.

[431] Em sentido diverso, José Guilherme Berman entende que a repercussão geral se refere aos "efeitos que a decisão do STF (e não a questão constitucional em si) poderá produzir sobre casos semelhantes". Isso porque não haveria questões constitucionais irrelevantes, ao menos do ponto de vista jurídico, razão pela qual o art. 543-A, §1º, do CPC/1973 e o art. 1.035, §1º, do CPC/2015 seriam inconstitucionais (BERMAN, José Guilherme. *Repercussão geral no recurso extraordinário*. 2. ed. Curitiba: Juruá, 2016. p. 139-140).

[432] Para uma defesa de que se trataria de um dever, e não de um ônus: FACHIN, Luiz Edson; FORTES, Luiz Henrique Krassuski. Fundamentação da repercussão geral da questão constitucional. *In*: DANTAS, Bruno *et al. Questões relevantes sobre recursos, ações de impugnação e mecanismos de uniformização da jurisprudência*. São Paulo: Revista dos Tribunais, 2017, p. 164.

[433] "Claro que se pode dizer que, para as partes envolvidas, *toda* causa seria 'relevante'. Se não fosse relevante, ela simplesmente não teria ido ao Judiciário, com todos os 'deleites' e custos que isso traz, por conta dela. Ainda mais se, nessa causa, supostamente houver a infringência a um comando constitucional! O ponto é, justamente, discutir-se se, para o resto do País, a causa também é relevante ou, mais do que isso, *o quanto* ela é relevante. A ninguém será lícito supor que *todas* as causas, apenas por ventilarem matéria constitucional, tenham exatamente *a mesma* relevância e exatamente *a mesma* repercussão no resto da Nação". (BRAGHITTONI, R. Ives. *Recurso extraordinário*: uma análise do acesso ao Supremo Tribunal Federal. São Paulo: Atlas, 2007. p. 78).

Não é por outra razão que, superado pela EC nº 45/2004 o debate sobre a conveniência ou não de instituir um filtro de relevância no Brasil, o art. 1.035, §9º, do CPC/2015 instituiu uma *preferência legal* para o julgamento dos recursos com repercussão geral reconhecida (ressalvados apenas os feitos com réu preso e os pedidos de *habeas corpus*), que deverá ocorrer em até um ano. Trata-se de uma exceção à regra geral do Código, segundo a qual os casos devem ser julgados, preferencialmente, conforme a ordem cronológica da conclusão (art. 12). Num sistema que preza pela celeridade e pela razoável duração do processo (CF, art. 5º, LXXVIII), esse senso de prioridade é reforçado pela suspensão de todos os processos, individuais ou coletivos, que versem sobre a questão com repercussão geral reconhecida e tramitem no território nacional (art. 1.035, §5º). Cabe notar que o §10 do art. 1.035 do CPC fazia cessar a suspensão dos processos caso não ocorresse o julgamento do tema pelo STF em um ano, mas a norma veio a ser revogada antes de sua entrada em vigor (Lei nº 13.256/2016).

Inequivocamente, portanto, os casos com repercussão geral reconhecida mereceram do legislador um tratamento prioritário. Se assim é, e se todas as controvérsias jurídicas têm a *sua carga* de relevância, conclui-se que a relevância de uma controvérsia deve ser analisada de forma comparativa,[434] para que se possa tratar prioritariamente aquilo que se considere mais relevante. Contrariamente, portanto, à noção aqui denominada de "ontológica", a repercussão geral não faz parte da "essência" ou da "natureza das coisas": ela não é um dado, mas um construído. Nada é relevante por si mesmo, e sim, mais ou menos relevante do que outra coisa, sob determinado ponto de vista (econômico, político, social, jurídico etc.), em certo momento histórico. Daí a natureza intrinsecamente comparativa da repercussão geral.

Tal como dispunha o art. 543-A, §1º, do CPC/1973, o art. 1.035, §1º, do CPC/2015 prevê que "[p]ara efeito de repercussão geral, será considerada a existência ou não de questões relevantes do ponto de vista econômico, político, social ou jurídico que ultrapassem os interesses subjetivos do processo". Trata-se de fórmula assemelhada à da antiga arguição de relevância, prevista no art. 327, §1º, do RI/STF (Redação da ER nº 2/1985): "[e]ntende-se relevante a questão federal

---

[434] Nesse sentido: "a repercussão geral deve ser atribuída dentro de um contexto comparativo". (BARROSO, Luís Roberto. Prefácio: quando menos é mais: repensando a jurisdição constitucional brasileira. *In*: GIACOMET, Daniela Allam e. *Filtros de acesso a Cortes constitucionais*. Brasília: Gazeta Jurídica, 2017. p. IX).

que, pelos reflexos na ordem jurídica, e considerados os aspectos morais, econômicos, políticos ou sociais da causa, exigir a apreciação do recurso extraordinário pelo Tribunal". Referindo-se à fórmula antiga, Barbosa Moreira diz que "se estava diante de uma definição circular: o tribunal só conheceria de casos em que se suscitasse questão relevante, e seria relevante a questão que exigisse o conhecimento do tribunal".[435]

Considerando que a repercussão geral é requisito de conhecimento do recurso extraordinário (CPC/1973, art. 543-A, *caput*, e CPC/2015, art. 1.035, *caput*), e que seus parâmetros de aferição são tão vagos quanto antes, algo daquela circularidade persiste. Em outras palavras: não há como negar o papel construtivo do STF na definição do que tem e do que não tem repercussão geral. Em nome da negação de uma discricionariedade da Corte, tudo o que a concepção "ontológica" consegue fazer é remeter a uma "essência" ou "natureza das coisas" ainda mais obscuras, que não vêm impedindo o STF de exercer um filtro de relevância oculto. Melhor é reconhecer, de forma transparente e desassombrada, que o STF *define* –[436] e não só "declara" – o que tem e

---

[435] MOREIRA, José Carlos Barbosa. A Suprema Corte norte-americana: um modelo para o mundo? *In: Temas de direito processual*: oitava série. São Paulo: Saraiva, 2004. p. 249. No mesmo sentido: BRAGHITTONI, R. Ives. *Recurso extraordinário*: uma análise do acesso ao Supremo Tribunal Federal. São Paulo: Atlas, 2007. p. 9.

[436] Defendem o caráter discricionário do filtro, *v.g.*: AMARAL JÚNIOR, José Levi Mello do. Arguição de (ir)relevância na reforma do Poder Judiciário. *Revista Direito Público*, ano II, n. 7, p. 95-99, jan./mar. 2005; CAMBI, Eduardo. Critério da transcendência para a admissibilidade do recurso extraordinário (art. 102, §3º, da CF): entre a autocontenção e o ativismo do STF no contexto da legitimação democrática da jurisdição constitucional. *In:* WAMBIER, Teresa Arruda Alvim *et al.* (Coords.). *Reforma do Judiciário*: primeiros ensaios críticos sobre a EC nº 45/2004. São Paulo: Revista dos Tribunais, 2005. p. 159 (admitindo que o legislador pode dar ao STF a mesma discricionariedade de que a Suprema Corte dos EUA dispõe ao analisar o *certiorari*); PITMAN, Mildred Lima. A repercussão geral como requisito de admissibilidade do recurso extraordinário. *Revista Dialética de Direito Processual*, n. 42, p. 135, set. 2006; BRAGHITTONI, R. Ives. *Recurso extraordinário*: uma análise do acesso ao Supremo Tribunal Federal. São Paulo: Atlas, 2007. p. 109-119; SAUSEN, Dalton. *A repercussão geral no recurso extraordinário*: perspectiva hermenêutica. Porto Alegre: Dom Quixote, 2007. p. 57-68; BRAWERMAN, André. Recurso extraordinário, repercussão geral e a advocacia pública. *Revista Brasileira de Direito Constitucional*, n. 10, p. 143, jul./dez. 2007; VIANA, Ulisses Schwarz. *Repercussão geral sob a ótica da teoria dos sistemas de Niklas Luhmann*. São Paulo: Saraiva, 2010. p. 37-38; MESQUITA, José Ignacio Botelho de *et al.* A repercussão geral e os recursos repetitivos: economia, direito e política. *Revista de Processo*, v. 220, p. 13-32, jun. 2013 (admitindo que o STF pronuncia nessa matéria um "juízo de conveniência ou oportunidade"); PENTEADO NETO, Mário Ferreira. Reflexões sobre o instituto da repercussão geral: a 'crise do STF' e uma breve análise acerca do controle de constitucionalidade. *Cadernos da Escola de Direito e Relações Internacionais da UniBrasil*, v. 1, n. 19, p. 59 e 63, jan./dez. 2013; SANTANNA, Ana Carolina Squadri; PINHO, Humberto Dalla Bernardina de. O *writ of certiorari* e sua influência sobre o instituto da repercussão geral do recurso extraordinário. *Revista de Processo*, v. 235, p. 381-405, set. 2014; LAMEIRA, Daniella Pinheiro. O instituto da repercussão geral no direito

o que não tem repercussão geral, para que se possa controlar o trabalho da Corte por seus resultados.

Nessa tarefa construtiva, que pressupõe um juízo comparativo da relevância das controvérsias que lhe são submetidas, é impraticável exigir uma demonstração analítica das comparações realizadas quando se está diante de dezenas de milhares de casos por ano.[437] Na verdade, em rigor, seria necessária a comparação não apenas entre as controvérsias que ingressaram num ano, mas entre essas e todas as outras que já passaram pelo tribunal anteriormente. Ainda que essa tarefa fosse possível – o que está longe de ser o caso –, ela seria

---

brasileiro atual: uma análise democrática. *In:* FUX, Luiz; FREIRE, Alexandre; DANTAS, Bruno (Coords.). *Repercussão geral da questão constitucional.* Rio de Janeiro: Forense, 2014. p. 212; RODOVALHO, Thiago. Repercussão geral e o writ of certiorari: uma proposta de lege ferenda. *In:* FUX, Luiz; FREIRE, Alexandre; DANTAS, Bruno (Coords.). *Repercussão geral da questão constitucional.* Rio de Janeiro: Forense, 2014. p. 645 (qualificando, porém, a discricionariedade do STF como "restrita", por depender de julgamento público e motivado, e ser limitada por presunções, ao contrário do que ocorre na Suprema Corte dos EUA, em que a discricionariedade é "ampla"); ALBUQUERQUE, Leonidas Cabral. Da repercussão geral no recurso extraordinário como mecanismo de filtragem para o julgamento do mérito recursal. *In:* CAPPELLARI, Álisson dos Santos; GARCIA, Antonio Fernando Monteiro; SANT'ANNA, Marcelo Nicolaiewski. *Direito & mercado.* Porto Alegre: Livraria do Advogado, 2015. v. 1: temas de direito bancário material e processual, p. 220; TEIXEIRA, Rodrigo Valente Giublin. *Repercussão geral.* Belo Horizonte: Arraes, 2016. p. 49-55; GIACOMET, Daniela Allam e. *Filtros de acesso a Cortes constitucionais.* Brasília: Gazeta Jurídica, 2017. p. 79-107 e 148. REIS, Palhares Moreira. *Direito processual constitucional.* v. 1. Curitiba: CRV, 2017, p. 370. LEMOS, Vinicius Silva. A repercussão geral no novo CPC: a construção da vinculação da decisão de mérito proferida em repercussão geral pelo STF. *Revista Eletrônica de Direito Processual.* Rio de Janeiro, a. 11, v, 18, n. 1, p. 411 e 423, jan./abr. 2017. COSTA, Susana Henriques da; NORONHA, Lara Lago. A litigância repetitiva como importante fator para o reconhecimento da repercussão geral pelo Supremo Tribunal Federal. *In:* GALINDO, Beatriz Magalhães; KOHLBACH, Marcela (Coords.). *Recursos no CPC/2015:* perspectivas, críticas e desafios. Salvador: JusPodivm, 2017, p. 429. OSNA, Gustavo. A garantia ao recurso e a repercussão geral: conciliação ou negação? *Revista de Direito Administrativo & Constitucional.* Belo Horizonte, a. 19, n. 77, jul./set. 2019, p. 229-246. BARROSO, Luís Roberto. *O controle de constitucionalidade no direito brasileiro.* 8. ed. São Paulo: Saraiva, 2019. *e-book,* posição 2038.

[437] De forma sensível a isso, mas sem dispensar a motivação: "o que ora se afirma [a ausência de discricionariedade] não significa, porém, que esteja o STF jungido a estender-se na justificação das matérias consideradas de repercussão geral ou não, bastando, a nosso ver, uma manifestação breve e objetiva a respeito; aliás, em nosso sistema processual, à exceção das sentenças e dos acórdãos, as demais decisões são fundamentadas 'de modo conciso' (CPC, art. 165)". (MANCUSO, Rodolfo de Camargo. *Recurso extraordinário e recurso especial.* 13. ed. São Paulo: Revista dos Tribunais, 2015. p. 211). Desse modo, o raciocínio do autor – do qual se discorda nesse trabalho – equipara a motivação das decisões negativas de repercussão à de outras decisões em geral, as quais, nos termos do art. 165 do CPC/1973 (não reproduzido no CPC/2015), podiam ser tomadas "de modo conciso". O que está em jogo, porém, não é a concisão ou a prolixidade da motivação, e sim, a permissão para que ela seja ou não atenuada ou genérica, do que depende o bom funcionamento do instituto.

indesejável, porque comprometeria a qualidade dos julgamentos e sua celeridade.[438]

De resto, se se lembrar de que funcionam como normas primárias os pronunciamentos motivados – portanto, *universalizáveis* – de Cortes Supremas sobre controvérsias constitucionais (que, por definição, podem ser tidas como *relevantes*), ainda que para afirmar sua pouca relevância comparativa, será possível concluir que, com o atual volume de recursos extraordinários que chegam ao STF, tem-se esperado da Corte a edição de *dezenas de milhares de normas primárias todos os anos*. E tudo de forma célere (CF, art. 5º, LXXVIII), com fundamentação analítica (CPC/2015, art. 489) e sob o devido processo legal (CF, art. 5º, LIV), vale dizer, *e.g.*, com a consideração de todos os argumentos das partes e eventuais *amici curiae*, sem surpresas argumentativas (CPC/2015, art. 10) e, por outro lado, sem limitação a esses argumentos, podendo ser invocados outros a fim de, afinal, aplicar o direito à espécie (CPC/2015, art. 1.034). É difícil imaginar que órgãos legislativos, ainda que multitudinários, consigam alcançar a produção de tamanho volume normativo. Por motivos óbvios, ao menos órgãos legislativos não são, como regra, obrigados a legislar, nem a emitir pronunciamentos com eficácia normativa a cada provocação dos cidadãos.

Uma motivação analítica sobre a pouca relevância de dezenas de milhares de controvérsias é tarefa no mínimo tão trabalhosa quanto a de decidir o seu mérito, o que subtrairia do filtro sua razão de ser. Referindo-se à Suprema Corte argentina, afirma Giannini:

> Em outros termos: se em cada um dos mais de 15.000 recursos que chega às barras de um tribunal merecesse que todos (ou a maioria) de seus juízes devam se envolver expressamente num *racconto* dos antecedentes do caso, do modo em que ele foi decidido pelos tribunais inferiores, dos argumentos trazidos pelas partes no recurso extraordinário, das razões pelas quais se entende que as questões respectivas atendem ou não aos elementos necessários para ser qualificadas como transcendentes (vg., explicar os conflitos jurisprudenciais atuais ou potenciais ante os tribunais inferiores sobre o tópico a decidir, avaliar o impacto

---

[438] COHEN, Mathilde. When judges have reasons not to give reasons: a comparative law approach. *Washington & Lee Law Review*, v. 72, n. 2, p. 523, 2015. Disponível em: http://scholarlycommons.law.wlu.edu/cgi/viewcontent.cgi?article=4449&context=wlulr. Acesso em: 30 mar. 2017. Em sentido contrário, exigindo a motivação das decisões acerca da repercussão geral como contraponto pelo reconhecimento da discricionariedade envolvida na aplicação desse conceito jurídico indeterminado, cf., *v.g.*: GIACOMET, Daniela Allam e. *Filtros de acesso a Cortes constitucionais*. Brasília: Gazeta Jurídica, 2017. p. 124-127.

que a futura sentença de mérito terá sobre uma porção relevante da comunidade etc.), o "filtro" perderia boa parte de sua utilidade como mecanismo de descongestionamento e aperfeiçoamento do papel institucional da Corte. [...]

É por isso que, nesse âmbito, a limitação do princípio constitucional segundo o qual as sentenças judiciais devem ser motivadas chega ao seu ponto mais elevado, tolerando-se pronunciamentos de admissibilidade (não de mérito) que apenas se apoiem na citação de um preceito legal [...] ou que adicionem a tal referência normativa simplesmente a causa pela qual se inadmite o respectivo recurso. [...]

Em síntese, frente à impossibilidade de "nomear mais Cortes Supremas" para aliviar a carga de trabalho dos juízes de um órgão que, por suas características e missões, está destinado a ser único, o ordenamento termina desenhando distintos sistemas de seleção de causas. O critério qualitativo baseado na transcendência das questões debatidas autoriza as Cortes Supremas a *decidir que casos decidir*, levando em conta parâmetros qualitativos úteis para aperfeiçoar seu papel institucional, mas mais difíceis de avaliar em cada caso. Esta dificuldade se coloca no âmbito da motivação, conspirando contra a *ratio* do instituto, sendo possível afirmar que o tempo e o esforço que demandaria uma explicação *in extenso* das razões da seleção seria muitas vezes similar ao exigido para resolver o caso no mérito (que é precisamente o que se tende a evitar com a consagração do filtro). Por isso, o dever de fundamentação das decisões dessa índole fica reduzido à mera introdução de breves citações legais, acompanhada, às vezes, de referências muito breves sobre a causa por que se aplica o "certiorari".

Pela localização institucional das Cortes Supremas, a limitação introduzida neste âmbito a respeito da motivação exigível das decisões sobre a admissibilidade dos recursos extraordinários tem sido considerada razoável pela jurisprudência, tanto em nosso país como no Direito comparado, e inclusive no sistema europeu de proteção internacional aos direitos humanos.[439]

---

[439] GIANNINI, Leandro. *El certiorari*: la jurisdicción discrecional de las Cortes Supremas. La Plata: Librería Editora Platense, 2016. t. I, p. 97-99. Tradução livre do autor. No original: "En otros términos, si cada una de las más de 15.000 presentaciones que arriban a los estrados de un tribunal mereciera que todos (o la mayoría) de sus jueces se deban embarcar expresamente en un *racconto* de los antecedentes del caso, del modo en que el mismo fue decidido por los tribunales de grado, de los argumentos llevados por las partes en el recurso extraordinario, de las razones por las que se entiende que las cuestiones respectivas cumplen o no con los elementos necesarios para ser calificadas como trascendentes (vg., explicar los conflictos jurisprudenciales actuales o potenciales ante los tribunales de grado sobre el tópico a decidir, evaluar el impacto que la futura sentencia de mérito tendrá sobre una porción relevante de la comunidad etc.), el 'filtro' perdería buena parte de su utilidad como mecanismo de descongestión y perfeccionamiento del rol institucional de la Corte. [...] Es por ello que, en este ámbito, la limitación del principio constitucional según el cual las sentencias judiciales deben estar fundadas, llega a su punto más elevado, tolerándose

Considerando que o direito em geral não trata de assuntos irrelevantes, e menos ainda a Constituição, é bastante fácil produzir uma decisão motivada sobre a *relevância* de qualquer questão constitucional. Vejam-se, a propósito, exemplos de teses constitucionais firmadas em casos com repercussão geral reconhecida. 1. "As promoções dos anistiados se restringem ao quadro a que pertencia o militar na ativa" (ARE nº 799.908, Rel. Min. Gilmar Mendes, j. 1.5.2014). 2. "Aplica-se o §1º do art. 511 do Código de Processo Civil para dispensa de porte de remessa e retorno ao exonerar o seu respectivo recolhimento por parte do INSS" (RE nº 594.116, Rel. Min. Edson Fachin, j. 3.12.2015). 3. "Os procuradores federais têm o direito às férias de 30 dias, por força do que dispõe o art. 5º da Lei nº 9.527/1997, porquanto não recepcionados com natureza de leis complementares o art. 1º da Lei nº 2.123/1953 e o art. 17, parágrafo único, da Lei nº 4.069/1962" (RE nº 602.381, Rel. Min. Cármen Lúcia, j. 20.11.2014).

Não se quer dizer que essas controvérsias não tenham relevância – sobretudo para os militares anistiados, para o INSS e para os procuradores federais, respectivamente –, mas apenas ilustrar que, por definição, é bastante fácil justificar a relevância de controvérsias constitucionais, especialmente numa Constituição abrangente como a brasileira. Nessa linha, praticamente não haveria "zonas de certeza negativa" quanto à repercussão geral de questões constitucionais. Difícil é produzir uma decisão analiticamente motivada sobre a *pouca relevância de uma controvérsia constitucional*. Não à toa, como visto, em cerca de

---

pronunciamientos de admisibilidad (no de mérito) que sólo se apoyen en la cita de un precepto legal [...] o que adicionen a dicha referencia normativa simplemente la causal por la que se desestima el embate respectivo. [...] En síntesis, frente a la imposibilidad de 'nombrar más Cortes Supremas' para aliviar la carga de trabajo de los jueces de un órgano que, por sus características y misiones, está llamado a ser único, el ordenamiento termina diseñando distintos sistemas de selección de causas. El criterio cualitativo basado en la trascendencia de las cuestiones debatidas, autoriza a las Cortes Supremas a *decidir qué casos decidir* sobre la base de parámetros cualitativos más útiles para perfeccionar su papel institucional, pero más difíciles de juzgar en cada caso. Esta dificultad se traslada al ámbito de la motivación, conspirando contra la *ratio* del instituto, siendo posible afirmar que el tiempo y esfuerzo que demandaría una explicación *in extenso* de las razones de la selección, sería muchas veces similar a la que demandaría resolver el caso en el mérito (que es precisamente lo que se tiende a evitar con la consagración del filtro). Por ello, el deber de fundamentación de las decisiones de esa índole queda reducido a la mera introducción de breves citas legales, acompañada a veces con referencias muy breves a la causal por la que se aplica el 'certiorari'. Por el enclave institucional de las Cortes Supremas, la limitación introducida en este ámbito respecto de la motivación exigible a las resoluciones sobre admisibilidad de los recursos extraordinarios ha sido considerada razonable por la jurisprudencia, tanto en nuestro país como en el Derecho comparado, y incluso ante el sistema europeo de protección internacional de los derechos humanos".

dois terços dos casos submetidos ao Plenário Virtual foi reconhecida a repercussão geral das questões constitucionais[440] – muito embora o próprio STF reconheça que "a observação atenta das controvérsias retratadas nos milhares de decisões proferidas pelo SUPREMO sinaliza a predominância de assuntos destituídos de repercussão geral" (ARE nº 1.273.640 AgR, Rel. Min. Alexandre de Moraes, j. 8.9.2020) –, enquanto, nos casos restantes, a imensa maioria das decisões negativas de repercussão geral proferidas até hoje pelo STF não afirmaram a pouca relevância de questões constitucionais, mas degradaram a natureza da controvérsia para o plano infraconstitucional, prática disfuncional que gera perplexidades (cf. item 1.2.1).[441]

Atento ao problema da motivação e à distinção entre as decisões positivas e negativas, afirma o Min. Sydney Sanches que, ao tempo da arguição de relevância, "[e]ncontrou a Corte um meio termo: fundamentar apenas os acolhimentos das arguições de relevância, mediante verbetes".[442] O que havia, no entanto, não era propriamente uma motivação das decisões que reconheciam a relevância, mas apenas

---

[440] Nesse sentido, afirma-se que o STF tem uma "tendência a declarar a existência de repercussão geral", e que "[o] quórum constitucional de 2/3 para rejeição de repercussão geral e a ausência de manifestação em plenário virtual não são responsáveis pelo grande número de casos com repercussão geral reconhecida. Isso porque, na grande maioria desses casos, houve manifestação expressa por mais da metade dos ministros em favor do reconhecimento da repercussão geral". (SUNDFELD, Carlos Ari; SOUZA, Rodrigo Pagani (Coords.). Repercussão geral e o sistema brasileiro de precedentes. *Série pensando o Direito*, n. 40. Brasília: Ministério da Justiça, 2011. p. 25 e 61. Disponível em: http://pensando. mj.gov.br/wp-content/uploads/2015/07/40Pensando_Direito11.pdf. Acesso em: 19 jul. 2017).

[441] Há quem considere positiva a concentração das hipóteses de ausência de repercussão geral em matérias infraconstitucionais, pois isso significaria não aceitar a existência de questões constitucionais irrelevantes. (BERMAN, José Guilherme. *Repercussão geral no recurso extraordinário*. 2. ed. Curitiba: Juruá, 2016. p. 141).

[442] SANCHES, Sydney. Arguição de relevância da questão federal. *Cadernos liberais*, n. 59, p. 8, 1987. O próprio autor enumera dezenas de verbetes sobre o reconhecimento da relevância de questões federais (SANCHES, Sydney. Arguição de relevância da questão federal. *Cadernos liberais*, n. 59, p. 8-15, 1987): "Nº 1. Critério de reajustamento de prestação de mutuário do S.F.H. Relevância econômico-social. Nº 2. Honorários de defensor dativo de réu pobre em processo crime. Relevância jurídica. Nº 3. Equivalência de valores em ação de depósito. Relevância jurídica. [...]. Anoto que, praticamente, em cada sessão, surge um verbete novo que, mediante acolhimento de arguição de relevância, permite o acesso de novas dezenas ou centenas de recursos extraordinários". Talvez em razão dessa admissão de recursos em bloco, ao lado da previsão de numerosas hipóteses típicas de admissibilidade, "[a] relevância da questão federal e sua respectiva arguição não foram capazes de solucionar a 'crise do Supremo', apenas logrando que ela não se aprofundasse celeremente". (MACHADO, Antônio Carlos Marcondes. Arguição de relevância: a competência para o seu exame. O ulterior conhecimento do recurso extraordinário. *Revista de Processo*, n. 42, p. 88, abr./jun. 1986).

a enunciação sumária das questões federais com relevância reconhecida, cujos recursos passariam a ser tidos como cabíveis.[443]

Se a repercussão geral obrigasse a Corte a elaborar uma decisão analiticamente motivada com as razões pelas quais entende que determinada controvérsia é despida de "questões relevantes do ponto de vista econômico, político, social ou jurídico que ultrapassem os interesses subjetivos do processo", o instituto não justificaria sua existência, pois não permitiria ao STF se concentrar nas suas funções institucionais mais importantes. Seus recursos humanos e materiais seriam consumidos por análises econômicas, políticas, sociais e jurídicas, quase todas para afirmar o pouco impacto das controvérsias que lhe são submetidas para além das partes do processo. Seria mais fácil resolver o mérito de todos os casos, em vez de empreender, na análise prévia de sua admissibilidade, um debate exaustivo sobre a sua relevância. Não é esse, evidentemente, o fim para o qual se concebeu o instituto. A propósito:

> [O] mecanismo, por sua própria natureza e funções, não comporta a exigência de fundamentação exaustiva. Na verdade, só é capaz de produzir os efeitos pretendidos – racionalizar a pauta do STF – se o juízo de admissibilidade não exigir o dispêndio excessivo de tempo. Do contrário, a adoção do requisito da repercussão geral acabaria por produzir efeito inverso ao pretendido, tornando ainda mais complexo o trabalho da Corte. É de exigir, portanto, que o Tribunal forneça apenas uma justificação simples e sucinta, cada vez mais apoiada em *standards* fixados em casos anteriores.[444]

Ainda em reforço da tese, o art. 1.035, §11, do CPC/2015, assim como fazia o art. 543-A, §7º, do CPC/1973, prevê que "[a] súmula da decisão sobre a repercussão geral constará de ata, que será publicada no diário oficial e valerá como acórdão".[445] O preceito é pouquíssimo

---

[443] Nesse sentido: cf. BRAGHITTONI, R. Ives. *Recurso extraordinário*: uma análise do acesso ao Supremo Tribunal Federal. São Paulo: Atlas, 2007. p. 12.

[444] BARROSO, Luís Roberto. *O controle de constitucionalidade no direito brasileiro*. 8. ed. São Paulo: Saraiva, 2019. e-book, posição 2087.

[445] Assim como, para aferição da repercussão geral, o art. 543-A, §1º (reproduzido pelo art. 1.035, §1º, do CPC/2015) adotou, salvo quanto aos "aspectos morais", praticamente os mesmos critérios – econômicos, políticos, sociais e jurídicos – previstos no art. 327, §1º, do RI/STF (na redação dada pela ER nº 2/1985), o art. 543-A, §7º, do CPC/1973 (reproduzido pelo art. 1.035, §11, do CPC/2015) parece guardar, especialmente pela referência à "ata", correspondência com preceitos do RI/STF. Isso se dá quanto ao art. 308, VIII, do Regimento de 1970, na redação dada pela ER nº 3/1975 ("da ata da sessão do Conselho, que se publicará para ciência dos interessados, constará apenas a relação das arguições acolhidas e rejeitadas"), assim como na redação original do art. 328, VIII, do Regimento de 1980

explorado pela doutrina, que normalmente o ignora ou apenas o transcreve. Mas trata-se do único preceito em que o Código usa a expressão "súmula *da decisão*", e não "súmula *da jurisprudência*", "súmula *de tribunal*", "enunciado de súmula" ou simplesmente "súmula", isoladamente ou acompanhada do adjetivo "vinculante" [446] (CPC/2015, arts. 311, II; 332, I e IV; 489, §1º, V e VI; 496, §4º, I; 521, IV; 926, §§1º e 2º; 927, II, IV e §§2º e 4º; 932, IV, *a*, e V, *a*; 955, parágrafo único, I; 966, §5º; 988, III; 1.035, §3º, I).

Isso indica que o Código aqui usou a expressão "súmula" no sentido de "pequena suma; breve epítome ou resumo; sinopse, condensação".[447] Se "súmula" aqui tivesse o sentido de "totalidade",

---

("da ata da sessão de Conselho, que se publicará para ciência dos interessados, constará apenas a relação das arguições não conhecidas, bem assim das acolhidas e rejeitadas"), e na do art. 328, §5º, VIII, deste mesmo Regimento, na redação dada pela ER nº 2/1985 ("A ata da sessão de Conselho será publicada para ciência dos interessados, relacionando-se as arguições acolhidas no todo ou em parte, e as rejeitadas, mencionada, no primeiro caso, a questão federal havida como relevante").

[446] Não se ignora que, rigorosamente, esse emprego do vocábulo "súmula" traduz impropriedade, consagrada, todavia, pelo uso e pela própria Constituição, razão pela qual é adotado ao longo do presente trabalho. Mas vale referir a lição de Barbosa Moreira: "Etimologicamente, 'súmula' é diminutivo de 'suma', do latim *summa*, que significava 'o total', 'a totalidade', e também 'resumo, epítome'. [...] Em 1963, o Supremo Tribunal Federal, a fim de facilitar o trabalho de juízes e advogados, resolveu compendiar as teses jurídicas firmemente consagradas em suas decisões e, para tanto, instituiu uma '*Súmula da jurisprudência predominante*', composta de certa quantidade (que, com o tempo, aumentaria) de proposições que traduziam aquelas teses. A '*Súmula*', sempre no singular, foi publicada como anexo ao Regimento Interno, e a respectiva citação, feita 'pelo número do enunciado', dispensaria, perante a Corte, 'a indicação complementar de julgados no mesmo sentido'. [...] a denominação oficial de '*Súmula*' corresponde ao conjunto, ao todo, à totalidade das teses compendiadas. O modo de citar a '*Súmula*', pelo número do enunciado, levou a curiosa corruptela na linguagem forense. Era correto dizer 'nº X da *Súmula*' ou '*Súmula*, nº X'. Mas passou-se a falar com frequência de '*Súmula* nº x', sem pausa, como se cada enunciado, individualmente, constituísse uma 'súmula'. Daí se ouvirem a todo instante frases assim: 'O STF editou vinte novas súmulas', 'Essa súmula está errada', etc., etc. Oficialmente, porém, nem a Corte Suprema, nem qualquer outro tribunal, que me conste, prestigiou semelhante modismo. Cada qual continuou a ter sua '*Súmula*', única. [...] Pois bem. A Emenda Constitucional nº 45 rende-se ao uso informal, tolerável em conversas de corredor do Fórum, nunca porém num documento oficial, e menos que alhures em texto que se incorpora à Constituição. O novo art. 103-A desta autoriza o Supremo Tribunal Federal a editar 'súmula que [...] terá efeito vinculante', e já se generalizou, até fora dos meios especializados, a referência às futuras 'súmulas vinculantes', no plural, para designar as proposições ou teses a que a Corte, reunidos os pressupostos, imprimirá esse efeito. Quanto ao art. 8º da Emenda, ao aludir às 'atuais súmulas do Supremo Tribunal Federal', põe-se em contraste com a realidade, já que o Supremo, de acordo com todos os documentos oficiais, só tem uma *Súmula*!". (MOREIRA, José Carlos Barbosa. A redação da Emenda Constitucional nº 45 (Reforma da Justiça). *Revista Forense*, a. 101, v. 378, p. 42-43, mar./abr. 2005).

[447] DICIONÁRIO HOUAISS. Disponível em: https://houaiss.uol.com.br/pub/apps/www/v3-2/html/index.php#0. Acesso em: 21 jul. 2017.

ou se para essa decisão fosse necessária uma fundamentação como a exigida para os acórdãos em geral, não haveria sentido na parte final do preceito, segundo o qual essa súmula *"valerá como acórdão"*, isto é, como decisão colegiada (CPC/2015, art. 204), tomada por no mínimo oito ministros do STF. Por que se daria valor de acórdão à "súmula da decisão" se fosse necessário depois publicar "outro" acórdão?[448] Tudo indica que a decisão sobre a repercussão geral possa consistir apenas numa declaração sintética, com dispensa de motivação analítica.[449] Vale notar que há dispositivos semelhantes na Lei nº 9.099/1995,[450] cuja constitucionalidade já foi reconhecida pelo STF em sede de repercussão geral.[451]

Se tal impossibilidade de motivação analítica de juízos comparativos de relevância implica conferir ao STF uma margem de discricionariedade na admissão ou não dos recursos extraordinários, o melhor

---

[448] Além da correspondência com os dispositivos do RI/STF que disciplinavam a arguição de relevância, como já visto, há outro argumento histórico em favor da conclusão defendida no texto. A versão original do dispositivo, no projeto de lei da Comissão Mista Especial da Reforma do Judiciário instituída pelo art. 7º da EC nº 45/2004, dispunha que "[a] súmula da decisão sobre a repercussão geral, e de sua fundamentação, constará de ata, que será publicada na imprensa oficial". No entanto, a partir do substitutivo elaborado pelos Ministros Gilmar Mendes e Cezar Peluso, e que se transformou na versão final, foi retirado o trecho "e de sua fundamentação" e incluída a expressão "valerá como acórdão". A ideia, portanto, parece ter sido dispensar a decisão de motivação, permitindo que ela assumisse a forma de uma súmula com valor de acórdão. O autor, no entanto, não teve acesso a uma justificativa ou exposição de motivos para confirmar as razões oficialmente invocadas para a mudança de redação. Seja como for, as supressões e inclusões acima narradas efetivamente aconteceram. Embora o argumento histórico tenha um peso sempre relativo na interpretação jurídica. (BARROSO, Luís Roberto. *Interpretação e aplicação da Constituição.* 4. ed. São Paulo: Saraiva, 2001. p. 131-135), é pertinente a observação em razão da virtual falta de atenção doutrinária ao dispositivo. As redações do projeto de lei da comissão mista e do substitutivo dos Ministros Gilmar Mendes e Cezar Peluso – que ao final prevaleceu – podem ser lidas, respectivamente, no Diário do Senado Federal dos dias 24.1.2006 (p. 1519) e 2.2.2006 (p. 2813).

[449] Em sentido contrário, entendendo que o dispositivo não autoriza a dispensa da "motivação constitucionalmente imposta a *quaisquer* decisões": BUENO, Cássio Scarpinella. Algumas considerações sobre o instituto da repercussão geral. *In:* FUX, Luiz; FREIRE, Alexandre; DANTAS, Bruno (Coords.). *Repercussão geral da questão constitucional.* Rio de Janeiro: Forense, 2014. p. 189-190.

[450] O primeiro dispositivo (art. 46) refere-se aos juizados cíveis, e o segundo (art. 82, §5º) aos juizados criminais: "Art. 46. O julgamento em segunda instância constará apenas da ata, com a indicação suficiente do processo, fundamentação sucinta e parte dispositiva. *Se a sentença for confirmada pelos próprios fundamentos, a súmula do julgamento servirá de acórdão.* Art. 82. Da decisão de rejeição da denúncia ou queixa e da sentença caberá apelação, que poderá ser julgada por turma composta de três Juízes em exercício no primeiro grau de jurisdição, reunidos na sede do Juizado. [...] §5º. *Se a sentença for confirmada pelos próprios fundamentos, a súmula do julgamento servirá de acórdão".* (destaques acrescentados).

[451] STF, Pleno, RE nº 635.729, Rel. Min. Dias Toffoli, j. 30.6.2011.

a fazer é assumir e reconhecer a existência dessa discricionariedade com desassombro. [452] Negar essa realidade não contribui para tornar a jurisdição do STF mais transparente, e sim o contrário: quando se defende que a atividade de classificar controvérsias como dotadas ou não de repercussão geral é de natureza eminentemente técnica, "mera" concretização de um conceito jurídico indeterminado, o que se produz é o obscurecimento do caráter inevitavelmente discricionário desse tipo de juízo. É o ponto desenvolvido a seguir.

3.1.2 O caráter inevitavelmente discricionário do juízo de repercussão geral

Há ainda dificuldade de grande parte da doutrina em aceitar a existência de uma discricionariedade *judicial*, com base numa visão tradicional da separação de poderes e no pressuposto de que juízes "apenas aplicam" a lei. Nessa visão, que ganhou grande desenvolvimento no direito administrativo, a discricionariedade seria restrita ao administrador, que poderia realizar juízos de conveniência e oportunidade no espaço demarcado pela lei. Já o juiz, segundo o dogma de Montesquieu – um dos ícones do Iluminismo –, seria a "boca da lei" (*bouche de la loi*), incumbido de uma tarefa eminentemente técnica e que resultaria na mera declaração da vontade unívoca da lei para o caso concreto. Embora essa visão encontre algum eco até os dias atuais, Montesquieu viveu de 1689 a 1755 e não presenciou os desenvolvimentos teóricos que identificaram fenômenos como, por exemplo, a textura aberta da linguagem. Assim foi a época de Montesquieu:

> Houve um tempo em que tranquilamente se assentou na ideia de que deveria ser possível estabelecer uma clareza e segurança jurídicas absolutas através de normas rigorosamente elaboradas, e especialmente garantir uma absoluta univocidade a todas as decisões judiciais e a todos os actos administrativos. Esse tempo foi o do Iluminismo.[453]

---

[452] Nessa linha, considerando a repercussão geral uma "ferramenta de legitimação retórica" para que "a Corte possa *definir, por conta própria, aquilo que deseja ou não julgar*" a partir de um "juízo discricionário": OSNA, Gustavo. A garantia ao recurso e a repercussão geral: conciliação ou negação? *Revista de Direito Administrativo & Constitucional*. Belo Horizonte, a. 19, n. 77, p. 243, jul./set. 2019 (destaques no original).

[453] ENGISCH, Karl. *Introdução ao pensamento jurídico*. Lisboa: Calouste Gulbenkian, 2001. p. 206.

Segundo Inocêncio Mártires Coelho, no entanto, hoje já se reconhece como inevitável a participação do juiz no processo de elaboração da norma, seja por "obscuridades e as imprecisões *involuntárias* das mensagens legislativas", seja por *"vaguezas intencionais e positivas"*, casos em que há como que um *"acordo tácito"* entre o legislador e o juiz, pelo qual as normas jurídicas são "produzidas em dois tempos e a quatro mãos". E prossegue:

> Tal é o caso, por exemplo, dos *conceitos jurídicos indeterminados* e das *cláusulas gerais*, fórmulas abstratas com "elevado grau de indeterminação", que os intérpretes/aplicadores vão concretizando, determinando ou tornando precisas a compasso das transformações sociais e tendo em conta a singularidade dos casos a decidir, o que permite dizer-se que, nessas hipóteses, a abertura/vaguez da linguagem jurídica, ao invés de evidenciar um defeito, a ser corrigido, antes configuraria uma virtude, a merecer aplausos. [...] o Parlamento continua detendo o monopólio da *redação* das leis — sejam elas precisas, vagas ou indeterminadas, pouco importa —, mas o Judiciário, concretamente o Juiz, fica liberado para interpretá-las *criativamente*, de preferência se o fizer dizendo que as suas *leituras* não ultrapassam o *sentido literal possível* — um sentido que "não pode ser unívoco nem equívoco, mas simplesmente análogo" — das mensagens normativas enviadas pelo legislador. [...]
>
> Tudo somado, as coisas se encaixam, à perfeição, na tese de que a interpretação/aplicação das leis constitui a derradeira fase do processo legislativo, funcionando as instâncias judiciais como *terceira câmara* dos parlamentos, não só porque as legislaturas e os tribunais são corpos criadores do direito que atuam em cooperação, mas também porque toda lei precisa de consistência judicial.[454]

O próprio Karl Engisch, citado por autores que defendem a inexistência de discricionariedade na aferição da repercussão geral,[455] é claro ao afirmar o seguinte:

> De modo algum se pode afirmar *a priori* que a "sede" do poder discricionário, tal como o entendemos, seja exclusivamente a *administração* – que, portanto, poder discricionário e discricionariedade administrativa se

---

[454] COELHO, Inocêncio Mártires. *Indeterminação do direito, discricionariedade judicial e segurança jurídica*. p. 15-16. Disponível em: https://www.uniceub.br/media/491563/Anexo9.pdf. Acesso em: 25 jul. 2017.

[455] *V.g.*, MARINONI, Luiz Guilherme; MITIDIERO, Daniel. *Repercussão geral no recurso extraordinário*. 3. ed. São Paulo: Revista dos Tribunais, 2012. p. 40-41.

identifiquem. Abstraindo de todo da "discricionariedade do legislador" e da "discricionariedade do governo", é plenamente defensável o ponto de vista de que também existe o poder discricionário *judicial*.[456]

Cabe, portanto, investigar um pouco mais em que consiste a discricionariedade, "um dos conceitos mais plurissignificativos e difíceis da teoria do Direito".[457] É corrente a visão de que os conceitos jurídicos indeterminados se refeririam ao antecedente de aplicação da norma, mas não ao consequente: ou seja, haveria uma margem de apreciação quanto aos fatos pressupostos para a aplicação da norma, mas, uma vez definidos esses pressupostos, não haveria margem no que diz respeito à aplicação da consequência jurídica, ao contrário do que ocorre com a discricionariedade, que se referiria aos efeitos.[458] Assim, a interpretação de conceitos jurídicos indeterminados seria uma tarefa eminentemente técnico-jurídica, ao contrário da discricionariedade, sujeita apenas a variáveis de conveniência e oportunidade. Desse modo, a repercussão geral seria um conceito jurídico indeterminado também porque, embora discutível a configuração do requisito em relação a determinada controvérsia, haveria uma consequência inafastável na sua ausência: o não conhecimento do recurso.

---

[456] ENGISCH, Karl. *Introdução ao pensamento jurídico*. Lisboa: Calouste Gulbenkian, 2001. p. 225.

[457] ENGISCH, Karl. *Introdução ao pensamento jurídico*. Lisboa: Calouste Gulbenkian, 2001. p. 214.

[458] "Na fixação dos conceitos jurídicos indeterminados, abre-se ao aplicador da norma, como é intuitivo, certa margem de liberdade. Algo de subjetivo quase sempre haverá nessa operação concretizadora, sobretudo quando ela envolva, conforme ocorre com frequência, a formulação de juízos de valor. [...] Não se deve, todavia, confundir esse fenômeno com o da *discricionariedade*. [...] O que um e outro fenômeno têm em comum é o fato de que, em ambos, é particularmente importante o papel confiado à prudência do aplicador da norma, a que não se impõem padrões rígidos de atuação. Há, no entanto, uma diferença fundamental. Bastante fácil de perceber se se tiver presente a distinção entre os dois elementos essenciais da estrutura da norma, a saber, o 'fato' (*Tatbestand, fattispecie*) e o efeito jurídico atribuído à sua concreta ocorrência. Os conceitos indeterminados integram a descrição do 'fato', ao passo que a discricionariedade se situa toda no campo dos efeitos. Daí resulta que, no tratamento daqueles, a liberdade do aplicador se exaure na fixação da premissa: uma vez estabelecida, *in concreto*, a coincidência ou a não coincidência entre o acontecimento real e o modelo normativo, a solução estará, por assim dizer, predeterminada. Sucede o inverso, bem se compreende, quando a própria escolha da consequência é que fica entregue à decisão do aplicador. Resta, como é natural, a possibilidade de usar o legislador, simultaneamente, *ambas* as técnicas, editando norma que se valha de conceito indeterminado e deixando ao aplicador a opção entre atitudes diversas". (MOREIRA, José Carlos Barbosa. Regras de experiência e conceitos juridicamente indeterminados. *In*: NOGUEIRA, Adalício *et al. Estudos jurídicos em homenagem ao professor Orlando Gomes*. Rio de Janeiro: Forense, 1979. p. 611-613).

No entanto, a diferença entre discricionariedade e conceitos jurídicos indeterminados muitas vezes é tênue e tem sido abandonada mesmo na Alemanha, onde surgiu.[459] "[P]arece extremamente difícil – e provavelmente impossível – fixar critérios para definir-se onde termina o trabalho de interpretação e começa a discricionariedade".[460] E mesmo os efeitos do reconhecimento ou da ausência de repercussão geral não são todos predeterminados: presente a repercussão geral, pode ou não haver sobrestamento de todos os processos que tramitem sobre a matéria no território nacional, a critério do relator (CPC/2015, art. 1.035, §5º);[461] ausente a repercussão geral, a decisão pode estender-se a todos os processos sobre a matéria (arts. 1.035, §8º, e 1.039, parágrafo único, do CPC/2015), ou apenas implicar a recusa do recurso do caso concreto, no singular (CF, art. 102, §3º, e RI/STF, art. 326, §1º), como se detalhará no item 3.3. De toda forma, Engisch, que se refere ao antecedente como "hipótese" e ao consequente como "estatuição",[462] afirma que "não devemos afastar a possibilidade de uma discricionariedade na hipótese legal, até porque entre esta hipótese e a estatuição e, consequentemente, também entre a discricionariedade naquela e nesta, subsiste uma conexão intrínseca".[463] Além disso, "[f]requentemente é apenas uma questão de técnica legislativa que depende acharem-se os conceitos discricionários integrados na 'hipótese' ou na 'estatuição'".[464] Observação desse teor pode ser encontrada na doutrina brasileira a propósito da repercussão geral.[465]

---

[459] "Nas últimas duas décadas, cresceu consideravelmente o número de autores germânicos que não aceitam mais a distinção rígida entre conceitos indeterminados e discricionariedade; hoje, eles representam talvez a maioria. Por isso, é equivocada a afirmação de vários autores brasileiros de que a posição, que distingue rigidamente entre conceitos indeterminados e discricionariedade, refletiria a linha da 'moderna' doutrina alemã". (KRELL, Andreas. Discricionariedade administrativa, conceitos jurídicos indeterminados e controle judicial. *Revista ESMAFE*: Escola da Magistratura Federal da 5ª Região, n. 8, p. 191-192, dez. 2004).

[460] KRELL, Andreas. Discricionariedade administrativa, conceitos jurídicos indeterminados e controle judicial. *Revista ESMAFE*: Escola da Magistratura Federal da 5ª Região, n. 8, p. 194, dez. 2004.

[461] Esta foi a interpretação dada ao dispositivo pelo STF no RE nº 966.177 QO, Rel. Min. Luiz Fux, j. 7.6.2017, visto acima.

[462] ENGISCH, Karl. *Introdução ao pensamento jurídico*. Lisboa: Calouste Gulbenkian, 2001. p. 31-32.

[463] ENGISCH, Karl. *Introdução ao pensamento jurídico*. Lisboa: Calouste Gulbenkian, 2001. p. 226.

[464] ENGISCH, Karl. *Introdução ao pensamento jurídico*. Lisboa: Calouste Gulbenkian, 2001. p. 226-227.

[465] "A rigor, admitir-se discricionariedade na subsunção é admitir discricionariedade, justamente no que a norma tem de mais importante. É da essência de qualquer norma

A discricionariedade também costuma ser definida em oposição à noção de vinculação. Enquanto a discricionariedade consistiria numa opção entre dois ou mais "indiferentes jurídicos" –[466] isto é, soluções diversas, mas igualmente aceitas pelo direito –, a vinculação apontaria no sentido de uma única solução juridicamente possível. Daí porque a discricionariedade parece insuscetível de um controle jurídico (uma vez exercida dentro dos limites que lhe são próprios), ao contrário do que ocorre com a vinculação, sujeita a um controle jurídico integral, a partir da motivação do ato correspondente.[467] Essa, no entanto, é uma visão simplista. Atualmente se reconhecem poderes mais amplos ao intérprete como algo natural, inevitável ou até mesmo desejado. Nas palavras de Inocêncio Mártires Coelho:

> Existe uma relação inversamente proporcional entre a clareza da lei e o poder de interpretação conferido aos que devem concretizá-la. [...]
>
> A chamada indeterminação do direito é um fenômeno que adquiriu especial relevo nos últimos anos e se tornou visível especialmente nos Estados democráticos, através de textos constitucionais abertos e flexíveis, resultantes de compromissos entre diferentes ideologias. [...] Em definitivo, a relativa indeterminação de conteúdo parece constituir um traço característico dos atuais sistemas jurídicos.
>
> Além dessa indeterminação de conteúdo, padecem, igualmente, os sistemas de direito escrito de uma indeterminação linguística – a chamada textura aberta da linguagem normativa – cuja principal consequência é dificultar o reconhecimento daquilo que o direito prescreve para situações determinadas, na medida em que enseja diferentes leituras de um mesmo enunciado, a depender de quem os lê e da situação hermenêutica ou do contexto em que se dão essas leituras.

---

que ela tenha elementos que permitam saber a quais casos ela se aplica. *Ter uma lei cuja subsunção é 'discricionária' equivale a ser discricionária a aplicação da própria lei.* Se é discricionária a correlação fato/norma, isto é, se se *'escolhe'*, em alguma medida, qual norma vai ser aplicada, significa admitir-se que não há uma norma 'certa' para aquele caso". (BRAGHITTONI, R. Ives. *Recurso extraordinário*: uma análise do acesso ao Supremo Tribunal Federal. São Paulo: Atlas, 2007. p. 95).

[466] ENTERRÍA, Eduardo Garcia de. La lucha contra las inmunidades del poder en el derecho administrativo (poderes discrecionales, poderes de gobierno, poderes normativos). *Revista de Administración Pública*, n. 38, p. 173, 1962. Disponível em: https://dialnet.unirioja.es/descarga/articulo/2112627.pdf. Acesso em: 29 jun. 2017.

[467] Mesmo no direito administrativo, onde a noção de discricionariedade teve forte desenvolvimento, há uma crise que hoje leva a entendê-la não como uma liberdade absoluta, mas com um critério de graduação do nível de vinculação do administrador à juridicidade. Sobre o tema, que excede os limites deste trabalho, com a formulação de diversos parâmetros de controle, cf. BINENBOJM, Gustavo. *Uma teoria do direito administrativo*. Rio de Janeiro: Renovar, 2006. p. 39-42 e 193-238.

Afora essas duas espécies de indeterminação, constata-se, ainda, nos ordenamentos jurídicos, a existência das chamadas indeterminações intencionais, decorrentes de opções do legislador, que, por medida de política jurídica, autoriza expressamente o juiz a eleger o instrumento que reputar adequado para concretizar determinada norma, ou, se um leque de instrumentos é prefixado pelo legislador, optar pelo uso daquele que, a seu ver, otimizará o desempenho desse mandato, que outra coisa não é senão a plena consecução do fim previsto pela norma.[468]

O que se passa com os filtros de relevância em geral, além da abertura semântica dos seus parâmetros – que apontam para uma delegação de poder do legislador para o juiz –,[469] é que, devido à sua dimensão intrinsecamente comparativa, é impraticável uma motivação analítica que permita o controle típico das vinculações. Assim, ainda quando se entenda que, em tese, o preenchimento da repercussão geral seja uma atividade predominantemente técnico-jurídica, não se pode deixar de reconhecer a impossibilidade de um controle a partir da motivação, pelo simples fato de que essa exigência em dezenas de milhares de decisões é inatingível. Também por isso, parece mais adequado reconhecer ao filtro um caráter discricionário,[470] embora não arbitrário, como se verá a seguir. Arbitrário seria, por exemplo, um sistema para selecionar *aleatoriamente* alguns recursos em quantidade que a Corte possa julgar em prazo razoável, na imagem de Taruffo.[471]

---

[468] COELHO, Inocêncio Mártires. *Da hermenêutica filosófica à hermenêutica jurídica*: fragmentos. 2. ed. São Paulo: Saraiva, 2015. p. 362-363.

[469] Nesse sentido: "Como se percebe, o legislador preferiu, com acerto, não estabelecer detalhadamente critérios para a fixação do conceito [de repercussão geral], deferindo ao próprio STF o estabelecimento de seus contornos mais precisos". (BARROSO, Luís Roberto. *O controle de constitucionalidade no direito brasileiro*. 8. ed. São Paulo: Saraiva, 2019. *e-book*, posição 2089).

[470] Em sentido contrário, Bruno Dantas afirma que "mesmo quando a lei concede liberdade mais ampla, insuscetível de controle, disso não decorre a transmudação da liberdade vinculada em poder discricionário. Repetimos: a ausência de controle não determina a existência de discricionariedade". Logo a seguir, o autor reconhece que a questão é terminológica, mas ainda assim apela para a "natureza das coisas": "[a] divergência que parece existir, a nosso ver, se encontra no *nomen iuris* a ser dado à margem de liberdade conferida pela lei ao juiz em determinados casos. Enquanto alguns doutrinadores falam em *liberdade de investigação crítica*, outros utilizam indiscriminadamente a palavra *discricionariedade*, o que, se não é o mais adequado tecnicamente, nem por isso subverte a natureza das coisas". (DANTAS, Bruno. *Repercussão geral*. 3. ed. São Paulo: Revista dos Tribunais, 2012. p. 276-277).

[471] "Outra função importante da seleção dos recursos é a de limitar a quantidade de apelos admitidos para uma decisão de mérito. Esta é uma função de grande importância, mas – por assim dizer – não pode ser a única. Se assim fosse, aquela poderia ter lugar escolhendo *a caso* (ao azar ou por sorteio) um recurso a cada X recursos interpostos, segundo a

Mas existe um parâmetro qualitativo, ainda que amplo, para tal tarefa: a "repercussão geral", um conceito jurídico indeterminado.

Após dizer que "se trata aqui, até certo ponto, de questões de terminologia que dependem do gosto de cada um",[472] Engisch afirma que os conceitos jurídicos indeterminados (aqueles "cujo conteúdo e extensão são em larga medida incertos") podem ser classificados em descritivos (independem de valoração, como "escuridão" ou "homem") ou normativos (carecem de valoração). Estes últimos podem ser discricionários (quando a valoração é subjetiva, isto é, depende do agente encarregado de aplicar o conceito – *e.g.*, quando se confere ao juiz a tarefa de aplicar uma pena, dentro de certos limites, conforme a culpabilidade do réu) ou cláusulas gerais (quando a valoração é objetiva, ou seja, depende de uma averiguação da concepção moral dominante na sociedade – *e.g.*, "ato indecoroso"). Devido a esse caráter objetivo, ao preencher as cláusulas gerais não há discricionariedade.[473] A diferença entre essas duas últimas espécies de conceitos é assim resumida pelo autor:

> Com efeito, não obstante o carácter "sintético" ou "concretizante" da aplicação dos conceitos normativo-objectivos, sempre se tratava neles, como vimos, de uma espécie de "conhecimento", de uma "averiguação" daquilo que é válido, de uma apreensão do univocamente recto em conformidade com a intenção e a ideia. As coisas passam-se de maneira diferente nos conceitos normativo-*subjectivos*, cujos protótipos são os

---

quantidade de trabalho que se queira atribuir à Corte, mas é claro que um método deste tipo seria absurdo. A função quantitativa deve, portanto, ser combinada com critérios de seleção qualitativos, que permitam admitir ou excluir a decisão sobre o mérito do recurso em função da questão jurídica nele colocada, e da oportunidade que a Corte localizada no vértice do sistema se pronuncie expressamente sobre aquela". (TARUFFO, Michele. Prólogo. *In:* GIANNINI, Leandro. *El certiorari:* la jurisdicción discrecional de las Cortes Supremas. La Plata: Librería Editora Platense, 2016. t. I, p. 23. Tradução livre do autor. No original: "Otra función importante de la selección de los recursos es la de limitar la cantidad de recursos que son admitidos para una decisión de mérito. Ésta es una función de gran importancia, pero – por así decirlo – no puede ser la única. Si así fuera, aquélla podría tener lugar eligiendo *a caso* (al azar o echando suertes) un recurso cada X recursos interpuestos, según la cantidad de trabajo que se quiera atribuir a la Corte, pero es claro que método de este tipo sería absurdo, La función cuantitativa debe, por lo tanto, ser combinada con criterios de selección cualitativos, que permitan admitir o excluir la decisión sobre el mérito del recurso, en función de la cuestión jurídica planteada en él, y de la oportunidad que la Corte ubicada en el vértice del sistema se pronuncie expresamente sobre aquélla").

[472] ENGISCH, Karl. *Introdução ao pensamento jurídico*. Lisboa: Calouste Gulbenkian, 2001. p. 211.

[473] ENGISCH, Karl. *Introdução ao pensamento jurídico*. Lisboa: Calouste Gulbenkian, 2001. p. 205-274.

genuínos conceitos discricionários, os quadros ou molduras da "livre" discrição. Estes autorizam o órgão aplicador do Direito a considerar como vinculante e "justa" a valoração por ele pessoalmente tida por justa. Nestes termos, cientemente se conformam com uma pluralidade de sentidos. *Eles esperam uma tomada de posição individual, confiando em que seguir honestamente uma linha de orientação pessoal é de molde a assegurar melhores decisões do que o tactear inseguro na procura de pontos de vista "objectivos".* Teremos ainda de voltar a falar destes actos de valoração jurídica que fazem do órgão aplicador do Direito, em sentido verdadeiro e próprio, um criador do Direito, que o tornam legislador do caso concreto.[474]

A noção de "repercussão geral" exige preenchimento valorativo, isto é, um juízo de relevância, e por isso se trata de um conceito normativo, na acepção acima. Mas esse juízo não consiste numa "valoração objetivamente válida" ou um "critério objetivo de valor", pois não remete a nenhuma "tradição moral firme" nem a "concepções morais dominantes pelas quais o juiz se deve deixar orientar", como são, por exemplo, as noções de "tratamento desumano ou degradante" (art. 5º, III, da CF), "bons costumes" (art. 13 do CC) e "boa-fé" (art. 180 do CP). "Repercussão geral" é uma noção que dispensa uma averiguação ao final da qual o juiz seria forçado a aplicar o conceito de forma contrária ao seu entendimento pessoal.[475] Isso é o que pode ocorrer nas cláusulas gerais, e por isso se diz que aí não há discricionariedade: um juiz ateu não pode deixar de eventualmente condenar alguém que tenha praticado um crime contra o bem jurídico "sentimento religioso" (art. 208 do CP), pois o que está em jogo não é o sentimento religioso do juiz, mas o da sociedade. Ao contrário, a "repercussão geral" esgota-se num juízo de relevância feito pelo juiz, que pode e deve se valer de argumentos e até de impressões de atores sociais para decidir (CPC/2015, art. 1.035, §4º), mas não faz exatamente uma investigação

---

[474] ENGISCH, Karl. *Introdução ao pensamento jurídico*. Lisboa: Calouste Gulbenkian, 2001. p. 241-242.

[475] Na 1ª edição deste trabalho sustentou-se que a noção de repercussão geral, em si, seria "moralmente neutra", com o argumento de reforço de que os "aspectos morais" que poderiam ser considerados na aferição da antiga relevância da questão federal (RI/STF, art. 327, §1º, na redação da ER nº 2/1985) não são previstos para aferição da atual repercussão geral (CPC/2015, art. 1.035, §1º). Entretanto, após melhor reflexão, não se pretende manter exatamente o mesmo ponto de vista, dado que juízos de relevância, conveniência e oportunidade são inevitavelmente permeados por conteúdo moral. Entretanto, isso não significa que nesses juízos se faça uso de uma moral "objetivamente válida", nas palavras de Engisch, mas sim de um juízo de valor inescapavelmente subjetivo e referido ao agente encarregado de aplicá-lo: daí sua discricionariedade.

para entender o que é "repercussão geral" na moral vigente, como se fosse possível descobrir isso por mera apuração externa.

O conceito jurídico indeterminado de repercussão geral, portanto, é um caso de discricionariedade, pois a valoração exigida para preenchê-lo é subjetiva (referida ao agente encarregado de aplicá-lo), e não objetiva (referida à moral predominante). Nesse sentido, a defesa doutrinária de que não haveria discricionariedade na aferição da repercussão geral, por mais que se reconheça a indeterminação da tarefa, parece refletir menos uma *realidade* e mais um *desejo*, particularmente o desejo de que o STF atribua repercussão geral às questões que cada doutrinador considera mais relevantes, arroladas nas longas listas de exemplos que cada um fornece na tentativa de conceituar o que seja o instituto.[476] Ressalvando que se trata da sua "opção puramente terminológica-metodologicamente relevante", afirma Engisch:

> O autêntico "poder discricionário" é atribuído pelo direito e pela lei quando a *decisão* última sobre o justo (correcto, *conveniente*, apropriado) no caso concreto é confiada à responsabilidade de alguém, é deferida à concepção (em particular, à valoração) individual da personalidade chamada (*eventualmente "articulando" o seu ponto de vista com a deliberação tomada no seio de uma agremiação ou colégio*) a decidir em concreto, e isto não apenas porque não é possível excluir um "resto" de insegurança, mesmo através de regras, por mais minuciosas que estas sejam, mas porque se considera ser melhor solução aquela em que, dentro de determinados limites, *alguém olhando como pessoa consciente da sua responsabilidade, faça valer o seu próprio ponto de vista.*[477]

---

[476] Nesse sentido: "Exemplo de caso em que deveria ter sido reconhecida a repercussão geral é o acórdão que condenou a CBF a indenizar torcedor por dano moral resultante de atividade de árbitro em jogo de futebol. A questão é, na verdade, a *identificação* do que sejam *danos morais*. Claro que, uma vez se tendo decidido no sentido de que a atuação de um árbitro durante certo jogo de futebol, ainda que haja suspeita de manipulação de dados, define-se de modo mais preciso o que são danos morais e o alcance do art. 5º, X, da CF, e podem-se, assim, evitar milhares de ações em que se formulem pedidos do gênero perante o Judiciário". (WAMBIER, Teresa Arruda Alvim; WAMBIER, Luiz Rodrigues. Repercussão geral: como transformá-la num instituto adequado à magnitude da missão de uma Corte Superior? *In:* FUX, Luiz; FREIRE, Alexandre; DANTAS, Bruno (Coords.). *Repercussão geral da questão constitucional*. Rio de Janeiro: Forense, 2014. p. 630). Praticamente qualquer caso pode ser referido à delimitação de algum conceito jurídico. Sem uma visão comparativa quanto à relevância das controvérsias, não há como fazer funcionar a repercussão geral.

[477] ENGISCH, Karl. *Introdução ao pensamento jurídico*. Lisboa: Calouste Gulbenkian, 2001. p. 221-222 (destaques acrescentados).

A repercussão geral envolve um juízo discricionário do STF, sendo coerente que a decisão última – até por não haver instância superior – sobre a relevância das controvérsias constitucionais seja confiada ao órgão incumbido da "guarda da Constituição" (CF, art. 102). Como se verá mais detalhadamente no item 3.2, a fim de minimizar os riscos de arbítrio envolvidos nessa discricionariedade, foi instituído um *quorum* de dois terços dos ministros da Corte, permitindo-se assim que eles possam fazer "valer o seu próprio ponto de vista", pela confiança institucional de que cada um esteja "consciente da sua responsabilidade". Em contraste com a "concepção ontológica" da repercussão geral, essa vinculação pessoal produz "melhores decisões do que o tactear inseguro na procura de pontos de vista 'objectivos'".

Isso não significa que as decisões em matéria de repercussão geral ou os resultados das escolhas feitas pelo Tribunal não possam ser criticados. A agenda da Corte deve estar aberta ao controle social, inclusive para que eventuais escolhas questionáveis feitas no passado sejam evitadas no futuro. O fato de haver uma variedade de opções juridicamente possíveis ou fungíveis não deve levar à indiferença da sociedade e dos observadores do STF quanto às escolhas feitas, mas contribuir para que elas sejam melhores. Afirma Engisch:

> Essa fungibilidade ou justificabilidade não exclui naturalmente que se possam esgrimir argumentos e críticas sobre as razões por que precisamente esta ou aquela decisão é a melhor e "genuinamente" recta. Frequentemente o próprio autor da decisão não pode libertar-se das suas dúvidas, perguntando-se se "efectivamente" toma a decisão acertada; mas dirá de si para si que pelo menos considera correcta a decisão defensável. [...]
>
> Na realidade das coisas, dado como pressuposto que existe um "poder discricionário", seremos forçados a aceitar que aquilo que "em todo o caso" tem de ser reconhecido como defensável, deve valer como "caindo no espaço de manobra do poder discricionário" e, nessa medida, deve valer como "correcto" (e – permita-se-me o atrevimento de mais este excurso: – não deve ficar sujeito a reexame por uma outra instância, pelo menos quando esta não esteja em contacto tão estreito com o caso concreto e não seja essencialmente mais perita na matéria que a instância detentora do poder discricionário, mas apenas, na melhor das hipóteses, se julgue "mais sábia" que esta).[478]

---

[478] ENGISCH, Karl. *Introdução ao pensamento jurídico*. Lisboa: Calouste Gulbenkian, 2001. p. 250-251.

Assim, é possível questionar o STF, por exemplo, pela quantidade de repercussões gerais reconhecidas em matéria tributária, em detrimento de questões relacionadas a outros direitos fundamentais. Pode-se criticar conforme vários critérios, já que a repercussão geral admite ser observada por vários prismas. Mas também aqui há o limite do defensável: a repercussão *geral* não pode ser usada para resolver *apenas* um problema *individual*. Não pode o STF, desvirtuando a transcendência inerente a seus pronunciamentos, decidir uma matéria em repercussão geral emitindo um enunciado falsamente universal (cf. item 2.1), isto é, aparentemente geral e/ou abstrato, mas em verdade destinado a atingir uma única situação. E há pelo menos um caso de repercussão geral em que isto aconteceu.

No ARE nº 859.251, Rel. Min. Gilmar Mendes, discutiu-se a legitimidade dos recorrentes para propor ação penal privada subsidiária, em razão da alegada inércia do Ministério Público na responsabilização penal referente à conduta que supostamente resultou na morte trágica de um adolescente de treze anos, em 14.2.2012. Tratava-se do filho de uma figura pública, atualmente governador de Estado, ex-juiz federal e ex-deputado federal. Diagnosticado com uma crise asmática, o rapaz foi internado num dos melhores hospitais de Brasília, mas veio a falecer depois de uma parada cardiorrespiratória. Dos documentos dos autos, disponíveis no *site* do STF, depreende-se que os fatos ocorreram da seguinte forma.

Instaurou-se inquérito para investigar os responsáveis por suposta negligência no atendimento, traduzida em demora excessiva na administração dos medicamentos, o que teria contribuído para o óbito. A investigação policial resultou no indiciamento de uma médica e de uma enfermeira e foi remetida ao *Parquet* em 17.5.2012. Em 21.5.2012, o promotor de justiça responsável remeteu os autos à assessoria técnica interna da instituição ministerial, onde permaneceram até 12.7.2012. No intervalo, o pai da vítima interveio no procedimento, inclusive fornecendo documentos adicionais. O perito ministerial concluiu pela necessidade de uma nova diligência técnica, justificada pela complexidade do caso, e para tanto elaborou quesitos. Com os elementos até então disponíveis, em 13.7.2012, o promotor de justiça responsável pelo caso descartou a caracterização dos fatos como crime doloso contra a vida, de competência do júri, e postulou a redistribuição do caso para uma das varas criminais comuns. O procedimento foi remetido ao Instituto Médico Legal para a realização de exame histopatológico no dia 20.7.2012. A diligência foi realizada e o procedimento devolvido em 30.8.2012. O pai da vítima ingressou com queixa-crime em face da médica e da enfermeira em 31.8.2012. Posteriormente, o Ministério Público requereu o arquivamento do inquérito, não tendo, assim, formado convicção no sentido de denunciar as referidas profissionais.

Recebida a queixa-crime, foi impetrado *habeas corpus* pelas quereladas, que tiveram a ordem concedida para trancar a ação penal de iniciativa privada, sob o fundamento de que seu ajuizamento teria sido indevido, pois o Ministério Público não teria ficado inerte, especialmente em razão da complexidade dos fatos, que exigiriam um tempo maior de análise. Sendo do Ministério Público a titularidade da ação penal, e tendo o *Parquet* promovido o arquivamento, não seria devida a ação de iniciativa privada subsidiária. Desse acórdão foram interpostos recurso especial e extraordinário. O recurso especial foi desprovido, considerando-se não violados os arts. 29 e 46 do CPP, que preveem o prazo de quinze dias para a denúncia de réu solto após a conclusão do inquérito, sob pena de ser possível a iniciativa de ação penal de iniciativa privada subsidiária. Considerou-se que o Ministério Público não ficou inerte e que a complexidade dos fatos justificava a demora.

O recurso extraordinário foi fundado na alegada violação ao art. 5º, LIX, da Constituição, que prevê o direito à ação penal privada se a pública "não for intentada no prazo legal". O relator assim sustentou o caráter constitucional e a repercussão geral da questão:

> [A] instância recorrida invocou situações que não estavam na hipótese de incidência da norma constitucional – fato de o Ministério Público estar analisando o inquérito por seu assistente técnico no período da inércia e posterior produção de diligências com conhecimento dos pais da vítima para afastar a sua sanção.
>
> Assim, invocou-se uma exceção para deixar de aplicar a regra constitucional. Essa exceção à regra não tem base expressa na Constituição ou na lei. Eventualmente, pode ser deduzida do sistema. Isso, no entanto, é a matéria de fundo da questão constitucional.
>
> É relevante a tese de que a invocação de circunstâncias não presentes na regra constitucional para afastar sua consequência viola de forma direta a Constituição.
>
> Assim, a questão é constitucional.
>
> No que se refere à repercussão geral, as ações penais privadas subsidiárias não são numerosas em nosso direito. No entanto, está em jogo o direito da vítima e sua família à aplicação da lei penal, inclusive tomando as rédeas da ação criminal, se o Ministério Público não agir em tempo. Esse direito foi elevado à qualidade de direito fundamental

CAPÍTULO 3
A NEGATIVA DE REPERCUSSÃO GERAL COMO INSTRUMENTO DE SELEÇÃO QUALITATIVA... | 231

pela Constituição – art. 5º, LIX. Interessa não apenas às partes, mas ao sistema jurídico como um todo, marcar os limites do instituto da ação penal privada subsidiária da pública em casos como o presente. Assim, a questão tem a necessária relevância jurídica para passar pelo controle da repercussão geral.

O relator foi além e propôs uma reafirmação de jurisprudência. Embora reconhecendo que o entendimento da Corte é no sentido de que o arquivamento pelo Ministério Público obsta a propositura de ação penal privada subsidiária, o relator defendeu a tese de que, se a queixa tiver sido proposta durante um período de inércia, o arquivamento posterior do inquérito pelo Ministério Público não prejudica a ação privada já ajuizada. No caso, a inércia teria ocorrido porque ultrapassados quinze dias entre o recebimento pelo *Parquet* do inquérito relatado (17.5.2012) e a saída para uma diligência *externa* (20.7.2012). A diligência *interna* realizada no setor técnico do Ministério Público (21.5.12 a 12.7.2012) não foi considerada relevante para interromper a inércia, nem a complexidade dos fatos, reconhecida na instância ordinária, porque essas variáveis não estão previstas na Constituição, nem na lei. Para sustentar seu entendimento e votar pela reafirmação da jurisprudência, o relator invocou um único precedente, citado duas vezes: o RHC nº 68.430, Rel. Min. Paulo Brossard, j. 24.3.1992.

Iniciada a votação no Plenário Virtual, três ministros declararam-se impedidos ou suspeitos para o julgamento (Marco Aurélio, Teori Zavascki e Luís Roberto Barroso). Dos restantes, três concordaram com o relator (Luiz Fux, Dias Toffoli e Ricardo Lewandowski); dois votaram em sentido diametralmente oposto, não reconhecendo caráter constitucional nem repercussão geral à questão, e opondo-se à pretendida reafirmação de jurisprudência (Rosa Weber e Celso de Mello); e a Ministra Cármen Lúcia não se manifestou. Assim, houve quatro votos no sentido da tese do relator, dois contrários e uma abstenção. O recurso foi provido.

Embora o relator não tenha formulado expressamente uma tese, é possível depreender que, em regime de repercussão geral, nesse julgamento o STF assentou que: a) cabe ação penal privada subsidiária da pública após o decurso do prazo previsto no art. 46 do CPP, na hipótese de o Ministério Público não oferecer denúncia, não promover o arquivamento ou não requisitar diligências *externas* no prazo legal, sendo irrelevantes diligências internas e uma eventual complexidade dos fatos; e b) não fica prejudicada a queixa ajuizada nessa hipótese quando o Ministério Público promover o arquivamento do inquérito posteriormente.

Esses enunciados gerais, em verdade, mal disfarçam uma decisão claramente casuística, motivada por uma situação de tragédia familiar. A repercussão *geral*, quando reconhecida, tem como conteúdo mínimo não se prestar apenas à resolução de um problema *individual*. No entanto, trata-se de um requisito de conhecimento do recurso extraordinário, a essa altura, o único instrumento jurídico de que o pai da vítima dispunha para poder promover a persecução penal das profissionais de saúde que ele entende responsáveis pela morte de seu filho. O relator, superando todos os óbices tradicionais da juris-prudência que seriam tranquilamente aplicados num caso como esse – notadamente os relacionados à matéria fática e à ofensa indireta –, produziu uma decisão casuística, orientada pelo resultado (prática que já assumiu fazer expressamente, como visto), desvirtuando assim a repercussão geral.

Por definição, não há um controle (em sentido forte) das deci-sões da última instância. No entanto, a observação externa pode produzir críticas e levar a novas práticas futuras. No caso, apesar da formulação aparentemente universal da tese, é evidente que a decisão do caso somente interessava às partes do processo, ainda que possa ser aproveitada em alguma remota hipótese futura, enquadrável nos mesmos parâmetros. Não é esse o fim da repercussão geral. Trata-se de um instituto que permite decisões discricionárias, mas não arbitrárias.

Nesse sentido, embora defenda, para a Suprema Corte argentina, a existência de discricionariedade apenas para admitir recursos que não cumpram todos os requisitos legais, e não para inadmitir recursos que os atendam, Giannini reconhece que a diferença entre a discricionariedade e a interpretação de conceitos jurídicos indeterminados não é de natureza ontológica, mas de grau, ou mesmo apenas terminológica.[479] No entanto, há uma dificuldade para trabalhar eficazmente com esse tipo de nuance: o receio do arbítrio se faz ouvir de forma quase ensurdecedora na doutrina, a bradar pela expulsão de uma discricionariedade que, no entanto, permanece silenciosa onde sempre esteve. Pede-se um "esforço

---

[479] GIANNINI, Leandro. *El certiorari*: la jurisdicción discrecional de las Cortes Supremas. La Plata: Librería Editora Platense, 2016. t. I, p. 148. No mesmo sentido: "o cerne da divergência atual entre os processualistas reside menos na tentativa de defesa de poderes absolutos concedidos pelo sistema ao juiz, e mais num debate terminológico". (DANTAS, Bruno. *Repercussão geral*. 3. ed. São Paulo: Revista dos Tribunais, 2012. p. 274).

de objetivação",[480] numa situação-limite de subjetivismo: definir, entre dezenas de milhares de casos, quais os mais importantes para o País, quais devem ser julgados prioritariamente. Numa escala menor, isso seria como querer apontar "critérios objetivos" para que o Presidente do STF selecione, entre as centenas de casos liberados para a pauta por seus respectivos relatores, quais devem ser julgados na sessão plenária seguinte. É evidente que a elaboração da pauta envolve uma escolha, pois não há como julgar em uma única tarde todos os casos liberados. Pretende-se, enfim, alcançar uma "única solução correta",[481] nessa tarefa seletiva, tentando-se inutilmente um "controle interno" desse processo decisório, quando o mais proveitoso seria um "controle externo", isto é, a partir de seus resultados. Como afirma Ovídio Baptista:

> Como compreendemos o Direito através da epistemologia matemática, do "certo e do errado", habituamo-nos a pensar através de categorias lógicas binárias. Ou o juiz aplica a 'vontade da lei', ou, do contrário, será irremediavelmente arbitrário e despótico. Sendo assim, é preferível contar com um juiz 'subordinado' (Hobbes), do que submeter-nos aos caprichos de um juiz arbitrário, que se diz preconizado pela chamada "Escola do Direito Livre". Para nossa compreensão do Direito, ou o juiz é a "boca da lei" ou é arbitrário. O "termo médio" que poderia quebrar o pensamento "binário", a figura de um juiz não arbitrário, que se valesse, no entanto, de um poder apenas "discricionário", vai além da compreensão do sistema.[482]

---

[480] MARINONI, Luiz Guilherme; MITIDIERO, Daniel. *Repercussão geral no recurso extraordinário*. 3. ed. São Paulo: Revista dos Tribunais, 2012. p. 41. Em trabalho posterior, porém, o primeiro autor parece ter mudado de ponto de vista, admitindo a discricionariedade ao defender que a repercussão geral impõe "que o recorrente argumente, de forma analítica, sobre a conveniência e oportunidade de a Corte decidir a questão constitucional posta em seu recurso" (MARINONI, Luiz Guilherme; FORTES, Luiz Henrique Krassuski. Decisões mais importantes do STF em 2020 das quais você não ouviu falar. *JOTA*, 2 fev. 2021 (parte I). Disponível em: https://www.jota.info/opiniao-e-analise/artigos/decisoes-mais-importantes-do-stf-em-2020-das-quais-voce-nao-ouviu-falar-02022021. Acesso em: 11 mar.2021.

[481] WAMBIER, Teresa Arruda Alvim; WAMBIER, Luiz Rodrigues. Repercussão geral: como transformá-la num instituto adequado à magnitude da missão de uma Corte Superior? *In:* FUX, Luiz; FREIRE, Alexandre; DANTAS, Bruno (Coords.). *Repercussão geral da questão constitucional*. Rio de Janeiro: Forense, 2014. p. 625.

[482] SILVA, Ovídio A. Baptista da. *Processo e ideologia*: o paradigma racionalista. 2. ed. Rio de Janeiro: Forense, 2006. p. 243. E ainda: "Seria possível concordar com Cappelletti, para quem há discricionariedade, em algum grau, em absolutamente *toda* decisão. Sem precisar ir tão longe, porque aqui de fato não é preciso, podemos dizer: nada há de ilegal, inconstitucional ou ilegítimo na norma que determina a utilização de um filtro qualitativo para a admissão de determinados recursos; e essa admissão, pela própria natureza dos filtros qualitativos, se fará por via de uma decisão discricionária. A discricionariedade pode estar expressa nessa norma, como ocorre no caso dos EUA e da Argentina. Ou pode

Seja como for, ressalvada a proibição de que a repercussão geral se preste à resolução exclusiva de um caso individual, parece inócuo tentar construir parâmetros abstratos para um instituto que, não à toa (como se verá a seguir), apenas pode ser aplicado por dois terços dos ministros do STF: os resultados dessas tentativas costumam ser apenas fórmulas igualmente genéricas, como a do CPC.[483] Desse modo, os debates sobre a natureza da aplicação do requisito da repercussão geral *in concreto* – se discricionária ou técnica – devem-se à impossibilidade material de motivação analítica de juízos comparativos de relevância em dezenas de milhares de decisões. Se assim é, seja qual for o enquadramento teórico-terminológico do instituto, a contenção do arbítrio não pode ocorrer por meio de uma exigência inatingível de motivação – exigência que, longe de tornar o processo controlável, o empurrou para a informalidade e resultou num "filtro oculto" com sérios efeitos colaterais (item 1.2) –, mas apenas pode ser alcançada com mais transparência ao processo e controle dos resultados.[484]

---

não estar, como no caso de nossa EC nº 45/04, ou no sistema alemão, mas nem por isso a decisão se torna menos discricionária. Ao falar em 'repercussão geral', o legislador está, necessariamente, dizendo que 'o órgão julgador decidirá quando há e quando não há repercussão geral'. E isso é um julgamento discricionário, esteja ou não essa palavra inserida no corpo da lei". (BRAGHITTONI, R. Ives. *Recurso extraordinário*: uma análise do acesso ao Supremo Tribunal Federal. São Paulo: Atlas, 2007. p. 113).

[483] Nesse sentido, em lição a propósito da antiga arguição de relevância, mas inteiramente aplicável à atual repercussão geral, afirmou o Min. Moreira Alves: "Pode-se dizer, genericamente, que relevantes são as questões que, no âmbito federal, têm importância jurídica, social, econômica, política. Mas esse enunciado não satisfaz à aspiração de uma perfeita delimitação do que venha a ser relevante. E isso se explica porque a aferição da relevância é julgamento de valor, havendo, pela natureza mesma de tais julgamentos, larga margem de subjetivismo daqueles a quem incumbe decidir sobre se ela ocorre, ou não. Definir é traçar limites objetivos, o que não se compadece com ideias de conteúdo impreciso porque dependente de análise subjetiva. Por isso mesmo não se exige sequer a concordância da maioria, basta que se alcance o *quorum* de quatro vozes acordes em que a questão em causa é relevante. E - nota-se - uma mesma questão, conforme as circunstâncias, pode ser, ou deixar de ser, relevante para a Federação. [...] O que não é possível, no entanto, é pretender-se uma fórmula que encerre, objetivamente, todas as hipóteses em que pode ocorrer a relevância da questão federal. O movediço dos julgamentos de valor e a gama de circunstâncias que neles podem influir o impedem. E é utópico querer-se restringir o conceito, por delimitar, restringir - o que, por sua natureza mesma, é insusceptível de limites fixos". (ALVES, José Carlos Moreira. A missão constitucional do Supremo Tribunal Federal e a arguição de relevância da questão federal. *Revista do Instituto dos Advogados Brasileiros*, ano XVI, n. 58-59, p. 41-63, 1982, p. 49 e 51). Também se referindo à arguição de relevância, pergunta o Min. Sydney Sanches: "Dir-se-á que o conceito é vago. Mas que outro se poderia encontrar?". (SANCHES, Sydney. Arguição de relevância da questão federal. *Cadernos liberais*, n. 59, p. 8, 1987).

[484] Nesse sentido, Marinoni e Mitidiero aludem ao "controle social, pelas partes e demais interessados, da atividade do Supremo Tribunal Federal *mediante um cotejo de casos já decididos pela Corte. Com efeito, a partir da paulatina e natural formação do catálogo de*

É muito difícil fiscalizar adequadamente o que o STF faz de relevante e os critérios que de fato adota quando recebe cerca de 100 mil processos por ano e profere no mesmo período mais de 100 mil decisões. As inconsistências são inevitáveis e prejudicam tanto os jurisdicionados quanto a Corte. No entanto, se o Tribunal apenas se debruçasse sobre um número limitado de casos por ano, ainda que segundo critérios discricionários, faria incidir sobre cada um desses casos uma luz muito maior do que a que pode iluminar dezenas de milhares de processos.[485] O controle social seria muito mais efetivo: viabilizaria a observação dos assuntos mais recorrentes, com a correspondente crítica das escolhas do Tribunal;[486] permitiria constatar uma eventual concentração de

---

casos pelos julgamentos do Supremo Tribunal Federal permite-se o controle em face da própria atividade jurisdicional da Corte, objetivando-se cada vez mais o manejo dos conceitos de relevância e transcendência ínsitos à ideia de repercussão geral". (MARINONI, Luiz Guilherme; MITIDIERO, Daniel. *Repercussão geral no recurso extraordinário.* 3. ed. São Paulo: Revista dos Tribunais, 2012. p. 42).

[485] "Julgando só determinadas causas, já havidas para ser admitido ao exame o recurso extraordinário como portadoras de *repercussão geral – por paradoxal que isso pudesse parecer ou ser imaginado* – isto conduzirá a que projeção nos meios jurídicos e sociais, de decisões proferidas sobre tais recursos, virá a ser maior do que atualmente ocorre com as milhares de decisões do Supremo Tribunal Federal. Quando o Tribunal vier só a julgar as causas que tenham *repercussão geral*, com este qualificativo, definitivamente agregado ao exercício das suas funções, em relação ao recurso extraordinário, conferir-se-lhe-á o perfil correto de que é merecedora esta Corte – e, a Nação, enquanto credora de decisões-modelo – pela sua posição nos quadros do Poder Judiciário. Desnaturado e desperdiçado mesmo estaria – como esteve – o funcionamento do Tribunal, se houvesse de continuar julgando todo e qualquer recurso". (ALVIM, Arruda. A Emenda Constitucional 45 e a repercussão geral. *Revista de Direito Renovar,* Rio de Janeiro, v. 31, p. 75-130, jan./abr. 2005, p. 106). No mesmo sentido: BRAGHITTONI, R. Ives. *Recurso extraordinário*: uma análise do acesso ao Supremo Tribunal Federal. São Paulo: Atlas, 2007. p. 75.

[486] A partir desse controle por resultados, levantamento feito em 2011 concluiu que os "temas prediletos" do Tribunal para reconhecimento da repercussão geral se relacionavam a matéria tributária, penal e processual penal, enquanto a maior parte dos casos com repercussão geral negada se ligava a temas trabalhistas e administrativos. (SUNDFELD, Carlos Ari; SOUZA, Rodrigo Pagani (Coords.). Repercussão geral e o sistema brasileiro de precedentes. *Série pensando o Direito,* n. 40. Brasília: Ministério da Justiça, 2011. p. 25-27. Disponível em: http://pensando.mj.gov.br/wp-content/uploads/2015/07/40Pensando_ Direito11.pdf. Acesso em: 19 jul. 2017). De 3.5.2007 a 1.10.2009, os casos sobre matéria tributária representavam 36% dos recursos com repercussão geral reconhecida. (FREITAS, Marina Cardoso de. A repercussão geral nos recursos extraordinários – como o STF tem aplicado esse instituto? *In*: VOJVODIC, Adriana *et al.* (Orgs.). *Jurisdição constitucional no Brasil.* São Paulo: Malheiros, 2012. p. 236). Embora os recursos em matéria tributária tenham respondido por 14,5% do total da distribuição entre 2007 e 2013, tal matéria representa 28,01% dos casos com repercussão geral reconhecida no mesmo período. (MEDINA, Damares. *A repercussão geral no Supremo Tribunal Federal.* São Paulo: Saraiva, 2016. *e-book,* p. 103-104). Segundo dados oficiais, no ano de 2017, o direito tributário respondeu por 21% dos casos novos. (BRASIL. Conselho Nacional de Justiça. *Supremo em ação 2018*: ano-base 2017. Brasília: Conselho Nacional de Justiça, 2018. p. 43. Disponível em: https://www. cnj.jus.br/wp-content/uploads/2017/06/fd55c3e8cece47d9945bf147a6e985.pdf. Acesso

processos com repercussão geral representados por um mesmo advogado, a indicar que o prestígio do patrono tem tido mais peso que a relevância da causa; e outros possíveis controles. Reconhecer a impraticabilidade de uma motivação analítica de *todas* as decisões negativas de repercussão geral é um passo necessário para obter o grau de controle político-social possível. Nesse sentido, a ampla divulgação das decisões e a formação de bancos de dados sobre a repercussão geral são altamente salutares (RI/STF, art. 329),[487] até porque as decisões positivas, que admitem recursos, devem ser motivadas, ofertando, assim, parâmetros para observação.[488] [489]

---

em: 10 mar. 2021). Outro levantamento empírico consta em: LOBATO, Anderson Orestes Cavalcante; ORTIZ, Rodrigo Meireles. Análise da repercussão geral após 10 anos de aplicação: avanços, desafios e diagnóstico em números. *Revista Eletrônica Direito e Política*. Itajaí, v. 14, n. 2, 2º quadrim. 2019. Disponível em: https://siaiap32.univali.br/seer/index. php/rdp/article/view/15077/8613. Acesso em: 29 mar. 2021. Para uma análise crítica da aplicação do instituto da repercussão geral em matéria tributária, v. GODOI, Marciano Seabra de; PRADO, Júlia Ferreira Gonçalves. Acessibilidade e qualidade das decisões judiciais num sistema de precedentes: como se comportam os ministros do Supremo Tribunal Federal no exame da repercussão geral das questões constitucionais em matéria tributária. *In*: BOSSA, Gisele Barra *et al. Medidas de redução do contencioso tributário e o CPC/2015*. São Paulo: Almedina, 2017, p. 497-520.

[487] Nesse particular, o Brasil é citado como referência de transparência por GIANNINI, Leandro. *El certiorari*: la jurisdicción discrecional de las Cortes Supremas. La Plata: Librería Editora Platense, 2016. t. I, p. 103-104.

[488] Nesse sentido: "Os julgamentos positivos de admissibilidade, ainda que francamente discricionários, poderiam ter razoável fundamentação. Os julgadores explicariam por que, em seu entendimento, este ou aquele recurso mereceria ser julgado, baseando-se nas consequências que tal julgamento teria para o País todo. Isso seria tanto mais importante em se considerando o papel de uma verdadeira Corte constitucional; com essa fundamentação, o STF daria à sociedade a explicação de quais causas estão sendo escolhidas e por que, a demonstração de quais são as matérias que merecem sua atenção, quais são as grandes causas que exigem julgamento, quais as grandes diretrizes jurisprudenciais que o tribunal maior pretende que sejam observadas. [...] A fundamentação das decisões negativas, ao contrário, iria inevitavelmente se resumir a declarar que tal recurso não traria consequências para o País como um todo, que seu interesse se resume às próprias partes. Ora, um tal motivação é perfeitamente dispensável". (BRAGHITTONI, R. Ives. *Recurso extraordinário*: uma análise do acesso ao Supremo Tribunal Federal. São Paulo: Atlas, 2007. p. 112).

[489] A propósito, levantamento interessante sobre os argumentos utilizados pelo STF no reconhecimento da repercussão geral de controvérsias empresariais – consequencialistas, sistemáticos, empíricos, jurisprudenciais, principicialistas, conceituais, de autoridade e *a fortiori* – pode ser encontrado em HERANI, Renato Gugliano. Repercussão geral: uma análise empírica dos argumentos de reconhecimento. *Revista Brasileira de Estudos Constitucionais*, n. 27, p. 649-679, set./dez. 2013. Para uma análise dos casos que tiveram repercussão geral reconhecida por razões de ordem econômica, v. QUINTAS, Fábio Lima; RAMOS, Raul Nero Perius. O Supremo Tribunal Federal e a relevância econômica da questão constitucional nos recursos extraordinários. *In*: NERY JUNIOR, Nelson; ALVIM, Teresa Arruda. *Aspectos polêmicos dos recursos cíveis e assuntos afins*. v. 13. São Paulo: Revista dos Tribunais, 2017, p. 199-219.

Esse reforço de transparência é uma das formas de compensar a impraticabilidade da motivação analítica de todas as decisões negativas de repercussão geral, já que a transparência é exatamente um dos objetivos que a motivação pretende alcançar. Não à toa, a motivação e a publicidade estão previstas no mesmo inciso IX do art. 93 da CF. Nada obstante o caráter genérico dos parâmetros levados em conta para a atribuição ou não da repercussão geral, sua mera enunciação cumpre o papel válido de assimilar a decisão a uma categoria de casos, conferindo, assim, algum grau de transparência ao processo. A propósito, afirma Giannini:

> No que diz respeito ao delicado problema da *motivação*, reconhece-se que *a limitação extrema da garantia de fundamentação das decisões judiciais é razoável, sempre que se assegure pelos melhores meios disponíveis a tais efeitos a transparência do processo*. Nessa ordem de considerações, parte-se da ideia de que a motivação não é o único recurso mediante o qual pode ser satisfeito o postulado da transparência. Pelo que um Tribunal Superior que tenha à sua disposição um instrumento para "decidir que casos decidir", sem necessidade de desenvolver os fundamentos de sua escolha em cada caso, deve, entre outras medidas tendentes a garantir aquela transparência: i) identificar ao menos a causa a que responde a decisão de inadmissão do recurso extraordinário [...]; ii) oferecer elementos de acesso público à informação relevante sobre os antecedentes tidos em conta por tais tribunais na tarefa de seleção (vg., enunciação geral dos parâmetros utilizados para medir a transcendência de um assunto ou para admitir discricionariamente recursos que versem sobre questões intranscendentes; sistematização e difusão das decisões relativas à aplicação do "filtro", para que possam ser conhecidos com mais precisão os antecedentes de cada litígio admitido ou inadmitido etc.).[490]

---

[490] GIANNINI, Leandro. *El certiorari*: la jurisdicción discrecional de las Cortes Supremas. La Plata: Librería Editora Platense, 2016. t. I, p. 28-29. Tradução livre do autor. No original: "Respeto del delicado problema de la *motivación*, se reconoce que *la limitación extrema del recaudo constitucional de fundamentación de las sentencias judiciales es razonable, siempre que se garantice por los mejores medios disponibles a tales efectos, la transparencia del proceso*. En ese orden de consideraciones, se parte de la idea de que la motivación no es el único resorte mediante el cual puede satisfacerse el postulado de transparencia. Por lo que un Tribunal Superior que tenga a su disposición un instrumento para 'decidir qué casos decidir', sin necesidad de desarrollar los fundamentos de su elección en cada caso, debe, entre otras medidas tendientes a garantizar aquella transparencia: i) identificar al menos la causal a la que responde la resolución desestimatoria del recurso extraordinario [...],; ii) brindar elementos de acceso público a la información relevante sobre los antecedentes tenidos en cuenta por dichos tribunales en la tarea de selección (vg., enunciación general de los parámetros utilizados para medir la transcendencia de un asunto o para admitir

Em outras palavras: não se deve ter uma visão fundamentalista do dever de fundamentação. Em que pese a importância dessa obrigação, ela não se presta, como nenhuma outra pode legitimamente se prestar, a exigir o impossível (comparações detalhadas da relevância de dezenas de milhares de controvérsias), de modo que o seu cumprimento não pode inviabilizar o funcionamento do próprio STF. Outros mecanismos de reforço da transparência podem atingir algumas das finalidades almejadas pelo dever de motivação, sem que com isso o Tribunal fique impossibilitado de cumprir o seu papel. A compatibilidade da dispensa de motivação analítica com a Constituição continuará a ser tratada no item 3.3.

Já se viu como a exigência de motivação analítica de todas as decisões negativas de repercussão geral tornou o filtro um mero instrumento de resolução de demandas repetitivas muito pouco utilizado, haja vista o volume de decisões que o STF profere, e os efeitos colaterais dessa prática (capítulo 1). É possível ir além e explorar outras potencialidades do mecanismo. Embora seja impraticável e sem sentido uma justificação exaustiva da pouca relevância de milhares de controvérsias remetidas ao STF, a configuração normativa da repercussão geral instituiu uma salvaguarda capaz de tornar o filtro operacional, como se verá.

3.2 O *quorum* prudencial como contrapeso destinado a dificultar eventual exercício arbitrário do poder discricionário de negar repercussão geral

O art. 102, §3º, da Constituição prevê que o STF somente pode "recusar" um recurso por ausência de repercussão geral "pela manifestação de dois terços dos seus membros". Como ressaltado, trata-se de um *quorum* extremamente qualificado – oito de onze ministros, superior ao exigido para a declaração de inconstitucionalidade de leis ou atos normativos (maioria absoluta, conforme art. 97 da CF), e igual ao necessário para modular os efeitos de declaração de inconstitucionalidade "por razões de segurança jurídica ou de excepcional interesse social" (art. 27 da Lei nº 9.868/1999), bem como para editar, revisar ou cancelar súmulas vinculantes (CF, art. 103-A,

---

discrecionalmente recursos que versen sobre cuestiones intranscendentes; sistematización y difusión de las decisiones relativas a la aplicación del 'filtro', para que puedan conocerse con más precisión los antecedentes de cada litigio admitido o inadmitido etc.)".

também incluído pela EC nº 45/2004). Qual o sentido em instituir um *quorum* tão qualificado para um requisito de admissibilidade?[491]

Afirmar que a finalidade foi evitar a "acumulação de poderes na figura do relator"[492] é insatisfatório, pois, para isso, bastaria exigir maioria simples de um órgão fracionário. Assim, é comum encontrar na doutrina a justificativa segundo a qual se trata de uma forma de compensar o caráter indeterminado do conceito de repercussão geral. Afirma Bruno Dantas:

> No caso da repercussão geral, o fato é que estamos diante de um conceito jurídico indeterminado que encerra restrição a recurso de estatura constitucional. Dada sua indeterminação conceitual – que necessariamente envolve um elevado teor de subjetividade na aplicação *in concreto* –, o elevado *quorum* serve como "elemento compensador" da natural redução de previsibilidade, especialmente se cotejado com um conceito minucioso.[493]

O raciocínio do autor, porém, prossegue com a afirmação de que, "ao exigir *quorum* qualificadíssimo, o constituinte derivado acenou à sociedade que a regra continua a ser o cabimento do RE",[494] o que

---

[491] Há quem entenda que "[e]sse quórum qualificado foi inspirado pela preocupação que nossa tradição recursal tem com o princípio do acesso ao Poder Judiciário e ao STF, por conseguinte, que muitas vezes se torna uma 4ª instância". Isso, porém, teria gerado "distorções sistêmicas, dentre elas o efeito *contramajoritário* no resultado do julgamento", dificultando "o delineamento do que o STF, como órgão colegiado, entende por repercussão geral, uma vez que o resultado acaba não espelhando o entendimento da maioria". (MEDINA, Damares. *A repercussão geral no Supremo Tribunal Federal*. São Paulo: Saraiva, 2016. *e-book*, p. 47-48). O texto que se segue procurará rebater as afirmações de que o *quorum* reforçado seria uma garantia de acesso ao STF, e que o controle da admissibilidade por uma minoria de quatro ministros seria disfuncional.

[492] TAVARES, André Ramos. A repercussão geral no recurso extraordinário. In: TAVARES, André Ramos; LENZA, Pedro; ALARCÓN, Pietro de Jesús. *Reforma do Judiciário*: analisada e comentada. São Paulo: Método, 2005. p. 218.

[493] DANTAS, Bruno. *Repercussão geral*. 3. ed. São Paulo: Revista dos Tribunais, 2012. p. 233.

[494] DANTAS, Bruno. *Repercussão geral*. 3. ed. São Paulo: Revista dos Tribunais, 2012. p. 233. No mesmo sentido, sustentando que o *quorum* qualificado constitui uma "presunção de repercussão geral", *v.g.*: BERMUDES, Sérgio. *A reforma do Judiciário pela Emenda Constitucional nº 45*. Rio de Janeiro: Forense, 2005. p. 57; STRECK, Lenio Luiz. A 'repercussão geral das questões constitucionais' e a admissibilidade do recurso extraordinário: a preocupação do constituinte com as 'causas irrelevantes'. In: AGRA, Walber de Moura (Coord.). *Comentários à reforma do Poder Judiciário*. Rio de Janeiro: Forense, 2005. p. 134 e 136; FÉRES, Marcelo Andrade. Nótula sobre a repercussão geral (ou transcendência) do recurso extraordinário. *Repertório de jurisprudência IOB*: civil, processual, penal e comercial, v. III, n. 1, p. 367-370, jan. 2005; ABBUD, André de Albuquerque Cavalcanti. O anteprojeto de lei sobre a repercussão geral dos recursos extraordinários. *Revista de Processo*, v. 129, p. 108-131, nov. 2005; URBANO, Hugo Evo Magro Corrêa. Da arguição de relevância à repercussão geral das questões constitucionais no recurso extraordinário. *Revista Dialética*

não é exato: basta ver que, apesar de exigirem *quorums* semelhantes, a Suprema Corte dos EUA e o Tribunal Constitucional alemão rejeitam cerca de 99% dos casos que chegam a tais Cortes. O *quorum* qualificado nada tem a ver com a raridade da inadmissão do recurso extraordinário, recurso que, como o próprio nome indica, é de natureza excepcional. Sustentar o contrário significa esquecer que a repercussão geral surgiu para limitar e racionalizar o acesso ao STF, e não para ampliá-lo ainda mais.[495]

---

de Direito Processual, n. 47, p. 69, fev. 2007; ARAÚJO, José Henrique Mouta. A repercussão geral e o novo papel do STF. *Revista Dialética de Direito Processual*, n. 50, p. 64, maio 2007; TALAMINI, Eduardo. Repercussão geral em recurso extraordinário: nota sobre sua regulamentação. *Revista Dialética de Direito Processual*, n. 54, p. 65, set. 2007; NOGUEIRA, Gustavo Santana. A repercussão geral do recurso extraordinário e a Emenda Regimental nº 21/2007 do STF: uma proposta de interpretação da análise deste novo requisito de admissibilidade. *In:* MEDINA, José Miguel Garcia *et al. Os poderes do juiz e o controle das decisões judiciais*: estudos em homenagem à professora Teresa Arruda Alvim Wambier. São Paulo: Revista dos Tribunais, 2008. p. 925; DANTAS, Ivo. *Da repercussão geral como pressuposto específico e como filtro ou barreira de qualificação do recurso extraordinário*. abr. 2009. p. 27-28. Disponível em: http://www.anima-opet.com.br/pdf/animal/artigo_Ivo_ Dantas_da_repercussao.pdf. Acesso em: 18 jul. 2017; SOARES, Marcos Antônio Striquer; BUZINGNANI, Wilian Zendrini. Limitações constitucionais para o filtro denominado repercussão geral. *Revista Scientia Iuris*, v. 14, p. 79-95, 2010; CUNHA, Leonardo José Carneiro da. A função do Supremo Tribunal Federal e a força de seus precedentes: enfoque nas causas repetitivas. *In:* PAULSEN, Leandro (Coord.). *Repercussão geral no recurso extraordinário*: estudos em homenagem à Ministra Ellen Gracie. Porto Alegre: Livraria do Advogado, 2011. *e-book*, p. 76; RAMOS, Carlos Henrique; CUNHA, Paulo Eduardo Ramos Mendes da. Perspectivas atuais da repercussão geral no recurso extraordinário. *Revista Dialética de Direito Processual*, n. 102, p. 14, set. 2011; MARINONI, Luiz Guilherme; MITIDIERO, Daniel. *Repercussão geral no recurso extraordinário*. 3. ed. São Paulo: Revista dos Tribunais, 2012. p. 54; BORGES, Josenir Cassiano. Recurso extraordinário: repercussão geral como função social. *Revista Juris Plenum*, n. 45, p. 61, maio 2012; DECOMAIN, Pedro Roberto. Previsão constitucional e pressupostos de admissibilidade do recurso extraordinário. *Revista Dialética de Direito Processual*, n. 126-143, p. 135, maio 2013; SÁ, Danielle Carlomagno Gonçalves de. *A repercussão geral da questão constitucional*: uma análise crítica. São Paulo: Dissertação de mestrado (USP), 2014. p. 38. Disponível em: http://www.teses.usp.br/teses/disponiveis/2/2137/tde-26022015-161417/pt-br.php. Acesso em: 21 jul. 2017; MEDINA, José Miguel Garcia; GUIMARÃES, Rafael de Oliveira; FREIRE, Alexandre. Da repercussão geral: evolução e críticas ao instituto. *In:* FUX, Luiz; FREIRE, Alexandre; DANTAS, Bruno (Coords.). *Repercussão geral da questão constitucional*. Rio de Janeiro: Forense, 2014. p. 361; FREITAS JÚNIOR, Horival Marques de. *Repercussão geral das questões constitucionais*: sua aplicação pelo Supremo Tribunal Federal. São Paulo: Malheiros, 2015. p. 160; PEREIRA, Paula Pessoa. *Supermaioria como regra de decisão na jurisdição constitucional do Supremo Tribunal Federal*. 2017. Tese (Doutorado) – Universidade Federal do Paraná, Curitiba, 2017, p. 176-177. Disponível em: https://acervodigital.ufpr. br/bitstream/handle/1884/63375/R%20-%20T%20-%20PAULA%20PESSOA%20PEREIRA. pdf?sequence=1&isAllowed=y. Acesso em: 11 nov. 2021; MATTA, Darilê Marques da. Repercussão geral no Supremo Tribunal Federal. Florianópolis: Empório do Direito, 2018, p. 252; DIDIER JR., Fredie; CUNHA, Leonardo Carneiro da. *Curso de direito processual civil*. 18. ed. Salvador: JusPodivm, 2021. v. 3, p. 462.

[495] Nesse sentido: "[...] se realmente houvesse uma presunção relativa de repercussão geral, não se imputaria ao próprio recorrente o ônus de demonstrá-la. *Data venia*, o alto

Nesse sentido, o cômputo do *silêncio*[496] como um voto no sentido da existência de repercussão geral – o que ocorria por força da antiga redação do art. 324, §1º, do RI/STF (dada pela ER nº 31/2009) – não significava que ela fosse presumida:[497] tratava-se apenas de uma regra destinada a prever os efeitos do silêncio como manifestação de vontade.[498] Cuida-se de uma situação comum no direito em geral (*e.g.*, art. 111 do Código Civil) e nos julgamentos colegiados dos tribunais: quando o presidente da sessão, depois do voto do relator, indaga aos demais magistrados se há alguma divergência, o silêncio é considerado como assentimento ao voto do relator; ele então proclama o resultado por unanimidade e chama o próximo item da pauta. Assim, é válida a instituição de regras prévias sobre como interpretar o silêncio,[499]

---

quorum não presume existência da repercussão geral, apenas dificulta a demonstração do contrário, não desincumbindo o recorrente de comprová-lo no recurso extraordinário; refere-se à aferição do requisito, e não à repercussão geral em si". (LEVADA, Filipe Antônio Marchi. A repercussão geral na Constituição Federal e no projeto de lei que acrescenta os arts. 543-A e 543-B ao CPC. *In*: MELLO, Rogério Licastro Torres de. *Recurso especial e extraordinário*: repercussão geral e atualidades. São Paulo: Método, 2007. p. 100).

[496] Entendendo que o silêncio não pode ser computado como um voto, devendo se aguardar manifestação expressa de todos os ministros da Corte sobre a repercussão geral: DANTAS, Bruno. *Repercussão geral*. 3. ed. São Paulo: Revista dos Tribunais, 2012. p. 338-340. Esse ponto de vista veio a prevalecer com a nova redação dada ao art. 324, §3º, do RI/STF pela ER nº 54/2020, como se verá a seguir.

[497] Em sentido contrário ao do texto: MARINONI, Luiz Guilherme; MITIDIERO, Daniel. *Repercussão geral no recurso extraordinário*. 3. ed. São Paulo: Revista dos Tribunais, 2012. p. 59-60; DIDIER JR., Fredie; CUNHA, Leonardo Carneiro da. *Curso de direito processual civil*. 14. ed. Salvador: JusPodivm, 2017. v. 3, p. 424.

[498] Note-se que, no Superior Tribunal de Justiça, a não adoção de providências pelo relator de recurso especial representativo de controvérsia, no prazo de sessenta dias, implica rejeição de afetação (RI/STJ, art. 256-G).

[499] Por isso, discorda-se de Damares Medina (MEDINA, Damares. *A repercussão geral no Supremo Tribunal Federal*. São Paulo: Saraiva, 2016. e-book, p. 56-57), quando afirma que a antiga regra do art. 324, §2º, do RI/STF – que permitia o cômputo do silêncio no sentido da ausência de repercussão geral quando o relator afirme que a matéria é infraconstitucional – seria "um *per saltum* regimental do exame de admissibilidade do recurso extraordinário em meio eletrônico e com a recepção da abstenção dos ministros como um juízo negativo de admissibilidade, sem autorização normativa ou constitucional expressa". Logo depois, a autora defende o cabimento de agravo da decisão do Plenário Virtual que assenta a índole infraconstitucional da controvérsia, quando é manifesto que o agravo só cabe de decisões monocráticas. Discorda-se também de Marinoni e Mitidiero (MARINONI, Luiz Guilherme; MITIDIERO, Daniel. *Repercussão geral no recurso extraordinário*. 3. ed. São Paulo: Revista dos Tribunais, 2012. p. 60), segundo os quais o silêncio somente podia ser interpretado no sentido da admissibilidade do recurso, e não da inadmissibilidade, porque o art. 102, §3º, da CF teria instituído uma "presunção de repercussão geral". Se isso não ocorre nem com as questões constitucionais, pelas razões já demonstradas no texto, muito menos se dá com as infraconstitucionais. Porém, defender a possibilidade de contar o silêncio como manifestação de vontade – repita-se, algo comum no direito em geral e na prática dos tribunais – não significa concordância com a deliberação sobre a repercussão

sem que tal induza, de forma necessária, presunções positivas ou negativas: trata-se apenas de uma forma de permitir que o Plenário Virtual cumpra os fins para os quais foi concebido, isto é, viabilizar uma análise colegiada célere do requisito de admissibilidade, evitando a realização de sessões presenciais e dilações além de vinte dias, pela impossibilidade de pedidos de vista nessa deliberação (RI/STF, art. 324, *caput*).[500]

Com a ER nº 54/2020, porém, o silêncio deixou de ser computado como voto no sentido da presença ou ausência de repercussão geral, mas passou a ser considerado apenas como abstenção: "[o] ministro que não se manifestar no prazo previsto no *caput* terá sua não participação registrada na ata do julgamento" (RI/STF, art. 324, §3º). A nova regra confirma o que é defendido desde a 1ª edição deste livro: a simples existência de *quorum* qualificado não induz, por si só, presunções positivas ou negativas, e os efeitos de eventual silêncio podem ser disciplinados por regras pré-estabelecidas. Nesta hipótese poderá haver uma prorrogação do prazo do julgamento virtual: segundo o art. 324, §4º, do RI/STF, na redação da ER nº 54/2020, o julgamento prosseguirá na sessão virtual seguinte,[501] colhendo-se os votos dos que se abstiveram, caso não sejam alcançados na primeira sessão pelo menos seis votos pela natureza infraconstitucional da controvérsia, ou, se já houver no mínimo seis votos no sentido do caráter constitucional do tema, não se computarem ao menos quatro votos pela existência de repercussão geral ou oito votos pela inexistência.

---

geral de questões infraconstitucionais, o que é um contrassenso, como tratado no item 1.2.1 deste trabalho.

[500] Nesse sentido: "Não há a possibilidade de pedidos de vista dos ministros. Prerrogativa exclusiva dos julgamentos presenciais, o procedimento possui nítida função informacional, ao viabilizar o acesso aos autos do processo, aos demais ministros (não relatores). O pedido de vista remonta à tradição dos processos físicos (em papel), segundo a qual 'a vista' significava, literalmente, o traslado dos autos ao gabinete do ministro solicitante, para um estudo mais aprofundado do caso que, via de regra, é feito exclusivamente pelo relator do processo. Com a integral digitalização dos autos do recurso paradigma de repercussão geral e sua ampla disponibilização, os pedidos de vista não mais se justificam, pelo menos em sua função informacional". (MEDINA, Damares. *A repercussão geral no Supremo Tribunal Federal*. São Paulo: Saraiva, 2016. *e-book*, p. 69-70). No entanto, apesar de esta continuar sendo a regra na repercussão geral – já que o sistema do Plenário Virtual nem sequer apresenta a opção de "pedido de vista" –, com a recente autorização para o julgamento de agravos internos e embargos de declaração em geral por meio virtual (arts. 317, §5º, e 337, §3º, do RI/STF, acrescentados pela ER nº 51/2016), foi editada a Resolução STF nº 587/2016, que previu a possibilidade de pedido de vista nesses casos (art. 4º, I), com o que o julgamento só pode ser retomado em sessão presencial (art. 5º).

[501] Solução semelhante é prevista para os recursos especiais repetitivos no art. 257-B do RI/STJ.

Embora seja correto justificar o *quorum* qualificado a partir da indeterminação do conceito de repercussão geral, tal explicação é incompleta. Isso porque faz parte da rotina judiciária – especialmente a de um tribunal constitucional – aplicar normas com alto grau de vagueza e indeterminação, como dignidade da pessoa humana (CF, art. 1º, III), intimidade (CF, art. 5º, X), moralidade (CF, art. 37, *caput*) etc. As normas constitucionais em geral são conhecidas por seu caráter aberto,[502] de modo que apenas o fato de se estar diante de um conceito indeterminado não exaure a razão do *quorum* qualificado. Do contrário, haveria *quorums* reforçados em todos os outros casos que envolvessem conceitos indeterminados.

Uma explicação coerente para o *quorum* qualificado tem a ver com o caráter contramajoritário da jurisdição constitucional, especialmente relacionado à proteção de direitos fundamentais e de minorias.[503] Ao impedir que seja subtraído da pauta do Tribunal um tema considerado relevante por apenas quatro Ministros, ainda que os outros sete preferissem não julgá-lo, a regra favorece a discussão de temas antagônicos aos interesses de maiorias. Nesse sentido, Luís Roberto Barroso sustenta que o *quorum* qualificado é um "fator de legitimação" da repercussão geral, ao "evita[r] que questões sejam preteridas por maiorias apertadas".[504] Ou seja, somente por um consenso robusto, de oito ou mais Ministros, o tema poderá deixar de ser apreciado, privilegiando-se o debate quando a divergência seja minimamente expressiva. Mas não é só.

---

[502] "Em razão da abertura textual e material dos seus enunciados e do pluralismo axiológico, atributos que lhe são congênitos, a Constituição como objeto de interpretação mostra-se muito mais problemática do que sistemática [...]. A Constituição não é uma escritura imobiliária, que determina precisamente os limites do seu objeto; ao contrário, é um documento que anuncia os princípios fundamentais fazendo uso de valores e deixando para as pessoas encarregadas de interpretá-la e aplicá-la um espaço amplo para o exercício de julgamentos normativos; a existência de diferenças interpretativas em um texto é a maior evidência de que estejam em andamento outras coisas além da pura interpretação". (COELHO, Inocêncio Mártires. *Da hermenêutica filosófica à hermenêutica jurídica*: fragmentos. 2. ed. São Paulo: Saraiva, 2015. p. 174).

[503] Esta é uma das explicações para a instituição de *quorums* qualificados para deliberações constitucionais, o que traduziria um "compromisso constitucional com o supermajoritarismo" (PEREIRA, Paula Pessoa. *Supermaioria como regra de decisão na jurisdição constitucional do Supremo Tribunal Federal*. 2017. Tese (Doutorado) – Universidade Federal do Paraná, Curitiba, 2017, p. 86. Disponível em: https://acervodigital.ufpr.br/bitstream/handle/1884/63375/R%20-%20T%20-%20PAULA%20PESSOA%20PEREIRA.pdf?sequence=1&isAllowed=y. Acesso em: 11 nov. 2021).

[504] BARROSO, Luís Roberto. *O controle de constitucionalidade no direito brasileiro*. 8. ed. São Paulo: Saraiva, 2019, localização 2121. *e-book*.

Quando se prevê que algo somente possa ser feito por no mínimo oito dos onze ministros do STF, é no mínimo intuitivo que se trata de algo significativo. Não é demais enfatizar: para declarar a inconstitucionalidade de uma lei ou ato normativo, exigem-se ao menos seis de onze ministros (CF, art. 97); para modular os efeitos de declaração de inconstitucionalidade por "razões de segurança jurídica ou de excepcional interesse social", exigem-se dois terços dos juízes da Suprema Corte (Lei nº 9.868/1999, art. 27); para editar, revisar ou cancelar uma súmula que produz "efeito vinculante em relação aos demais órgãos do Poder Judiciário e à administração pública direta e indireta, nas esferas federal, estadual e municipal", exigem-se oito de onze ministros do STF (CF, art. 103-A, incluído pela EC nº 45/2004).[505] Assim, a mesma emenda constitucional que criou a súmula vinculante, exigindo o *quorum* de dois terços dos ministros do STF, previu *quorum* idêntico para as decisões negativas de repercussão geral. Não é razoável concluir que uma deliberação com *quorum* tão qualificado seja igual a todas as outras, sujeita aos mesmos requisitos de quaisquer decisões de inadmissão de recursos extraordinários, que já podiam ser tomadas monocraticamente.

A explicação mais coerente com a natureza e as experiências inspiradoras do instrumento – e apta a dissipar a perplexidade com a instituição de um requisito de admissibilidade formalmente mais dificultoso que o necessário para julgar o mérito (item 1.1.2) – é a de que o *quorum* qualificado constitui um contrapeso destinado a compensar a impraticabilidade de uma motivação analítica das decisões negativas em larga escala.[506] Em outras palavras: para dificultar que a inevitável discricionariedade do juízo de repercussão geral desnature-se em arbitrariedade. Considerando que a repercussão geral mostra-se uma noção vaga, e que não é possível nem desejável um debate exaustivo sobre o requisito em dezenas de milhares de decisões, o constituinte entendeu que seria razoavelmente seguro afirmar a pouca relevância de uma controvérsia se dois terços dos ministros do STF concordassem

---

[505] O art. 4º da Lei nº 11.417/2006 permite que o mesmo *quorum* de dois terços excepcione a regra da eficácia imediata das súmulas vinculantes, restringindo seus efeitos vinculantes ou protraindo seu termo inicial, também por "razões de segurança jurídica ou de excepcional interesse público".

[506] No sentido do texto: DIAS, Ricardo Gueiros Bernardes; DELLAQUA, Leonardo Goldner. Repercussão geral: superação de filtros ocultos e vinculação das teses em abstrato. *Meritum*. Belo Horizonte, v. 14, n. 1, p. 105, jan./jun. 2019.

a respeito.[507] Tal consenso, reforçado em razão do *quorum* qualificado, autoriza um "acordo não completamente teorizado", na terminologia de Sunstein, desde que a decisão tenha seus efeitos limitados ao caso concreto, sem gerar precedentes (cf. item 2.2).[508] Trata-se de fórmula claramente inspirada nas experiências dos EUA e da Alemanha, onde o *quorum*, tão ou mais qualificado, compensa a indeterminação das fórmulas dos filtros de relevância e a falta de motivação das decisões negativas (cf. item 2.3).[509] A associação de tal *quorum* "prudencial" a experiências internacionais é afirmada por Arruda Alvim:

---

[507] A lógica é a mesma tanto no regime da antiga arguição de relevância quanto no da atual repercussão geral. Nesse sentido, respectivamente: "[...] se uma questão não é considerada relevante por 4 entre 11 Ministros, presume-se que não é". (CORRÊA, Oscar Dias. A emenda regimental nº 2/85 ao Regimento Interno do STF. *Revista do Advogado*, n. 26, p. 17, ago. 1988). "Sobre a decisão do STF inadmitindo o recurso, importante anotar que a Corte não terá que demonstrar detalhadamente por que entende não haver repercussão geral, inclusive à vista de não caber qualquer tipo de controle sobre tal deliberação. Daí a razão do elevado quórum acima indicado". (DINO, Flávio *et al. Reforma do Judiciário*: comentários à Emenda nº 45/2004. Niterói: Impetus, 2005. p. 76).

[508] Nesse sentido: "[...] o maior contrassenso da jurisdição constitucional do Supremo Tribunal Federal é a necessidade de os relatores produzirem decisões monocráticas em todos os processos não selecionados para repercussão geral. Metade da força de trabalho dos gabinetes dedica-se a processos em que a decisão de origem será mantida. Tinha que ser mais simples: o recurso não selecionado deveria transitar em julgado, e ponto. *Sem qualquer consequência para além do caso concreto, isto é, sem qualquer efeito sobre a tese em discussão.* É assim em todos os países desenvolvidos do mundo". (BARROSO, Luís Roberto. Prefácio: quando menos é mais: repensando a jurisdição constitucional brasileira. *In*: GIACOMET, Daniela Allam e. *Filtros de acesso a Cortes constitucionais*. Brasília: Gazeta Jurídica, 2017. p. X – destaques acrescentados). "O que se propõe é fazer com que o juízo de inadmissibilidade (ausência de repercussão geral) não vincule o Tribunal, impedindo-o de apreciar o tema futuramente. Essa preocupação existe no direito comparado e corresponde a uma das características importantes, tanto do *certiorari*, como da *Verfassungsbeschwerde*. Na prática da Suprema Corte norte-americana é bem claro que 'não se pode deduzir qualquer conclusão de mérito ou qualquer valor de precedente' dos juízos de inadmissibilidade dos *writs of certiorari*. Também no modelo alemão, tal como consta do §31, (1), da BVerfGG, as decisões das Câmaras que inadmitem os recursos constitucionais não terão efeito vinculante, nem para os órgãos constitucionais, nem para os juízos e tribunais". (CALDEIRA, Marcus Flávio Horta. *O desenvolvimento dos modelos americano, alemão e brasileiro de controle de constitucionalidade e a "objetivação" processual*: com destaque para o Writ of certiorari norte-americano, a Verfassungsbeschwerde alemã e a "objetivação" do recurso extraordinário brasileiro. 2014. Dissertação (Mestrado) – IDP, Brasília, 2014. p. 312).

[509] Nesse sentido, Thiago Rodovalho defende, *de lege ferenda*, a "maior aproximação do instituto da *repercussão geral* ao *writ of certiorari*, com o reconhecimento de *discricionariedade ampla ao Supremo*, contrabalanceado pelo *quorum prudencial*". (RODOVALHO, Thiago. Repercussão geral e o writ of certiorari: uma proposta de lege ferenda. *In*: FUX, Luiz; FREIRE, Alexandre; DANTAS, Bruno (Coords.). *Repercussão geral da questão constitucional*. Rio de Janeiro: Forense, 2014. p. 646). No entanto, se o *quorum* prudencial já está previsto no art. 102, §3º, da Constituição, a defesa da ideia pode ser feita, como neste trabalho, *de lege lata*.

A recusa do recurso extraordinário, porque ausente a repercussão geral, pela elevada maioria de dois terços é saudável, porquanto procura que esteja subjacente a essa recusa um alto grau de *certeza* e de *segurança*, compensatórias – diga-se assim – da circunstância de a repercussão geral constituir-se num conceito vago, propiciando menor certeza e menos segurança. Esse *quorum "prudencial"* coincide substancialmente com os do modelo alemão (§554b, 2, hoje revogado)[510] e norte-americano.[511]

O Código de Processo Civil reforçou aquilo que já decorre da Constituição, dando assim mais ênfase à ideia: a repercussão geral é um requisito "para apreciação exclusiva pelo Supremo Tribunal Federal" (CPC/1973, art. 543-A, §2º; CPC/2015, art. 1.035, §2º), ou seja, trata-se de um requisito que foge à regra geral segundo a qual a admissibilidade do recurso deve ser analisada primeiramente pela própria instância recorrida (CPC/1973, art. 542, §1º; CPC/2015, art. 1.030). Os ministros do STF são "nomeados pelo Presidente da República, depois de aprovada a escolha pela maioria absoluta do Senado Federal" (CF, art. 101, parágrafo único). Essas credenciais de natureza política[512] legitimam tais juízes para decidir sob a forma de "acordos não completamente teorizados" em hipóteses específicas e explicam por que os tribunais de origem não podem, ao analisar a admissibilidade de recursos extraordinários, negar-lhes processamento por entender ausente a repercussão geral, salvo se o próprio STF já tiver negado repercussão geral à questão em tese (art. 1.042 do CPC/2015).[513]

Reforça essa conclusão a *irrecorribilidade das decisões negativas de repercussão geral* (CPC/1973, art. 543-A, *caput*; CPC/2015, art. 1.035,

---

[510] O autor refere-se ao filtro de relevância utilizado, anteriormente à reforma do processo civil alemão em 2001, pela Corte Federal de Justiça (*Bundesgerichtshof* – BGH), tribunal com funções comparáveis às do Superior Tribunal de Justiça brasileiro. O filtro de relevância alemão analisado neste trabalho não é o do BGH, que subsiste em outros moldes, mas o do Tribunal Constitucional, que tem *quorum* qualificado (cf. item 2.3.2).

[511] ALVIM, Arruda. A Emenda Constitucional 45 e a repercussão geral. *Revista de Direito Renovar*, Rio de Janeiro, v. 31, p. 75-130, jan./abr. 2005. No mesmo sentido: DANTAS, Bruno. *Repercussão geral*. 3. ed. São Paulo: Revista dos Tribunais, 2012. p. 232.

[512] A relação entre o modelo de indicação política dos membros das Cortes Supremas e seu papel como tribunais de precedentes ou guias do desenvolvimento do direito, o que lhes confere maior legitimidade democrática, pode ser encontrada em: MITIDIERO, Daniel. *Cortes Superiores e Cortes Supremas*: do controle à interpretação, da jurisprudência ao precedente. 3. ed. São Paulo: Revista dos Tribunais, 2017. p. 75-76 e 103-104.

[513] Como visto, tal dispositivo apenas consagrou a jurisprudência que o STF já havia construído antes da entrada em vigor do CPC/2015: Pleno, Rcls nº 7.547 e nº 7.569, Rel. Min. Ellen Gracie, j. 19.11.2009; AI nº 760.358-QO, Rel. Min. Gilmar Mendes, j. 19.11.2009; MS nº 29.009 AgR, Rel. Min. Cármen Lúcia, j. 2.3.2011.

caput). Como se sabe, uma das funções do dever de motivação das decisões judiciais é permitir à parte prejudicada o exercício do direito de recorrer: assim, se não cabe recurso, o dever de motivação perde uma de suas funções. Embora, como regra geral, ele se estenda inclusive às decisões irrecorríveis, como parte de seu caráter não apenas endoprocessual (voltado às partes do processo), mas também extraprocessual (voltado à sociedade como um todo),[514] a atenuação da exigência de motivação analítica, ligada à irrecorribilidade das decisões negativas de repercussão geral, corresponde ao peso da autoridade que as toma. Como afirma Schauer:

> Será útil para preparar a discussão notar a variedade de formas jurídicas em que não há o oferecimento de razões. Considere primeiramente a voz de uma lei, de um regulamento, ou da Constituição. Não se trata de uma voz de persuasão ou argumentação, mas de autoridade, de comando. Leis dizem, "Faça isso!"; E, não, "Faça isso porque..." A simples afirmação característica das leis sugere uma relação entre a autoridade nela implícita e a não utilização de razões. Apenas raramente leis oferecem razões para justificar suas prescrições, e isso normalmente por preocupações sobre potenciais problemas interpretativos em casos difíceis. Tipicamente, legisladores, assim como sargentos e pais, simplesmente não veem necessidade de dar razões, e muitas vezes veem uma forte necessidade de não fazê-lo: dar uma razão é a antítese da autoridade. Quando a voz da autoridade falha, a da razão emerge. Ou vice-versa. Mas qualquer que seja a hierarquia entre razão e autoridade, razões são o que tipicamente oferecemos em apoio a uma conclusão precisamente quando o simples fato de termos tido a conclusão não é o bastante. E razões são o que tipicamente evitamos quando a afirmação da autoridade é pensada como algo importante por si só.
>
> [...] anunciar uma conclusão sem oferecer uma razão é consistente com o exercício da autoridade, pois tal anúncio efetivamente indica que discussões e objeções não serão toleradas. Quando a fonte da decisão mais que a razão por trás dela exige obediência, há menos justificativas para explicar o que baseia a decisão aos que a ela estão sujeitos.[515]

---

[514] TARUFFO, Michele. *A motivação da sentença civil*. Tradução de Daniel Mitidiero, Rafael Abreu e Vitor de Paula Ramos. São Paulo: Marcial Pons Brasil, 2015. p. 317-347.

[515] SCHAUER, Frederick. Giving reasons. *Stanford Law Review*, v. 47, n. 4, p. 636-637 e 658, abr. 1995. Disponível em: http://www.law.virginia.edu/pdf/faculty/hein/schauer/47stan_l_rev633_1995.pdf. Acesso em: 28 mar. 2017. Tradução livre do autor. No original: "It will be useful in further setting the stage to note the variety of legal modes in which reason-giving is absent. Consider first the voice of a statute, regulation, or constitution. The voice is not one of persuasion or argument, but one of authority, of command. Statutes say, 'Do it!'; they do not say, 'Do it because ....' The bare assertion characteristic of statutes suggests a relationship between the authority implicit in a statute and the nonuse of

No atual quadro institucional brasileiro, a autoridade exercida por dois terços dos ministros do STF é algo que praticamente não encontra paralelo. Assim, depois de ter sua postulação analisada por um juiz de primeiro grau, por um tribunal e eventualmente por um tribunal superior, não parece razoável que uma parte pretenda obter explicações detalhadas sobre os motivos pelos quais seu recurso extraordinário não foi admitido, por decisão de ao menos oito ministros do STF, que não entra no mérito da controvérsia e tem seus efeitos limitados ao caso, como se verá no item 3.3. É natural que essa decisão seja irrecorrível. Exigir razões que pudessem ser questionadas, prolongando indefinidamente a duração do processo, comprometeria a autoridade do *quorum* qualificado de dois terços dos ministros do STF.[516] Enquanto a função endoprocessual do dever de motivação nesses casos é prejudicada pela irrecorribilidade da decisão negativa de repercussão geral, a função extraprocessual é satisfeita pelo reforço da transparência do processo, tal como visto (cf. item 3.1).

---

reasons in statutes. Only rarely do statutes offer reasons to justify their prescriptions, and then usually out of concern about potential interpretive problems in difficult cases. Typically, drafters of statutes, like sergeants and parents, simply do not see the need to give reasons, and often see a strong need not to: The act of giving a reason is the antithesis of authority. When the voice of authority fails, the voice of reason emerges. Or vice versa. But whatever the hierarchy between reason and authority, reasons are what we typically give to support what we conclude precisely when the mere fact that we have concluded is not enough. And reasons are what we typically avoid when the assertion of authority is thought independently important. [...] announcing an outcome without giving a reason is consistent with the exercise of authority, for such an announcement effectively indicates that neither discussion nor objection will be tolerated. When the source of a decision rather than the reason behind it compels obedience, there is less warrant for explaining the basis for the decision to those who are subject to it".

[516] Em sentido contrário, escreveu Barbosa Moreira à época da antiga arguição de relevância: "Não é a circunstância de estar emitindo a última palavra acerca de determinado litígio que exime o órgão judicial de justificar-se. Muito ao contrário, é nesse instante que a necessidade da justificação se faz particularmente aguda: o pronunciamento final, exatamente porque se destina a prevalecer em definitivo, e nesse sentido representa (ou deve representar) a expressão máxima da garantia, precisa, mais do que qualquer outro, mostrar-se apto a corresponder à função delicadíssima que lhe toca. Não é admissível que a garantia se esvazie, se despoje de eficácia, no momento culminante do processo mediante o qual é chamada a atuar. [...] Nem se diga que o fato de inexistir critério legal vinculativo, a ser observado na qualificação da questão como 'relevante', torna inócua a exigência da motivação. Já se acentuou que as opções do órgão judicial devem ser justificadas ainda quando (ou melhor: *sobretudo* quando) descansem sobre juízos de valor". (MOREIRA, José Carlos Barbosa. A motivação das decisões judiciais como garantia inerente ao estado de direito. *Revista Brasileira de Direito Processual*, v. 16, 4. trim., p. 89-90 e 93-94, 1978). Não se quer discordar desse entendimento em tese ou de forma geral, mas apenas defender-se que, especificamente no caso da repercussão geral, a exigência de uma motivação igual ou até superior à aplicável às decisões em geral deixaria inexplicada a razão de ser do *quorum* e tornaria o filtro inócuo.

CAPÍTULO 3
A NEGATIVA DE REPERCUSSÃO GERAL COMO INSTRUMENTO DE SELEÇÃO QUALITATIVA... | 249

Uma objeção possível a essa conclusão é a de que a decisão de ausência de repercussão geral, tomada por dois terços dos ministros do STF, distingue-se das demais porque produz efeitos amplos, atingindo não apenas o caso concreto, mas todos os demais que discutam a mesma controvérsia. A razão da distinção, assim, não se referiria à motivação da decisão, mas aos seus efeitos.[517] Nessa linha, o *quorum* de maioria absoluta do art. 97 da CF encontraria justificativa na eficácia *erga omnes* e no efeito vinculante das declarações de inconstitucionalidade em controle abstrato (CF, art. 102, §2º). A exigência de dois terços para modulação dos efeitos de declarações de inconstitucionalidade (art. 27 da Lei nº 9.868/1999) seria como um reforço da regra geral segundo a qual leis inconstitucionais não devem ter efeitos validados, o que decorreria do princípio da supremacia da Constituição. Já a previsão do *quorum* reforçado para edição, revisão e cancelamento de súmulas vinculantes decorreria da própria amplitude da eficácia desse instrumento (CF, art. 103-A). Segundo essa lógica, a exigência de dois terços dos ministros do STF para negar repercussão geral estaria explicada pelos efeitos que tal decisão produziria necessariamente sobre todos os processos que discutam a mesma controvérsia, o que encontraria amparo nos arts. 543-A, §5º, e 543-B, §2º, do CPC/1973, e nos arts. 1.035, §8º, e 1.039, parágrafo único, do CPC/2015.

Tal explicação também não é exata. É preciso lembrar que o *quorum* qualificado também existia à época da arguição de relevância,[518] e nem por isso as decisões negativas projetavam efeitos para todos os recursos sobre certa matéria. Além disso, a exploração atenta dos exemplos acima reforça essa conclusão. A reserva de plenário (CF, art. 97) aplica-se a quaisquer declarações de inconstitucionalidade, por

---

[517] Nesse sentido, justificando essa expansão de efeitos a partir da atuação do Plenário da Corte: "Pouco importa que a Turma tenha competência para julgar o mérito do extraordinário e não tenha para apreciar a preliminar em questão. É que o incidente, tal como está sistematizado na Constituição e em sua regulamentação no CPC, não se restringe ao tratamento dos interesses das partes do processo em que foi instaurado. O objetivo da medida incidental é provocar um precedente com eficácia ampla que possa repercutir sobre todos os demais recursos que se apoiem na mesma tese de direito". (THEODORO JÚNIOR, Humberto. Repercussão geral no recurso extraordinário (Lei nº 11.418) e Súmula Vinculante do Supremo Tribunal Federal (Lei nº 11.417). *Revista Magister de Direito Civil e Processual Civil*, ano III, n. 18, p. 17, maio/jun. 2007). Cf. também DANTAS, Bruno. *Repercussão geral*. 3. ed. São Paulo: Revista dos Tribunais, 2012. p. 233.

[518] O *quorum* era previsto no art. 328, VII, *d*, do RI/STF (redação de 1980), e também no art. 328, §5º, VII, do RI/STF, na redação dada pela ER nº 2/1985, segundo a qual "[e]stará acolhida a arguição de relevância se nesse sentido se manifestarem quatro ou mais Ministros, sendo a decisão do Conselho, em qualquer caso, irrecorrível".

quaisquer tribunais (não só o STF), com ou sem efeitos vinculantes, isto é, em controle principal ou incidental:[519] exige-se a maioria absoluta não propriamente pelos efeitos da decisão, mas como reforço do princípio da presunção de constitucionalidade das leis. Já as exigências de dois terços para a modulação dos efeitos da declaração de inconstitucionalidade (Lei nº 9.868/1999, art. 27),[520] e para a edição, revisão e cancelamento de súmulas vinculantes (CF, art. 103-A) referem-se, sim, aos efeitos das respectivas deliberações. Isso não significa, porém, que a decisão de ausência de repercussão geral, que observa o mesmo *quorum* de dois terços, deva *sempre e necessariamente* ter efeitos expandidos para além do caso concreto. O ponto será mais detalhado no item 3.3.2.1, quando também serão consideradas normas do CPC. Também será objeto de análise mais à frente (item 3.3.1.1) a possibilidade de decisões *monocráticas* de negativa de repercussão geral com efeitos limitados ao caso concreto, com recurso cabível para o Plenário, onde o *quorum* qualificado é resguardado (RI/STF, art. 326, §§1º e 2º).

Esclarecida a razão de ser do *quorum* constitucional de dois terços, passa-se a demonstrar a admissão do uso da repercussão geral

---

[519] Não se ignora a discussão sobre a existência ou não de efeitos vinculantes das decisões – apenas do STF – em controle incidental de constitucionalidade, o que teria feito "cair em desuso" o art. 52, X, da Constituição, que comete ao Senado a atribuição de suspender a execução de lei declarada inconstitucional pelo STF nesse tipo de controle. Trata-se da posição que foi defendida pelo Min. Gilmar Mendes no julgamento da Rcl nº 4.335, mas cujo debate acabou ficando prejudicado em razão da superveniência de uma Súmula Vinculante (a de nº 26), que tornou expressamente vinculante o entendimento que o referido Ministro pretendia reconhecer a uma declaração de inconstitucionalidade feita em controle incidental (HC nº 82.959). De todo modo, ainda que prevalecesse essa visão, o *quorum* de maioria absoluta do art. 97 da Constituição não se justificaria em razão dos efeitos da decisão, já que se trata de norma dirigida a todos os tribunais, e não apenas ao STF.

[520] Há um sério questionamento quanto à constitucionalidade da exigência do *quorum* de dois terços para modular os efeitos das declarações de inconstitucionalidade (ADIs nº 2.154 e nº 2.258, Rel. Min. Dias Toffoli). No entanto, não se pode deixar de observar que o próprio STF já aplicou o dispositivo diversas vezes desde a entrada em vigor da lei, o que, ao menos tacitamente, significa reconhecer a sua validade. Não é aqui a sede própria para travar esse debate. Mas a alegação parece plausível porque a supremacia da Constituição não se dá exclusivamente pela proteção da norma especificamente violada pela lei inconstitucional, qualquer que ela seja, mas pela proteção da Constituição como um todo, que também abriga outras normas protetoras de expectativas legítimas (presunção de constitucionalidade das leis, segurança jurídica, boa fé, moralidade administrativa etc.). Desse modo, a exigência do *quorum* de dois terços seria uma forma de dar uma preferência *a priori* à norma constitucional violada pela lei inválida, antes mesmo de saber-se de que norma constitucional se trata, em detrimento das normas protetoras de expectativas legítimas, que ficariam abstratamente desprivilegiadas. Isso seria uma forma de hierarquizar normas constitucionais ou de violar o princípio da unidade da Constituição. Sobre o tema, cf. BARROSO, Luís Roberto. *O controle de constitucionalidade no direito brasileiro.* 7. ed. São Paulo: Saraiva, 2016. *e-book*, p. 130-132.

com efeitos limitados ao caso concreto pelo direito brasileiro vigente, inclusive pela refutação de algumas possíveis objeções.

3.3 A admissão pelo direito brasileiro vigente das decisões negativas de repercussão geral com motivação atenuada, desde que com efeitos limitados

Pretende-se agora demonstrar que a utilização das decisões negativas de repercussão geral como instrumento de seleção qualitativa de recursos extraordinários – isto é, de decisões com motivação atenuada e efeitos limitados ao caso concreto – é compatível com a Constituição (item 3.3.1) e com o Código de Processo Civil (item 3.3.2). Como se verá, tal possibilidade foi expressamente reconhecida pelo art. 326 e parágrafos do RI/STF, na redação dada pela ER nº 54/2020, o que, como sustentado desde a 1ª edição deste livro, já decorria do direito vigente e agora foi apenas explicitado pelo Regimento Interno da Corte. Tanto é que o Plenário do STF validou a aplicação imediata das normas previstas na ER nº 54/2020 a todos os processos pendentes, visto que "a Emenda Regimental nº 54/2020 não criou novo requisito recursal (e nem estava autorizada a fazê-lo)" (ARE nº 1.273.640 AgR, Rel. Min. Alexandre de Moraes, j. 8.9.2020).

Concordando com as ideias aqui defendidas, Fredie Didier e Leonardo Carneiro da Cunha afirmam que "tal limitação ao caso concreto é compatível com a Constituição e com o CPC e confirma que nem sempre há essa coincidência entre a repercussão geral e o julgamento de casos repetitivos".[521] Essa compatibilidade também foi reconhecida pelo Plenário do STF, vencido o Min. Marco Aurélio, em acórdão cuja ementa se lê abaixo:

> RECURSO EXTRAORDINÁRIO COM AGRAVO. REPERCUSSÃO GERAL. REJEIÇÃO PELO RELATOR, COM EFICÁCIA APENAS PARA O CASO CONCRETO. REGIMENTO INTERNO DO SUPREMO TRIBUNAL FEDERAL, ART. 326, §§1º A 4º, COM A REDAÇÃO DADA PELA EMENDA REGIMENTAL 54, DE 1º DE JULHO DE 2020.
>
> 1. O art. 326, §1º, do Regimento Interno do SUPREMO TRIBUNAL FEDERAL, com a redação dada pela Emenda Regimental 54, de 1º de

---

[521] DIDIER JR., Fredie; CUNHA, Leonardo Carneiro da. *Curso de direito processual civil*. 18. ed. Salvador: JusPodivm, 2021. v. 3, p. 471.

julho de 2020, estabelece que, ao examinar o recurso extraordinário, "Poderá o relator negar repercussão geral com eficácia apenas para o caso concreto."

2. Já o §2º do art. 326 assegura a possibilidade de recurso, para o Plenário, da decisão do Relator, cuja confirmação requer a adesão de 2/3 (dois terços) dos Ministros desta CORTE.

3. O insucesso em se atingir esta votação não produz o resultado inverso, qual seja, o automático reconhecimento da repercussão geral. Segundo os §§3º e 4º do art. 326, o processo será, então, redistribuído, e o novo relator sorteado prosseguirá no exame de admissibilidade do recurso, na forma dos arts. 323 e 324 do Regimento.

4. Esta sistematização alinha-se ao §3º do art. 102 da Constituição e ao art. 1.035 do Código de Processo Civil de 2015. Fiel aos contornos e às exigências do instituto da repercussão geral, trata-se de mais um meio para que o SUPREMO TRIBUNAL FEDERAL examine a relevância das questões suscitadas no RE, ao lado do já consolidado Plenário Virtual.

5. Apesar de todos os notáveis avanços no sentido da redução da entrada de processos no SUPREMO, fruto de uma estratégia voltada precipuamente às questões repetitivas, a distribuição de recursos persiste elevada (21.938, no ano de 2019). Além disso, a observação atenta das controvérsias retratadas nos milhares de decisões proferidas pelo SUPREMO sinaliza a predominância de assuntos destituídos de repercussão geral.

6. Isso tudo evidencia a conveniência de um método expedito e eficaz para a negativa de seguimento de tais recursos – que, a despeito da inexpressividade dos temas suscitados, não são contidos pelo filtro hoje existente, pensado para macrolides.

7. Sem a pretensão de formar precedentes abrangentes e vinculantes – uma característica do Plenário Virtual –, a sistemática introduzida pela Emenda Regimental 54/2020 objetiva uma ágil rejeição dos recursos desprovidos de repercussão geral, por meio de uma fundamentação concisa do Relator.

8. Esta solução precede a análise do extenso repertório de pressupostos recursais de admissibilidade, que, portanto, só será realizada caso o recurso ultrapasse o crivo de relevância definido nos novos parágrafos do art. 326 do RISTF.

9. As recentes disposições regimentais aqui enfocadas, de cunho procedimental, aplicam-se imediatamente, inclusive aos recursos extraordinários pendentes de julgamento. Com efeito, tais regras apenas estabelecem uma técnica para a aferição de um requisito recursal preexistente. E garantem à parte a possibilidade de submeter seu RE ao Plenário, de modo que não há qualquer perda, ou redução, de direito ou prerrogativa processual.

CAPÍTULO 3

A NEGATIVA DE REPERCUSSÃO GERAL COMO INSTRUMENTO DE SELEÇÃO QUALITATIVA...

10. No caso concreto, o Recurso Extraordinário foi interposto em ação ajuizada por pessoa participante de plano de previdência privada, objetivando a revisão do valor dos seus proventos. Nas razões do RE, a parte autora alega que o acórdão recorrido desrespeitou o princípio constitucional da isonomia, pois negou-lhe o cálculo de seu benefício na forma da Resolução 1969/2006, do Conselho Diretor da Caixa Econômica Federal, embora o referido ato normativo tenha sido aplicado a outros participantes, em situação idêntica.

11. A questão recursal não transpõe os limites da causa, nem o interesse subjetivo das partes envolvidas. Trata-se de tema específico, de efeito restrito e aplicação limitada.

12. Na parte do RE dedicada à demonstração da relevância da matéria, conforme exigem o §3º do art. 102 da Constituição e o §2º do art. 1.035 do Código de Processo Civil de 2015, a recorrente tampouco apresenta elementos concretos e objetivos, que revelem a transcendência do tema recursal, tais como: o impacto social do julgado; a multiplicidade de demandas com o mesmo objeto; os elevados valores financeiros envolvidos; os intensos debates sobre o assunto, no meio jurídico.

13. Esse cenário permite concluir que não se mostram presentes, no caso concreto, as questões relevantes de que trata o §1º do art. 1.035 do Código de Processo Civil de 2015, o que induz ao reconhecimento da INEXISTÊNCIA DE REPERCUSSÃO GERAL DA MATÉRIA SUSCITADA NO RECURSO EXTRAORDINÁRIO.

14. Agravo interno a que se nega provimento.

(STF, Pleno, ARE 1273640 AgR, Rel. Min. Alexandre de Moraes, j. 8.9.2020)

O caso concreto discutia parcela de benefício de previdência complementar pedida por empregada pública da Caixa Econômica Federal – CEF, que exerceu, na qualidade de cedida e sem suspensão do contrato de trabalho, cargo de diretora da Fundação dos Econo-miários Federais – FUNCEF, entidade fechada de previdência complementar dos funcionários da CEF. Brandindo o argumento constitucional da isonomia (CF, art. 5º, I), a recorrente pedia parcela equivalente à remuneração de superintendente nacional, devida, segundo o regulamento, a funcionários afastados sem remuneração para exercer cargos de direção na FUNCEF. Em vez de extrair uma tese do caso concreto e negar repercussão geral a todos os processos semelhantes (esforço pouco justificável, como demonstrado no item 1.1 deste trabalho), ou de aplicar filtros formais defensivos para negar provimento ao recurso (com os problemas já analisados no item 1.2, acima), o Tribunal usou o filtro da repercussão geral e concluiu que "a controvérsia não transpõe os limites da causa, nem o interesse subjetivo das partes envolvidas. Trata-se de tema específico, de efeito restrito e aplicação limitada". De forma mais transparente, honesta e saudável, inadmitiu-se o recuso sem a criação de um precedente. Os fundamentos do acórdão acima, já parcialmente abordados em itens anteriores deste trabalho, continuarão a ser analisados abaixo, enquanto se demonstra o cabimento no direito brasileiro das decisões negativas de repercussão geral com efeitos limitados ao caso.

3.3.1 Compatibilidade do mecanismo com a Constituição de 1988

A Constituição não prevê uma expansão *automática* dos efeitos da decisão de ausência de repercussão geral para todos os processos que discutam uma mesma questão jurídica. Diversamente, o art. 102, §3º, preceitua que o requisito se refere à "admissão do recurso" (no singular), podendo a Corte "recusá-lo" (também no singular), por manifestação de dois terços dos seus membros. Vale dizer, a Constituição não prevê que a decisão negativa de repercussão geral se aplica *sempre* a *todos os recursos* (no plural) sobre uma mesma questão. Nesse sentido, Carlos Alberto Carmona faz a seguinte afirmação sobre o texto constitucional: "o art. 102, parágrafo 3º da CF parece exigir, caso a caso, manifestação pontual da Corte".[522]

O Código de Processo Civil previu essa expansão de eficácia (CPC/1973, art. 543-A, §5º, e 543-B, §2º; CPC/2015, arts. 1.035, §8º, e 1.039, parágrafo único), como uma forma de resolver demandas repetitivas com uma única decisão, o que pode ser útil. No entanto, embora possa ocorrer, tal expansão de eficácia não é *automática* ou *obrigatória*. Em verdade, se a decisão de ausência de repercussão geral, por definição, refere-se a discussões que não "ultrapassam os interesses subjetivos da causa" (CPC/1973, art. 543-A) ou "do processo" (CPC/2015, art. 1.035, §1º), é de se esperar que normalmente a decisão negativa de repercussão geral tenha seus efeitos limitados ao caso dos autos em que proferida.[523]

---

[522] CARMONA, Carlos Alberto. Reforma da Constituição e processo: promessas e perspectivas. *Revista da Procuradoria-Geral do Estado de São Paulo*, n. 61/62, p. 6, jan./dez. 2005.

[523] Em sentido contrário: "A falta de repercussão geral não é do recurso individualmente proposto, é da questão constitucional nele tratada. Se, de tal sorte, a questão não teve repercussão que ultrapassasse os limites subjetivos daquela causa, também não terá semelhante repercussão em qualquer outro processo em que volte a ser discutida. [...]. É sempre importante lembrar que o incidente de falta de repercussão geral é instaurado e

Daí porque, à luz do direito brasileiro vigente, as decisões negativas de repercussão geral podem operar de duas formas: a) como um instrumento de resolução de demandas repetitivas; e b) como um instrumento de seleção qualitativa de recursos extraordinários. A primeira corresponde à praxe ao menos até 2020: decisões que se expandem para todos os processos em que se discuta certa controvérsia, cuja eficácia consiste em autorizar a inadmissão de recursos extraordinários pendentes e futuros sobre a questão na origem (CPC/1973, art. 543-A, §5º, e 543-B, §2º; CPC/2015, arts. 1.035, §8º, e 1.039, parágrafo único), sem que seja cabível agravo ao STF contra tal decisão (CPC/2015, arts. 1.030, I, *a*, e 1.042).[524] Trata-se, como visto, de uma forma de criar precedentes sobre a pouca relevância de questões jurídicas para fins de cabimento de recurso extraordinário. Embora essa prática possa ter efeitos colaterais (cf. item 1.1.3.2), constitui uma ferramenta à disposição do Tribunal, que poderá usá-la sempre que quiser dar à decisão a eficácia própria de um instrumento de resolução de demandas repetitivas. Isso, naturalmente, pressupõe uma motivação analítica, até para que seja possível identificar a questão jurídica objeto da decisão.

A segunda forma, também autorizada pelo direito vigente[525] e hoje expressamente reconhecida no art. 326 e §§ do RI/STF, corresponde ao

---

julgado em tese, ou seja, como pura questão de direito, com vocação, portanto, a prevalecer dentro e fora do processo em que a suscitação aconteceu". (THEODORO JÚNIOR, Humberto. Repercussão geral no recurso extraordinário (Lei nº 11.418) e Súmula Vinculante do Supremo Tribunal Federal (Lei nº 11.417). *Revista Magister de Direito Civil e Processual Civil*, ano III, n. 18, p. 17 e 27, maio/jun. 2007).

[524] Para uma defesa de que caberia agravo em recurso extraordinário ao STF mesmo nessa hipótese, condicionado apenas à prévia interposição de agravo interno contra a decisão de inadmissão na origem, v. MARINONI, Luiz Guilherme. MITIDIERO, Daniel. *Recurso extraordinário e recurso especial*: do jus litigatoris ao jus constitutionis. 2. ed. São Paulo: Revista dos Tribunais, 2020, p. 246-247.

[525] Luís Roberto Barroso defendia essa ideia como algo dependente de alteração normativa: "*De lege ferenda*, penso que o filtro de acesso à Corte deveria combinar um critério qualitativo-quantitativo. [...] Nesse modelo, o juízo acerca da repercussão geral só produziria efeitos vinculantes se positivo. No caso de juízos negativos – isto é, não sendo admitido o recurso –, disso não se extrairia a consequência de que a tese nele discutida não tem repercussão, mas apenas a de que ela não foi considerada prioritária naquele conjunto. A denegação não impediria, portanto, que em ano subsequente a questão jurídica nele debatida viesse a ser selecionada e decidida pelo STF. Esta fórmula seria libertadora para o Tribunal, que se desprenderia do dever de julgar processos em número superior à capacidade física de seus Ministros. (BARROSO, Luís Roberto. *O controle de constitucionalidade no direito brasileiro*. 6. ed. São Paulo: Saraiva, 2012. *e-book*, p. 133-134). A partir da 7ª edição da obra, a passagem acima foi substituída, passando a constar a seguinte, também *de lege ferenda*: "Nesse modelo proposto, haveria três situações diversas: (i) tema com repercussão geral reconhecida, com os efeitos próprios do reconhecimento; (ii) tema com repercussão geral negada, com os efeitos próprios da negativa; e (iii) tema não selecionado para ter

modelo típico de operação dos filtros de relevância no mundo: decisões negativas com efeitos restritos ao caso concreto, isto é, que inadmitem apenas o recurso extraordinário em questão (CF, art. 102, §3º), sem gerar precedentes.[526] Esse tipo de decisão, por seus efeitos limitados, pelo elevado *quorum* exigido e por poder ser tomada exclusivamente pelos ministros do STF, não exige motivação analítica, sendo suficiente, *e.g.*, a referência à base normativa que a autoriza. Não utilizar esta segunda forma, mas apenas a primeira, é reduzir a repercussão geral a um instrumento de resolução de demandas repetitivas, de feição tímida e pouco eficaz, como tem sido a prática do Tribunal ao menos até 2020. Nada mais distante que a anunciada "novidade [que] servirá para restaurar o caráter paradigmático das decisões do STF", a qual era destinada a permitir à Corte "deixa[r] de pronunciar-se sobre questões sem qualquer relevância para a sociedade".[527]

Dito isto, passa-se a analisar algumas objeções feitas à sistemática ora proposta para a repercussão geral, notadamente as relacionadas ao dever de motivação (item 3.3.1.1), ao princípio democrático (item 3.3.1.2) e à isonomia (item 3.3.1.3).

---

repercussão geral apreciada, sem que daí decorra qualquer efeito, podendo a matéria vir a ter repercussão geral em ano subsequente". (BARROSO, Luís Roberto. *O controle de constitucionalidade no direito brasileiro*. 7. ed. São Paulo: Saraiva, 2016. *e-book*, p. 87). Posteriormente, no entanto, veio a esposar a ideia defendida no presente trabalho, tendo inclusive encaminhado à Presidência do STF proposta de emenda regimental, de modo a operacionalizar tal possibilidade – negativa de repercussão geral com efeitos limitados ao caso concreto – no quadro de decisões em Plenário Virtual. A proposta foi elaborada com a colaboração do autor deste trabalho e aproveitada na Emenda Regimental nº 54/2020.

[526] "A previsão contida no regimento interno do STF – ora destacada – destina-se a regular essa segunda forma de decisão negativa de repercussão geral. Em vez de se estender a todos os casos, sua eficácia limita-se apenas àquele processo específico. O relator pode, então, limitar a eficácia de sua decisão negativa de repercussão geral ao caso concreto. Mantida essa decisão de limitar a eficácia da ausência de repercussão geral ao caso concreto, não será possível, em outros processos, que o presidente ou vice-presidente do tribunal de origem negue seguimento aos recursos extraordinários, não se aplicando o inciso I do art. 1.030 do CPC" (DIDIER JR., Fredie; CUNHA, Leonardo Carneiro da. *Curso de direito processual civil*, 18. ed. Salvador: JusPodivm, 2021. v. 3, p. 476).

[527] Trecho do relatório final da Comissão Mista Especial do Judiciário, criada pelo art. 7º da EC nº 45/2004, para elaborar os projetos de lei necessários à regulamentação da referida emenda. (BRASIL. Congresso Nacional. *Relatório nº 1, de 2006 – CN*. Diário do Senado Federal, 21 jan. 2006. p. 1403. Disponível em: http://legis.senado.leg.br/diarios/BuscaDia rio?datDiario=21/01/2006&tipDiario=1. Acesso em: 25 maio 2017. Também reconhecendo que tais fins não foram atingidos: "desde sua efetiva regulamentação, pela Lei [11.418 de] 2006, a repercussão geral não desempenhou o papel ao qual foi instituída e incumbida pela Reforma" (SESSA, Márcio de; COUTO, Monica Bonetti. A adoção de filtros e mecanismos de contenção para os Tribunais Superiores: a valorização da jurisprudência e a instituição da repercussão geral no direito brasileiro. *Revista de Direito Brasileira*, ano. 4, v. 7, p. 222, jan./abr. 2014).

3.3.1.1 Dever de motivação

Uma primeira objeção constitucional oponível ao uso da repercussão geral como instrumento de seleção qualitativa de recursos extraordinários – que, como visto, pressupõe motivação atenuada ou genérica – é o dever constitucional de motivação (CF, art. 93, IX), tema também abordado no item 3.1. Trata-se de uma objeção antiga, também invocada contra a antiga arguição de relevância, cuja decisão era tomada em sessão secreta ("em conselho") e de forma imotivada. Essas características estigmatizaram aquele filtro, que foi associado à ditadura militar, considerado um "entulho autoritário"[528] e eliminado a partir da Constituição de 1988. A defesa daquele mecanismo sustentava que a análise da relevância era política –[529] ainda que no sentido nobre do termo, de alta política judiciária –, e não jurisdicional, de modo que não se exigiria sessão pública e decisão motivada.[530] Não se pretende aqui

---

[528] Considerando equivocada essa desqualificação do instituto e entendendo-o como "norma comum e necessária ao bom desempenho da jurisdição constitucional": AMARAL JÚNIOR, José Levi Mello do. Arguição de (ir)relevância na reforma do Poder Judiciário. *Revista Direito Público*, ano II, n. 7, p. 99, jan./mar. 2005. No mesmo sentido, cf. ARAÚJO, Marcelo Labanca Corrêa de; BARROS, Luciano José Pinheiro. O estreitamento da via difusa no controle de constitucionalidade e a comprovação da repercussão geral nos recursos extraordinários. *Revista da Procuradoria-Geral do Banco Central*, v. 1, n. 1, p. 53-76, dez. 2007.

[529] Tal natureza política já foi defendida com base no poder normativo primário de que o STF dispunha (CF/1967, art. 119, §1º, da redação dada pela EC nº 7/1977), de modo que a admissão da relevância em um caso concreto, fora das hipóteses típicas de cabimento, seria equivalente à edição de um ato normativo derrogatório da regra geral de inadmissibilidade do recurso. (ALVIM, Arruda. *A arguição de relevância no recurso extraordinário*. São Paulo: Revista dos Tribunais, 1988. p. 29). O argumento, no entanto, padece de um problema formal: alterações regimentais dependem de maioria absoluta, isto é, seis votos (RI/STF, art. 362, §1º, na redação dada pela ER nº 1/1981), enquanto o reconhecimento da relevância dependia de apenas quatro votos (RI/STF, 328, VII, *d*, na redação de 1980, e art. 328, §5º, VII, na redação dada pela ER nº 2/1985). Tanto que o referido autor continua a sustentar a natureza política, e não jurisdicional do filtro, independentemente da supressão do poder normativo primário do STF. (ALVIM, Arruda. A Emenda Constitucional 45 e a repercussão geral. *Revista de Direito Renovar*, Rio de Janeiro, v. 31, p. 75-130, jan./abr. 2005, p. 76-77).

[530] Nesse sentido: ALVES, José Carlos Moreira. A missão constitucional do Supremo Tribunal Federal e a arguição de relevância de questão federal. *Revista do Instituto dos Advogados Brasileiros*, ano XVI, n. 58-59, p. 48, 1982. O caráter pragmático dessa conclusão fica claro da seguinte passagem: "A sessão pode ser administrativa porque o julgamento não é de índole jurisdicional. E se tivesse que ser pública, sempre haveria que ser admitida a sustentação oral de ambas as partes. E se a decisão tivesse que ser fundamentada, estaríamos ampliando consideravelmente o número de sessões plenárias do Tribunal, que já são duas por semana. E a avalanche de processos continuaria invencível. Os julgamentos retardados. E o problema insuperado". (SANCHES, Sydney. Arguição de relevância da questão federal. *Cadernos liberais*, n. 59, p. 8, 1987).

fazer semelhante defesa: trata-se de um requisito de admissibilidade do recurso extraordinário, e, portanto, de matéria jurisdicional.[531]

No entanto, exigir motivação analítica para *todas as decisões negativas* inviabiliza o uso do filtro para os fins a que se destina e, portanto, contraria o art. 102, §3º, da Constituição. Exigir que o STF, como requisito de conhecimento de dezenas de milhares de recursos extraordinários, faça um debate exaustivo sobre a (pouca) relevância – e nem sequer sobre o mérito – das questões jurídicas neles trazidas é inviabilizar o próprio funcionamento da Corte. A inflação desordenada de pronunciamentos do Tribunal impede que ele cumpra efetivamente sua função de guarda da Constituição (violando, desse modo, o art. 102, *caput*, da CF), pois gera inevitavelmente pronunciamentos contraditórios, dificulta a observância de sua jurisprudência e retarda os julgamentos (contrariando, assim, o art. 5º, LXXVIII, da CF).

A dispensa dessa exigência de motivação analítica é exatamente a razão de ser do *quorum* reforçado. Como já decidiu a Corte Europeia de Direitos Humanos – parâmetro internacional de respeito aos direitos do homem – ao validar o filtro da Corte de cassação francesa, "a extensão desse dever [de motivação] pode variar segundo a natureza da decisão e deve assim ser analisado à luz das circunstâncias da espécie", e "o art. 6º [da Convenção Europeia] não exige que seja detalhadamente motivada uma decisão pela qual uma instância recursal, com base numa disposição legal específica, inadmite um recurso" (cf. item 2.3.3). A decisão negativa de repercussão geral, como visto, não tem natureza igual à de todas as outras: trata-se de uma decisão colegiada, que somente pode ser tomada por dois terços dos ministros do STF. E, embora a Corte Europeia tenha mencionado o uso do filtro para recursos "desprovidos de chance de êxito", os filtros próprios de relevância, como já ressaltado, independem de uma análise *prima facie* de mérito, ao contrário dos filtros impróprios, de mera agilização da

---

[531] Nesse sentido, cf., *v.g.*: ABBUD, André de Albuquerque Cavalcanti. O anteprojeto de lei sobre a repercussão geral dos recursos extraordinários. *Revista de Processo*, v. 129, p. 108-131, nov. 2005; LAMY, Eduardo de Avelar. Repercussão geral no recurso extraordinário: a volta da arguição de relevância? *In*: WAMBIER, Tereza Arruda Alvim *et al.* (Coords.). *Reforma do judiciário*: primeiros ensaios críticos sobre a EC nº 45/2004. São Paulo: Saraiva, 2005. p. 176; OLIVEIRA, Guilherme José Braz de. *Repercussão geral das questões constitucionais e suas conseqüências para o julgamento do recurso extraordinário*. 2009. Dissertação (Mestrado em Direito Processual) – Faculdade de Direito, Universidade de São Paulo, São Paulo 2009. Disponível em: http://www.teses.usp.br/teses/disponiveis/2/2137/tde-16042010-124802/pt-br.php. Acesso em: 18 jul. 2017. p. 172-181; DANTAS, Bruno. *Repercussão geral*. 3. ed. São Paulo: Revista dos Tribunais, 2012. p. 235-241.

decisão que seria inevitavelmente tomada. Em outras palavras, a decisão sobre a repercussão geral não representa uma decisão de mérito, mas apenas de inadmissibilidade de um recurso pela mais alta instância do Judiciário.

É preciso não perder de vista que tais decisões negativas não afirmam nem negam os direitos substanciais em discussão em um processo, mas apenas se referem à inadmissibilidade de um recurso direcionado à Corte Suprema, o que, via de regra, pressupõe o esgotamento das instâncias inferiores e, portanto, a preexistência de uma ou mais decisões proferidas (idealmente) segundo o devido processo legal. Nesse sentido, afirma Giannini:

> [...] cabe advertir que o "certiorari" (ou qualquer outro mecanismo de seleção qualitativa concedido às Cortes Supremas) não incide no mérito das controvérsias, mas só na quantidade de instâncias que serão necessárias para resolvê-las. Não é então que a licitude ou ilicitude das condutas humanas fiquem definidas à base de critérios exclusivamente desenhados por um tribunal. A única coisa de que as Cortes dotadas deste poder podem dispor com semelhante liberdade é sua competência: as comportas de entrada de um caso a uma nova instância de revisão.
>
> [...] O "certiorari", como dispositivo limitado a dirimir uma questão de competência (a abertura da competência recursal da Corte para resolver um litígio determinado), assume como antecedente fundamental a existência de uma ou mais instâncias nas quais as partes tiveram oportunidade de ser ouvidas por um tribunal imparcial, com amplas possibilidades de postulação, oferecimento e produção de prova, obtendo um pronunciamento fundamentado, em prazo razoável. A juridicidade das condutas humanas (a ordem de fazer o que manda a lei ou a privação de fazer o que ela proíbe) presume-se resolvida pelas instâncias inferiores a partir de critérios hermenêuticos, não discricionários.[532]

---

[532] GIANNINI, Leandro. *El certiorari*: la jurisdicción discrecional de las Cortes Supremas. La Plata: Librería Editora Platense, 2016. t. I, p. 153-154. Tradução livre do autor. No original: "cabe advertir que el 'certiorari' (o cualquier otro mecanismo de selección cualitativa acordado a las Cortes Supremas), no incide en el mérito de las controversias, sino sólo en la cantidad de instancias que serán necesarias para resolverlas. No es entonces que la licitud o ilicitud de las conductas humanas queden definidas sobre la base de criterios exclusivamente pergeñados por un tribunal. Lo único que las Cortes dotadas de este poder pueden manejar con semejante libertad, es su competencia: las compuertas de ingreso de un caso a una nueva instancia de revisión. [...] El certiorari, como dispositivo acotado a dirimir una cuestión de competencia (la apertura de la competencia apelada de la Corte para resolver una contienda determinada), asume como antecedente fundamental la existencia de una o más instancias en las que las partes tuvieron oportunidad de ser oídas ante un tribunal imparcial, con amplias posibilidades de postulación, ofrecimiento y producción de prueba, obteniendo un pronunciamiento fundado, en prazo razonable.

Portanto, não é adequado tratar indistintamente, por exemplo, a fundamentação de uma sentença penal de primeiro grau, que deve ser inegavelmente analítica, e a motivação de uma decisão que apenas pode ser tomada por ao menos oito ministros do STF, a propósito apenas da admissibilidade de um único recurso extraordinário.[533] A forma de compatibilizar o dever de motivação (CF, art. 93, IX) com o exercício funcional do filtro de relevância em larga escala, de modo a não violar os arts. 5º, LXXVIII, 102, *caput* e §3º, da CF, é admitir que a motivação da decisão neste caso possa limitar-se à referência à base legal que a autoriza, ou que assuma formas algo genéricas, como no exemplo abaixo, formulado por este autor:

> Por relevante que seja a questão jurídica objeto do recurso, especialmente para as partes do processo, exige-se para o conhecimento do recurso a existência de repercussão *geral*. Isto é: que ele se destaque dos demais por sua relevância política, econômica, social ou jurídica, de modo a exigir análise prioritária por esta Corte, com preferência sobre todos os demais feitos, no prazo máximo de um ano, podendo ser suspensos todos os processos semelhantes enquanto não se concluir o julgamento (CPC, art. 1.035, §§1º, 5º e 9º). Tal necessidade de conferir destaque e prioridade pressupõe uma comparação do caso dos autos com os outros milhares de recursos recebidos por esta Corte, cuja capacidade de julgamento em prazo razoável é limitada. Caso se conferisse igual relevância a todos os recursos e a repercussão geral fosse reconhecida de forma indiscriminada, o requisito perderia sua razão de ser, gerando-se, além de tudo, excessivos sobrestamentos por tempo indeterminado, com violação do direito à duração razoável do processo (CF, art. 5º, LXXVIII). Na situação atual, em que o STF ainda tem centenas de temas com repercussão geral pendentes, e centenas de milhares de processos sobrestados à espera de decisão há mais de um ano, é especialmente importante que o Tribunal seja parcimonioso ao atribuir repercussão geral em novas hipóteses.
>
> Em suma: a limitada capacidade de trabalho do Tribunal lhe impõe uma análise comparativa da relevância das controvérsias que lhe são submetidas, "a fim de que o Tribunal examine a admissão do recurso"

La juridicidad de las conductas humanas (la orden de hacer lo que manda la ley o la privación de hacer lo que ella prohíbe), se asume resuelta por las instancias de grado sobre la base de criterios hermenéuticos, no discrecionales".

[533] Em sentido contrário, aplicando às decisões de repercussão geral as mesmas exigências de fundamentação aplicáveis às decisões judiciais em geral, *v.g.*: DANTAS, Bruno. *Repercussão geral*. 3. ed. São Paulo: Revista dos Tribunais, 2012. p. 324-327; MARINONI, Luiz Guilherme; MITIDIERO, Daniel. *Repercussão geral no recurso extraordinário*. 3. ed. São Paulo: Revista dos Tribunais, 2012. p. 56-60.

(CF, art. 102, §3º). Nesse sentido, a controvérsia em exame não se enquadra entre as mais importantes que o Tribunal tem a decidir, ao menos neste momento, sem prejuízo da possibilidade de reavaliação do tema no futuro.

Trata-se, inegavelmente, de uma decisão genérica, prática que, no comum dos casos, não encontra amparo jurídico, tanto que veio a ser expressamente combatida pelo art. 489, §1º, III, do CPC/2015. É preciso reconhecer, porém, que as decisões negativas de repercussão geral são um caso especial, por todas as razões acima expostas, em suma: a) *quorum* qualificadíssimo de dois terços; b) exclusividade na apreciação pelo STF; c) âmbito restrito à admissibilidade do recurso extraordinário; d) alcance limitado ao caso concreto. Exigir que cada questão tenha sua relevância do ponto de vista político, econômico, social e jurídico comparada com todas as demais, presentes e passadas, é inviabilizar o STF. A entender-se que o art. 489, §1º, III, do CPC/2015 proíbe essa prática, o preceito impediria o filtro de funcionar eficazmente e, assim, teria uma incidência inconstitucional quanto às decisões negativas de repercussão geral, exigindo interpretação conforme a Constituição.

Uma decisão negativa de repercussão geral precisa ser em alguma medida genérica exatamente para servir apenas para o caso concreto e não gerar precedentes.[534] Como visto, qualquer decisão motivada tem uma vocação natural para servir como precedente, já que razões

---

[534] Em sentido contrário, sustenta-se que "a ausência de fundamentação da negativa de repercussão geral dificultaria sobremaneira a identificação das razões que podem conduzir à superação do precedente e, eventualmente, levem ao enfrentamento da questão de mérito pelo Tribunal". A crítica argumenta com um exemplo: "caso o tribunal afirme que a questão constitucional é reflexa por demandar interpretação da lei federal, exigindo, portanto, um maior amadurecimento pelas demais instâncias do judiciário, a superveniência de um precedente firmado pelo STJ poderia configurar fato novo a justificar a reabertura da discussão" (FORTES, Luiz Henrique Krassuski. Como aprimorar o funcionamento da repercussão geral? Um diálogo com Luís Roberto Barroso e Frederico Montedonio Rego. *In:* MARINONI, Luiz Guilherme *et al.* (Orgs. e Coords.). *Processo constitucional.* São Paulo: Thomson Reuters Brasil, 2019, artigo nº 31, cap. 5 *e-book*). Entretanto, não se cria precedente algum pela decisão negativa de repercussão geral com efeitos limitados ao caso concreto. Como visto, precedentes exigem razões universalizáveis, exatamente o contrário do que aqui se propõe. Não há precedente a ser superado nessa hipótese. O exemplo formulado pelo próprio autor serve mais a defender a refutação da crítica formulada, pois, mantida apenas a possibilidade de negar repercussão geral em tese por decisões analiticamente motivadas, não seria possível reabrir a discussão no STF mesmo depois do precedente do STJ, como já demonstrado no item 1.1.3.2.1, acima. É exatamente em razão da limitação dos efeitos da decisão ao caso concreto que resta espaço para eventual reconhecimento da repercussão geral do tema em eventual caso futuro, o que, porém, fica sujeito à discricionariedade da Corte.

são enunciados com algum grau de universalidade, que se pretendem aplicáveis a pelo menos mais um caso (item 2.1). Isso é especialmente válido para Cortes Supremas, por sua posição institucional no vértice do sistema (item 2.2). Por isso, é necessário que esses tribunais tenham mecanismos especiais para moderar a criação de precedentes, e os filtros de relevância são um mecanismo que se presta exatamente a essa finalidade (item 2.3).

"[O] Supremo Tribunal Federal, para poder desempenhar a sua função, deve examinar *apenas* as questões que lhe pareceram de maior impacto para a obtenção da unidade do direito".[535] Portanto, para que a repercussão geral possa cumprir o seu papel, qual seja, o de permitir que o STF "examine apenas as grandes questões do país discutidas no Poder Judiciário" e deixe "de se pronunciar sobre questões sem qualquer relevância para a sociedade",[536] é preciso que a Corte, de um lado, decida o que é mais relevante, e, de outro, *não decida o que é menos relevante*. Ambos os aspectos estão relacionados: se o STF for obrigado a decidir todos os casos que se lhe apresentam, ainda que pouco relevantes, e mesmo que apenas para afirmar a sua pouca relevância, mas de forma analiticamente fundamentada, o Tribunal não será capaz de decidir de forma tempestiva e com qualidade as controvérsias mais relevantes. E essa é uma situação violadora dos arts. 5º, LXXVIII, 102, *caput* e §3º, da CF.[537]

Considerações relativas à eficiência ou à efetividade[538] de regimes jurídicos não são indiferentes ao direito, mesmo porque o princípio constitucional da *eficiência* está previsto no art. 37, *caput*, da Constituição como aplicável a toda a Administração Pública, inclusive ao Judiciário. Todavia, levar esse tipo de variável em consideração numa

---

[535] MARINONI, Luiz Guilherme. *Precedentes obrigatórios*. 5. ed. São Paulo: Revista dos Tribunais, 2016. p. 307 (destaques acrescentados).

[536] Trecho do relatório final da Comissão Mista Especial do Judiciário, criada pelo art. 7º da EC nº 45/2004, para elaborar os projetos de lei necessários à regulamentação da referida emenda. (BRASIL. Congresso Nacional. *Relatório nº 1, de 2006 – CN*. Diário do Senado Federal, 21 jan. 2006. p. 1403. Disponível em: http://legis.senado.leg.br/diarios/BuscaDiari o?datDiario=21/01/2006&tipDiario=1. Acesso em: 25 maio 2017).

[537] Nesse sentido: "[...] o Supremo Tribunal Federal poderá escolher os casos sobre os quais irá se debruçar. Isso é legítimo, é a concretização do princípio da efetividade da prestação jurisdicional. Tornar a atividade do Tribunal viável é garantia de sua competência [...]". (GIACOMET, Daniela Allam e. *Filtros de acesso a Cortes constitucionais*. Brasília: Gazeta Jurídica, 2017. p. 6).

[538] Sobre o tema da efetividade, cf. BARROSO, Luís Roberto. *O direito constitucional e a efetividade de suas normas*: limites e possibilidades da Constituição brasileira. 9. ed. São Paulo: Saraiva, 2009.

análise jurídica ainda é objeto de resistência por parte de visões mais formalistas, como se fosse possível deixar de lado o contexto fático no qual uma norma é interpretada.[539] Confira-se, por exemplo, o diálogo entre os Ministros Marco Aurélio e Luís Roberto Barroso, no julgamento do RE nº 584.247 QO, sobre a demora dos julgamentos na prática atual da repercussão geral:[540]

> O SENHOR MINISTRO LUÍS ROBERTO BARROSO (RELATOR) – [...] Nós temos mais de trezentos e trinta repercussões gerais concedidas. Julgamos, em média, vinte e sete repercussões gerais por ano, desde que ela foi criada. Portanto, precisamos de doze anos, mantido esse ritmo, para julgar todas essas repercussões gerais.
>
> O SENHOR MINISTRO MARCO AURÉLIO – *O argumento é metajurídico, Excelência.*
>
> O SENHOR MINISTRO LUÍS ROBERTO BARROSO (RELATOR) – Doze anos, na prestação jurisdicional, é quase sinônimo de negativa de prestação jurisdicional. De modo que *não consigo imaginar nenhum argumento mais jurídico do que doze anos para se ofertar uma prestação jurisdicional.*
>
> O SENHOR MINISTRO MARCO AURÉLIO – Fechemos o Supremo para balanço! (Destaques acrescentados.)

Quando se trata dos filtros de relevância das Cortes Supremas, não há, por assim dizer, uma contraposição entre o que seria "justo"

---

[539] "A toda norma jurídica pertence, como pano de fundo indispensável para a sua compreensão, a realidade social em resposta à qual ela foi concebida, a realidade jurídica da época do seu surgimento, e a realidade social atual em face da qual ela deve operar". (COELHO, Inocêncio Mártires. *Da hermenêutica filosófica à hermenêutica jurídica*: fragmentos. 2. ed. São Paulo: Saraiva, 2015. p. 379).

[540] No plano doutrinário, o Min. Luís Roberto Barroso afirmou: "Embora tenha representado uma inovação positiva, a atual sistemática da repercussão geral é insuficiente e insatisfatória para proporcionar jurisdição constitucional de qualidade. No final de 2017, havia mais de 300 repercussões gerais reconhecidas e aguardando julgamento. Mantida a atual média anual histórica de repercussões gerais apreciadas pelo plenário, seria necessário mais de uma década para apreciação de todas elas. Evidentemente, jurisdição constitucional prestada em mais de 10 anos é uma forma de denegação de justiça. A situação é tão absurda que é difícil acreditar que não tenha despertado reação da comunidade jurídica. Dentre os Ministros da Corte, pessoalmente tenho tentado mudar a sistemática desde o momento em que ingressei, em linha com o que já escrevera bem antes de ser nomeado". (BARROSO, Luís Roberto. *O controle de constitucionalidade no direito brasileiro*. 8. ed. São Paulo: Saraiva, 2019. *e-book*, posição 2222).

(um direito de amplo acesso à Corte, correspondente a um dever de motivação analítica em *todas* as suas decisões, inclusive aquelas pelas quais se assenta a pouca relevância de controvérsias concretas) e o que seria "prático" (a desnecessidade da motivação analítica das decisões negativas). Isso porque esse "justo" terminaria num resultado "injusto" para todos, pois ninguém poderá contar com uma Suprema Corte inviabilizada e incapaz de responder de forma tempestiva e eficaz – em outras palavras, "justa" – às demandas que lhe são submetidas.[541] Nesse sentido, afirma Giannini:

> [...] é discutível o argumento que coloca o "prático" em oposição ao "justo". Numa era em que os estudos sobre os valores fundamentais do Direito e da justiça não se podem desenredar da análise sobre sua efetividade, pouca margem resta para exposições dogmáticas relativas aos princípios emanados da Lei Suprema que não penetrem, ao menos em parte, na viabilidade de sua vigência prática. Neste sentido, consideramos que o 'prático' não é necessariamente oposto ao "justo", nem que se possa sustentar que um instituto (como a imposição aos juízes da Corte de explicitar, em cada caso, as razões da inadmissibilidade de um recurso extraordinário) seja justo, se – deste modo – resultar impraticável o cumprimento efetivo dos papéis para os quais aquele corpo está designado.[542]

Em outras palavras: é preciso que a Corte tenha uma maneira eficiente de "decidir que casos decidir". Não se pretende aqui defender a realização de sessões secretas, como se fazia ao tempo da arguição de

---

[541] A propósito, sublinhando que a justiça pode residir exatamente na adoção da solução mais prática: "já se afirmou que o justo é o que ontem foi o praticamente conveniente (EXNER). Outro autor acrescentou que o que hoje se tem por conveniente (com os fins práticos) será o justo de amanhã. Estas formulações são talvez perigosas, mas mostram como nos podemos representar a harmonia entre a justiça e a prática conveniência". (ENGISCH, Karl. *Introdução ao pensamento jurídico*. Lisboa: Calouste Gulbenkian, 2001. p. 245).

[542] GIANNINI, Leandro. *El certiorari*: la jurisdicción discrecional de las Cortes Supremas. La Plata: Librería Editora Platense, 2016. t. I, p. 97. Tradução libre do autor. No original: "[...] es discutible el argumento que coloca a lo 'práctico' en las antípodas de lo 'justo'. En una era en la que los estudios sobre los valores fundamentales del Derecho y de la justicia no se pueden desentener del análisis sobre su efectividad, poco margen queda para desarrollos dogmáticos relativos a los principios emanados de la Ley Suprema, que no recalen, al menos en parte, en la viabilidad de su vigencia práctica. En este sentido, consideramos que lo 'práctico' no es necesariamente opuesto a lo 'justo', ni que pueda sostenerse que un instituto (como la imposición a los jueces de la Corte de hacer explícitas, en cada caso, las razones de la inadmisibilidad de un recurso extraordinario) sea justo, si – de este modo – resultara impracticable el cumplimiento efectivo de los roles para los que aquel cuerpo está mentado".

relevância. Mas os detratores daquele instrumento, ao desqualificá-lo como um "entulho autoritário" da ditadura militar – triste página da história brasileira –, raramente lembram que a instituição de um filtro de relevância foi proposta pelo próprio Tribunal[543] e sustentada por ministros que vieram a ser aposentados compulsoriamente pelo AI-5: humanistas e democratas, do porte de Victor Nunes Leal[544] e Evandro Lins e Silva,[545] defenderam, em textos acadêmicos, a necessidade de um filtro de relevância para o STF.[546] Veja-se trecho do primeiro, que antecipou substancialmente o modelo da EC nº 45/2004:

> A noção da alta relevância da questão de direito federal, para resolver o problema do acúmulo de serviço do Supremo Tribunal, seria, pois, quanto à pecha de subjetivismo, apenas um outro aspecto de um problema inerente ao exercício da judicatura. E veremos, adiante, que os receios a esse respeito podem ser facilmente dissipados.
>
> Para atenuar o que alguns chamariam essas *inconveniências*, que são antes peculiaridades da função de julgar, o que se há de buscar não é um sistema automático ou mecânico, que as impossibilite, porque isto seria ilusório. O que se há de buscar são os diversos tipos de contrapeso, que garantam a efetiva preponderância do interesse público, pela mais exata aplicação da lei e dos seus princípios aos casos submetidos a julgamento. [...]

---

[543] Nesse sentido: "Apesar da época em que implementado, o mecanismo da arguição de relevância foi idealizado por uma comissão de Ministros do STF para lidar com uma carga excessiva de trabalho, e não por inspirações autoritárias". (OLIVEIRA, Maria Angela Jardim de Santa Cruz. Reforming the Brazilian Supreme Federal Court: a comparative approach. *Washington University Global Studies Law Review*, v. 5, n. 1, p. 144, 2006. Tradução livre do autor. No original: "Despite the era in which it was implemented, this mechanism of a relevant federal issue was designed by a commission of Justices of the SFC to cope with an overly burdensome caseload, not by any authoritarian guidance"). Em sentido contrário, *v.g.*, entendendo que "[a] regulamentação feita pelo Pretório Excelso de então seguiu fielmente a ideia central do governo militar": STRECK, Lenio Luiz. A 'repercussão geral das questões constitucionais' e a admissibilidade do recurso extraordinário: a preocupação do constituinte com as 'causas irrelevantes'. *In*: AGRA, Walber de Moura (Coord.). *Comentários à reforma do Poder Judiciário*. Rio de Janeiro: Forense, 2005. p. 135-137.

[544] LEAL, Victor Nunes. Aspectos da reforma judiciária. *In*: LEAL, Victor Nunes. *Problemas do direito público e outros problemas*. Brasília: Ministério da Justiça, 1997. v. 2, p. 65-96 (originalmente publicado em 1965).

[545] SILVA, Evandro Lins e. O recurso extraordinário e a relevância da questão federal. *Revista Forense comemorativa*: 100 anos. Rio de Janeiro: Forense, 2005. p. 571-579 (texto originalmente publicado em 1975).

[546] Lembre-se, ainda, o parecer do Instituto dos Advogados Brasileiros, da lavra de Haroldo Valladão, Otto Gil e Celestino Basílio, que defendia a instituição da arguição de relevância para o STF. (VALLADÃO, Haroldo Teixeira *et al*. A reforma do Poder Judiciário da União: parecer da comissão especial do Instituto dos Advogados Brasileiros. *Revista do Instituto dos Advogados Brasileiros*, ano 1, n. 1, p. 101-111, jul./set.1966).

Vejamos, por brevidade, apenas dois: a adequada apresentação da questão federal relevante e o número de votos necessários ao reconhecimento dessa relevância pelo Tribunal. [...]

Outro contrapeso, ainda mais efetivo, existe na Corte Suprema dos Estados Unidos: bastam quatro votos (excepcionalmente, três) para que o recurso seja admitido à discussão oral e julgamento. Esses quatro votos, que são minoria no total de nove, correspondem à maioria do *quorum* mínimo, que é de seis juízes.

A admissão do recurso é, portanto, um privilégio da minoria [...] [...]

Admitindo-se, apenas para argumentar, o descritério da maioria do Tribunal, seria difícil imaginar que nem três juízes, no total de onze, tivessem o critério necessário para fazer chegar ao Tribunal uma causa que fosse realmente relevante.

Vê-se, pois, que o mecanismo proposto reduz ao mínimo o receado perigo do subjetivismo, que, de resto, repetimos, é um falso problema.[547]

A motivação, assim, pode ser usada como instrumento de modulação dos efeitos das decisões negativas de repercussão geral, das seguintes formas: a) a primeira, como instrumento de resolução de demandas repetitivas, a partir de uma decisão analiticamente motivada que identifique a questão jurídica pouco relevante e sirva como precedente, projetando efeitos para todos os processos que dela tratem; ou b) a segunda, como um instrumento de seleção qualitativa de recursos extraordinários, que opera a partir da lógica dos "acordos não completamente teorizados", oferecendo uma decisão com motivação atenuada[548] e efeitos limitados ao caso concreto em

---

[547] LEAL, Victor Nunes. Aspectos da reforma judiciária. *In:* LEAL, Victor Nunes. *Problemas do direito público e outros problemas.* Brasília: Ministério da Justiça, 1997. v. 2, p. 91-94. O autor propõe também a edição de súmulas sobre as "questões jurídicas que não seriam mais relevantes no entendimento do Tribunal". (LEAL, Victor Nunes. Aspectos da reforma judiciária. *In:* LEAL, Victor Nunes. *Problemas do direito público e outros problemas.* Brasília: Ministério da Justiça, 1997. v. 2, p. 94-95), o que equivaleria, hoje, às decisões motivadas que negam repercussão geral a controvérsias jurídicas em tese.

[548] Registre-se haver o entendimento de que a decisão negativa de repercussão geral não precisaria ser motivada, mas a partir de premissa não acolhida neste trabalho: a de que o art. 93, IX, da Constituição, que impõe o dever de motivação, seria dirigido ao legislador da LOMAN (conforme o *caput* do art. 93 da CF), não sendo assim autoaplicável. (BRAGHITTONI, R. Ives. *Recurso extraordinário:* uma análise do acesso ao Supremo Tribunal Federal. São Paulo: Atlas, 2007. p. 109-119). O presente trabalho não adota esta premissa, porque o dever geral de motivação não decorre apenas do art. 93, IX, da CF – entendido como autoaplicável pela esmagadora maioria da doutrina –, mas também da cláusula do Estado de Direito, tanto que exigível antes mesmo do advento da CF/1988. Nesse sentido, v., por todos: MOREIRA, José Carlos Barbosa. A motivação das decisões judiciais como garantia inerente ao estado de direito. *Revista Brasileira de Direito Processual,* v. 16, 4. trim., p. 111-125, 1978.

que proferida. Validando o exposto, o Plenário do Supremo Tribunal Federal destacou "a conveniência de um método expedito e eficaz para a negativa de seguimento de tais recursos [...] [s]em a pretensão de formar precedentes abrangentes e vinculantes", assentando que "a sistemática introduzida pela Emenda Regimental nº 54/2020 objetiva uma ágil rejeição dos recursos desprovidos de repercussão geral" (ARE nº 1.273.640 AgR, Rel. Min. Alexandre de Moraes, j. 8.9.2020).[549]

Ambas as formas de operar a repercussão geral exigem o *quorum* de dois terços, por imposição constitucional (art. 102, §3º).[550] A diferença é que a primeira, por envolver uma decisão analiticamente motivada, apenas pode ser utilizada pontualmente, para atacar grandes "blocos" de processos que possam ser agrupados em torno de uma mesma questão jurídica, à qual o tribunal pretenda conferir uma decisão de efeitos duradouros sobre sua pouca relevância, ao menos para fins de cabimento de recurso extraordinário. A segunda, por dispensar a motivação analítica, pode ser utilizada em larga escala para, de forma mais rápida e também irrecorrível (CPC/2015, art. 1.035, *caput*), inadmitir recursos não agrupados em "blocos" temáticos. Isso permitirá que, de fato, o STF se dedique ao mais importante.[551]

---

[549] Esse tipo de argumento é desqualificado por autores como Luiz Guilherme Marinoni e Luiz Henrique Krassuski Fortes, para os quais "o objetivo confessado, e que consta até mesmo na ementa do julgado, é apenas de economizar tempo do STF na análise da idoneidade formal dos recursos, permitindo 'uma ágil rejeição dos recursos desprovidos de repercussão geral por meio de uma fundamentação concisa do relator'" (MARINONI, Luiz Guilherme; FORTES, Luiz Henrique Krassuski. Decisões mais importantes do STF em 2020 das quais você não ouviu falar. *JOTA*, 9 fev. 2021 (parte II). Disponível em: https://www.jota.info/opiniao-e-analise/artigos/decisoes-mais-importantes-do-stf-em-2020-das-quais-voce-nao-ouviu-falar-2-09022021. Acesso em: 11 mar.2021). É como se preocupações com a eficiência da prestação jurisdicional fossem indignas, de menor relevo ou mesmo inconfessáveis, quando em verdade consistem em condições para o efetivo acesso à Justiça e para a adequada tutela judicial de todos os direitos.

[550] Há quem entenda que a Constituição não proíbe decisões monocráticas negativas de repercussão geral, por ser possível até mesmo dar provimento ao recurso por decisão individual: BRAGHITTONI, R. Ives. *Recurso extraordinário*: uma análise do acesso ao Supremo Tribunal Federal. São Paulo: Atlas, 2007. p. 64 e 75.

[551] Em sentido contrário, sustenta-se que a solução proposta não conduz a que "efetivamente [se] reduza a carga de trabalho do STF, podendo, em contrapartida, incentivar a interposição de novos recursos", pois com a negativa de repercussão geral restrita ao caso concreto "não seria possível a aplicação do art. 1.030, I, do CPC, impondo aos tribunais locais a realização de juízos de admissibilidade com base no art. 1.030, V, do CPC, que, ainda que sejam negativos, garantiriam o acesso à Corte por meio do agravo em recurso extraordinário. Ao fim e ao cabo, a Corte continuaria a ter que proferir milhares de decisões anualmente, substituindo as monocráticas de indeferimento por milhares de decisões de ausência de repercussão geral" (FORTES, Luiz Henrique Krassuski. Como aprimorar o funcionamento da repercussão geral? Um diálogo com Luís Roberto Barroso e Frederico Montedonio Rego. *In*: MARINONI, Luiz Guilherme *et al*. (Orgs. e Coords.).

Quanto a esta segunda hipótese, deve-se notar que, a partir da ER nº 54/2020, o art. 326, §1º, do RI/STF passou a autorizar decisões *monocráticas* negativas de repercussão geral, ao prever que "[p]oderá o relator negar repercussão geral com eficácia apenas para o caso concreto".[552] A fórmula adotada é passível de críticas, seja porque o art. 102, §3º, da Constituição exige *quorum* de dois terços,[553] seja porque se trata de uma hipótese de decisão negativa de repercussão geral sujeita a recursos – agravo interno e embargos de declaração –, nada obstante a irrecorribilidade prevista no art. 1.035, *caput*, do CPC/2015. Compreende-se, porém, a sistemática adotada como sintoma do *modus operandi* predominantemente monocrático da Corte, assim como uma aposta de que uma minoria recorrerá da decisão do relator, haja vista que a taxa de recorribilidade interna em 2020 foi de 20%.[554] Seja como for, é possível ler o dispositivo como uma delegação de competência do Plenário ao relator para fazer uma primeira análise sobre a repercussão geral, salvaguardando-se o *quorum* qualificado na hipótese de recurso,

---

Processo constitucional. São Paulo: Thomson Reuters Brasil, 2019, artigo nº 31, cap. 5. *e-book*.). Crítica semelhante pode ser lida em trabalho segundo o qual a ideia proposta no texto "não traz solução prática alguma" (SOUZA, Bárbara Cherubini de *et al*. A problemática na aplicação da repercussão geral e sua relação com a crise do Supremo. *Doctum*. Caratinga, v. 1, n. 3, p. 11, 2019. Disponível em: http://revista.doctum.edu.br/index.php/DIR/article/view/287/230. Acesso em: 28 mar. 2021). Entretanto, esses dois tipos de decisões não são equivalentes, pois, como já exposto, as decisões de ausência de repercussão geral com efeitos limitados são mais ágeis e também irrecorríveis, o que compensará eventual aumento no número de agravos em recurso extraordinário. Daí ser razoável esperar que a sistemática proposta ajude a desafogar o STF. Não à toa, a própria Corte veio a acolhê-la, ao aprovar ao ER nº 54/2020.

[552] A versão original da proposta de emenda regimental elaborada com a colaboração do autor deste trabalho previa fórmula diversa, segundo a qual o relator não proferiria propriamente uma decisão monocrática, mas sim faria uma proposta sob a forma de voto, que integraria uma decisão colegiada a qual deveria observar o *quorum* de dois terços. Tal redação proposta para o RI/STF era a seguinte: "Art. 326, §1º. Poderá o relator submeter ao Tribunal, na forma do art. 323 deste Regimento Interno, proposta de não atribuição de repercussão geral válida apenas para o caso concreto. §2º. Se a proposta do relator referida no §1º for confirmada por dois terços dos Ministros, o recurso extraordinário não será conhecido, nos termos do art. 102, §3º, da Constituição". Esta fórmula corresponde ao que foi defendido em texto elaborado para ampla divulgação: BARROSO, Luís Roberto; REGO, Frederico Montedonio. Como salvar a repercussão geral: ideias simples para reverter um fracasso. *Migalhas*, 21 fev. 2018. Disponível em: https://www.migalhas.com.br/depeso/274826/como-salvar-a-repercussao-geral-ideias-simples-para-reverter-um-fracasso. Acesso em: 31 mar. 2021.

[553] Este é o fundamento do voto vencido do Min. Marco Aurélio no já citado ARE nº 1.273.640 AgR, j. 8.9.2020.

[554] BRASIL. Supremo Tribunal Federal. *Relatório de atividades 2020*. Brasília, 2021, p. 42. Disponível em: http://www.stf.jus.br/arquivo/cms/publicacaoCatalogoProdutoConteudoTextual/anexo/RelatorioAtividadesSTF2020.pdf. Acesso em: 11 mar. 2021.

nos termos do art. 326, §2º, do RI/STF, *in verbis*: "[s]e houver recurso, a decisão do relator de restringir a eficácia da ausência de repercussão geral ao caso concreto deverá ser confirmada por dois terços dos ministros para prevalecer". Note-se que a ER nº 54/2020 foi aprovada, no ponto, por dez dos onze Ministros do Tribunal,[555] a indicar que essa sistemática, instituída *in abstracto*, tem a concordância de mais do que dois terços dos membros daquela Corte, suprindo o *quorum* qualificado. De resto, mecanismo semelhante é previsto para o instituto congênere da transcendência, no âmbito dos recursos de revista de competência do Tribunal Superior do Trabalho, como se lê do art. 896-A, §2º, da CLT, incluído pela Lei nº 13.467/2017: "[p]oderá o relator, *monocraticamente*, denegar seguimento ao recurso de revista que não demonstrar transcendência, cabendo agravo desta decisão para o colegiado".[556] E, reforçando a dispensa de motivação analítica das decisões negativas de transcendência, dispõe o art. 896-A, §4º da CLT, também incluído pela Lei nº 13.467/2017, que "[m]antido o voto do relator quanto à não transcendência do recurso, será lavrado acórdão com *fundamentação sucinta*, que constituirá decisão irrecorrível no âmbito do tribunal".[557]

3.3.1.2 Princípio democrático

Uma segunda objeção constitucional invoca o princípio democrático, especificamente direitos de participação de terceiros no processo. A propósito, Luiz Guilherme Marinoni e Luiz Henrique Krassuski Fortes[558] afirmam que as decisões do STF que validaram as

---

[555] Na ata da sessão de julgamento do processo administrativo 008509/2020, do qual resultou a ER nº 54/2020, consta que o Tribunal deliberou com o *quorum* completo e que apenas o Min. Marco Aurélio ficou vencido quanto à nova redação conferida ao art. 326 do RI/STF (disponível em: http://www.stf.jus.br/arquivo/cms/noticiaNoticiaStf/anexo/RIAtadeJulgamento.pdf. Acesso em: 11 mar. 2021). O placar de 10x1 se repetiu, agora em sede jurisdicional, no julgamento acima referido do ARE nº 1.273.640 AgR, Rel. Min. Alexandre de Moraes, j. 8.9.2020, que validou a nova sistemática regimental.

[556] Para uma análise crítica do dispositivo, v. CARNEIRO, Cláudio Gomes. A aplicação prática da transcendência no âmbito do Tribunal Superior do Trabalho e a ofensa ao princípio da colegialidade. *Revista LTr*, v. 82, n. 4, abr. 2018, p. 415-421.

[557] Ressalte-se que o §5º do art. 896-A da CLT, que previa a irrecorribilidade da decisão do relator que negasse transcendência em agravo de instrumento em recurso de revista, foi declarado inconstitucional pelo TST (Pleno, arg. de inconstitucionalidade 1000845-52.2016.5.02.0461, Rel. Min. Cláudio Brandão, j. 6.11.2020).

[558] MARINONI, Luiz Guilherme; FORTES, Luiz Henrique Krassuski. Decisões mais importantes do STF em 2020 das quais você não ouviu falar. *JOTA*, 2 e 9 fev. 2021 (partes I e II, respectivamente). Disponíveis em: https://www.jota.info/opiniao-e-analise/artigos/decisoes-mais-importantes-do-stf-em-2020-das-quais-voce-nao-ouviu-falar-02022021 e

disposições da ER nº 54/2020 "são, sem qualquer espaço para dúvidas, as decisões mais importantes do STF em 2020 em matéria de Direito Processual Constitucional e com maior potencial de impacto sobre *toda a jurisdição civil*". Os autores aludem aos acórdãos do ARE nº 1.273.640 AgR e do RE nº 1.271.405 AgR, j. 8.9.2020 e 16.9.2020, respectivamente, ambos relatados pelo Min. Alexandre de Moraes, e sustentam que o recurso extraordinário estaria num "ponto de inflexão" ou numa "encruzilhada": de um lado, "diante do momento de elaboração de um novo Código de Processo Constitucional", pode-se "promover o renascimento do recurso extraordinário" ou a "redenção do RE como meio de democratização da jurisdição constitucional"; de outro, estaria o sistema atual, acusado pelo "esvaziamento de um dos instrumentos processuais mais importantes previstos na Constituição".

A crítica dos autores identifica "dois graves gargalos democráticos" no plenário virtual da repercussão geral: o primeiro decorreria dos "reconhecimentos indevidos de repercussão geral por *presunção*" e de "votos por omissão", problema que reconhecem ter sido solucionado "em boa hora" pela ER nº 54/2020, com as redações dadas aos arts. 324, §§1º, 3º e 4º, do RI/STF. O segundo seria a inexistência de "espaço para que os potenciais interessados possam aportar razões específicas sobre a conveniência e oportunidade de a Corte: (i) afirmar a natureza infraconstitucional da controvérsia; (ii) reconhecer a repercussão geral da questão constitucional; ou (iii) reafirmar sua jurisprudência", problema que teria sido agravado pela ER nº 54/2020. Haveria, assim, um "*déficit* de participação" da sociedade na "discussão da *repercussão geral* da *questão constitucional* [que], por sua própria natureza, não interessa somente às partes recorrente e recorrida", e que se traduz na inexistência de tempo hábil para que eventuais *amici curiae* elaborem suas razões, para que seus pedidos de admissão sejam analisados pelo relator e para que os demais ministros possam levar tais razões em conta. Nesse sentido, os autores invocam em nota de rodapé a experiência dos Estados Unidos, onde *amici curiae* podem se manifestar sobre a concessão ou não do *certiorari* antes do mérito.

---

https://www.jota.info/opiniao-e-analise/artigos/decisoes-mais-importantes-do-stf-em-2020-das-quais-voce-nao-ouviu-falar-2-09022021. Acesso em: 11 mar.2021. Crítica semelhante consta em trabalho individual do último autor: FORTES, Luiz Henrique Krassuski. Como aprimorar o funcionamento da repercussão geral? Um diálogo com Luís Roberto Barroso e Frederico Montedonio Rego. *In:* MARINONI, Luiz Guilherme *et al.* (Orgs. e Coords.). *Processo constitucional.* São Paulo: Thomson Reuters Brasil, 2019, artigo nº 31. *e-book.*

Segundo os autores, "não apenas é recomendável, mas até mesmo salutar, que a sociedade possa participar a aportar razões para que a Corte decida sobre a existência, ou não, de repercussão geral". A ER nº 54/2020 teria agravado o problema por permitir ao relator negar repercussão geral por decisão monocrática (RI/STF, art. 326, §1º), sendo o respectivo agravo interno julgado no plenário virtual comum, em meio a milhares de outros processos. Assim, "se imporia aos possíveis *amici* o monitoramento de centenas de milhares de REs e AREs interpostos anualmente", com o que "se apagaria qualquer possibilidade fática de serem aportadas previamente razões para convencer a Corte sobre a conveniência e oportunidade de se reconhecer, ou não, a repercussão geral". Assim, "[c]aso universalizada a aplicação da nova redação do art. 326 do RISTF será praticamente impossível um diálogo robusto, prévio, e geral, sobre a relevância e transcendência das questões suscitadas em recurso extraordinário", com "graves prejuízos à deliberação *geral* e que antecede a afirmação, ou não, da existência de repercussão geral" e "altos custos à participação democrática".

Em outro texto, o segundo autor[559] propõe que o relator, depois de exercer um filtro de admissibilidade monocrático (RI/STF, art. 323), e de "verificar, superficialmente, se o caso veicula questão que eventualmente justificaria a aplicação do art. 1.029, §3º, CPC", deveria "proferir decisão solicitando, no prazo que estabelecer, sejam apresentadas manifestações de *amici curiae* trazendo à Corte razões e fatos específicos aptos a demonstrar o porquê seria, ou não, conveniente e oportuna a afirmação da repercussão geral da questão constitucional discutida nos autos". Além disso, o relator deveria limitar o número de participantes admitidos, definir os critérios para "admissão dos potenciais *amici curiae*, incluindo a representatividade em sua dimensão subjetiva (a capacidade e idoneidade do sujeito que pretende intervir) e objetiva (o aporte de elementos ainda não constantes dos autos)", e estipular que o prazo para manifestações favoráveis e contrárias seja sucessivo. Somente então poderia o relator submeter aos demais Ministros seu voto sobre a repercussão geral.

Entretanto, sem que se negue a importância de uma maior abertura à participação da sociedade na análise da repercussão geral,

---

[559] FORTES, Luiz Henrique Krassuski. Como aprimorar o funcionamento da repercussão geral? Um diálogo com Luís Roberto Barroso e Frederico Montedonio Rego. *In:* MARINONI, Luiz Guilherme *et al.* (Orgs. e Coords.). *Processo constitucional.* São Paulo: Thomson Reuters Brasil, 2019, artigo nº 31, cap. 6. *e-book.*

a proposta apresentada insiste na admissão monocrática baseada primordialmente em óbices formais (RI/STF, art. 323). Nessa praxe, já observada antes da ER nº 54/2020, é possível afirmar que eventuais interessados têm ainda menos chance de serem ouvidos. Isto porque, como já visto acima no item 1.2, em vez de deliberar propriamente sobre a relevância, o Tribunal tinha sua força de trabalho consumida quase que exclusivamente para a análise de requisitos formais de cabimento, com taxa média de provimento de apenas 3,3% entre 2010 e 2020,[560] o que era levado a efeito por decisões monocráticas com agravo interno cabível para as Turmas, nas quais se decide por maioria simples, e não para o Plenário, onde será exigido o *quorum* de 2/3 (RI/STF, art. 326, §2º). Como já visto, apenas uma ínfima quantidade de decisões – pouco mais de 1.100 entre cerca de 1.650.000, ou 0,067% – foram tomadas no plenário virtual de 2007 a 2020 para debate explícito sobre a repercussão geral. Não há como esperar que a Corte possa estimular um aumento da participação democrática de potenciais interessados com esse modelo de trabalho.

Seja como for, a ER nº 54/2020 não suprimiu de "possíveis *amici*" nenhum direito de que eles já não dispusessem antes da entrada em vigor dos novos dispositivos do RI/STF, nem tornou mais difícil o já virtualmente impossível acompanhamento do volume de feitos que todos os anos é recebido pela Corte. Apenas se permitiu que decisões monocráticas baseadas em filtros defensivos formais – que nem sequer precisariam se ater à matéria de mérito – sejam substituídas por juízos de relevância tendo em conta o tema de fundo. Pretensos *amici curiae* não têm direito subjetivo à participação em processos judiciais – muito menos a serem previamente consultados sobre seu eventual interesse em falar em juízo –, cabendo ao juiz ou relator analisar a "representatividade adequada" de quem se apresente (CPC/2015, art. 138). Na repercussão geral, igualmente, a admissão de *amici curiae* fica a critério do ministro competente (CPC/2015, art. 1.035, §4º), seja o Presidente (RI/STF, art. 13, XVIII), seja o relator (RI/STF, art. 21, XVIII, e art. 323, §3º), sempre em decisão irrecorrível.[561] Cabe assim aos próprios

---

[560] BRASIL, Supremo Tribunal Federal. *Painel da taxa de provimento.* Disponível em: https://transparencia.stf.jus.br/single/?appid=ca45dc5b-0684-4d3d-9f49-7ce39dfa6123&sheet=117b765f-1773-4276-866c-1faf26145fe1. Acesso em: 9 fev. 2021.

[561] Para uma defesa da obrigatoriedade da admissão de terceiros e da inconstitucionalidade da restrição do direito de recorrer da decisão que inadmite a respectiva manifestação: LÔBO, Edilene. Repercussão geral no recurso extraordinário e terceiros interessados à luz da jurisdição constitucional. *Revista de Direitos Humanos e Efetividade.* Brasília, v. 2, n. 1,

interessados, em primeiro lugar, o ônus de pedir ingresso em feitos nos quais pretendam se manifestar, sem que haja direito subjetivo a serem previamente consultados, e sem prejuízo da faculdade de o relator, até de ofício, solicitar a manifestação de terceiros.

De resto, não é razoável impor a uma Corte que recebe dezenas de milhares de processos por ano uma etapa obrigatória de consulta a "potenciais *amici curiae*" indeterminados. Na Suprema Corte dos EUA, que recebe apenas cerca de 7.000 a 8.000 processos por ano – ou seja, menos de 10% da quantidade recebida no mesmo período pelo STF –, também não há uma obrigação de consulta a "possíveis *amici*". Ao contrário: segundo as *Rules of the Supreme Court*, particularmente a *Rule* 37, item 2, (a), eventuais *amici curiae* só podem intervir se houver concordância escrita de todas as partes, ou se a própria Corte deferir uma autorização especial para tanto. O mesmo vale para sustentações orais (*Rule* 37, item 3). A exceção fica por conta de entes da Administração Pública, que não dependem de consentimento das partes ou autorização prévia da Corte para se manifestar (*Rule* 37, item 4). Isto se dá sem prejuízo da faculdade de a Corte consultar atores que lhe pareçam relevantes em cada caso. O mais frequente deles é o *Solicitor General*, cargo equivalente no Brasil ao Advogado-Geral da União, ao qual a consulta é conhecida pelo acrônimo CVSG (*call for the view of the Solicitor General*). Não se trata, reitere-se, de um dever, mas de uma faculdade daquele tribunal. Nas *Rules of the Supreme Court*, são bem-vindas as manifestações de terceiros que possam iluminar aspectos ainda não trazidos à atenção dos juízes – desde que firmadas por advogado habilitado a postular perante aquele tribunal –, enquanto as demais manifestações são expressamente desencorajadas porque "sobrecarregam a Corte".[562]

---

p. 73-88, jan./jun.2016. Uma das premissas do raciocínio da autora é a expansão da eficácia das decisões de repercussão geral. Observe-se, porém, que isto não ocorre quando se trata da negativa de repercussão geral com efeitos limitados ao caso concreto.

[562] Por brevidade, transcreve-se apenas parte das regras acima referidas no idioma original: "*Rule 37. Brief for an Amicus Curiae*. 1. An *amicus curiae* brief that brings to the attention of the Court relevant matter not already brought to its attention by the parties may be of considerable help to the Court. An *amicus curiae* brief that does not serve this purpose burdens the Court, and its filing is not favored. An *amicus curiae* brief may be filed only by an attorney admitted to practice before this Court as provided in Rule 5. 2. (a) An *amicus curiae* brief submitted before the Court's consideration of a petition for a writ of certiorari, motion for leave to file a bill of complaint, jurisdictional statement, or petition for an extraordinary writ may be filed if it reflects that written consent of all parties has been provided, or if the Court grants leave to file under subparagraph 2(b) of this Rule. [...]"

Não se verifica, portanto, que a ER nº 54/2020 tenha agravado um alegado *déficit* democrático na participação de terceiros quanto aos processos de repercussão geral. Também não se identificam normas constitucionais ou processuais violadas, e nem mesmo se vislumbra uma forma eficaz de suprir esse suposto *déficit* sem impor uma sobrecarga ainda maior à Corte. Pode-se imaginar a publicação de editais abrindo prazo para manifestação de eventuais interessados, mas, diante do volume de recursos recebidos todos os anos pelo STF, tais editais ficariam imensos – semelhantes às atas de distribuição de processos já publicadas diariamente pela Corte – e dificilmente seriam lidos ou seriamente acompanhados por alguém. Cabe, portanto, aos próprios interessados o ônus de se manifestar nos processos em que queiram ser ouvidos – valendo notar que tais feitos já terão tramitado, em regra, por ao menos duas instâncias antes de chegar ao STF –, bem como ao Tribunal decidir sobre a repercussão geral com base nos elementos disponíveis e naqueles que entenda de solicitar, a começar pela demonstração do próprio recorrente (CPC, art. 1.035, §2º), contraditada pelo recorrido.

A verdadeira "encruzilhada" em que se encontra o recurso extraordinário é entre, de um lado, o modelo falido[563] praticado até a ER nº 54/2020, que gera imensa sobrecarga de trabalho e uma profusão de decisões potencialmente conflitantes que não impedem a chegada de 100.000 processos por ano ao STF, e, de outro, o modelo típico dos filtros de relevância das Cortes Supremas no mundo, que selecionam os casos que irão julgar e não produzem decisões motivadas com efeito de precedente nos casos não escolhidos. Este último modelo, aliás, é defendido pelo primeiro autor em trabalho já citado nesta obra (v. item 2.2, acima).[564] Seja como for, serão inválidas eventuais mudanças que impeçam o Tribunal de cumprir sua missão de guarda da Constituição em prazo razoável, ou inviabilizem o bom funcionamento da repercussão geral (CF, arts. 5º, LXXVIII, art. 37, *caput* e art. 102, *caput* e §3º).

---

[563] A propósito, concordando com a "falência do atual modelo" e propondo a criação de um filtro de relevância dos recursos especiais no STJ que "não cometa os mesmos erros da repercussão geral nos recursos extraordinários" e em que as decisões "não devem ser fundamentadas": PEREIRA, Carlos Frederico Bastos. O Superior Tribunal de Justiça e a repercussão geral no recurso especial. *Revista Eletrônica de Direito Processual*. Rio de Janeiro, a. 13, v. 20, n. 2, maio/ago. 2019. Disponível em: https://www.e-publicacoes.uerj.br/index.php/redp/article/view/37849. Acesso em: 19 mar. 2021.

[564] MARINONI, Luiz Guilherme. MITIDIERO, Daniel. *Recurso extraordinário e recurso especial*: do jus litigatoris ao jus constitutionis. 2. ed. São Paulo: Revista dos Tribunais, 2020, p. 215-218, 237 e 284.

3.3.1.3 Isonomia

Uma terceira objeção constitucional possível a essa sistemática é a de ofensa à isonomia, à vista da situação hipotética em que o Tribunal recusa um caso por ausência de repercussão geral, apenas para admitir outro idêntico tempos depois.[565] Trata-se, porém, de uma visão estática da questão. Em rigor, esse problema já ocorre hoje, com o agravante de ser encoberto com uma capa de justificativas técnicas.[566] Pode-se responder a esse tipo de objeção levando a sério o caráter discricionário do juízo de repercussão geral, com base numa visão dinâmica, atenta a aspectos ligados ao *timing* da afetação: isso pode explicar a diferença de decisões no tempo, cuja passagem pode repercutir sobre a relevância. "Uma mesma questão, conforme as circunstâncias, pode ser, ou deixar

---

[565] Este ponto suscita críticas da doutrina quanto à antiga arguição de relevância e à atual repercussão geral, respectivamente: "[...] elástico que seja, o critério, para conservar-se digno desse nome, há de ser aplicado com um mínimo de coerência e de homogeneidade. Se dois litigantes, em casos análogos, arguem a relevância da mesma questão federal, é de esperar, em princípio, que recebam iguais respostas; e, na hipótese de as receberem desiguais, faz-se indispensável ao controle extraprocessual do funcionamento do mecanismo assecuratório que se conheçam os motivos da diferença de tratamento, que se identifiquem as peculiaridades em virtude das quais um viu acolhida e outro rejeitada a sua arguição". (MOREIRA, José Carlos Barbosa. A motivação das decisões judiciais como garantia inerente ao estado de direito. *Revista Brasileira de Direito Processual*, v. 16, 4. trim., p. 94, 1978). "Aceitar a existência de discricionariedade aqui significaria que em dois casos absolutamente idênticos a Corte poderia se posicionar de formas distintas quanto à admissibilidade do recurso". (DANTAS, Bruno. *Repercussão geral*. 3. ed. São Paulo: Revista dos Tribunais, 2012. p. 280).

[566] Nesse sentido, afirmando que o princípio da isonomia vem sendo "maltratado pelo uso do critério fundado no formalismo processual", e defendendo sua substituição pelo critério substancial relacionado à repercussão geral da matéria de fundo: MACHADO, Hugo de Brito. Conhecimento do recurso extraordinário: repercussão geral das questões constitucionais. *Revista Dialética de Direito Processual*, v. 34, p. 52, jan. 2006. Na mesma linha: BRAGHITTONI, R. Ives. *Recurso extraordinário*: uma análise do acesso ao Supremo Tribunal Federal. São Paulo: Atlas, 2007. p. 114; CARNEIRO, Diogo Ciuffo. Os requisitos de admissibilidade dos recursos especial e extraordinário e a sua ilegítima utilização como filtros recursais. *Revista de Processo*, v. 160, p. 205-232, jun. 2008: "Apesar de tal requisito de admissibilidade [a repercussão geral] trabalhar com parâmetros mais subjetivos e abstratos do que todos os outros – presença ou não de questões relevantes do ponto de vista econômico, político, social ou jurídico, que ultrapassem os limites subjetivos da causa - a verdade é que tal recurso vem dar tratamento isonômico e legítimo aos recorrentes. De fato, os demais requisitos de admissibilidade dos recursos especial e extraordinário, embora, *prima facie*, sejam todos objetivos, o tratamento disforme que os Tribunais Superiores lhes dão, acabam por gerar incontáveis injustiças. Como vimos muitas vezes no presente trabalho, o juízo de admissibilidade dos recursos especial e extraordinário apresentam diversos entendimentos, como ocorre com o prequestionamento, em que ora se exige o prequestionamento explícito, ora admite-se o implícito ou até o ficto. Essa diferença de posicionamento sobre os temas permite o tratamento diferenciado de situações idênticas, servindo os requisitos de admissibilidade como uma arma para a política judiciária de contenção dos recursos dirigidos aos Tribunais Superiores".

de ser, relevante para a Federação".[567] Esse, aliás, é um aspecto que ajuda a reforçar o caráter discricionário do filtro, pois a dinâmica segundo a qual a relevância pode variar no tempo exige uma avaliação de conveniência e oportunidade.[568]

Demonstra-se agora a compatibilidade do filtro com o Código de Processo Civil.

3.3.2 Compatibilidade do mecanismo com o Código de Processo Civil

O presente tópico pretende demonstrar que as previsões do CPC no sentido da expansão dos efeitos de uma decisão negativa de repercussão geral devem ser lidas como uma possibilidade ou faculdade, não como uma obrigação (item 3.3.2.1). Também será mostrado que a utilização da sistemática é possível mesmo em caso de alegada violação a súmula ou jurisprudência dominante do STF (item 3.3.2.2). Por fim, serão detalhados alguns aspectos processuais do uso da repercussão geral para a seleção qualitativa de recursos (item 3.3.2.3).

3.3.2.1 A expansão dos efeitos das decisões negativas como possibilidade, não obrigação

Também seria possível levantar o argumento contrário de que, embora a Constituição não tenha contemplado uma expansão *automática* dos efeitos das decisões negativas de repercussão geral, isso teria sido feito pelos arts. 543-A, §5º, e 543-B, §2º, do CPC/1973, e os arts. 1.035, §8º, e 1.039, parágrafo único, do CPC/2015. No entanto, essa eficácia expandida, responsável pela inadmissão de todos os

---

[567] ALVES, José Carlos Moreira. A missão constitucional do Supremo Tribunal Federal e a argüição de relevância de questão federal. *Revista do Instituto dos Advogados Brasileiros*, ano XVI, n. 58-59, p. 41-63, 1982, p. 49. Na mesma linha: "O julgamento é *político*, além de tantos outros motivos, pela legítima (e inevitável) *análise de conveniência e importância* que a causa possa ou não ter para o país inteiro". (BRAGHITTONI, R. Ives. *Recurso extraordinário*: uma análise do acesso ao Supremo Tribunal Federal. São Paulo: Atlas, 2007. p. 114-115).

[568] Vale notar que o CPC/2015 instituiu mecanismos para minimizar o risco de violações à isonomia, como a inexigibilidade do título executivo judicial fundado em lei ou ato normativo que venha a ser declarado inconstitucional pelo STF, ou fundado em interpretação que venha a ser tida pelo STF como incompatível com a Constituição, seja em controle de constitucionalidade concentrado ou difuso, bem como o cabimento de ação rescisória na hipótese de trânsito em julgado (art. 525, §§12 e 15). Agradeço a Ciro Grynberg pela reflexão.

recursos extraordinários sobre a mesma controvérsia, somente ocorre se o juízo de ausência de repercussão geral recair sobre a questão jurídica *em tese*. Vale dizer, apenas se o filtro operar segundo a primeira sistemática, como instrumento de resolução de demandas repetitivas, o que exige motivação analítica, até porque, se a decisão não contiver essa motivação, ou se ressalvar que seus efeitos são limitados ao caso concreto, ela não poderá ser usada como precedente para outros casos.

Essa possibilidade de modulação ou limitação dos efeitos da decisão negativa de repercussão geral decorre até mesmo da lógica segundo a qual "quem pode o mais, pode o menos". Se o STF pode, com uma única decisão tomada por dois terços dos seus membros, produzir o efeito de inadmitir todos os recursos extraordinários presentes e futuros que tramitem no território nacional sobre uma determinada questão jurídica, com maior razão o mesmo *quorum* pode inadmitir apenas um único recurso extraordinário – o do caso concreto em que proferida a decisão –, sem gerar precedentes.[569] Note-se que se trata do mesmo *quorum* exigido para modular os efeitos de declarações de inconstitucionalidade em tese (art. 27 da Lei nº 9.868/1999) e para editar, modificar ou cancelar súmulas vinculantes (CF, art. 103-A), instrumentos com eficácia muito maior, de modo que não se vê nenhum óbice normativo à limitação dos efeitos de uma decisão negativa apenas para o caso concreto.

Em reforço ao exposto, constata-se que no instituto congênere no Tribunal Superior do Trabalho não há semelhante previsão de expansão de eficácia para todos os casos sobre o mesmo tema cuja transcendência em um caso concreto tenha sido negada pelo TST: a consequência é a inadmissão apenas do recurso de revista em questão (CLT, art. 896-A, §§2º e 4º).[570] Nada mais natural, pois como já exposto no capítulo 2,

---

[569] Lembre-se que algo semelhante ocorreu no Superior Tribunal de Justiça, que chegou a desafetar do regime de recursos repetitivos o REsp nº 1.248.975, Rel. Min. Raul Araújo, a partir de questão de ordem suscitada pelo Min. Antônio Carlos Ferreira em 27.5.2015, por se considerar que a afetação do tema havia sido precipitada. Assim, o caso concreto foi decidido, mas, naquele momento, optou-se por não fixar uma tese para recursos repetitivos.

[570] Nessa linha: "não há autorização legal para que o precedente seja aplicado por outros órgãos – nem pelo Tribunal e nem pelo Tribunal inferior ao exercer o juízo de admissibilidade. Ou seja, a princípio, a transcendência é um filtro individual para recursos (devendo ser utilizada no caso a caso e só podendo ser aplicada como óbice – a sua falta – após decisão colegiada). Eventualmente, o Regimento Interno ou alguma IN do Tribunal Superior do Trabalho pode vir a alterar ou a aprimorar a sistemática, mas, pela legislação, não há como fugir dessa conclusão" (CÔRTES, Osmar Mendes Paixão. Transcendência x repercussão geral. *Revista do TRT da 9ª Região*, ano X, n. 92, set. 2020, p. 78-79).

as decisões negativas nos filtros de relevância operam em regra com efeitos limitados ao caso concreto.

3.3.2.2 Possibilidade de uso da sistemática de seleção qualitativa de recursos extraordinários em caso de alegada violação a súmula ou jurisprudência do STF

Outra possível objeção de natureza processual aqui identificada à sistemática de negativa de repercussão geral com efeitos limitados não é de ordem geral, embora seja significativa. Trata-se da tese segundo a qual, ainda que fosse possível em princípio negar repercussão geral com efeitos limitados ao caso concreto, isso não seria possível nas hipóteses de *repercussão geral presumida*, isto é, aquelas previstas no art. 1.035, §3º, do CPC/2015, que ampliaram a antiga previsão do art. 543-A, §3º, do CPC/1973. A propósito, defende-se que esses seriam casos de *presunção absoluta de repercussão geral*,[571] de modo que não caberia ao STF deliberar sobre a repercussão geral nessas situações, que são as seguintes:

CPC/2015, art. 1.035, §3º. Haverá repercussão geral sempre que o recurso impugnar acórdão que:

I – contrarie súmula ou jurisprudência dominante do Supremo Tribunal Federal;

II – (Revogado); (Redação dada pela Lei nº 13.256, de 2016);

III – tenha reconhecido a inconstitucionalidade de tratado ou de lei federal, nos termos do art. 97 da Constituição Federal.

---

[571] Nesse sentido, *v.g.*: VENTURI, Elton. Anotações sobre a repercussão geral como pressuposto de admissibilidade do recurso extraordinário. *In:* MEDINA, José Miguel Garcia *et al. Os poderes do juiz e o controle das decisões judiciais*: estudos em homenagem à professora Teresa Arruda Alvim Wambier. São Paulo: Revista dos Tribunais, 2008. p. 913; OLIVEIRA, Pedro Miranda de. *Recurso extraordinário e o requisito da repercussão geral*. São Paulo: Revista dos Tribunais, 2013. p. 309-311; SILVA, Christine Oliveira Peter da. Sistemática da repercussão geral no novo Código de Processo Civil. *Revista Síntese de Direito Civil e Processual Civil*, n. 97, p. 383, set./out. 2015 (criticando a previsão legal); BARROSO, Luís Roberto. *O controle de constitucionalidade no direito brasileiro*. 8. ed. São Paulo: Saraiva, 2019. *e-book*, posição 2089 (ressalvando que o dispositivo deve ser aplicado "com temperamentos"); MEDINA, José Miguel Garcia. *Prequestionamento, repercussão geral da questão constitucional, relevância da questão federal*. 7. ed. São Paulo: Revista dos Tribunais, 2017. p. 122 e 131 (sustentando que a repercussão geral aqui seria *in re ipsa*); MATTA, Darilê Marques da. Repercussão geral no Supremo Tribunal Federal. Florianópolis: Empório do Direito, 2018, p. 229-233; LEMOS, Vinicius Silva. A repercussão geral, as hipóteses objetivas e a argumentação do recorrente. *Revista Jurídica da Universidade do Sul de Santa Catarina*, ano IX, n. 19, p. 193, jul./dez. 2019; DIDIER JR., Fredie; CUNHA, Leonardo Carneiro da. *Curso de direito processual civil*. 18. ed. Salvador: JusPodivm, 2021. v. 3, p. 467-469.

A hipótese do inciso II era, na redação original, a do recurso contra acórdão que "tenha sido proferido em julgamento de casos repetitivos". Vozes na doutrina sustentam a inocuidade da revogação do inciso pela Lei nº 13.256/2016, uma vez que o art. 987, §1º, do CPC/2015 – ainda vigente[572] – dispõe, a respeito da decisão de mérito do incidente de resolução de demandas repetitivas (IRDR), que "[o] recurso tem efeito suspensivo, presumindo-se a repercussão geral de questão constitucional eventualmente discutida". Desse modo, ao menos o recurso extraordinário contra decisão de IRDR[573] – e, por extensão, do microssistema de resolução de demandas repetitivas – teria repercussão geral presumida, e de forma absoluta.[574]

A resposta à objeção está no enfrentamento da premissa de que em todos esses casos haveria uma presunção absoluta de repercussão geral. De início, apenas o art. 987, §1º, do CPC/2015 usa uma linguagem

---

[572] Em sentido contrário, sustentando que a revogação do art. 1.035, §3º, II, também teria implicado a revogação do art. 987, §1º, do CPC: MARINONI, Luiz Guilherme. MITIDIERO, Daniel. *Recurso extraordinário e recurso especial*: do jus litigatoris ao jus constitutionis. 2. ed. São Paulo: Revista dos Tribunais, 2020, p. 219.

[573] Há um debate doutrinário sobre o cabimento ou não de recurso extraordinário de acórdão proferido em IRDR que, por ser um incidente de natureza objetiva, não se enquadraria no conceito de "causa" exigido pelo art. 102, III, da CF. O tema ganha complexidade quando o IRDR apenas fixa a tese jurídica sem julgar o caso concreto – por exemplo, porque a parte desistiu ou abandonou o caso-piloto, o que não impede o exame de mérito do incidente (CPC/2015, art. 976, §1º). O debate extrapola os limites deste trabalho, que parte da premissa de cabimento do recuso também nessas hipóteses. Sobre o tema, cf. WAMBIER, Teresa Arruda Alvim; DANTAS, Bruno. *Recurso especial, recurso extraordinário e a nova função dos tribunais superiores no direito brasileiro.* 3. ed. São Paulo: Revista dos Tribunais, 2016. p. 549-552; DIDIER JR., Fredie; CUNHA, Leonardo Carneiro da. Recursos contra decisão proferida em incidente de resolução de demandas repetitivas que apenas fixa a tese jurídica. *In:* NUNES, Dierle; MENDES, Aluísio; JAYME, Fernando Gonzaga (Coords.). *A nova aplicação da jurisprudência e precedentes no CPC/2015*: estudos em homenagem à professora Teresa Arruda Alvim. São Paulo: Revista dos Tribunais, 2017. p. 447-458.

[574] No sentido do texto: DIDIER JR., Fredie; CUNHA, Leonardo Carneiro da. *Curso de direito processual civil.* 18. ed. Salvador: JusPodivm, 2021. v. 3, p. 467; MEDINA, José Miguel Garcia. *Prequestionamento, repercussão geral da questão constitucional, relevância da questão federal.* 7. ed. São Paulo: Revista dos Tribunais, 2017. p. 131. Em sentido parcialmente diverso, entendendo que há presunção de repercussão geral para os recursos extraordinários interpostos de acórdãos proferidos em IRDR, mas não de recursos especiais repetitivos: WAMBIER, Teresa Arruda Alvim; DANTAS, Bruno. *Recurso especial, recurso extraordinário e a nova função dos tribunais superiores no direito brasileiro.* 3. ed. São Paulo: Revista dos Tribunais, 2016. p. 411. Em qualquer caso, observe-se que "não se pode confundir a presunção de repercussão geral com a presunção de questão constitucional, podendo o recurso ser inadmitido por ausência de questão constitucional autorizante de interposição do recurso extraordinário" (LEMOS, Vinicius Silva. A repercussão geral, as hipóteses objetivas e a argumentação do recorrente. *Revista Jurídica da Universidade do Sul de Santa Catarina*, ano IX, n. 19, p. 197, jul./dez. 2019).

de "presunção", e não o art. 1.035, §3º, do CPC/2015, assim como não fazia o art. 543-A, §3º, do CPC/1973.[575] Independentemente disso, porém, é importante lembrar que, ao regulamentar o art. 102, §3º, da CF, o CPC não pode inviabilizar o funcionamento da repercussão geral, sob pena de subversão da hierarquia das normas.

Recorde-se que a repercussão geral é um requisito de admissibilidade, um pressuposto para o conhecimento do recurso, nos termos do art. 1.035, *caput*, do CPC/2015, como também previa o art. 543-A, *caput*, do CPC/1973. Significa dizer que a análise da repercussão geral é anterior à do mérito do recurso. O juízo quanto à presença ou à ausência de repercussão geral, como já visto, é independente do juízo quanto à procedência ou à improcedência da pretensão recursal. No entanto, o art. 1.035, §3º, I, do CPC/2015 parece misturar as coisas[576] quando presume a repercussão geral de "acórdão que contrarie súmula ou jurisprudência dominante do Supremo Tribunal Federal". Veja-se que o Código não se refere à *alegação* de violação de súmula ou jurisprudência dominante, mas exige que o acórdão recorrido as "contrarie" para que se tenha presente a repercussão geral. No entanto, saber se o acórdão impugnado violou ou não súmula ou jurisprudência dominante do STF esgota o mérito do recurso (no caso de provimento), ou é ao menos um passo indispensável do julgamento de fundo – já ultrapassada a admissibilidade –, na hipótese em que o Tribunal venha a cancelar a

---

[575] Note-se, no entanto, que o art. 323, §2º, do RI/STF prevê uma presunção: "Tal procedimento [de análise da repercussão geral por meio eletrônico] não terá lugar, quando o recurso versar questão cuja repercussão geral já houver sido reconhecida pelo Tribunal, ou quando impugnar decisão contrária à súmula ou a jurisprudência dominante, casos em que se presume a existência de repercussão geral". Porém, como se procurará demonstrar a seguir, a exegese que torna tal sistemática compatível com a Constituição é entender tal presunção como relativa.

[576] Nesse sentido: "É *antes* de examinar a substância de impugnação que o tribunal tem de decidir se vai ou não conhecer do recurso. Se lhe examinou a substância, dele já *conheceu*, por mais que se empenhe em fazer crer o contrário. No instante em que está deliberando se o recurso merece ou não merece ser conhecido, o tribunal *ainda não sabe* que juízo formará a respeito da decisão recorrida e das razões do recorrente; apenas o saberá, à evidência, se e quando examinar aquela e estas – noutras palavras, se e quando *conhecer* do recurso. E a deliberação preliminar (conhece-se ou não se conhece?) em nada predetermina o sentido em que *depois* se julgará o recurso no mérito. Não existe hipótese em que o tribunal *só possa conhecer para prover* (!)". (MOREIRA, José Carlos Barbosa. Que significa 'não conhecer' de um recurso? *Revista da Academia Brasileira de Letras Jurídicas*, v. 10, p. 204, jan./jun. 1996). "O dispositivo [art. 543-A, §3º, do CPC/1973] padece de vício de técnica, pois não emprega conceito neutro de valor para descrever este aspecto ou elemento da hipótese de cabimento do recurso extraordinário, o que provoca uma superposição entre o seu cabimento e o seu mérito". (NETTO, Nelson Rodrigues. A aplicação da repercussão geral da questão constitucional no recurso extraordinário consoante a Lei nº 11.418/06. *Revista Dialética de Direito Processual*, n. 49, p. 118, abr. 2007).

súmula ou alterar a jurisprudência alegadamente violada (caso em que o recurso deverá ser desprovido).

Essas duas possibilidades são admitidas no "procedimento específico" aprovado no julgamento do RE nº 579.431 QO,[577] mas é simplesmente inviável a realização desse tipo de análise, ainda que por meio eletrônico (RI/STF, art. 323-A), em todo e qualquer caso de alegada violação a súmula ou jurisprudência do STF, tanto que a imensa maioria dos casos continua sendo resolvida de forma monocrática. Se tal análise fosse feita a pretexto de conhecimento de todos os recursos extraordinários com esse tipo de alegação, melhor seria deles conhecer e julgar-lhes o mérito,[578] e o filtro da repercussão geral perderia o sentido.

Se o dispositivo for interpretado no sentido de que basta a *alegação*[579] de violação a súmula ou jurisprudência dominante, as

---

[577] RE nº 579.431 QO, Rel. Min. Ellen Gracie, j. 13.3.2008: "1. Aplica-se, plenamente, o regime da repercussão geral às questões constitucionais já decididas pelo Supremo Tribunal Federal, cujos julgados sucessivos ensejaram a formação de súmula ou de jurisprudência dominante. 2. Há, nessas hipóteses, necessidade de pronunciamento expresso do Plenário desta Corte sobre a incidência dos efeitos da repercussão geral reconhecida para que, nas instâncias de origem, possam ser aplicadas as regras do novo regime, em especial, para fins de retratação ou declaração de prejudicialidade dos recursos sobre o mesmo tema (CPC, art. 543-B, §3º). 3. Fica, nesse sentido, aprovada a proposta de adoção de procedimento específico que autorize a Presidência da Corte a trazer ao Plenário, antes da distribuição do RE, questão de ordem na qual poderá ser reconhecida a repercussão geral da matéria tratada, caso atendidos os pressupostos de relevância. Em seguida, o Tribunal poderá, quanto ao mérito, a) manifestar-se pela subsistência do entendimento já consolidado ou b) deliberar pela renovação da discussão do tema. Na primeira hipótese, fica a Presidência autorizada a negar distribuição e a devolver à origem todos os feitos idênticos que chegarem ao STF, para a adoção, pelos órgãos judiciários *a quo*, dos procedimentos previstos no art. 543-B, §3º, do CPC. Na segunda situação, o feito deverá ser encaminhado à normal distribuição para que, futuramente, tenha o seu mérito submetido ao crivo do Plenário".

[578] Para Barbosa Moreira, esse seria um "dilema insuperável": "como poderia o tribunal, *a priori*, sem julgar o recurso, adivinhar o sentido em que viria a pronunciar-se, na eventualidade de julgá-lo?". A situação seria como "uma preliminar que... *abrange* o mérito e o *esgota*". (MOREIRA, José Carlos Barbosa. Que significa 'não conhecer' de um recurso? *Revista da Academia Brasileira de Letras Jurídicas*, v. 10, p. 193, jan./jun. 1996).

[579] Essa é a solução preconizada por Barbosa Moreira para hipóteses análogas, como a do art. 105, III, *a*, da CF, que prevê o cabimento de recurso especial ao STJ quando a decisão recorrida *contrariar* tratado ou lei federal, ou negar-lhes vigência: "Deve-se ler o texto de tal maneira que se reduza à sua dimensão própria o elemento valorativo introduzido na descrição do 'tipo'. A leitura correta é a seguinte: compete ao Superior Tribunal de Justiça julgar, em recurso especial, as causas decididas, em única ou última instância, pelos Tribunais Regionais Federais ou pelos tribunais dos Estados, do Distrito Federal e Territórios, *quando o recorrente alegar* que a decisão recorrida contrariou lei federal. Semelhante entendimento é o único suscetível de arrumar logicamente o sistema e de livrar do pesadelo o Superior Tribunal de Justiça". (MOREIRA, José Carlos Barbosa. Que significa 'não conhecer' de um recurso? *Revista da Academia Brasileira de Letras Jurídicas*, v. 10, p. 194, jan./jun. 1996). Nesse sentido, referindo-se ao dispositivo análogo do CPC/1973:

condições de funcionamento efetivo do mecanismo seriam conside-ravelmente reduzidas. Recorde-se o caráter pletórico da jurisprudência do STF: apenas nos últimos 13,5 anos, houve mais de 1.650.000 decisões. Contam-se atualmente 736 súmulas sem efeito vinculante e 58 com efeito vinculante. É bastante fácil encontrar um precedente que ampare praticamente toda e qualquer pretensão recursal: na imagem de Sérgio Chiarloni, feita em vista da *Corte Suprema di Cassazione* italiana, mas inteiramente aplicável ao STF, uma jurisprudência assim é "comparável a um supermercado, onde os recorrentes (e seus advogados) podem estar quase certos de encontrar o precedente que lhes serve para fundamentar seus recursos".[580] Analisar se uma súmula ou precedente foram ou não violados e se traduzem ou não a jurisprudência dominante equivale à análise do mérito recursal, esvaziando a utilidade do filtro da repercussão geral. Para utilizar uma expressão de Barbosa Moreira, isso seria como "reduzir a inovação a um sino sem badalo".[581]

Observe-se, ainda, que a repercussão geral é definida em função da "existência ou não de questões relevantes do ponto de vista eco-nômico, político, social ou jurídico que ultrapassem os interesses subjetivos do processo" (CPC/2015, art. 1.035, §1º). Embora essa não seja uma posição pacífica,[582] saber se determinado acórdão violou ou

---

"Entendemos que, para que se possa dar rendimento à norma no âmbito do STF, o art. 543-A, parágrafo 3º, deve ser lido e apreendido de outro modo. O dispositivo deveria ser redigido como 'haverá repercussão geral sempre que o recurso impugnar decisão sob a alegação de que foi contrariada súmula ou jurisprudência dominante do Tribunal'. (NETTO, Nelson Rodrigues. A aplicação da repercussão geral da questão constitucional no recurso extraordinário consoante a Lei nº 11.418/06. *Revista Dialética de Direito Processual*, n. 49, p. 118, abr. 2007).

[580] CHIARLONI, Sérgio. La giustizia civile e i suoi paradossi. *Revista Eletrônica de Direito Processual*, v. XIV, p. 617, 2014. Disponível em: http://www.e-publicacoes_teste.uerj.br/index.php/redp/article/viewFile/14556/15875. Acesso em: 29 jun. 2017. Tradução livre do autor. No original, a frase completa é: "L'incoercibilità delle divergenze interpretative tra un cosi gran numero di soggetti decidenti fa sì che la giurisprudenza della Corte di cassazione sia paragonabile ad un supermercato dove i ricorrenti (i loro avvocati) possono essere pressoché sicuri di trovare il precedente che a loro serve per argomentare i ricorsi".

[581] José Carlos Barbosa Moreira usou a expressão para se referir ao que havia restado do mandado de injunção na conformação que lhe foi dada pela jurisprudência inicial do STF, que esvaziou o instituto (MOREIRA, José Carlos Barbosa. S.O.S. para o mandado de injunção. *Jornal do Brasil*, 1. caderno, p. 11, set. 1990).

[582] "Segundo nos parece, o fim último da função uniformizadora dos recursos para os tribunais de cúpula é a *igualdade perante a lei*. Dessa compreensão, contudo, não deriva a conclusão de que tais recursos se prestam à defesa do interesse das partes (*ius litigatoris*), ou à transformação dessas Cortes em terceira instância. [...] quando o centro de gravidade desse tipo de recurso está situado na defesa dos princípios da igualdade perante a lei e da segurança jurídica, entendida como previsibilidade, o interesse primário que é prestigiado, ainda que indiretamente, é o do Estado à pacificação social e à sua própria legitimação

não uma súmula ou jurisprudência dominante do STF em certo caso concreto é uma questão que, em princípio, interessa apenas às partes do processo. Qualquer que seja a tese do recurso extraordinário, a análise da repercussão geral não deve ser dispensada pela simples alegação de que o acórdão recorrido viola uma das inúmeras decisões do STF. Nesse sentido:

> Nesta última modalidade de uniformização (controle caso a caso do respeito ao precedente), a atuação da Corte se enfoca primordialmente no *ius litigatoris*. Com efeito, tal inspeção casuística do acatamento a uma doutrina legal já assentada interessa fundamentalmente às partes em conflito e não tanto à comunidade, que já tem seu guia de conduta no *leading case* infringido. Por isso, a fiscalização da obediência dada em cada caso à jurisprudência das Cortes Supremas carece da transcendência que possui a tarefa de fixar linhas de interpretação paradigmáticas sobre tópicos que permitam guiar a conduta da comunidade ou que possam suscitar posições incoerentes no seio dos tribunais inferiores.[583]

Tanto é assim que, embora se trate de uma hipótese de "repercussão geral presumida", não se cogita que a simples alegação de

---

democrática". (DANTAS, Bruno. *Repercussão geral*. 3. ed. São Paulo: Revista dos Tribunais, 2012. p. 68). No entanto, o próprio autor reconhece que o proveito público com a função uniformizadora é apenas indireto, razão pela qual parece mais correto sustentar que tal função está mais ligada à defesa do interesse dos litigantes (*ius litigatoris*) do que à tutela do direito objetivo (*ius constitutionis*). E o próprio autor afirma mais à frente: "A utopia de que é possível controlar rigorosamente todas as decisões proferidas por órgãos inferiores contrários ao entendimento da Corte Suprema conduziu à situação caótica vivenciada pelo nosso STF, e a opção política do constituinte derivado, manifestada no §3º do art. 102, parece ter sido fazer uma radical mudança de rumos". (DANTAS, Bruno. *Repercussão geral*. 3. ed. São Paulo: Revista dos Tribunais, 2012. p. 273).

[583] GIANNINI, Leandro. *El certiorari*: la jurisdicción discrecional de las Cortes Supremas. La Plata: Librería Editora Platense, 2016. t. I, p. 208-209. Tradução livre do autor. No original: "En esta última modalidad uniformadora (control caso a caso del respeto al precedente), la actuación de la Corte se enfoca primordialmente en el *ius litigatoris*. En efecto, dicha inspección casuística del acatamiento a una doctrina legal ya sentada, interesa fundamentalmente a las partes en conflicto y no tanto a la comunidad, que ya tiene su guía de conducta en el *leading case* infringido. Por ello, la custodia de la obediencia dada en cada caso a la jurisprudencia de las Cortes Supremas, carece de la trascendencia que posee la tarea de fijar líneas de interpretación paradigmáticas sobre tópicos que permitan guiar la conducta de la comunidad o que puedan suscitar posiciones incoherentes en el seno de los tribunales inferiores". É preciso, no entanto, referir a posição do autor segundo a qual o direito brasileiro prevê esta como uma hipótese de presunção absoluta de repercussão geral. (GIANNINI, Leandro. *El certiorari*: la jurisdicción discrecional de las Cortes Supremas. La Plata: Librería Editora Platense, 2016. t. I, p. 548-549; GIANNINI, Leandro. *El certiorari*: la jurisdicción discrecional de las Cortes Supremas. La Plata: Librería Editora Platense, 2016. t. II, p. 644), entendimento do qual aqui se discorda, pelas razões expostas no texto.

violação a um precedente do STF em um recurso extraordinário implique a suspensão de todos os processos sobre a matéria (CPC/2015, art. 1.035, §5º).[584] A hipótese de violação a um precedente, via de regra, somente "ultrapassa os interesses subjetivos do processo" quando se está diante de uma inobservância *sistemática* às decisões do STF, ou de uma dúvida *geral* sobre o alcance de certo precedente. Em casos tais, a repercussão geral é utilizada como um instrumento de perfil público (*ius constitutionis*), voltado "para o futuro", isto é, destinado a assentar critérios a serem observados pelas instâncias inferiores, e não de caráter privado (*ius litigatoris*), voltado "ao passado", de fiscalização caso a caso da observância de decisões já tomadas.[585] Como diz Federico Carpi:

> Aqueles que tendem a enfatizar o aspecto garantista do recurso de cassação para o cidadão, na presença de (verdadeiros ou presumidos) erros graves de julgamento (e, portanto, de mérito) não tomam consciência de que a verdadeira vantagem para o indivíduo e para toda a coletividade seria contar com a possibilidade de utilizar precedentes jurisprudenciais persuasivos, claros e não contraditórios.[586]

---

[584] Se houvesse uma autêntica presunção absoluta de repercussão geral nessa hipótese, seria possível cogitar o cabimento de reclamação por violação a qualquer súmula ou jurisprudência dominante do STF, desde que esgotadas as instâncias ordinárias, com base no art. 988, §5º, II, *a contrario sensu*, do CPC/2015. A ideia – aqui não endossada – é de que, se a violação à súmula ou jurisprudência dominante caracteriza hipótese de repercussão geral presumida, e se cabe reclamação por violação de precedente com repercussão geral, desde que esgotadas as instâncias ordinárias, toda a jurisprudência do STF teria passado a ser vinculante. Não é o caso.

[585] GIANNINI, Leandro. *El certiorari*: la jurisdicción discrecional de las Cortes Supremas. La Plata: Librería Editora Platense, 2016. t. II, p. 641-646. Cf. ainda PINHEIRO NETO, Pedro Bentes; BONNA, Alexandre Pereira. Repercussão geral e orientação prospectiva dos julgamentos do STF. *Revista de Processo*, v. 237, p. 197-222, nov. 2014. Esta é uma das diferenças entre os modelos de "Cortes Superiores", voltadas ao *ius litigatoris*, e de "Cortes Supremas", voltadas ao *ius constitutionis*. (MITIDIERO, Daniel. *Cortes Superiores e Cortes Supremas*: do controle à interpretação, da jurisprudência ao precedente. 3. ed. São Paulo: Revista dos Tribunais, 2017. p. 17-18). Nada obstante, em outra obra, Mitidiero parece defender a existência de uma presunção absoluta de repercussão geral na hipótese de violação à súmula ou jurisprudência dominante do STF. (MARINONI, Luiz Guilherme; MITIDIERO, Daniel. *Repercussão geral no recurso extraordinário*. 3. ed. São Paulo: Revista dos Tribunais, 2012. p. 46-47).

[586] CARPI, Federico. *Las Cortes Supremas y la Corte de Casación italiana después de la Reforma de 2006*: análisis comparado. 2008. p. 8. Disponível em: https://www.academia.edu/10303692/Las_Cortes_Supremas_y_la_Corte_de_Casaci%C3%B3n_italiana_despu%C3%A9s_de_la_Reforma_de_2006._An%C3%A1lisis_comparado?auto=download. Acesso em: 8 jun. 2017. Tradução livre do autor. No original: "Aquellos que tienden a enfatizar el aspecto garantista del recurso de casación para el ciudadano, en presencia de (verdaderos o presuntos) errores graves de juicio (y, por tanto, de mérito), no toman conciencia de que la verdadera ventaja para el individuo y para toda la colectividad sería contar con la posibilidad de utilizar precedentes jurisprudenciales persuasivos, claros y no contradictorios".

Horival Marques de Freitas Júnior[587] observa que o entendimento do STF no já mencionado RE nº 579.431 QO permite concluir pela possibilidade, em tese, de não haver um juízo positivo de repercussão geral em todos os casos nos quais se alegue violação à jurisprudência. A própria ementa da decisão menciona que isso somente ocorrerá "caso atendidos os pressupostos de relevância". Assim, se a Corte reconhecer a repercussão geral, há duas possibilidades: a) reafirmar a jurisprudência, de modo a permitir, pelas instâncias de origem, a retratação de decisões desconformes ao entendimento reafirmado; ou b) mudar a referida jurisprudência. No entanto, a Corte não está obrigada a adotar apenas uma entre essas duas opções, pois o próprio Tribunal entendeu que isso depende de que esteja "presente a relevância sob os aspectos legais", isto é, de que "o assunto versado no recurso [ofereça] relevância social, política, jurídica ou econômica, que ultrapasse os interesses subjetivos da causa".[588] *A contrario sensu*, caso entenda não atendidos tais requisitos, e observado o *quorum* de

---

[587] FREITAS JÚNIOR, Horival Marques de. *Repercussão geral das questões constitucionais*: sua aplicação pelo Supremo Tribunal Federal. São Paulo: Malheiros, 2015. p. 194-196.

[588] Veja-se trecho pertinente do voto vencedor da relatora, Min. Ellen Gracie: "A circunstância de ser presumido o pressuposto de admissibilidade em casos tais (§3º do art. 543-A, do CPC) e a possibilidade de julgamentos monocráticos dos correspondentes recursos extraordinários e agravos de instrumento, não devem subtrair do instituto da repercussão geral a totalidade dos seus efeitos, em especial a possibilidade de retratação, pelos Tribunais e Turmas Recursais de origem, das decisões que forem contrárias ao entendimento aqui consolidado. Enquanto o STF não afirmar de forma expressa que incidem os efeitos da repercussão geral nessas hipóteses, as Presidências ou Vice-Presidências dos Tribunais e Turmas Recursais não se considerarão autorizadas a devolver os autos para efeito de retratação pelos órgãos fracionários que hajam proferido decisões contrárias ao entendimento desta Corte. Permaneceremos tratando os recursos individualmente, ao invés de permitirmos a adoção do julgamento objetivo inaugurado pela reforma constitucional, que criou o novo pressuposto. Para os assuntos já julgados sucessivamente pelo Plenário desta Corte, a solução, no que respeita à repercussão geral, deve ser a mesma: *se o assunto versado no recurso oferecer relevância social, política, jurídica ou econômica, que ultrapasse os interesses subjetivos da causa, deve ser reconhecida a repercussão geral*, aplicando-se o seu regime legal aos recursos que aqui estão e aos que tramitam nas instâncias de origem, não importando se no recurso individual o acórdão recorrido seja contrário ou consentâneo com a jurisprudência aqui dominante. Este dado é circunstancial, frente à objetividade que devem seguir os julgamentos sobre repercussão geral. Entendo, portanto, adequado que para as questões constitucionais já decididas pelo Plenário, sejam atribuídos os efeitos da repercussão geral reconhecida. Os recursos extraordinários com tema correspondente que, doravante, vierem ao STF, deverão ser devolvidos à origem, para os procedimentos aqui autorizados, como já ocorre com aqueles cujos temas são levados ao Plenário Virtual. Proponho, ainda, que *matérias já enfrentadas pelo Plenário*, como a de que cuidam estes autos, sejam trazidas pela Presidência e para distribuição, em questões de ordem, a fim de que se afirme de forma objetiva, e para cada uma, a aplicabilidade do regime da repercussão geral, *sempre que presente a relevância sob os aspectos legais*". (destaques acrescentados).

dois terços, o STF poderá não reconhecer a repercussão geral mesmo nesses casos. Portanto, a simples alegação de violação à jurisprudência, mesmo quanto a "matérias já enfrentadas pelo Plenário", não constitui, por si, hipótese de existência de repercussão geral.

Em verdade, o que a "presunção" do art. 1.035, §3º, I, do CPC/2015 parece autorizar é a dispensa da deliberação colegiada sobre a repercussão geral do tema, de modo a permitir que o recurso seja conhecido e provido monocraticamente pelo relator em hipóteses de violação *prima facie* à súmula ou à jurisprudência dominante (CPC/2015, art. 932, V).[589] Nesse sentido, não só decisões negativas, mas também positivas de repercussão geral (nessa hipótese específica) poderiam ter seus efeitos limitados ao caso concreto – o provimento do recurso –, já que, com a autorização para decidir o caso monocraticamente, não se cogita o sobrestamento de todos os feitos sobre o tema, nem uma decisão de efeitos transcendentes.[590] A leitura conjunta dos dispositivos – embora o último não use o termo "jurisprudência dominante", mas apenas contemple as hipóteses de violação à súmula, decisões em casos repetitivos e incidentes de assunção de competência – é a melhor maneira de preservar algum alcance para o primeiro, sem prejudicar o funcionamento do filtro de relevância. Não sendo a violação *prima facie*, haveria necessidade de deliberação colegiada sobre a repercussão geral.

No que diz respeito às hipóteses dos arts. 987, §1º, e 1.035, §3º, III, do CPC/2015, os critérios são menos problemáticos, porque "neutros pelo prisma axiológico",[591] perfeitamente identificáveis antes de adentrar o mérito do recurso: basta verificar se o recurso extraordinário é interposto contra acórdão que julga incidente de resolução de demandas repetitivas, ou contra acórdão que declara a inconstitucionalidade de lei federal.[592] Há, no entanto, algumas perplexidades: basta que o tribunal de origem instaure um incidente de resolução de demandas repetitivas, ainda que de âmbito apenas regional (por exemplo, para discutir um problema local de direito do consumidor que tenha gerado muitas

---

[589] Nessa linha, referindo-se ao dispositivo correspondente do CPC/1973 (art. 557): DANTAS, Bruno. *Repercussão geral*. 3. ed. São Paulo: Revista dos Tribunais, 2012. p. 333-335.

[590] A observação é de Ciro Grynberg, a quem agradeço pela reflexão.

[591] MOREIRA, José Carlos Barbosa. Que significa 'não conhecer' de um recurso? *Revista da Academia Brasileira de Letras Jurídicas*, v. 10, p. 192, jan./jun. 1996.

[592] Observe-se, entretanto, que mesmo depois da entrada em vigor do CPC/2015 o STF já negou repercussão geral em hipótese na qual o tribunal de origem havia declarado a inconstitucionalidade de lei federal (RE 1.029.608 RG, Rel. Min. Edson Fachin, j. 24.8.2017 – tema 960).

lides), para que o futuro recurso extraordinário tenha repercussão geral automática, com possível suspensão de todos os processos sobre a matéria (CPC/2015, art. 1.035, §5º), e mesmo que a questão constitucional levantada seja estapafúrdia. E, assim como ocorre no segundo caso, o STF acabará pautado pelos tribunais de origem, não podendo negar o reconhecimento de repercussão geral a depender do procedimento adotado pela instância recorrida. Ainda que seja questionável a diminuição da flexibilidade do filtro por presunções de repercussão geral,[593] a opção legal é válida, pois o art. 102, §3º, da CF autoriza que a lei regulamente a repercussão geral.[594]

Cabe observar, de toda forma, que o STF não conferiu automaticamente repercussão geral na primeira oportunidade que a Corte teve para a análise do requisito num recurso extraordinário interposto em incidente de resolução de demandas repetitivas: ao contrário, o tema foi incluído no plenário virtual para deliberação expressa (RE nº 1.293.453, Rel. Min. Luiz Fux, j. 18.3.2021). Embora, ao final, tenha sido reconhecido por unanimidade o caráter constitucional e a repercussão geral do tema – acerca da titularidade do imposto de renda devido por pagamentos feitos por Municípios a título de prestação de bens e serviços (CF, art. 158, I) –, é de se notar que, caso a Corte entendesse haver na hipótese uma presunção absoluta de repercussão geral *ex lege*, em rigor tal deliberação não seria necessária. O art. 987, §1º, do CPC/2015, embora tenha sido suscitado na fundamentação do recorrente, não foi sequer invocado na motivação do voto do relator para justificar a repercussão geral no caso. E a nova redação do art. 326-A, §1º, do RI/STF, com redação determinada pela ER nº 54/2020, admite, em tese, a negativa de repercussão geral mesmo se o processo de origem tiver sido julgado sob a sistemática dos recursos repetitivos

---

[593] "Curiosamente, o novo CPC chega a definir quando o STF deve reconhecer repercussão geral (art. 1.035). Ora, a legislação processual deve passar longe do significado de repercussão geral, uma vez que cabe apenas e unicamente ao STF dizer quando ela está presente, nos termos da norma constitucional respectiva". (MARINONI, Luiz Guilherme. A função das Cortes Supremas e o novo CPC. *Revista Magister de Direito Civil e Processual Civil*, ano XI, n. 65, p. 20-21, mar./abr. 2015).

[594] Em sentido diverso, por entender que presunções absolutas na matéria seriam inconstitucionais, já que o art. 102, §3º, da CF não prevê limites à possibilidade de dois terços dos membros do STF negarem repercussão geral a quaisquer questões: DECOMAIN, Pedro Roberto. Previsão constitucional e pressupostos de admissibilidade do recurso extraordinário. *Revista Dialética de Direito Processual*, n. 126-143, p. 138-139, maio 2013. Para uma visão favorável das novas hipóteses previstas pelo CPC/2015, cf. FREITAS JÚNIOR, Horival Marques de. *Repercussão geral das questões constitucionais*: sua aplicação pelo Supremo Tribunal Federal. São Paulo: Malheiros, 2015. p. 172-173.

no âmbito do STJ: é o que se depreende da remissão feita pelo referido dispositivo ao art. 326 e §§ do mesmo Regimento Interno.[595]

Seja como for, pelo menos o art. 1.035, §3º, I, do CPC/2015 deve ser entendido apenas como uma autorização de dispensa da deliberação colegiada sobre o requisito em casos de violação *prima facie* à súmula ou jurisprudência dominante, com o que o recurso pode ser provido monocraticamente (CPC/2015, art. 932, V). Assim, a alegação de violação à súmula ou jurisprudência dominante é apenas um *indicativo* da existência de repercussão geral da matéria, que, no entanto, caso a ofensa não seja manifesta, pode ser recusada por dois terços dos membros do STF, sob pena de inviabilizar seu funcionamento, o que violaria os arts. 5º, LXXVIII, e 102 da CF. Esse risco não ocorre nos casos dos arts. 987, §1º, e 1.035, §3º, III, do CPC/2015, que, embora possam ser impostos à agenda do STF, não são quantitativamente equiparáveis às inúmeras possibilidades oferecidas pela faculdade de simplesmente alegar violação à súmula ou jurisprudência dominante (CPC/2015, art. 1.035, §3º, I).

3.3.2.3 Outros detalhamentos processuais da sistemática

Há ainda três pontos a esclarecer sobre a sistemática da repercussão geral como instrumento de seleção qualitativa de recursos extraordinários: a) o cabimento ou não de embargos de declaração da decisão que nega repercussão geral; b) os efeitos gerados pela não prevalência de um voto do relator pela negativa de repercussão geral nessa hipótese; e c) os efeitos dessa decisão negativa quando a origem encaminha um processo representativo. Antes de passar a eles, mencione-se brevemente que não há nenhum empecilho prático na adoção dessas deliberações por meio virtual, como a prática já comprovou. A partir da ER nº 51/2016, com as listas virtuais de agravos internos e embargos de declaração, mostrou-se que é possível, na prática, produzir um grande volume de decisões *colegiadas* por meio eletrônico.

---

[595] A propósito, já houve negativa de repercussão geral em recurso extraordinário interposto de incidente de resolução de demandas repetitivas decidido por Tribunal de Justiça, por se entender que se tratava de matéria infraconstitucional (RE 1.293.453 RG, Rel. Min. Luiz Fux, j. 18.3.2021). O julgado não contraria o art. 987, §1º, do CPC/2015, que somente presume a "a repercussão geral de questão constitucional *eventualmente discutida*". Assim, se o STF considera não estar diante sequer de questão constitucional, apesar do que alega o recorrente, não deve reconhecer repercussão geral.

3.3.2.3.1 Descabimento de embargos de declaração

Quanto ao primeiro ponto, muito embora o art. 543-A, *caput*, do CPC/1973, o art. 1.035, *caput*, do CPC/2015 e o art. 326, *caput*, do RI/STF prevejam que a decisão que nega repercussão geral é *irrecorrível*, a doutrina defende o cabimento de embargos de declaração,[596] sob o argumento de que "as razões pelas quais o Supremo Tribunal Federal decidiu não conhecer de eventuais recursos extraordinários servem, potencialmente, para solução de outras controvérsias semelhantes (art. 543-A, §5º, do CPC)".[597] Isso, porém, somente ocorre quando a repercussão geral é usada como instrumento de resolução de demandas repetitivas, e não como uma ferramenta de seleção qualitativa de recursos extraordinários, hipótese em que as decisões negativas não geram precedentes nem afetam outros casos. Essa interpretação confere sentido à irrecorribilidade prevista no dispositivo: afinal, "[o]bviamente se a decisão provém do Plenário, não há como dela recorrer (nem a quem recorrer)".[598] Considerado o *quorum* de dois terços, de uma decisão negativa subscrita por oito ministros não seriam cabíveis nem mesmo os embargos infringentes previstos no art. 333 do RI/STF, que pressupõem quatro votos vencidos. Qual então o sentido dessa *irrecorribilidade*, se o único recurso cabível, em tese, de decisão tomada por oito ministros do STF seriam os embargos de declaração?[599]

---

[596] Nesse sentido, *v.g.*: FERNANDES, Luis Eduardo Simardi. A irrecorribilidade da decisão que não conhece do recurso extraordinário por ausência da repercussão geral. *In:* MEDINA, José Miguel Garcia *et al. Os poderes do juiz e o controle das decisões judiciais:* estudos em homenagem à professora Teresa Arruda Alvim Wambier. São Paulo: Revista dos Tribunais, 2008. p. 942-950; NEVES, Fernando C. Queiroz. Primeiras anotações a respeito da aplicação da Lei nº 11.418/06 (repercussão geral em sede de recurso extraordinário). *Revista Autônoma de Processo*, n. 3, p. 341-344, 2008; DANTAS, Bruno. *Repercussão geral.* 3. ed. São Paulo: Revista dos Tribunais, 2012. p. 328; MANCUSO, Rodolfo de Camargo. *Recurso extraordinário e recurso especial.* 13. ed. São Paulo: Revista dos Tribunais, 2015. p. 205. Também entendendo cabíveis os declaratórios: MATTA, Darilê Marques da. Repercussão geral no Supremo Tribunal Federal. Florianópolis: Empório do Direito, 2018, p. 259-261; DIDIER JR., Fredie; CUNHA, Leonardo Carneiro da. *Curso de direito processual civil.* 18. ed. Salvador: JusPodivm, 2021. v. 3, p. 464.

[597] MARINONI, Luiz Guilherme; MITIDIERO, Daniel. *Repercussão geral no recurso extraordinário.* 3. ed. São Paulo: Revista dos Tribunais, 2012. p. 66.

[598] TALAMINI, Eduardo. Repercussão geral em recurso extraordinário: nota sobre sua regulamentação. *Revista Dialética de Direito Processual*, n. 54, p. 57, set. 2007.

[599] Faz-se aqui abstração do entendimento de que os embargos de declaração não constituiriam um recurso, hipótese aqui rejeitada diante da letra expressa dos arts. 496, IV, do CPC/1973, e do art. 994, IV, do CPC/2015. Sobre o tema, cf. FERNANDES, Luis Eduardo Simardi. A irrecorribilidade da decisão que não conhece do recurso extraordinário por ausência da repercussão geral. *In:* MEDINA, José Miguel Garcia *et al. Os poderes do juiz e o controle das decisões judiciais:* estudos em homenagem à professora Teresa Arruda Alvim Wambier. São Paulo: Revista dos Tribunais, 2008. p. 942-950.

Portanto, caso a decisão negativa de repercussão geral seja tomada como instrumento de seleção qualitativa de recursos, não cabem embargos declaratórios. Não há omissão, contradição ou obscuridade possíveis,[600] considerando que se trata de um "acordo não completamente teorizado" (cf. item 2.2, acima), com fundamentação atenuada ou genérica. Não há o que integrar: a decisão é perfeita, sendo proferida nesses moldes exatamente para permitir o cumprimento da função do filtro. Não apenas pela irrecorribilidade expressa na lei, mas também por razões de eficiência, não devem ser admitidos os embargos nessa hipótese, sob pena de tornar mais lento e oneroso o procedimento de seleção qualitativa dos recursos extraordinários. A mesma lógica se verifica na negativa de transcendência dos recursos de revista de competência do Tribunal Superior do Trabalho, em que a confirmação do voto do relator nesse sentido dá origem a um "acórdão com fundamentação sucinta, que constituirá decisão irrecorrível no âmbito do tribunal" (CLT, art. 896-A, §4º, incluído pela Lei nº 13.467/2017).

No entanto, caso a decisão negativa de repercussão geral seja tomada como instrumento de resolução de demandas repetitivas, aí sim caberão os embargos, pois a decisão há de ser analiticamente motivada, inclusive para identificar de qual questão repetitiva se trata, sendo possível e desejável sanar eventuais omissões, contradições e obscuridades. Note-se, todavia, que o STF tem inadmitido embargos de declaração nesta hipótese, invocando, entre outras razões, a irrecorribilidade prevista no CPC e no Regimento Interno da Corte.[601] De outro lado, mesmo ao negar repercussão geral com efeitos limitados ao caso concreto (RI/STF, art. 326, §1º), o Tribunal não inadmitiu, e sim conheceu de embargos de declaração, desprovendo-os, porém, por razões de praxe (falta de omissão, contradição ou obscuridade).[602]

---

[600] Uma eventual obscuridade que provoque dúvida sobre se a decisão tem efeitos limitados apenas ao caso concreto ou se projeta efeitos para todos os processos que discutam a mesma questão jurídica é, em tese, possível, mas a hipótese parece cerebrina, de modo que a via dos embargos de declaração – já tão abusada e desvirtuada – não deve permanecer aberta para todos os casos, a pretexto da solução de hipóteses excepcionais.

[601] RE nº 565.653 ED, Rel. Min. Cármen Lúcia, j. 6.3.2009; RE nº 578.635 ED, Rel. Min. Dias Toffoli, j. 14.9.2010; AI 843.753 ED, Rel. Min. Cezar Peluso, j. 8.3.2012; AI nº 855.810 ED, Rel. Min. Ricardo Lewandowski, j. 19.6.2013; RE nº 729.011 ED, Rel. Min. Teori Zavascki, j. 11.9.2014; ARE nº 984.170 ED, Rel. Min. Ricardo Lewandowski, j. 16.12.2016; RE nº 1.007.436 ED, Rel. Min. Edson Fachin, j. 14.2.2020.

[602] V. e.g., ARE nº 1.282.222 ED-AgR-ED, Rel. Min. Alexandre de Moraes, j. 8.2.2021; ARE nº 1.285.988 AgR-ED, Rel. Min. Alexandre de Moraes, j. 24.2.2021; ARE nº 1.285.820 AgR-ED, Rel. Min. Alexandre de Moraes, j. 1º.3.2021.

Observam-se, assim, inconsistências relativas à irrecorribilidade das decisões negativas de repercussão geral. Se, por um lado, ela tem sido invocada para inadmitir embargos declaratórios que deveriam ser conhecidos, por serem opostos contra decisões analiticamente fundamentadas – quando a repercussão geral é negada para questões jurídicas em tese, como um instrumento de resolução de demandas repetitivas –, por outro lado, a irrecorribilidade normativamente prevista é deixada de lado para conhecer de embargos que não deveriam ser admitidos, isto é, nos casos em que a repercussão geral opera como um mecanismo de seleção qualitativa de recursos extraordinários, nos quais a decisão negativa não precisa ser analiticamente motivada, justamente porque tem seus efeitos limitados ao caso concreto e não pode ser invocada como precedente em casos futuros.

3.3.2.3.2 Inexistência de efeito contrário (*backfire*) se vencido o relator

Em relação ao segundo ponto, quando um relator vota no sentido de negar repercussão geral com efeitos restritos ao caso concreto, com motivação atenuada, o que está em jogo é apenas isso: o não reconhecimento da relevância das questões constitucionais *naquele momento*, ou, em outras palavras, a eventual inadmissão do recurso extraordinário em questão, sem qualquer efeito sobre a tese jurídica discutida. Caso não prevaleça a proposta do relator, em razão da existência de quatro ou mais votos em sentido contrário, isso não deve, por si só, induzir a um reconhecimento *automático* da repercussão geral de todas as questões constitucionais discutidas em tese no recurso. Do contrário, haveria o efeito oposto ao pretendido (*backfire*), como visto no item 1.1.3.2.2. Eis o que deverá ocorrer nessa hipótese.

Primeiramente, o feito deve ser redistribuído para um dos Ministros divergentes (RI/STF, art. 324, §5º). Em seguida, considerando que, nos moldes defendidos neste trabalho, a repercussão geral deve ser analisada antes de todos os demais requisitos de admissibilidade, salvo a tempestividade e os defeitos considerados graves (CPC/2015, art. 1.029, §3º), o novo relator deve fazer o exame de admissibilidade. Nessa tarefa, poderá proferir uma decisão monocrática, provendo ou não o recurso, nas hipóteses previstas em lei (CPC/2015, art. 932, IV e V), ou encaminhar nova votação no Plenário Virtual, seja para: a) propor o reconhecimento – agora em tese – da repercussão geral de uma ou mais questões constitucionais discutidas no recurso, a serem delimitadas na fundamentação; seja para (b) propor a negativa de repercussão geral, na modalidade de resolução de demandas repetitivas (isto é: em tese, com efeitos expansivos), ou mesmo novamente na modalidade de seleção qualitativa de recursos extraordinários, com efeitos limitados ao caso concreto.

Esta última hipótese não deve ser descartada em razão de uma suposta preclusão *pro judicato*. O novo relator pode se convencer da pouca relevância do tema ao analisar melhor os autos, ou pode mesmo mudar de opinião, o que é perfeitamente possível em razão do caráter altamente dinâmico da relevância e do grande volume de casos que o STF recebe. A Corte já reconsiderou decisões que haviam *reconhecido a repercussão geral em tese* de questões constitucionais,[603] de modo que, com maior razão, deve ser possível a reconsideração de decisões que nem chegam a afirmar a repercussão geral de uma questão em tese, mas apenas a não prevalência, num dado momento, da proposta de negar repercussão geral com efeitos limitados ao caso. Essa reconsideração também ocorre em outras Cortes que utilizam filtros de relevância, como a dos Estados Unidos, na prática conhecida como *digging* (cf. item 2.3.1).

A lógica acima, defendida na 1ª edição deste trabalho, foi expressamente acolhida pela nova redação do art. 326, §§3º e 4º, do RI/STF, dada pela ER nº 54/2020, nos seguintes termos: "§3º. Caso a proposta do relator não seja confirmada por dois terços dos ministros, o feito será redistribuído, na forma do art. 324, §5º, deste Regimento Interno, sem que isso implique reconhecimento automático da repercussão geral da questão constitucional discutida no caso. §4º. Na hipótese do §3º, o novo relator sorteado prosseguirá no exame de admissibilidade do recurso, na forma dos arts. 323 e 324 deste Regimento Interno". Além disso, foi incluído o art. 323-B, segundo o qual "[o] relator poderá propor, por meio eletrônico, a revisão do reconhecimento da repercussão geral quando o mérito do tema ainda não tiver sido julgado", o que, até o final de março de 2021, ensejou a revisão de 7 temas de repercussão geral.[604]

---

[603] RE nº 607.607 ED, Rel. Min. Luiz Fux, j. 2.10.2013; RE nº 584.247 QO, Rel. Min. Luís Roberto Barroso, j. 27.10.2016.

[604] Trata-se dos temas 321 (RE nº 1.040.229, Rel. Min. Gilmar Mendes, j. 21.12.2020), 449 (RE nº 754.276, Rel. Min. Rosa Weber, j. 22.3.2021), 481 (RE nº 652.229, Rel. Min. Gilmar Mendes, j. 15.12.2020), 493 (RE nº 523.086, Rel. Min. Gilmar Mendes, j.7.12.2020), 507 (RE nº 660.970, Rel. Min. Marco Aurélio, j. 19.3.2021), 534 (ARE nº 664.575, Rel. Min. Luís Roberto Barroso, j. 1º.10.2020) e 547 (ARE nº 798.908, Rel. Min. Dias Toffoli, j. 19.3.2021). O tema 79 teve a repercussão geral redebatida e confirmada (RE nº 565.886, Rel. Min. Marco Aurélio, j. 19.3.2021). O tema 1.080 foi cancelado (RE nº 1.030.732, Rel. Min. Dias Toffoli, j. 4.11.2021). Tais informações ainda não estão sistematizadas no sítio do STF e foram obtidas junto ao NUGEP (Núcleo de Gerenciamento de Precedentes do STF) pelos assessores Daniel Coussirat de Azevedo e Leonardo Cunha dos Santos, aos quais agradeço.

Os dispositivos também foram validados pelo Plenário do Supremo Tribunal Federal em sede jurisdicional (*e.g.*, ARE nº 1.273.640 AgR, Rel. Min. Alexandre de Moraes, j. 8.9.2020). Em julgado posterior, foram expostas didaticamente as etapas da aplicação dos dispositivos inseridos no RI/STF pela ER nº 54/2020, ora reproduzidas a título de recapitulação (STF, Pleno, ARE 1.285.820 AgR, Rel. Min. Alexandre de Moraes, j. 15.12.2020):

> RECURSO EXTRAORDINÁRIO COM AGRAVO. REPERCUSSÃO GERAL. REJEIÇÃO PELO RELATOR, COM EFICÁCIA APENAS PARA O CASO CONCRETO. REGIMENTO INTERNO DO SUPRE-MO TRIBUNAL FEDERAL, ART. 326, §§1º A 4º, COM A REDAÇÃO DADA PELA EMENDA REGIMENTAL 54, DE 1º DE JULHO DE 2020. SITUAÇÃO IDÊNTICA JÁ SUBMETIDA AO PLENÁRIO, QUE REFERENDOU A INEXISTÊNCIA DE REPERCUSSÃO GERAL NA HIPÓTESE (ARE 1245861 AgR-segundo, Relator(a): ALEXANDRE DE MORAES, Tribunal Pleno, julgado em 28/09/2020, PROCESSO ELETRÔNICO DJe-243 DIVULG 05-10-2020 PUBLIC 06-10-2020).
>
> 1. Os §§1º a 4º do art. 326 do Regimento Interno do Supremo Tribunal Federal, introduzidos pela Emenda Regimental 54, de 1º de julho de 2020, estabelecem a técnica da rejeição da repercussão geral das questões suscitadas no Recurso Extraordinário, com eficácia limitada ao caso concreto.
>
> 2. Tal sistemática, referendada pelo PLENÁRIO no julgamento do ARE 1.273.640-AgR (DJ de 24/9/2020), desenvolve-se na forma das seguintes etapas:
>
> (a) o Relator, ao receber o RE, analisa primeiramente a relevância das questões arguidas;
>
> (b) constatada a ausência de repercussão geral, o Relator está autorizado a negar seguimento ao recurso, exclusivamente por esse motivo;
>
> (c) dessa decisão, cabe impugnação da parte sucumbente, dirigida ao Plenário, requerendo-se a adesão de 2/3 (dois terços) dos Ministros para a confirmação do julgado recorrido;
>
> (c.1.) caso essa votação não seja obtida, o recurso é redistribuído, e então o novo Relator sorteado examina todos os demais pressupostos de admissibilidade;
>
> (c.2.) por outro lado, na hipótese em que endossada, por 2/3 (dois terços) dos membros do SUPREMO, a decisão do Relator no sentido da inexistência de repercussão geral, tal acórdão NÃO formará um precedente vinculante; logo, não condicionará a solução dos casos idênticos ou análogos. [...]

3.3.2.3.3 Autorização para levantar o sobrestamento de casos represados caso a decisão negativa recaia sobre processo representativo de controvérsia

Por fim, uma observação deve ser feita sobre os casos apontados pela origem como representativos. A regra hoje válida para os recursos extraordinários é a de que somente sejam encaminhados ao STF os casos singulares e os representativos de controvérsias repetitivas, e, nesta última hipótese, a própria instância de origem deverá promover o sobrestamento dos demais casos que versem sobre a mesma matéria (CPC/2015, art. 1.036, §1º). Tal regra não se aplica aos agravos em recursos extraordinários, que devem sempre ser remetidos ao STF, salvo se a inadmissibilidade se basear em entendimento firmado em regime de repercussão geral ou de recurso repetitivo (CPC/2015, art. 1.042, *caput* e §4º).

A sinalização das instâncias de origem quanto ao caráter representativo da controvérsia deve favorecer a utilização da repercussão geral no modo de resolução de controvérsias repetitivas, mas não obrigar o STF a fazê-lo em todo e qualquer caso, haja vista sua capacidade limitada de trabalho: basta lembrar que, em cerca de quatorze anos de funcionamento da repercussão geral, o STF afetou pouco mais de mil teses, das quais cerca de duzentas ainda estão pendentes de julgamento. Caso a Corte tenha sempre e necessariamente de manifestar-se sobre a controvérsia em tese indicada como representativa pelas instâncias de origem, o filtro da repercussão geral permanecerá na situação atual de disfunção.

A decisão de ausência de repercussão geral, ainda que com efeitos limitados ao caso concreto, é uma hipótese de não afetação. Dessa forma, caso a decisão seja proferida num processo apontado pela origem como representativo de controvérsia, em que tenha havido sobrestamento dos feitos semelhantes (CPC/2015, art. 1.036, §1º), a negativa de repercussão geral autoriza o levantamento de tal sobrestamento (CPC/2015, art. 1.037, §1º).

Como visto, apenas os sobrestamentos decorrentes de temas já afetados pelo STF atingem *cerca de dois milhões de processos*. Esses sobrestamentos em massa vêm produzindo efeitos muito indesejáveis, pois prolongam indefinidamente o trânsito em julgado e inviabilizam o direito à razoável duração do processo (CF, art. 5º, LXXVIII). É preciso que os processos sigam seu curso, sendo inviável que todos permaneçam aguardando soluções do STF para controvérsias em tese, ainda que apontadas como representativas pelas instâncias de origem. Não custa insistir no ponto: o STF tem uma capacidade limitada de trabalho e não é capaz de responder tempestivamente a todas as provocações sobre solução de controvérsias em tese que lhe são dirigidas. Essa capacidade escassa, como afirma Mathilde Cohen,[605] implica um "racionamento" ou "dosagem" dos esforços de justificação judicial para um subconjunto de casos específicos, que, nas Cortes Supremas, coincide com os casos que ultrapassam os filtros de relevância. Por isso, é necessário que a Suprema Corte priorize o que considera mais relevante, precisamente um dos objetivos da criação do instituto da repercussão geral.

O levantamento de sobrestamentos decorrente do não reconhecimento da repercussão geral de processo representativo pode parecer um efeito extra-autos de uma decisão negativa de repercussão geral *com efeitos limitados ao caso concreto*, a indicar uma aparente contradição em termos. No entanto, vale notar que nesse caso o sobrestamento é determinado pela própria origem e também por ela levantado, não havendo, em verdade, efeito diretamente decorrente da decisão negativa do STF. Seja como for, se a decisão do STF produzir alguma eficácia, ainda que indireta, não se trata do efeito equivalente ao de um precedente – como ocorre na sistemática de resolução de casos repetitivos –, mas de mera autorização de prosseguimento do feito, a ser levada a efeito pela própria instância de origem.

Essa sistemática, defendida na 1ª edição deste trabalho, foi expressamente acolhida no RI/STF a partir da ER nº 54/2020. Os recursos extraordinários indicados como representativos de controvérsia pela origem e os interpostos de decisões tomadas no regime de recursos repetitivos pelo STJ são registrados previamente à Presidência do STF, que pode afetar o tema diretamente ao Plenário Virtual (RI/STF, art. 326-A, *caput*) ou determinar a sua distribuição (art. 326-A, §1º). O Ministro sorteado relator poderá proceder, também nesses casos, na forma do art. 326 do RI/STF, inclusive proferindo decisão negativa de repercussão geral com eficácia apenas para o caso concreto (art. 326, §1º). Ou seja, mesmo nos casos apontados como representativos ou repetitivos, o RI/STF reconhece expressamente a possibilidade de negativa de repercussão geral com efeitos limitados ao caso concreto.

---

[605] COHEN, Mathilde. When judges have reasons not to give reasons: a comparative law approach. *Washington & Lee Law Review*, v. 72, n. 2, p. 495 e 563, 2015. Disponível em: http://scholarlycommons.law.wlu.edu/cgi/viewcontent.cgi?article=4449&context=wlulr. Acesso em: 30 mar. 2017.

Mais ainda: prevê o art. 326-A, §2º, do RI/STF que, nessa hipótese, a decisão deverá ser comunicada à instância de origem "inclusive para os fins do art. 1.037, §1º, do Código de Processo Civil", isto é, para que seja revogado o sobrestamento dos demais processos semelhantes.[606]

Com o levantamento dos sobrestamentos na origem, é esperado um aumento no número de processos remetidos ao STF.[607] Não há, porém, motivo para alarme: trata-se apenas de permitir que os processos sigam seu curso e não fiquem indefinidamente sobrestados. Chegando ao Tribunal, tais casos poderão ser rapidamente decididos, de forma irrecorrível, a partir da negativa de repercussão geral com efeitos limitados a cada caso concreto. Assim, o STF poderá dedicar-se aos casos que realmente considere relevantes. Além disso, essa sistemática valoriza as instâncias ordinárias, tornando definitivas a maioria de suas decisões mais rapidamente, sem que o STF tenha de abdicar da possibilidade de revisitar o tema.

Se a repercussão geral puder ser manejada da forma preconizada neste trabalho, o que isto revela sobre a natureza da "crise do STF"? A isso se dedica o último tópico.

3.4 A natureza não jurídica dos obstáculos à utilização da repercussão geral como instrumento de seleção qualitativa de recursos extraordinários

Se os argumentos até aqui forem convincentes – vale dizer, se o direito brasileiro vigente fornece instrumentos para que o STF decida *apenas* o que é mais relevante e *não decida* o que é menos relevante –, pode-se concluir que a "crise do STF" não decorre propriamente da falta de instrumentos jurídicos para lidar com a quantidade avassaladora de processos, mas sim, de fatores culturais e políticos. Sem a pretensão de tratar desses pontos – que excedem os limites e o enfoque predominantemente jurídico do presente estudo –, basta referir

---

[606] Solução semelhante é prevista para os recursos especiais repetitivos no art. 256-F, §4º, do RI/STJ.

[607] Seja como for, esse número não parece muito significativo. Como já visto, a partir de planilha dinâmica disponível no sítio do CNJ, em fevereiro de 2021 apenas 3.948 processos estavam suspensos por 91 temas de "controvérsias" do STF, conforme definição do art. 9º da Resolução CNJ nº 235/2016 (BRASIL. Conselho Nacional de Justiça. *Painel de consulta ao Banco Nacional de Demandas Repetitivas e Precedentes Obrigatórios*. Disponível em: https:// paineis.cnj.jus.br/QvAJAXZfc/opendoc.htm?document=qvw_l%2FPainelCNJ.qvw&host= QVS%40neodimio03&anonymous=true&sheet=shDRGraficos. Acesso em: 10 fev. 2021.

que alguns autores já identificaram que o acúmulo de processos do STF, mais do que apenas um fardo, serve como um álibi, impedindo que o Tribunal seja cobrado.[608] Ademais, o atual modelo de trabalho do STF, caracterizado por um "filtro oculto" de relevância operado por decisões monocráticas, explica-se pelo anseio da comunidade jurídica na manutenção de um direito formal de acesso à Suprema Corte (ainda que ele não exista materialmente), à dificuldade em assumir o exercício da discricionariedade judicial (ainda que ela seja amplamente exercida) e à manutenção da concentração de um alto grau de poder individual nas mãos dos ministros. Remete-se o leitor a tais estudos, a partir das seguintes citações:

> Quando sugiro que a nossa experiência de ativismo constitucional seja marcada por traços próprios, em alguma medida desviantes do que normalmente se encontra na experiência internacional (um ativismo "à brasileira"), um dos pontos a que me refiro consiste justamente nessa disparidade imensa entre o número de casos lançados ao STF, o número de casos "formalmente resolvidos" por ele a cada ano, e o número de casos que efetivamente geram discussões sofisticadas de constitucionalidade no Plenário. Refiro-me ainda ao conforto que o acesso formalmente irrestrito à Corte parece dar à comunidade jurídica, fazendo parecer que existe, mesmo, uma espécie de "direito individual" à solução de certos casos pelo STF, mesmo que a experiência mostre que a esmagadora maioria dos casos pode estar sendo resolvida de forma

---

[608] Escrevendo em 2017, afirmou Thomaz Pereira: "Há hoje 714 processos prontos para serem decididos pelo Plenário do Supremo. Aguardam apenas um espaço na pauta do tribunal para poderem ser concluídos; entre eles, algumas questões constitucionais fundamentais que aguardam um pronunciamento do Supremo há décadas. Mas não há hoje nenhuma perspectiva de que sejam todos julgados. Por quê? Para os ministros do Supremo, o grande volume de processos pendentes é, ao mesmo tempo, um fardo e um álibi. De um lado, não conseguem julgar todas as questões que consideram importantes. Quando precisam tratar de tudo, não conseguem tratar de quase nada. O espaço na pauta e o tempo dos ministros são escassos. Mas este passivo de 714 processos funciona também como um álibi permanente. Hoje, um dos principais empecilhos para que o tribunal seja responsabilizado por sua demora em se pronunciar sobre qualquer caso individual que compõe esse acervo é a própria existência coletiva deste mesmo acervo. Se questionados sobre a demora em se pronunciar sobre um deles, os ministros podem facilmente apresentar os outros 713 como desculpa. Ou seja, quando precisam tratar de todos, não podem ser cobrados por nenhum em particular. A responsabilização pelo atraso também acaba sendo escassa; espalhada por esse grande número de casos, ela se dilui a quase zero". (PEREIRA, Thomaz. 714 processos para revolucionar o Supremo. *JOTA*, maio 2017. Disponível em: https://jota. info/colunas/supra/714-processos-para-revolucionar-o-supremo-17052017. Acesso em: 25 jul. 2017). No relatório de encerramento da gestão da Presidência do Min. Dias Toffoli, em 2020, o número de processos pendentes na pauta do Plenário era de 369 (Disponível em: http://www.stf.jus.br/arquivo/cms/noticiaNoticiaStf/anexo/relatGestaoDT.pdf. Acesso em: 11 mar. 2021).

burocrática por meio de juízos singulares de inadmissão. Creio que esse seja um dos pontos que destaca a experiência brasileira das demais.[609]

Isto apenas demonstra que o Tribunal vem utilizando um alto grau de discricionariedade para decidir o que vai para os distintos colegiados e o que pode ser abatido monocraticamente. Em política, o controle sobre a agenda temática, bem como sobre a agenda temporal, tem um enorme significado; e este poder se encontra nas mãos de cada um dos ministros, decidindo monocraticamente. Esse poder e os critérios para a sua utilização, como não são expressos, fogem a possíveis tentativas de compreensão, quanto mais de controles públicos sobre essa atividade. Cria-se, assim, uma sensação de enorme seletividade em relação àquilo que entra e o que fica de fora da pauta do Tribunal.[610]

Nesse sentido, embora tenha surgido como resposta ao acúmulo de processos, a "monocratização do STF" não se explica apenas por esse fator: mantida, por inércia, ao longo de vários anos, o fenômeno parece ter se transformado numa forma de uso de poder individual como arma política, para "evitar", "emparedar" ou "contrariar" o Plenário. Veja-se:

Até aqui, as decisões monocráticas talvez pudessem ser vistas, ainda, como delegação – precária, provisória, revogável – de poder do plenário. Afinal, esperávamos que, dentre a massa de casos, as questões mais sérias invariavelmente seriam atraídas pelo colegiado, por pressão combinada da opinião pública, das partes, dos outros ministros e de outros atores.

Não foi o que ocorreu em 2016.

A fragmentação se revelou como estratégia política, empregada em disputas internas de poder entre os diferentes ministros – algumas das quais se cruzam com ideias, grupos, alianças formais e informais fora do tribunal e dentro da política. Um Supremo fragmentado abre as portas para o comportamento político estratégico individual.

Em vez de levar suas teses para disputa com o voto de seus colegas, no confronto democraticamente controlado do colegiado, o ministro ganha pelo controle individual do destino dos autos. Apropriação individual de um poder institucional. [...]

Depois de 2016, não se pode mais explicar a fragmentação como patologia de ordem administrativa. Não é resultado apenas da tensão

---

[609] VERÍSSIMO, Marcos Paulo. A Constituição de 1988, vinte anos depois: Suprema Corte e ativismo judicial 'à brasileira'. *Revista Direito GV*, v. 4, n. 2, p. 422, jul./dez. 2008.

[610] VIEIRA, Oscar Vilhena. Supremocracia. *Revista Direito GV*, São Paulo, 4(2), p. 450, jul./dez. 2008.

CAPÍTULO 3
A NEGATIVA DE REPERCUSSÃO GERAL COMO INSTRUMENTO DE SELEÇÃO QUALITATIVA... | 299

entre quantidade crescente de processos e reduzida de tempo e recursos humanos. Resulta dos usos deliberados de poderes individuais como arma política. É a arena de luta sobre o conteúdo das decisões, sobre o que é ou não é direito no Brasil. Todos contra o plenário.[611]

Voltando ao foco do presente estudo, a Constituição não previu a expansão automática dos efeitos da decisão negativa de repercussão geral para todos os processos que discutam uma mesma questão. Ao contrário, o art. 102, §3º, da Constituição prevê que a deliberação por dois terços permite ao Tribunal "recusar o recurso", no singular. Naturalmente, a lei pode expandir os efeitos de uma decisão negativa de repercussão geral a todos os processos que sejam agrupados em torno de um mesmo tema, como fizeram os arts. 543-A, §5º, e 543-B, §2º, do CPC/1973, e os arts. 1.035, §8º, e 1.039, parágrafo único, do CPC/2015: para isso, naturalmente, a decisão deverá ser substancialmente motivada, até para possibilitar a identificação da controvérsia cuja repercussão geral seja negada em tese. No entanto, isso não impede que o STF restrinja os efeitos da decisão ao caso concreto: assim como uma deliberação tomada pelo *quorum* de dois terços pode modular os efeitos de declarações de inconstitucionalidade (art. 27 da Lei nº 9.868/1999), o mesmo *quorum* também pode modular os efeitos de uma decisão negativa de repercussão geral, restringindo-os ao caso concreto. Tal *quorum* encontra sua razão de ser na dispensa da motivação analítica para esta hipótese.

Ao reconhecer expressamente a possibilidade de negar repercussão geral com eficácia apenas para o caso concreto – ainda que por meio de decisões monocráticas, as quais, em caso de recurso, devem ser confirmadas por ao menos dois terços dos Ministros (RI/STF, art. 326, §§1º e 2º, na redação dada pela ER nº 54/2020) –, o Supremo Tribunal Federal deu um importante passo para conferir mais transparência ao exercício do seu poder discricionário. Há um potencial de reforço

---

[611] FALCÃO, Joaquim; ARGUELHES, Diego Werneck. Onze Supremos: todos contra o Plenário. *In:* FALCÃO, Joaquim; ARGUELHES, Diego Werneck; RECONDO, Felipe (Orgs.). *Onze Supremos:* o Supremo em 2016. Belo Horizonte: Letramento: Casa do Direito: Supra: Jota: FGV Rio, 2017. p. 21-22 e 25. Disponível em: http://bibliotecadigital.fgv.br/dspace/bitstream/handle/10438/17959/Onze%20Supremos%20-%20o%20Supremo%20em%202016.pdf?sequence=1. Acesso em: 27 jun. 2017. Na mesma linha, mais recentemente: ARGUELHES, Diego Werneck; RIBEIRO, Leandro Molhano. Ministrocracia: o Supremo Tribunal individual e o processo democrático brasileiro. *Novos estudos CEBRAP.* São Paulo, v. 37, n. 1, p. 13-32, jan./abr.2018. Disponível em: http://bibliotecadigital.fgv.br/dspace/bitstream/handle/10438/25207/2-s2.0-85044766159.pdf?sequence=1&isAllowed=y. Acesso em: 28 mar. 2021.

do poder colegiado e também de maior *accountability*, caso a Corte aproveite tal instrumento para abandonar seu "álibi permanente". Resta observar a prática.

Este capítulo procurou demonstrar que o direito brasileiro vigente autoriza a utilização da repercussão geral não só como um instrumento de resolução de demandas repetitivas, mas também de seleção qualitativa de recursos extraordinários. A repercussão geral não existe por si mesma, como uma entidade autônoma à espera de reconhecimento: ela é *definida* discricionariamente pela Suprema Corte, com base em sua dimensão intrinsecamente comparativa. E não é possível justificar analiticamente os critérios de comparação quando se está diante de dezenas de milhares de processos diferentes (item 3.1). A fim de contrabalançar essa dificuldade, prevenir o arbítrio e tornar o filtro operacional, instituiu-se um *quorum* de dois terços dos ministros do STF para proferir decisões negativas de repercussão geral, com motivação de efeitos limitados ao caso concreto (item 3.2). Essa lógica é compatível com a Constituição – notadamente os princípios da motivação, isonomia, celeridade processual e eficiência – e com o CPC (item 3.3). Se isso é certo, pode-se concluir que os obstáculos para um uso mais produtivo da repercussão geral não são de natureza jurídica (item 3.4).

CONCLUSÃO

O presente trabalho voltou-se à investigação dos efeitos da motivação das decisões negativas dos filtros de relevância de Cortes Supremas, com o objetivo de oferecer uma contribuição ao mecanismo da repercussão geral, criado pela EC nº 45/2004, para utilização exclusiva pelo STF na admissibilidade de recursos extraordinários. De forma mais específica, sob uma perspectiva que leva a sério o dever de motivação das decisões judiciais, procurou-se investigar se no direito brasileiro vigente é possível utilizar a negativa de repercussão geral como instrumento formal de filtragem com efeitos limitados ao caso concreto, ou se tal decisão sempre e necessariamente projeta efeitos sobre todos os processos que discutam uma determinada questão jurídica. A resposta que o presente estudo oferece a tal problemática é de que é possível limitar os efeitos das decisões negativas de repercussão geral ao caso concreto, a partir de sua motivação. Antes de recapitular o raciocínio deste trabalho, relembra-se que se trata de uma defesa *de lege lata* e que o acolhimento das ideias aqui defendidas pelo RI/STF – especialmente no seu art. 326, §§1º e 2º, a partir da ER nº 54/2020 –, não constitui inovação da ordem jurídica, mas aproveitamento das potencialidades que o direito vigente já oferecia, tanto que foram chanceladas pelo Plenário do próprio STF, com aplicação imediata, pois "a Emenda Regimental nº 54/2020 não criou novo requisito recursal (e nem estava autorizada a fazê-lo)" (ARE nº 1.273.640 AgR, Rel. Min. Alexandre de Moraes, j. 8.9.2020).

O ponto de partida é que a repercussão geral, tal como praticada ao menos até 2020, fracassou. O diagnóstico da doutrina é praticamente unânime: o STF é disfuncional. Apesar disso, não se admite que a Corte calibre a motivação de suas decisões. Assim, passados mais de dez anos de prática, o filtro não tem impedido a chegada de cerca de 100.000 casos por ano, nem dispensado a Corte de proferir aproximadamente o mesmo número de decisões pretensamente motivadas. De fato, a repercussão geral ainda não cumpriu a missão para a qual foi concebida, de concentrar a atenção da Suprema Corte apenas nas controvérsias mais relevantes para o cumprimento da sua alta missão institucional. O alívio na distribuição de processos verificado até 2011 foi temporário e ilusório: a diminuição dos feitos remetidos ao STF não significa que eles tenham deixado de existir, mas apenas que continuam aguardando julgamento em algum escaninho, ainda que virtual, longe da Praça dos Três Poderes. Nem isso impediu que o volume voltasse a subir a partir de 2012. Por outro lado, a hipótese que mais provavelmente explica a queda acentuada de novos feitos no ano de 2020 não é o uso da repercussão geral, mas a pandemia do novo coronavírus (Sars-CoV-2), que freou a atividade econômica e implicou redução de casos novos em todo o Judiciário. Em 2018, os dez temas de repercussão geral com maior impacto em virtude de julgamento de mérito resolveram um total de 54.243 processos, enquanto os dez temas que ocasionavam o maior número de sobrestamentos totalizavam 1.163.982 processos, montante mais de 21 vezes superior. O número total de processos suspensos hoje chega a cerca de 2 milhões.

No capítulo 1, procurou-se demonstrar que o filtro da repercussão geral vem sendo pouquíssimo utilizado formalmente na prática, já que exercido apenas como técnica de efeitos amplos, para a resolução de demandas repetitivas. Desde o início do funcionamento do mecanismo até 24.11.2021, a repercussão geral foi responsável pela afetação de 1.183 teses. Descontando-se 6 temas que estavam em análise naquela data e 9 que foram cancelados, até então havia sido negada repercussão geral a 384 temas e reconhecida a outras 784 questões, das quais 607 foram julgadas e 177 ainda estavam pendentes. De 2007 a 2020, o Tribunal proferiu aproximadamente 1.650.000 decisões, ou seja, a repercussão geral respondeu por cerca de 0,067% das decisões totais proferidas pela Corte. Ainda assim, é inegável que o STF reconheceu repercussão geral a temas demais, como demonstra o estoque de cerca de 200 temas pendentes, com sobrestamento simultâneo de cerca de 2 milhões de processos.

A limitação do uso da repercussão geral como instrumento de resolução de demandas repetitivas somente a torna útil para lidar com grandes blocos temáticos de processos. Considerando apenas os 100.000 casos que chegam por ano ao STF, oriundos dos mais de 75 milhões de processos em tramitação no Brasil, constata-se ser materialmente impossível a tarefa de classificar todo esse volume processual em blocos temáticos. A repercussão geral funciona como um filtro cuja tela tem uma trama dilatada, somente capaz de conter pedras grandes ("blocos" de processos), enquanto a areia fina (processos ainda não agrupados em "blocos") escoa incessantemente, deixando a Corte cada vez mais soterrada. Quando se soma essa inadequação do filtro a seus efeitos colaterais – abdicação, na prática, do poder de rever o tema, e o risco de efeito contrário (*backfire*) do voto do relator no sentido da ausência de repercussão geral –, o uso do filtro não apresenta uma boa relação custo/benefício (item 1.1).

As insuficiências da repercussão geral vêm ensejando a sobre-utilização de um filtro informal ou oculto, pelo qual os ministros do STF inadmitem recursos extraordinários ante a falta de relevância, embora sem assumi-lo expressamente, sem a observância do *quorum* de dois terços exigido pelo art. 102, §3º, da Constituição. E o fazem por decisões monocráticas, confirmadas pelas Turmas quando necessário, com efeitos limitados ao caso. Essa prática, no entanto, ocasiona um sem-número de inconsistências, aumenta a demora dos julgamentos e retroalimenta a litigiosidade, residindo na raiz da crise de funcionalidade da Corte. Para eliminá-las, a repercussão geral deve ser analisada em caráter prioritário, antes de todos os demais requisitos de admissibilidade – tal como ocorre com a transcendência no recurso de revista (CLT, art. 896-A, *caput*) –, salvo a tempestividade e os vícios formais considerados graves (CPC/2015, art. 1.029, §3º). Reforça o exposto a previsão do art. 326, §4º, do RI/STF, com redação dada pela ER nº 54/2020, segundo o qual, uma vez vencido o relator quanto à negativa de repercussão geral com efeitos limitados ao caso concreto, o feito deve ser redistribuído e "o novo relator sorteado *prosseguirá no exame de admissibilidade do recurso*", confirmando que os demais requisitos de admissibilidade devem ser analisados depois, e não antes da repercussão geral. Para tanto, deve-se prescindir da classificação prévia da questão como constitucional ou infraconstitucional, assumindo, *in statu assertionis*, a existência de uma questão constitucional apenas para fins de deliberação sobre a sua repercussão geral. Com isso, evitam-se inconsistências que poderiam vir a sobrecarregar o STJ, para onde agora devem ser remetidos os recursos sobre controvérsias classificadas como infraconstitucionais, nos termos do art. 1.033 do CPC/2015 (item 1.2).

No capítulo 2, procurou-se evidenciar que os efeitos das decisões negativas nos filtros de relevância podem ser objeto de um controle formal com base na sua motivação. Toda decisão judicial motivada tem uma vocação natural para servir como precedente para decisões futuras, pois as razões invocadas são sempre dotadas de algum grau de universalidade, ainda que mínimo, o que significa que elas postulam aplicação, em tese, a pelo menos mais um caso (item 2.1). Esse alcance expansivo de toda decisão motivada é ainda maior quando se trata das Cortes Supremas, que, por sua posição privilegiada no vértice do sistema, proferem a última palavra formal sobre o direito em julgamentos dotados de grande visibilidade: daí porque há uma transcendência inerente a tais pronunciamentos (item 2.2). Assim, é especialmente necessário que tais tribunais contem com mecanismos moderadores da criação de precedentes, e, como se procurou demonstrar, outras Cortes Supremas no mundo – inclusive algumas que inspiraram a criação da repercussão geral no Brasil – motivam substancialmente apenas as decisões que passam pelo teste da relevância, enquanto os demais casos não recebem nenhuma motivação, ou, quando muito, uma justificativa apenas formal que não serve de modo algum como precedente para casos futuros (item 2.3).

No exercício dos seus filtros de relevância, verificou-se que a Suprema Corte dos EUA e o Tribunal Constitucional Federal alemão não são obrigados a motivar as decisões pelas quais inadmitem pedidos, desde que o façam por *quorums* qualificados. Na Corte de cassação francesa, a inadmissão pode ocorrer por decisões "não especialmente motivadas" (CPC francês, art. 1.014), prática já validada pela Corte Europeia de Direitos Humanos. No Reino Unido, as justificativas da Suprema Corte para denegar a *permission to appeal* são genéricas e não possuem valor como precedente. Na Argentina, a inadmissibilidade de recursos extraordinários pela Suprema Corte pode ocorrer apenas com a invocação do art. 280 do CPC. E a Corte de Cassação italiana, embora não conte com um filtro próprio de relevância, busca simplificar a motivação das decisões que não exercem função nomofilática.

Finalmente, no capítulo 3, o trabalho avançou para demonstrar a admissão, pelo direito brasileiro vigente, da negativa de repercussão geral como instrumento de seleção qualitativa de recursos extraordinários. No item 3.1, evidenciou-se que a repercussão geral tem uma dimensão intrinsecamente comparativa, já que, por definição, o direito em geral e o direito constitucional em particular não cuidam de assuntos irrelevantes, de modo que toda controvérsia tem *alguma* relevância.

No entanto, a instituição do requisito da repercussão *geral* pressupõe uma avaliação comparativa pelo STF das causas que lhe são apresentadas, o que não pode ser levado a cabo de maneira analítica, porque isso seria impossível. Reforça essa natureza comparativa a *preferência* legal para julgamento dos casos com repercussão geral reconhecida (CPC/2015, art. 1.035, §9º), em detrimento da regra geral de ordem cronológica da conclusão (CPC/2015, art. 12).

Motivar analiticamente uma conclusão pela baixa relevância de uma controvérsia *constitucional* – algo argumentativamente trabalhoso por definição – é muitas vezes uma tarefa tão onerosa quanto a de decidir o mérito da mesma controvérsia, o que faria o filtro perder sua razão de ser. Nessa linha, há que se reconhecer uma discricionariedade da Corte sobre o que substancialmente motivar, a partir do filtro da repercussão geral. A visão segundo a qual o mecanismo não seria discricionário e poderia conduzir a uma única solução correta muitas vezes reflete menos a realidade e mais um desejo, particularmente o desejo de que a única resposta correta seja a de quem a enuncia. Essa concepção dá pouco relevo à vagueza da linguagem – especialmente a constitucional – e à participação do intérprete no processo de construção da norma, fatores que podem conduzir a discussão sobre a existência ou não de discricionariedade a um debate meramente terminológico. De toda forma, com base na teoria de Karl Engisch, demonstrou-se que a repercussão geral é um caso de conceito jurídico indeterminado discricionário, pois o elemento valorativo exigido pelo conceito – "repercussão geral" – não constitui uma "valoração objetivamente válida", uma "concepção moral dominante" que deva ser investigada pelo juiz e à qual ele deva curvar-se, o que conduziria à ausência de discricionariedade típica das cláusulas gerais, na terminologia do autor. Diversamente, "repercussão geral" é uma noção referida ao agente encarregado de aplicar o conceito: daí a sua natureza discricionária. Isso não significa que as escolhas do STF não possam ser criticadas, embora elas possam, em regra, ser tidas como defensáveis. Isso não ocorrerá, porém, quando a repercussão *geral* for usada como instrumento de resolução apenas de um problema *individual*, desvirtuando a transcendência inerente aos pronunciamentos das Cortes Supremas, como já ocorreu no STF pelo menos uma vez (ARE nº 859.251).

No item 3.2, procurou-se demonstrar que o *quorum* de dois terços dos ministros do STF, exigido pelo art. 102, §3º, da Constituição para as decisões negativas de repercussão geral, não se explica apenas como forma de evitar a acumulação de poderes nas mãos do relator, para o que bastaria maioria simples de um órgão fracionário. O *quorum* também não encontra justificativa suficiente no caráter indeterminado do conceito de repercussão geral, já que é rotina nas Cortes Supremas aplicar normas com alto grau de vagueza e indeterminação, e nem por isso essa exigência se aplica para todos os conceitos indeterminados. Muito menos o *quorum* faz presumir a repercussão geral, tornando ainda mais fácil o acesso ao STF, exatamente o contrário do que se pretende ao criar um filtro de relevância. O caráter significativo do *quorum*, compreendido à luz das experiências internacionais que inspiraram a criação da repercussão geral, é entendê-lo como um contrapeso destinado a compensar a impraticabilidade da motivação analítica de decisões negativas em larga escala. Ou, se se preferir outra terminologia, a permitir o uso discricionário do filtro e dificultar arbitrariedades.

Assim, as decisões negativas de repercussão geral podem ser tomadas sob a forma de "acordos não completamente teorizados", na terminologia de Cass Sunstein, de modo a resolver apenas o caso concreto e não gerar precedentes para casos futuros. Reforçam essa ideia: a) o caráter exclusivo da apreciação da repercussão geral pelos ministros do STF (CPC/2015, art. 1.035, §2º), que são dotados de credenciais de natureza política (CF, art. 101, parágrafo único); b) a irrecorribilidade das decisões negativas de repercussão geral (CPC/2015, art. 1.035, *caput*), reforçada pelo peso institucional do *quorum* reforçado; c) a possibilidade de que a decisão seja tomada sob a forma de uma súmula, isto é, de uma declaração sintética que "valerá como acórdão" (CPC/2015, art. 1.035, §11).

Por fim, no item 3.3, procurou-se demonstrar a compatibilidade dessa lógica com a Constituição de 1988 (item 3.3.1) e com o CPC (item 3.3.2). Buscou-se desconstruir as bases da prática segundo a qual os efeitos das decisões negativas de repercussão geral sempre e necessariamente devem projetar-se para todos os processos que tratam da mesma tese jurídica. Em verdade, se a decisão de ausência de repercussão geral, por definição, refere-se a discussões que não "[ultrapassam] os interesses subjetivos do processo" (CPC/2015, art. 1.035, §1º), é de se esperar que normalmente a decisão negativa de repercussão geral tenha seus efeitos limitados ao caso dos autos em que proferida. Por isso, as decisões negativas de repercussão geral podem operar de duas formas: a) como um instrumento de resolução de demandas repetitivas; e b) como um instrumento de seleção qualitativa de recursos extraordinários. A primeira é a que corresponde à praxe ao menos até 2020: decisões que se expandem para todos os

CONCLUSÃO | 307

processos em que se discuta certa controvérsia, cuja eficácia consiste em autorizar a inadmissão de recursos extraordinários pendentes e futuros sobre a questão na origem. A segunda, autorizada pelo direito vigente e reconhecida no Regimento Interno do STF a partir da Emenda Regimental nº 54/2020 (art. 326, §§1º e 2º), corresponde ao modelo típico de operação dos filtros de relevância no mundo: decisões negativas com efeitos restritos ao caso concreto, isto é, que inadmitem apenas o recurso extraordinário em questão, ou, em outras palavras, que se limitam a "recusá-lo", no singular (CF, art. 102, §3º).

Esta segunda forma, que dispensa motivação analítica, não é incompatível com o dever constitucional de fundamentação, encarado de forma não fundamentalista, mas séria (item 3.3.1.1). Do contrário, seria inviabilizado o bom funcionamento do filtro da repercussão geral, de que o STF depende para cumprir sua função de guarda de *toda* a Constituição (e não apenas do art. 93, IX). A Corte Europeia de Direitos Humanos já declarou a compatibilidade desse tipo de filtro com a normativa supranacional do Velho Continente, especialmente porque o dever de motivação deve ser analisado à luz das circunstâncias da espécie, e não se trata, aqui, de decisões sobre o mérito das controvérsias, mas apenas sobre a admissibilidade de (mais um) recurso em processos que já cumpriram, ao menos duas vezes, os ciclos do devido processo legal. Tal recurso somente deve ser admitido se cumprir uma finalidade pública (*ius constitutionis*), e não meramente de defesa privada do recorrente (*ius litigatoris*). Nesse sentido, decisões negativas de repercussão geral não devem ser motivadas como quaisquer outras. Trata-se de um caso especial, porque pressupõe: a) *quorum* qualificadíssimo de dois terços; b) exclusividade na apreciação pelo STF; c) âmbito restrito à admissibilidade do recurso extraordinário; e d) alcance limitado ao caso concreto. A se entender que o art. 489, §1º, III, do CPC/2015 proíbe essa prática, o preceito impediria o filtro de funcionar eficazmente e, assim, teria uma incidência inconstitucional quanto às decisões negativas de repercussão geral, exigindo interpretação conforme a Constituição. A decisão precisa ser em alguma medida genérica exatamente para servir apenas para o caso e não gerar precedentes. Afinal, para decidir *apenas* o que é mais relevante, a Corte deve dispor de um meio eficaz para não precisar decidir aquilo que é menos relevante.

Deve-se notar que, a partir da ER nº 54/2020, o art. 326, §1º, do RI/STF passou a autorizar decisões *monocráticas* negativas de repercussão geral. Embora passível de críticas, o dispositivo pode ser lido como uma delegação de competência do Plenário ao relator para fazer uma primeira análise sobre a repercussão geral, salvaguardando-se o *quorum* qualificado na hipótese de recurso (art. 326, §2º, do RI/STF). Note-se que a ER nº 54/2020 foi aprovada, no ponto, por dez dos onze Ministros do Tribunal, a indicar que tal sistemática tem a concordância de mais do que dois terços dos membros daquela Corte. De resto, mecanismo semelhante é previsto para o instituto congênere da transcendência, no âmbito dos recursos de revista de competência do TST, onde, aliás, também é prevista a fundamentação sucinta das decisões negativas, com efeitos igualmente limitados ao caso concreto (CLT, art. 896-A, §§2º e 4º, da CLT, incluídos pela Lei nº 13.467/2017).

A ER nº 54/2020 não suprimiu de "possíveis *amici curiae*" nenhum direito de que eles já não dispusessem antes da entrada em vigor dos novos dispositivos do RI/STF, nem agravou um alegado *déficit* democrático na participação de terceiros quanto aos processos de repercussão geral (item 3.3.1.2). O uso da repercussão geral como instrumento de seleção qualitativa de recursos extraordinários também não é incompatível com a isonomia, à vista da situação hipotética em que o Tribunal recusa um caso por ausência de repercussão geral, apenas para admitir outro idêntico algum tempo depois. Pode-se responder a esse tipo de objeção levando a sério o caráter discricionário do juízo de repercussão geral, com base numa visão dinâmica, atenta a aspectos ligados ao *timing* da afetação: isso pode explicar a diferença de decisões no tempo, cuja passagem pode repercutir sobre a relevância. Esse, aliás, é um aspecto que ajuda a reforçar o caráter discricionário do filtro, pois a dinâmica segundo a qual a relevância pode variar no tempo exige uma avaliação de conveniência e oportunidade (item 3.3.1.3).

Ao prever a expansão dos efeitos das decisões negativas de repercussão geral (arts. 1.035, §8º, e 1.039, parágrafo único, do CPC/2015), o Código não tornou essa prática obrigatória: apenas autorizou-a, caso o STF decida deliberar sobre a questão em tese, dotando a decisão de "objetivação". De resto, se o STF pode, com uma única decisão tomada por dois terços dos seus membros, produzir o efeito de inadmitir todos os recursos extraordinários presentes e futuros que tramitem no território nacional sobre uma determinada questão, com maior razão o mesmo *quorum* pode inadmitir apenas um único recurso extraordinário: o do caso em que proferida a decisão. "Quem pode o mais, pode o menos" (item 3.3.2.1).

O art. 1.035, §3º, I, do CPC/2015, ao prever uma chamada "presunção" de repercussão geral do recurso que impugnar acórdão que (*alegadamente*) contrarie súmula ou jurisprudência dominante do STF, em verdade apenas autoriza a dispensa da deliberação colegiada sobre a repercussão geral do tema em hipóteses de violação *prima facie* à súmula ou jurisprudência dominante, de modo a permitir que o recurso seja conhecido e provido monocraticamente pelo relator (CPC/2015, art. 932, V – item 3.3.2.2).

No modo de seleção qualitativa de recursos extraordinários, as decisões negativas de repercussão geral não podem ser impugnadas por embargos de declaração. Excluir o cabimento desse recurso é a única forma de atribuir sentido à irrecorribilidade prevista no art. 1.035, *caput*, do CPC/2015, pois o único recurso cabível contra uma decisão tomada por pelo menos oito ministros do STF seriam exatamente os embargos de declaração. Nem se poderia cogitar suprir omissões, contradições ou obscuridades numa decisão que o ordenamento autoriza seja tomada sob a forma de um "acordo não completamente teorizado". Isso, porém, não se aplica às decisões negativas tomadas sob o modo de resolução de demandas repetitivas, que devem ser substancialmente motivadas, e por isso são embargáveis (item 3.3.2.3.1).

A não prevalência de um voto do relator no sentido da negativa de repercussão geral com efeitos limitados ao caso, pela existência de quatro ou mais votos contrários, não implica, por si só, o reconhecimento da repercussão geral em tese das questões constitucionais discutidas, mas apenas que a proposta do relator não prevaleceu naquele momento. Nessa hipótese, a fim de evitar o risco de efeito contrário (*backfire*), cf. item 1.1.3.2.2, o caso deve ser redistribuído a outro relator (RI/STF, art. 324, §5º), que deverá realizar juízo de admissibilidade, podendo decidir o caso monocraticamente nas hipóteses legais (CPC/2015, art. 932, IV e V), ou propor o reconhecimento ou a negativa de reper-cussão geral da questão, em tese ou mesmo com efeitos limitados ao caso, não havendo preclusão. Tal sistemática foi acolhida no art. 326, §§3º e 4º, do RI/STF, na redação dada pela ER nº 54/2020 (item 3.3.2.3.2).

Caso a decisão negativa de repercussão geral com efeitos limitados ao caso seja proferida em processo encaminhado pela origem como representativo de controvérsia repetitiva, trata-se de uma hipótese de não afetação. Nesse caso, deve ser levantado o sobrestamento dos processos sobre o tema no órgão *a quo* (CPC/2015, art. 1.037, §1º), remetendo-se ao STF os que passarem no juízo de admissibilidade e eventuais agravos interpostos nos casos inadmitidos na origem. Essa lógica foi expressamente adotada no art. 326-A, §§1º e 2º, do RI/STF, na redação dada pela ER nº 54/2020. Com isso, é esperado um aumento no número de processos remetidos ao STF, mas não há motivo para alarme: trata-se apenas de permitir que os processos sigam seu curso e não fiquem indefinidamente sobrestados. Chegando ao STF, tais casos poderão ser rapidamente decididos, de forma irrecorrível, a partir da negativa de repercussão geral com efeitos limitados a cada caso, ou, convencida da relevância do tema, a Corte poderá rever o entendimento anterior e reconhecer repercussão geral (item 3.3.2.3.3). Em qualquer caso, o STF concentrará esforços apenas nos casos tidos como mais relevantes. Se isto for certo, as dificuldades que se apresentam não são de ordem jurídica, mas decorrentes de fatores políticos e culturais (item 3.4).

Um filtro exercido nesses moldes proporcionaria a transparência necessária a um maior controle do STF em todos os sentidos, inclusive na observância à isonomia. É muito difícil fiscalizar adequadamente o que o Tribunal faz de relevante e os critérios que realmente adota quando recebe cerca de cem mil processos por ano e profere no mesmo período mais de cem mil decisões. As inconsistências são inevitáveis e prejudicam tanto os jurisdicionados quanto a Corte. No entanto, se o Tribunal apenas se debruçasse sobre um número limitado de casos por ano, ainda que segundo critérios discricionários, faria incidir sobre cada um desses casos uma luz muito maior do que a que pode iluminar dezenas de milhares de processos. O controle social seria muito mais efetivo: viabilizaria a observação dos assuntos mais recorrentes, com a correspondente crítica das escolhas do Tribunal; permitiria constatar uma eventual concentração de processos com repercussão geral representados por um mesmo advogado, a indicar que o prestígio do patrono tem tido mais peso que a relevância da causa; e outros possíveis controles. Reconhecer a impraticabilidade de uma motivação analítica de *todas* as decisões negativas de repercussão geral é um passo necessário para obter o grau de controle político-social possível. Um filtro também capaz de projetar efeitos limitados ao caso concreto permite que o STF se concentre sobre as teses tidas como mais relevantes. E também valorizaria as instâncias ordinárias, cujas decisões passariam à definitividade mais rapidamente, sem que para isso o STF tenha que excluir a possibilidade de revisitar o tema.

Acredita-se que, com a adoção dessas medidas, o número de recursos ao STF não seria diminuído no curto prazo. No entanto, se a Corte mantivesse essa prática de forma consistente por alguns anos, as próprias partes seriam mais parcimoniosas ao decidir provocar ou não a Corte, pois não valeria a pena o custo (inclusive decorrente da majoração da sucumbência recursal – CPC/2015, art. 85, §11) e o esforço para interpor um recurso extraordinário que, sem perspectivas de ser considerado relevante, seria rapidamente inadmitido por decisão irrecorrível. Ainda que hoje tal perspectiva também não exista na maioria dos casos, interpor recursos vale a pena em razão da demora que eles geram para tornar definitiva essa conclusão.

Mesmo que não se altere o número de recursos no curto prazo, essas mudanças libertariam imediatamente o Tribunal da necessidade de proferir uma enxurrada de decisões monocráticas e julgamentos em lista, que não são nada além de uma ficção de justiça, uma forma de obscurecer um juízo inevitavelmente discricionário, com um verniz pretensamente técnico que não se sustenta e apenas desgasta a Corte. Um esforço monumental, apenas para chegar ao mesmo resultado de forma pior e mais trabalhosa, em nome de um ideal de isonomia e de transparência que hoje na prática já não existe, e que não seria agravado pela solução proposta. Ao contrário: assumir a natureza discricionária da repercussão geral, por paradoxal que pareça, ajudaria a aumentar a transparência e o controle social sobre o STF.

Cortes Supremas, por sua própria natureza, têm o poder de definir sua agenda de julgamentos. Esse poder, como se procurou demonstrar, vem sendo exercido pelos ministros do STF de forma solitária, inconsistente e não transparente, por um juízo oculto de relevância veiculado predominantemente em decisões monocráticas. O obscurecimento das efetivas regras de acesso à Suprema Corte já é um mal em si e deve ser desfeito em nome da transparência. Mas não é só: deixar em segundo plano o filtro expresso de relevância tem custado caro ao Tribunal em termos de funcionalidade. A possibilidade – já contemplada pelo direito brasileiro vigente – de negar repercussão geral com efeitos limitados ao caso concreto viabiliza uma análise bem mais ágil, resulta numa decisão irrecorrível e numa jurisdição afinal bastante franca, a partir da seguinte regra: para ser ouvido pelo STF, o recorrente deve convencer ao menos quatro ministros da relevância das questões constitucionais tratadas.

Apesar do acolhimento do argumento central da 1ª edição deste livro pela ER nº 54/2020, e do efetivo uso do mecanismo em algumas decisões já confirmadas pelo Plenário, o Tribunal ainda continua trabalhando sob um paradigma tradicionalmente formalista e defensivo para lidar com o grande volume de processos. Ainda não houve tempo hábil para dizer se a nova alteração regimental efetiva- mente transformará a metodologia cotidiana de trabalho do STF. Esta 2ª edição encontra-se num possível momento de transição, em que uma nova prática formalizada no RI/STF convive com o peso de anos de uma sistemática que ainda permeia a rotina da Corte, e que, por isso, constitui o objeto do diagnóstico deste livro. A confirmação ou não de uma mudança dependerá da observação empírica dos próximos anos.

Este trabalho pretende contribuir para que a repercussão geral sirva como instrumento de efetiva racionalização do trabalho do STF, de seleção qualitativa de recursos, o que acabará por repercutir sobre o Judiciário em geral. Para que ela seja utilizada como um filtro prioritário e transparente de relevância, de modo a viabilizar que o Tribunal possa dedicar-se, na maior parte do tempo, aos casos mais importantes. Para que o filtro sirva, enfim, como parte da solução da antiga e conhecida crise do STF, e não como mais um problema, que retarda a prestação jurisdicional e gera longos sobrestamentos de processos. As ideias propostas no presente trabalho não se pretendem suficientes para resolver todos os problemas do STF, mas acredita-se que, com a sua efetiva adoção, a Corte passaria a dedicar-se mais a resolver os problemas típicos das Supremas Cortes dotadas de maior funcionalidade.

O direito brasileiro vigente já fornece as ferramentas necessárias para que o STF resolva sua histórica crise numérica. As dificuldades que se apresentam parecem ser de natureza mais cultural e política do que jurídica. A repercussão geral é um instrumento pelo qual o tribunal pode recuperar sua saudável colegialidade e seu poder como instituição. Para a Corte assumir o controle da sua agenda, mais vale uma discricionariedade forte, transparente e exercida com desassombro do que uma tecnicalidade mal disfarçada.

REFERÊNCIAS

ABBUD, André de Albuquerque Cavalcanti. O anteprojeto de lei sobre a repercussão geral dos recursos extraordinários. *Revista de Processo*, v. 129, p. 108-131, nov. 2005.

ALBUQUERQUE, Leonidas Cabral. Da repercussão geral no recurso extraordinário como mecanismo de filtragem para o julgamento do mérito recursal. *In:* CAPPELLARI, Álisson dos Santos; GARCIA, Antonio Fernando Monteiro; SANT'ANNA, Marcelo Nicolaiewski. *Direito & mercado.* Porto Alegre: Livraria do Advogado, 2015. v. 1: temas de direito bancário material e processual.

ALEMANHA. Bundesverfassungsgerich. *Court and Constitutional Organ.* Disponível em: http://www.bundesverfassungsgericht.de/EN/Das-Gericht/Gericht-und-Verfassungsorgan/gericht-und-verfassungsorgan_node.html. Acesso em: 8 fev. 2021.

ALEMANHA. Bundesverfassungsgericht. *Anual Statistics 2019.* Disponível em: https://www.bundesverfassungsgericht.de/SharedDocs/Downloads/EN/Statistik/statistics_2019.pdf?__blob=publicationFile&v=3. Acesso em: 15 fev. 2021.

ALEMANHA. Bundesverfassungsgericht. *2020 Report.* 2021. Disponível em: https://jahresbericht.bundesverfassungsgericht.de/en/. Acesso em: 25 nov. 2021.

ALMEIDA, Fábio Portela Lopes de. Quando a busca pela eficiência paralisa o Judiciário. *Consultor Jurídico*, 28 jan. 2013. Disponível em: https://www.conjur.com.br/2013-jan-28/fabio-portela-quando-busca-eficiencia-paralisa-poder-judiciario. Acesso em: 24 nov. 2021.

ALVES, José Carlos Moreira. A missão constitucional do Supremo Tribunal Federal e a argüição de relevância de questão federal. *Revista do Instituto dos Advogados Brasileiros*, ano XVI, n. 58-59, p. 41-63, 1982.

ALVIM, Arruda. *A arguição de relevância no recurso extraordinário.* São Paulo: Revista dos Tribunais, 1988.

ALVIM, Arruda. A Emenda Constitucional 45 e a repercussão geral. *Revista de Direito Renovar*, Rio de Janeiro, v. 31, p. 75-130, jan./abr. 2005.

ALVIM, Arruda. Repercussão geral: impressões e perspectivas. *In:* FUX, Luiz; FREIRE, Alexandre; DANTAS, Bruno (Coords.). *Repercussão geral da questão constitucional.* Rio de Janeiro: Forense, 2014.

AMARAL JÚNIOR, José Levi Mello do. Arguição de (ir)relevância na reforma do Poder Judiciário. *Revista Direito Público*, ano II, n. 7, p. 95-99, jan./mar. 2005.

ANCEL, Jean-Pierre. *Les opinions dissidentes.* 2005. Disponível em: https://www.courdecassation.fr/IMG/File/opinions_dissidentes_jp_ancel.pdf. Acesso em: 29 maio 2017.

ANDRADE, Milso Nunes Veloso de. A 'repercussão geral' como pressuposto de apreciação de recurso extraordinário: algumas considerações. *Revista Direito Público*, n. 22, p. 24-52, jul./ago. 2008.

ANGELIS, Daniela de. Writ of certiorari e repercussão geral no recurso extraordinário: considerações acerca da discricionariedade das Supremas Cortes norte-americana e brasileira. *Publicações da Escola da AGU*, n. 16, p. 117-130, mar. 2012. Disponível em: https://seer.agu.gov.br/index.php/EAGU/article/view/1651/1333. Acesso em: 10 nov. 2021.

ARAÚJO, José Henrique Mouta. A repercussão geral e o novo papel do STF. *Revista Dialética de Direito Processual*, n. 50, p. 60-66, maio 2007.

ARAÚJO, Marcelo Labanca Corrêa de; BARROS, Luciano José Pinheiro. O estreitamento da via difusa no controle de constitucionalidade e a comprovação da repercussão geral nos recursos extraordinários. *Revista da Procuradoria-Geral do Banco Central*, v. 1, n. 1, p. 53-76, dez. 2007.

ARGENTINA. Corte Suprema de Justicia de La Nación. Acordada nº 4/2007. Disponível em: http://servicios.infoleg.gob.ar/infolegInternet/anexos/125000-129999/126562/norma.htm. Acesso em: 3 jun. 2017.

ARGENTINA. Corte Suprema de Justicia de La Nación. *Fallos 2016*. Disponível em: http://datos.csjn.gov.ar/dataset/3fa1c718-8e02-403c-a1fb-9910eb37d16d/resource/ff3a9ec0-13aa-4a07-814c-fb685998996e/download/fallos2016.pdf. Acesso em: 3 jun. 2017.

ARGUELHES, Diego Werneck; RIBEIRO, Leandro Molhano. Ministrocracia: o Supremo Tribunal individual e o processo democrático brasileiro. *Novos estudos CEBRAP*, São Paulo, v. 37, n. 1, p. 13-32, jan./abr. 2018. Disponível em: http://bibliotecadigital.fgv.br/dspace/bitstream/handle/10438/25207/2-s2.0-85044766159.pdf?sequence=1&isAllowed=y. Acesso em: 28 mar. 2021.

ASSIS, Carlos Augusto de. Repercussão geral como requisito de admissibilidade do recurso extraordinário. *Revista Dialética de Direito Processual*, n. 54, p. 32-46, set. 2007.

AURELLI, Arlete Inês. Repercussão geral como requisito de admissibilidade do recurso extraordinário. *Revista de Processo*, v. 151, p. 140-149, set. 2007.

AURELLI, Arlete Inês. Uma revisita ao tema da repercussão geral como requisito de admissibilidade do recurso extraordinário. *In*: FUX, Luiz; FREIRE, Alexandre; DANTAS, Bruno (Coords.). *Repercussão geral da questão constitucional*. Rio de Janeiro: Forense, 2014.

AZEM, Guilherme Beux Nassif. *Repercussão geral da questão constitucional no recurso extraordinário*. Porto Alegre: Livraria do Advogado, 2009.

BAHIA, Alexandre Gustavo Melo Franco; VECCHIATTI, Paulo Roberto Iotti. Inconstitucionalidade do requisito da repercussão geral do recurso extraordinário e da técnica do julgamento por pinçamento. *Revista dos Tribunais*, n. 911, p. 243-258, set. 2011.

BAPTISTA, N. Doreste. *Da argüição de relevância no recurso extraordinário*. Rio de Janeiro: Forense, 1976.

BARIONI, Rodrigo. Repercussão geral das questões constitucionais: observações sobre a Lei nº 11.418/2006. *In*: MELLO, Rogerio Licastro Torres de. *Recurso especial e extraordinário*: repercussão geral e atualidades. São Paulo: Método, 2007.

BARROSO, Luís Roberto. *Interpretação e aplicação da Constituição*. 4. ed. São Paulo: Saraiva, 2001.

BARROSO, Luís Roberto. *O controle de constitucionalidade no direito brasileiro*. 6. ed. São Paulo: Saraiva, 2012. *e-book*.

BARROSO, Luís Roberto. *O controle de constitucionalidade no direito brasileiro*. 7. ed. São Paulo: Saraiva, 2016.

BARROSO, Luís Roberto. *O controle de constitucionalidade no direito brasileiro*. 8. ed. São Paulo: Saraiva, 2019. *e-book*.

BARROSO, Luís Roberto. *O direito constitucional e a efetividade de suas normas*: limites e possibilidades da Constituição brasileira. 9. ed. São Paulo: Saraiva, 2009.

BARROSO, Luís Roberto. *O Supremo Tribunal Federal em 2016*: o ano que custou a acabar. Disponível em: http://www.migalhas.com.br/arquivos/2017/1/art20170109-01.pdf. Acesso em: 15 jan. 2017.

BARROSO, Luís Roberto. Prefácio: quando menos é mais: repensando a jurisdição constitucional brasileira. *In*: GIACOMET, Daniela Allam e. *Filtros de acesso a Cortes constitucionais*. Brasília: Gazeta Jurídica, 2017.

BARROSO, Luís Roberto. *Reflexões sobre as competências e o funcionamento do Supremo Tribunal Federal*. Disponível em: http://s.conjur.com.br/dl/palestra-ivnl-reflexoes-stf-25ago2014.pdf. Acesso em: 10 maio 2017.

BARROSO, Luís Roberto; REGO, Frederico Montedonio. Como salvar a repercussão geral: ideias simples para reverter um fracasso. *Migalhas*, 21 fev. 2018. Disponível em: https://www.migalhas.com.br/depeso/274826/como-salvar-a-repercussao-geral-ideias-simples-para-reverter-um-fracasso. Acesso em: 31 mar. 2021.

BECKER, L. A. Reflexões críticas sobre a argüição de relevância. *In*: BECKER, L. A.; SANTOS, E. L. Silva. *Elementos para uma teoria crítica do processo*. Porto Alegre: Sergio Antonio Fabris, 2002.

BELMONTE, Alexandre Agra. *Breves apontamentos sobre o instituto da transcendência*. 26 ago. 2019. Disponível em: https://www.aasp.Org.br/em-pauta/breves-apontamentos-sobre-o-instituto-da-transcendencia/. Acesso em: 31 mar. 2021.

BELMONTE, Luciana Lombas. A repercussão geral, a interpretação subjetiva e o prejuízo dos julgamentos por amostragem no caso concreto. *Decisório Trabalhista*, n. 205, p. 12-18, ago. 2011.

BENEDUZI, Renato Resende. *Repercussão geral no recurso especial por analogia*. Disponível em: https://www.academia.edu/33061592/Repercuss%C3%A3o_Geral_no_Recurso_Especial_por_analogia?auto=download. Acesso em: 1º abr. 2021.

BENUCCI, Renato Luís. A repercussão geral no recurso extraordinário como instrumento de gestão judiciária. *Revista Dialética de Direito Processual*, n. 63, p. 116-125, jun. 2008.

BERALDO, Leonardo de Faria. A arguição de relevância da questão constitucional no recurso extraordinário sob o prisma da EC nº 45/2004. *Revista Síntese de Direito Civil e Processual Civil*, ano VI, n. 35, p. 139-153, maio/jun. 2005.

BERMAN, José Guilherme. *Repercussão geral no recurso extraordinário*. 2. ed. Curitiba: Juruá, 2016.

BERMUDES, Sergio. *A reforma do Judiciário pela Emenda Constitucional nº 45*. Rio de Janeiro: Forense, 2005.

BERMUDES, Sergio. Arguição de relevância da questão federal. *Enciclopédia Saraiva do Direito*, São Paulo: Saraiva, 1978, v. 7, p. 435-448.

BOBBIO, Norberto. *Teoria da norma jurídica*. Tradução de Fernando Pavan Baptista e Ariani Bueno Sudatti. Bauru: EDIPRO, 2001.

BORGES, Josenir Cassiano. Recurso extraordinário: repercussão geral como função social. *Revista Juris Plenum*, n. 45, p. 51-68, maio 2012.

BRAGHITTONI, R. Ives. *Recurso extraordinário*: uma análise do acesso ao Supremo Tribunal Federal. São Paulo: Atlas, 2007.

BRANT, Moema Barros. A repercussão geral das questões constitucionais e o acesso à jurisdição. *In*: CASTRO, João Antônio Lima; FREITAS, Sérgio Henriques Zandona (Coords.). *Direito processual*. Belo Horizonte: PUC Minas, 2011.

BRASIL, Supremo Tribunal Federal. *Relatório de atividades 2019*. Disponível em: https://sistemas.stf.jus.br/dspace/xmlui/bitstream/handle/123456789/2112/RelatorioAtividades 2019_jan2020.pdf?sequence=3&isAllowed=y. Acesso em: 9 fev. 2021.BRASIL. Congresso Nacional. *Relatório nº 1, de 2006 – CN*. Diário do Senado Federal, 21 jan. 2006. Disponível em: http://legis.senado.leg.br/diarios/BuscaDiario?datDiario=21/01/2006&tipDiario=1. Acesso em: 25 maio 2017.

BRASIL. Conselho Nacional de Justiça. *Banco de demandas repetitivas do CNJ tem mais de 2 mil temas*. Disponível em: http://www.cnj.jus.br/noticias/cnj/84823-banco-de-demandas-repe titivas-do-cnj-tem-mais-de-2-mil-temas. Acesso em: 13 jul. 2017.

BRASIL. Conselho Nacional de Justiça. *Justiça em números 2016*: ano-base 2015. Brasília: Conselho Nacional de Justiça, 2016. Disponível em: http://www.cnj.jus.br/files/conteudo/arquivo/2016/10/b8f46be3dbbff344931a933579915488.pdf. Acesso em: 14 jan. 2017.

BRASIL. Conselho Nacional de Justiça. *Justiça em números 2020*: ano-base 2019. Brasília: Conselho Nacional de Justiça, 2016. Disponível em: https://www.cnj.jus.br/wp-content/uploads/2020/08/WEB-V3-Justi%C3%A7a-em-N%C3%BAmeros-2020-atualizado-em-25-08-2020.pdf. Acesso em: 13 fev. 2021.

BRASIL. Conselho Nacional de Justiça. *Justiça em números 2021: ano-base 2020*. Brasília: Conselho Nacional de Justiça, 2021. Disponível em: https://www.cnj.jus.br/wp-content/uploads/2021/11/relatorio-justica-em-numeros2021-221121.pdf. Acesso em: 25. nov. 2021.

BRASIL. Conselho Nacional de Justiça. *Painel de consulta ao Banco Nacional de Demandas Repetitivas e Precedentes Obrigatórios*. Disponível em: http://paineis.cnj.jus.br/QvAJAXZfc/opendoc.htm?document=qvw_1\painelcnj.qvw&host=QVS%40neodimio03&anonymous=true. Acesso em: 3 jul. 2017.

BRASIL. Conselho Nacional de Justiça. *Painel de consulta ao Banco Nacional de Demandas Repetitivas e Precedentes Obrigatórios*. Disponível em: https://paineis.cnj.jus.br/QvAJAXZfc/opendoc.htm?document=qvw_l%2FPainelCNJ.qvw&host=QVS%40neodimio03&anonymous=true&sheet=shDRGraficos. Acesso em: 10 fev. 2021.

REFERÊNCIAS | 317

BRASIL. Conselho Nacional de Justiça. *Painel de consulta ao Banco Nacional de Demandas Repetitivas e Precedentes Obrigatórios. Processos sobrestados em razão da repercussão geral.* Disponível em: https://paineis.cnj.jus.br/QvAJAXZfc/opendoc.htm?document=qvw_l%2FPainelCNJ. qvw&host=QVS%40neodimio03&anonymous=true&sheet=STF. Acesso em: 10 fev. 2021.

BRASIL. Conselho Nacional de Justiça. *Produtividade mensal. Gráficos customizados.* Disponível em: https://paineis.cnj.jus.br/QvAJAXZfc/opendoc.htm?document=qvw_l%2FPainelCNJ. qvw&host=QVS%40neodimio03&anonymous=true&sheet=shPDPrincipal. Acesso em: 9 fev. 2021.

BRASIL. Conselho Nacional de Justiça. *Supremo em ação 2017*: ano-base 2016. Brasília: Conselho Nacional de Justiça, 2017. Disponível em: https://www.cnj.jus.br/wp-content/uploads/2017/06/f8bcd6f3390e723534ace4f7b81b9a2a.pdf. Acesso em: 10 fev. 2021.

BRASIL. Conselho Nacional de Justiça. *Supremo em ação 2018*: ano-base 2017. Brasília: Conselho Nacional de Justiça, 2018. Disponível em: https://www.cnj.jus.br/wp-content/uploads/2017/06/fd55c3e8cece47d9945bf147a7a6e985.pdf. Acesso em: 9 fev. 2021.

BRASIL. Superior Tribunal de Justiça. *Previdência Usiminas não deve pagar aposentadoria complementar a ex-empregados da Cofavi.* 30 jun. 2017. Disponível em: http://www.stj.jus. br/sites/STJ/default/pt_BR/Comunica%C3%A7%C3%A3o/noticias/Not%C3%ADcias/Previd%C3%AAncia-Usiminas-n%C3%A3o-deve-pagar-aposentadoria-complementar-a-x%E2%80%93empregados-da-Cofavi. Acesso em: 25 jul. 2017.

BRASIL. Supremo Tribunal Federal. *Em dez anos, estoque de processos do STF cai 70%.* Disponível em: http://www.stf.jus.br/portal/cms/verNoticiaDetalhe.asp?idConteudo =345370&tip=UN. Acesso em: 25 jun. 2017.

BRASIL. Supremo Tribunal Federal. *Evolução do acervo do STF (histórico).* Disponível em: https://transparencia.stf.jus.br/single/?appid=e554950b-d244-487b-991d-abcc693bfa7c&sheet=ea8942c2-79fa-494f-bf18-ca6d5a3bfb43&theme=simplicity&opt=c urrsel&select=clearall, Acesso em: 8 fev. 2021.

BRASIL. Supremo Tribunal Federal. *Impacto da repercussão geral.* Disponível em: http://www.stf.jus.br/portal/cms/verTexto.asp?servico=estatistica&pagina=impactOrg. Acesso em: 14 jan. 2017.

BRASIL. Supremo Tribunal Federal. *Movimento processual a partir de 1940.* Disponível em: http://www.stf.jus.br/portal/cms/verTexto.asp?servico=estatistica&pagina=movimentoP rocessual. Acesso em: 9 fev. 2021.

BRASIL. Supremo Tribunal Federal. *Números da repercussão geral* (situação atual detalhada). Disponível em: http://portal.stf.jus.br/repercussaogeral/. Acesso em: 9 fev. 2021.

BRASIL. Supremo Tribunal Federal. *Números da repercussão geral.* Disponível em: http://www.stf.jus.br/arquivo/cms/publicacaoBOInternet/anexo/RG/Numeros/Total_RG_Geral. mhtml. Acesso em: 14 fev. 2021.

BRASIL. Supremo Tribunal Federal. Planilha *"Decisões – geral".* Disponível em: http://portal.stf.jus.br/textos/verTexto.asp?servico=estatistica&pagina=decisoesgeral. Acesso em: 8 fev. 2021.

BRASIL. Supremo Tribunal Federal. Planilha dinâmica *"Processos recebidos e baixados"*, com seleção apenas do ano de 2020. Disponível em: https://transparencia.stf.jus.br/single/?appid=b282ea92-29ef-4eeb-9676-2b9615ddfabd&sheet=ef87c134-e282-47ac-8f8f-813754f74e76. Acesso em: 8 fev. 2021.

BRASIL. Supremo Tribunal Federal. Planilha dinâmica *Decisões no Supremo Tribunal Federal*. Disponível em: https://transparencia.stf.jus.br/single/?appid=1f9aa2cf-d569-4e98-bd2a-a9dac4e79a69&sheet=3490ef1f-f90e-4b51-9b93-b578efd54efd&theme=simplicity&select=clearall. Acesso em: 9 fev.2021.

BRASIL. Supremo Tribunal Federal. *Portal de informações gerenciais*: quadro das devoluções pela sistemática da repercussão geral, a partir de 1º.1.2016. Disponível em: http://www.stf.jus.br/arquivo/cms/publicacaoBOInternet/anexo/RG/Teste/Quadro%20Geral%20Devolu%C3%A7%C3%A3o%20RG.mhtml. Acesso em: 12 fev. 2021.

BRASIL. Supremo Tribunal Federal. *Processos sobrestados em razão da repercussão geral*. Disponível em: http://www.stf.jus.br/portal/cms/verTexto.asp?servico=estatistica&pagina=sobrestadosrg. Acesso em: 14 jan. 2017.

BRASIL. Supremo Tribunal Federal. *Questões práticas*: processamento dos recursos múltiplos no Supremo Tribunal Federal. Disponível em: http://www.stf.jus.br/portal/cms/verTexto.asp?servico=jurisprudenciaRepercussaoGeral&pagina=processamentoMultiplo. Acesso em: 15 jan. 2017.

BRASIL. Supremo Tribunal Federal. Reforma judiciária. *Revista Forense*, v. 212, p. 461-468, out./dez.1965.

BRASIL. Supremo Tribunal Federal. *Relatório da gestão 2018-2020*. Brasília, 2020. Disponível em: http://www.stf.jus.br/arquivo/cms/noticiaNoticiaStf/anexo/relatGestaoDT.pdf. Acesso em: 11 fev. 2021.

BRASIL. Supremo Tribunal Federal. *Relatório de atividades 2016*. Brasília: Supremo Tribunal Federal, 2017. Disponível em: http://stf.jus.br/relatorio2016/. Acesso em: 10 maio 2017.

BRASIL. Supremo Tribunal Federal. *Relatório de atividades 2020*. Brasília, 2021. Disponível em: http://www.stf.jus.br/arquivo/cms/publicacaoCatalogoProdutoConteudoTextual/anexo/RelatorioAtividadesSTF2020.pdf. Acesso em: 25 nov. 2021.

BRASIL. Supremo Tribunal Federal. *Representativos da controvérsia*. Disponível em: http://stf.jus.br/portal/cms/verTexto.asp?servico=repercussaoRepresentativos&pagina=principal. Acesso em: 21 jul. 2017.

BRASIL. Supremo Tribunal Federal. *STF profere quase 100 mil decisões em 2020, entre monocráticas e colegiadas*. Disponível em: http://portal.stf.jus.br/noticias/verNoticiaDetalhe.asp?idConteudo=457782. Acesso em: 8 fev. 2021.

BRASIL. Supremo Tribunal Federal. *STF reduz acervo de recursos a número menor que o de ações originárias*. Disponível em: http://portal.stf.jus.br/noticias/verNoticiaDetalhe.asp?idConteudo=456175. Acesso em: 8 fev. 2021.

BRASIL. Supremo Tribunal Federal. *STF totaliza 1 milhão de REs e AREs recebidos*. 30 set. 2016. Disponível em: http://stf.jus.br/portal/cms/verNoticiaDetalhe.asp?idConteudo=326435&caixaBusca=N. Acesso em: 10 maio 2017.

REFERÊNCIAS | 319

BRASIL, Supremo Tribunal Federal. *Painel da taxa de provimento*. Disponível em: https://transparencia.stf.jus.br/single/?appid=ca45dc5b-0684-4d3d-9f49-7ce39dfa6123&sheet =117b765f-1773-4276-866c-1faf26145fe1. Acesso em: 9 fev. 2021.

BRASIL. Supremo Tribunal Federal. *Processos registrados à Presidência e distribuídos aos Ministros*. Tabela dinâmica disponível em: https://transparencia.stf.jus.br/single/?appid=a40192e8-a3e6-4464-a670-0f96ce692538&sheet=c3a2113a-9166-4577-aaa7-8f56bfd74bc3&theme =simplicity&select=clearall. Acesso em: 25 nov. 2021.

BRAWERMAN, André. Recurso extraordinário, repercussão geral e a advocacia pública. *Revista Brasileira de Direito Constitucional*, n. 10, p. 143-160, jul./dez. 2007.

BUENO, Cássio Scarpinella. Algumas considerações sobre o instituto da repercussão geral. *In:* FUX, Luiz; FREIRE, Alexandre; DANTAS, Bruno (Coords.). *Repercussão geral da questão constitucional*. Rio de Janeiro: Forense, 2014.

BUENO, Cássio Scarpinella. Repercussão geral no projeto de novo Código de Processo Civil. *In:* PAULSEN, Leandro (Coord.). *Repercussão geral no recurso extraordinário*: estudos em homenagem à Ministra Ellen Gracie. Porto Alegre: Livraria do Advogado, 2011. *e-book*.

BUZINGNANI, Wilian Zendrini. *Aspectos modernos do recurso extraordinário*: repercussão geral e outros apontamentos. Curitiba: CRV, 2013.

CABRAL, Antonio do Passo. Requisitos de relevância no sistema recursal alemão. *In:* FUX, Luiz; FREIRE, Alexandre; DANTAS, Bruno (Coords.). *Repercussão geral da questão constitucional*. Rio de Janeiro: Forense, 2014.

CALAMANDREI, Piero. *La casación civil*. Tradução de Santiago Sentis Melendo. Buenos Aires: Editorial Bibliográfica Argentina, 1945. t. I, v. 1.

CALDAS, Natália Cabral Alves Toscano. Da arguição de repercussão geral em sede de recurso extraordinário. *Revista da ESMAPE*, v. 14, n. 29, p. 333-363, jan./jun. 2009.

CALDEIRA, Marcus Flávio Horta. *O desenvolvimento dos modelos americano, alemão e brasileiro de controle de constitucionalidade e a "objetivação" processual*: com destaque para o Writ of certiorari norte-americano, a Verfassungsbeschwerde alemã e a "objetivação" do recurso extraordinário brasileiro. 2014. Dissertação (Mestrado) – IDP, Brasília, 2014.

CAMBI, Eduardo. Critério da transcendência para a admissibilidade do recurso extraor-dinário (art. 102, §3º, da CF): entre a autocontenção e o ativismo do STF no contexto da legitimação democrática da jurisdição constitucional. *In:* WAMBIER, Teresa Arruda Alvim *et al.* (Coords.). *Reforma do Judiciário*: primeiros ensaios críticos sobre a EC nº 45/2004. São Paulo: Revista dos Tribunais, 2005.

CANIVET, Guy. *La procédure d'admission des pourvois en cassation*: bilan d'un semestre d'application de l'article L 131-6 du Code de l'organisation judiciaire. 2002. Disponível em: https://www.courdecassation.fr/publications_26/discours_entretiens_2039/ archives_2201/admission_pourvois_cassation_8424.html. Acesso em: 29 maio 2017.

CANIVET, Guy. *Vision prospective de la Cour de cassation*. 2006. Disponível em: https://www.asmp.fr/travaux/communications/2006/canivet.htm. Acesso em: 28 maio 2017.

CARMONA, Carlos Alberto. Reforma da Constituição e processo: promessas e perspec-tivas. *Revista da Procuradoria-Geral do Estado de São Paulo*, n. 61/62, p. 1-12, jan./dez. 2005.

CARNEIRO, Athos Gusmão. Considerações sobre o recurso extraordinário e a 'repercussão geral'. *Revista Autônoma de Processo*, n. 4, p. 171-178, 2007.

CARNEIRO, Cláudio Gomes. A aplicação prática da transcendência no âmbito do Tribunal Superior do Trabalho e a ofensa ao princípio da colegialidade. *Revista LTr*, v. 82, n. 4, p. 415-421, abr. 2018.

CARNEIRO, Diogo Ciuffo. Os requisitos de admissibilidade dos recursos especial e extraordinário e a sua ilegítima utilização como filtros recursais. *Revista de Processo*, v. 160, p. 205-232, jun. 2008.

CARPI, Federico. *Las Cortes Supremas y la Corte de Casación italiana después de la Reforma de 2006*: análisis comparado. 2008. Disponível em: https://www.academia.edu/10303692/Las_Cortes_Supremas_y_la_Corte_de_Casaci%C3%B3n_italiana_despu%C3%A9s_de_la_Reforma_de_2006._An%C3%A1lisis_comparado?auto=download. Acesso em: 8 jun. 2017.

CARVALHO FILHO, José dos Santos. Novo CPC provoca mudanças estruturais na repercussão geral. *Consultor Jurídico*, 13.6.2015. Disponível em: https://www.conjur.com.br/2015-jun-13/observatorio-constitucional-cpc-provoca-mudancas-estruturais-repercussao-geral. Acesso em: 30 mar. 2021

CARVALHO FILHO, José dos Santos. *Repercussão geral*: balanço e perspectivas. São Paulo: Almedina, 2015.

CASTILHO, Manoel Lauro Wolkmer de. O recurso extraordinário, a repercussão geral e a súmula vinculante. *Revista de Processo*, n. 151, p. 99-119, set. 2007.

CHAVES, Charley Teixeira. *Recurso extraordinário*: (repercussão geral: a objetivação do recurso extraordinário). Belo Horizonte: Charley Teixeira Chaves, 2014. *e-book*.

CHIARLONI, Sergio. La giustizia civile e i suoi paradossi. *Revista eletrônica de direito processual*, v. XIV, p. 603-690, 2014. Disponível em: http://www.e-publicacoes_teste.uerj.br/index.php/redp/article/viewFile/14556/15875. Acesso em: 29 jun. 2017.

COELHO, Gláucia Mara. *Repercussão geral*: da questão constitucional no processo civil brasileiro. São Paulo: Atlas, 2009.

COELHO, Inocêncio Mártires. *Da hermenêutica filosófica à hermenêutica jurídica*: fragmentos. 2. ed. São Paulo: Saraiva, 2015.

COELHO, Inocêncio Mártires. *Indeterminação do direito, discricionariedade judicial e segurança jurídica*. Disponível em: https://www.uniceub.br/media/491563/Anexo9.pdf. Acesso em: 25 jul. 2017.

COÊLHO, Marcus Vinicius Furtado. O Supremo Tribunal Federal na encruzilhada: entre a celeridade e a Justiça. Reflexões sobre a repercussão geral e a súmula vinculante em quinze anos de Emenda Constitucional nº 45/2004. *In*: TOFFOLI, Dias. CRUZ, Felipe Santa. GODINHO, André (Orgs.). *Emenda Constitucional nº 45/2004*: 15 anos do novo Poder Judiciário. Brasília, OAB, Conselho Federal, 2019, p. 403-417.

COÊLHO, Sacha Calmon Navarro. A repercussão geral no Supremo Tribunal Federal do Brasil – tema novo ou variação recorrente do papel das Supremas Cortes? *In*: PAULSEN, Leandro (Coord.). *Repercussão geral no recurso extraordinário*: estudos em homenagem à Ministra Ellen Gracie. Porto Alegre: Livraria do Advogado, 2011. *e-book*.

REFERÊNCIAS | 321

COHEN, Mathilde. When judges have reasons not to give reasons: a comparative law approach. *Washington & Lee Law Review*, v. 72, n. 2, p. 483-571, 2015. Disponível em: http://scholarlycommons.law.wlu.edu/cgi/viewcontent.cgi?article=4449&context=wlulr. Acesso em: 30 mar. 2017.

CONCENTINO, Luciana de Castro. A nova sistemática do recurso extraordinário. *Revista IOB de Direito Civil e Processual Civil*, n. 61, p. 114-130, set./out. 2009.

CORDRAY, Margaret Meriwether; CORDRAY, Richard. The philosophy of certiorari: jurisprudential considerations in Supreme Court case selection. *Washington University Law Review*, v. 82, p. 389-452, 2004.

CORRÊA, Oscar Dias. A emenda regimental nº 2/85 ao Regimento Interno do STF. *Revista do Advogado*, n. 26, p. 7-30, ago. 1988.

CÔRTES, Osmar Mendes Paixão. As inovações da EC nº 45/2004 quanto ao cabimento do recurso extraordinário. *In*: WAMBIER, Teresa Arruda Alvim *et al.* (Coords.). *Reforma do Judiciário*: primeiros ensaios críticos sobre a EC nº 45/2004. São Paulo: Revista dos Tribunais, 2005.

CÔRTES, Osmar Mendes Paixão. A evolução da repercussão geral. *In*: NERY JUNIOR, Nelson; ALVIM, Teresa Arruda; OLIVEIRA, Pedro Miranda de. *Aspectos polêmicos dos recursos cíveis e assuntos afins*. v. 14. São Paulo: Thomson Reuters Brasil, 2018, p. 295-311.

CÔRTES, Osmar Mendes Paixão. Transcendência x repercussão geral. *Revista do TRT da 9ª Região*, ano X, n. 92, p. 72-81, set. 2020.

COSTA, Arthur de Oliveira Calaça; OLIVEIRA, Karen França de. A análise do requisito de admissibilidade da repercussão geral nos recursos extraordinários pelo STF, dever de fundamentação e sua relação com o writ of certiorari norte-americano. *Revista dos Estudantes de Direito da UnB*, n. 12, 2016.

COSTA, Regina Helena. Repercussão geral em matéria tributária: primeiras reflexões. *In*: PAULSEN, Leandro (Coord.). *Repercussão geral no recurso extraordinário*: estudos em homenagem à Ministra Ellen Gracie. Porto Alegre: Livraria do Advogado, 2011. *e-book*.

COSTA, Susana Henriques da; NORONHA, Lara Lago. A litigância repetitiva como importante fator para o reconhecimento da repercussão geral pelo Supremo Tribunal Federal. *In*: GALINDO, Beatriz Magalhães; KOHLBACH, Marcela (Coords.). *Recursos no CPC/2015*: perspectivas, críticas e desafios. Salvador: JusPodivm, 2017, p. 421-440.

COUTO, Monica Bonetti. Repercussão geral da questão constitucional: algumas notas reflexivas. *In*: ASSIS, Araken *et al. Direito civil e processo*: estudos em homenagem ao professor Arruda Alvim. São Paulo: Revista dos Tribunais, 2007.

CUNHA, Leonardo José Carneiro da. A função do Supremo Tribunal Federal e a força de seus precedentes: enfoque nas causas repetitivas. *In*: PAULSEN, Leandro (Coord.). *Repercussão geral no recurso extraordinário*: estudos em homenagem à Ministra Ellen Gracie. Porto Alegre: Livraria do Advogado, 2011. *e-book*.

CUNHA, Sérgio Sérvulo da. O recurso extraordinário, a repercussão geral e a mula de Tales. *Cadernos de soluções constitucionais*, n. 3, p. 422-433, 2008.

CUNHA JÚNIOR, Dirley da; MARTINS, Carlos Eduardo Behrmann Rátis. *EC nº 45*: comentários à reforma do Poder Judiciário. Salvador: JusPodivm, 2005.

DANTAS, Bruno. *Repercussão geral*. 3. ed. São Paulo: Revista dos Tribunais, 2012.

DANTAS, Ivo. *Da repercussão geral como pressuposto específico e como filtro ou barreira de qualificação do recurso extraordinário*. abr. 2009. Disponível em: http://www.anima-opet. com.br/pdf/anima1/artigo_Ivo_Dantas_da_repercussao.pdf. Acesso em: 18 jul. 2017.

DECOMAIN, Pedro Roberto. Previsão constitucional e pressupostos de admissibilidade do recurso extraordinário. *Revista Dialética de Direito Processual*, n. 126-143, p. 135, maio 2013.

DERZI, Misabel de Abreu *et al*. Recursos extraordinários, precedentes e a responsabilidade política dos tribunais: um problema em aberto para o legislador e o novo CPC. *Revista de Processo*, v. 237, p. 473-493, nov. 2014.

DIAS, Ricardo Gueiros Bernardes; DELLAQUA, Leonardo Goldner. Repercussão geral: superação de filtros ocultos e vinculação das teses em abstrato. *Meritum*. Belo Horizonte, v. 14, n. 1, p. 98-113, jan./jun. 2019.

DICIONÁRIO HOUAISS. Disponível em: https://houaiss.uol.com.br/pub/apps/www/v3-2/html/index.php#0. Acesso em: 21 jul. 2017.

DIDIER JR., Fredie. Transformações do recurso extraordinário. *Revista Forense*, v. 389, p. 491-500, jan./fev. 2007.

DIDIER JR., Fredie; CUNHA, Leonardo Carneiro da. *Curso de direito processual civil*. 14. ed. Salvador: JusPodivm, 2017. v. 3.

DIDIER JR., Fredie; CUNHA, Leonardo Carneiro da. *Curso de direito processual civil*. 18. ed. Salvador: JusPodivm, 2021. v. 3.

DIDIER JR., Fredie; CUNHA, Leonardo Carneiro da. Recursos contra decisão proferida em incidente de resolução de demandas repetitivas que apenas fixa a tese jurídica. *In*: NUNES, Dierle; MENDES, Aluísio; DIPP, Gilson. *A repercussão geral no recurso extraordinário e o Superior Tribunal de Justiça*. *Superior Tribunal de Justiça*: doutrina: edição comemorativa, 25 anos. Brasília: Superior Tribunal de Justiça, 2014.

DINO, Flávio *et al*. *Reforma do Judiciário*: comentários à Emenda nº 45/2004. Niterói: Impetus, 2005.

DIPP, Gilson. A repercussão geral no recurso extraordinário e o Superior Tribunal de Justiça. *In: Superior Tribunal de Justiça*: doutrina: edição comemorativa, 25 anos. Brasília, Superior Tribunal de Justiça, 2014, p. 24-52.

DOURADO, Gabriela. A evolução do julgamento virtual. *JOTA*, 14 jan. 2021. Disponível em: https://www.jota.info/opiniao-e-analise/artigos/a-evolucao-do-julgamento-virtual-no-stf-14012021. Acesso em: 31 mar. 2021.

ENGISCH, Karl. *Introdução ao pensamento jurídico*. Lisboa: Calouste Gulbenkian, 2001.

ENTERRÍA, Eduardo Garcia de. La lucha contra las inmunidades del poder en el derecho administrativo (poderes discrecionales, poderes de gobierno, poderes normativos). *Revista de Administración Pública*, n. 38, p. 159-205, 1962. Disponível em: https://dialnet.unirioja. es/descarga/articulo/2112627.pdf. Acesso em: 29 jun. 2017.

REFERÊNCIAS | 323

ESTADOS UNIDOS DA AMÉRICA. Supreme Court. *Darr v. Burford, 339 U.S. 200 (1950)*. Disponível em: https://supreme.justia.com/cases/federal/us/339/200/. Acesso em: 10 maio 2017.

ESTADOS UNIDOS DA AMÉRICA. Supreme Court. *The Supreme Court at work The term and caseload*. Disponível em: https:// https://www.supremecourt.gov/about/courtatwork. aspx. Acesso em: 8 fev. 2021.

FACHIN, Luiz Edson; FORTES, Luiz Henrique Krassuski. Fundamentação da repercussão geral da questão constitucional. *In:* DANTAS, Bruno *et al. Questões relevantes sobre recursos, ações de impugnação e mecanismos de uniformização da jurisprudência*. São Paulo: Revista dos Tribunais, 2017, p. 161-166.

FACHIN, Luiz Edson; FORTES, Luiz Henrique Krassuski. Repercussão geral do recurso extraordinário: dever de demonstração da transcendência e relevância da questão constitucional. *Revista de Processo Comparado*, v. 4, n. 7, p. 227-251, jan./jun. 2018.

FAGUNDES, M. Seabra. A reforma do Poder Judiciário e a reestruturação do Supremo Tribunal Federal. *Revista Forense*, v. 215, p. 5-12, jul./set. 1966.

FALCÃO, Joaquim; ARGUELHES, Diego Werneck. Onze Supremos: todos contra o Plenário. *In:* FALCÃO, Joaquim; ARGUELHES, Diego Werneck; RECONDO, Felipe (Orgs.). *Onze Supremos*: o Supremo em 2016. Belo Horizonte: Letramento: Casa do Direito: Supra: Jota: FGV Rio, 2017. Disponível em: http://bibliotecadigital.fgv.br/dspace/bitstream/handle/10438/17959/Onze%20Supremos%20-%20o%20Supremo%20em%20 2016.pdf?sequence=1. Acesso em: 27 jun. 2017.

FALCÃO, Joaquim; CERDEIRA, Pablo; ARGUELHES, Diego Werneck. *I Relatório Supremo em números*: o múltiplo Supremo. Rio de Janeiro: FGV, 2011. Disponível em: http://bibliotecadigital.fgv.br/dspace/bitstream/handle/10438/10312/I%20Relat%c3%b3rio%20 do%20Supremo%20em%20N%c3%bameros.pdf?sequence=1&isAllowed=y. Acesso em: 27 jun. 2017.

FALCÃO, Joaquim; CERDEIRA, Pablo; ARGUELHES, Diego Werneck. O Supremo Tribunal Federal processual. *In: Estudos*: direito público. Homenagem ao Ministro Carlos Mário da Silva Velloso. São Paulo: Lex Magister, 2012.

FARINA, Fernanda Mercier Querido. Jurisprudência defensiva e a função dos tribunais superiores. *Revista de Processo*, v. 209, p. 105-144, jul. 2012.

FÉRES, Marcelo Andrade. Impactos da Emenda Constitucional nº 45/2004 sobre o recurso extraordinário: a repercussão geral (ou transcendência) e a nova alínea d do inciso III do art. 102 da Constituição. *Revista Dialética de Direito Processual*, n. 39, p. 105-112, jun. 2006.

FÉRES, Marcelo Andrade. Nótula sobre a repercussão geral (ou transcendência) do recurso extraordinário. *Repertório de jurisprudência IOB*: civil, processual, penal e comercial, v. III, n. 1, p. 367-370, jan. 2005.

FERNANDES, Eric Baracho Dore; FERREIRA, Siddharta Legale. Irrecorrível, mas nem tanto: a revisão de tese na repercussão geral do recurso extraordinário. *Revista da Seção Judiciária do Rio de Janeiro*, v. 21, n. 40, p. 193-209, ago. 2014.

FERNANDES, Luis Eduardo Simardi. A irrecorribilidade da decisão que não conhece do recurso extraordinário por ausência da repercussão geral. *In:* MEDINA, José Miguel

Garcia *et al. Os poderes do juiz e o controle das decisões judiciais*: estudos em homenagem à professora Teresa Arruda Alvim Wambier. São Paulo: Revista dos Tribunais, 2008.

FERRAZ, Taís Schilling. A abstração da questão constitucional de repercussão geral frente ao recurso extraordinário. *Revista Jurídica*, n. 439, p. 25-46, maio 2014.

FERRAZ, Taís Schilling. *A amplitude dos efeitos das decisões sobre questão constitucional de repercussão geral*: critérios para aplicação de precedentes no direito brasileiro. 2015. Dissertação (Mestrado em Direito) – PUC/RS, Porto Alegre, 2015. Disponível em: http://biblioteca.trf4.jus.br/diap/teses/FERRAZ_TA%C3%8DS_SCHILLING.pdf. Acesso em: 30 out. 2016.

FERRAZ, Taís Schilling. Repercussão geral – muito mais que um pressuposto de admissibilidade. *In*: PAULSEN, Leandro (Coord.). *Repercussão geral no recurso extraordinário*: estudos em homenagem à Ministra Ellen Gracie. Porto Alegre: Livraria do Advogado, 2011. *e-book.*

FILPO, Klever Paulo Leal; BARBUTO, Renata Campbell. Aspectos controvertidos do filtro da repercussão geral em perspectiva empírica. *Revista de Estudos Empíricos em Direito*, v. 4, n. 2, p. 105-120, jun. 2017.

FONSECA, Rodrigo Garcia da. O papel do Supremo Tribunal Federal e a repercussão geral no recurso extraordinário. *In*: MARTINS, Ives Gandra da Silva; JOBIM, Eduardo (Coords.). *O processo na Constituição*. São Paulo: Quartier Latin, 2008.

FORST, Rainer. The basic right to justification: toward a constructivist conception of human rights. *Constellations*, Oxford, v. 6, n. 1, p. 35-60, 1999. Disponível em: http://spocri.unimc.it/it/site-news/eventi/seminars.-justice-citizenship-and-economic-deve lopment/4.%20Seminar%20May%207_%20recommended%20reading_%20Forst.pdf. Acesso em: 24 maio 2017.

FORTES, Luiz Henrique Krassuski. Como aprimorar o funcionamento da repercussão geral? Um diálogo com Luís Roberto Barroso e Frederico Montedonio Rego. *In*: MARINONI, Luiz Guilherme *et al.* (Orgs. e Coords.). *Processo constitucional*. São Paulo: Thomson Reuters Brasil, 2019, artigo nº 31. *e-book.*

FRANÇA. Cour de cassation. Chambre Commerciale. *Décision nº 10557 F.* Pourvoi nº M 08.18.028. 24.11.2009. Disponível em: http://www.autoritedelaconcurrence.fr/doc/cass08d05_nov09.pdf. Acesso em: 30 maio 2017.

FRANÇA. Cour de cassation. *L'instruction et le jugement du pourvoi.* Disponível em: https://www.courdecassation.fr/cour_cassation_1/presentation_2845/instruction_jugement_pourvoi_30994.html. Acesso em: 29 maio 2017.

FRANÇA. Cour de cassation. *Les réformes de la motivation et de la rédaction des décisions de la Cour de cassation.* Disponível em: https://www.courdecassation.fr/institution_1/reforme_cour_7109/travaux_reforme_2014_2019_9706/redaction_decisions_9223/. Acesso em: 15 fev. 2021.

FRANÇA. Cour de cassation. *Rapport annuel 2003.* Disponível em: https://www.courdecassation.fr/IMG/pdf/Rapport_2003_optimise.pdf. Acesso em: 29 maio 2017.

FRANÇA. Cour de cassation. *Rapport annuel 2019*, p. 240-245 Disponível em: https://www.courdecassation.fr/IMG/pdf/20200923_rapport_2019.pdf. Acesso em: 15 fev. 2021.

FRANÇA. Cour de cassation. *Rapport de la commission de réflexion sur la réforme de la Cour de cassation.* Avril 2017. Disponível em: https://www.courdecassation.fr/IMG///Synth%C3%A8se%20introductive%20de%20la%20Commission%20de%20r%C3%A9flexion.pdf. Acesso em: 15 fev. 2021.

FRANÇA. Cour de cassation. *Rapport sur les méthodes de travail.* 17 juillet 2020. Disponível em: https://www.courdecassation.fr/institution_1/reforme_cour_7109/travaux_reforme_2020_9803/methodes_travail_45167.html. Acesso em: 15 fev. 2021.

FRANÇA. Ministère de la Justice. Bulletin officiel du Ministère de la Justice. *Circulaire du 12 novembre 2014 de présentation du décret n⁰ 2014-1338 du 6 novembre 2014 relatif à la procédure civile devant la Cour de cassation.* p. 4. Disponível em: http://www.textes.justice.gouv.fr/art_pix/JUSC1418921C.pdf. Acesso em: 29 maio 2017.

FRANKENBERG, Günther. *Comparative law as critique.* Cheltenham: Elgar, 2016.

FREITAS, Marina Cardoso de. A repercussão geral nos recursos extraordinários – como o STF tem aplicado esse instituto? *In:* VOJVODIC, Adriana *et al.* (Orgs.). *Jurisdição constitucional no Brasil.* São Paulo: Malheiros, 2012.

FREITAS JÚNIOR, Horival Marques de. *Repercussão geral das questões constitucionais:* sua aplicação pelo Supremo Tribunal Federal. São Paulo: Malheiros, 2015.

FUCK, Luciano Felicio. Repercussão geral: desenvolvimento e desafios. *In:* FUX, Luiz; FREIRE, Alexandre; DANTAS, Bruno (Coords.). *Repercussão geral da questão constitucional.* Rio de Janeiro: Forense, 2014.

FURRIER, Fábio Luis. *Repercussão geral:* as contradições entre teoria e prática verificadas em levantamento de dados relacionados às lides consumeristas de telefonia, 2015. Artigo não publicado, gentilmente cedido pelo autor.

FUX, Luiz. Repercussão geral e o recurso extraordinário (Lei n⁰ 11.418/2006 com entrada em vigor em 21.02.2007). *In:* DIREITO, Carlos Alberto Menezes; TRINDADE, Antônio Augusto Cançado; PEREIRA, Antonio Celso Alves. *Novas perspectivas do direito internacional contemporâneo:* estudos em homenagem ao professor Celso D. de Albuquerque Mello. Rio de Janeiro: Renovar, 2008.

GAIO JÚNIOR, Antônio Pereira. Considerações sobre a ideia da repercussão geral e a multiplicidade de recursos repetitivos no STF e STJ. *Revista de Processo,* v. 170, p. 140-155, abr. 2009.

GIACOMET, Daniela Allam e. *Filtros de acesso a Cortes constitucionais.* Brasília: Gazeta Jurídica, 2017.

GIANNINI, Leandro. *El certiorari:* la jurisdicción discrecional de las Cortes Supremas. La Plata: Librería Editora Platense, 2016. t. I e II.

GODOI, Marciano Seabra de; PRADO, Júlia Ferreira Gonçalves. Acessibilidade e qualidade das decisões judiciais num sistema de precedentes: como se comportam os ministros do Supremo Tribunal Federal no exame da repercussão geral das questões constitucionais em matéria tributária. *In:* BOSSA, Gisele Barra *et al. Medidas de redução do contencioso tributário e o CPC/2015.* São Paulo: Almedina, 2017, p. 497-520.

GOMES, Flavio Marcelo. *Desvendando os recursos especial e extraordinário*: atualizado conforme a Emenda Regimental nº 54, de 01 de julho de 2020, do STF. Timburi: Cia do e-book, 2020

GOMES, Juliana Cesário Alvim. *Opacidade do plenário virtual, Zika e censura nas escolas*: obstáculo ou estratégia? *JOTA*, 12 maio 2020. Disponível em: https://www.jota.info/stf/supra/opacidade-plenario-virtual-zika-censura-escolas-12052020. Acesso em: 11 fev. 2021.

GOMES JÚNIOR, Luiz Manoel. A repercussão geral da questão constitucional no recurso extraordinário. *Revista de Processo*, ano 30, n. 119, p. 91-116, jan. 2005.

GOMES JÚNIOR, Luiz Manoel. *Arguição de relevância*: a repercussão geral das questões constitucional e federal. Rio de Janeiro: Forense, 2001.

GOMES JUNIOR, Luiz Manoel; GAJARDONI, Fernando da Fonseca. Anotações sobre a repercussão geral nos recursos extraordinário e especial. *In*: FUX, Luiz; FREIRE, Alexandre; DANTAS, Bruno (Coords.). *Repercussão geral da questão constitucional*. Rio de Janeiro: Forense, 2014.

GUERREIRO, Mário Augusto Figueiredo de Lacerda. Desenvolvimentos recentes do instituto da repercussão geral. *In*: RODRIGUES, Décio Luiz José; SANTOS JUNIOR, Walter Godoy dos (Coords.). *Jurisprudência do STF comentada*. São Paulo: Escola Paulista da Magistratura, 2021, p. 160-161. Disponível em: https://www.prefeitura.sp.gov.br/cidade/secretarias/upload/CEJUR%20-%20PGM/CEJUR%20Clipping/38%c2%aa%20edi%c3%a7%c3%a3o/not%c3%adcias%20do%20judici%c3%a1rio/7.pdf. Acesso em: 8 nov. 2021.

GUIMARÃES, Rafael. *Recursos especial e extraordinário*: técnica de elaboração, processamento e julgamento. São Paulo: Revista dos Tribunais, 2020.

HÄBERLE, Peter. O recurso de amparo no sistema germânico de justiça constitucional. *Revista Direito Público*, n. 2, p 83-137, out./dez. 2003. Disponível em: http://dspace.idp.edu.br:8080/xmlui/bitstream/handle/123456789/452/Direito%20Publico%20n22003_Peter%20Haberle.pdf?sequence=1&isAllowed=y. Acesso em: 22 jun. 2017.

HANUS, Jerome J. Denial of certiorari and Supreme Court policy-making. *The American University Law Review*, v. 17, p. 41-53, 1967.

HARNETT, Edward. Questioning certiorari: some reflections seventy-five years after the Judges' Bill. *Columbia Law Review*, v. 100, n. 7, p. 1643-1738, nov. 2000.

HARTMANN, Guilherme Kronenberg. Apontamentos sobre a repercussão geral do recurso extraordinário. *Revista Seleções Jurídicas*, p. 11-19, abr. 2011.

HARTMANN, Ivar; FERREIRA, Lívia da Silva. Ao relator, tudo: o impacto do aumento do poder do Ministro relator no Supremo. *Revista Opinião Jurídica*, Fortaleza, ano 13, n. 17, p. 268-283. Disponível em: http://periodicos.unichristus.edu.br/index.php/opiniaojuridica/article/view/266/179. Acesso em: 30 out. 2016.

HERANI, Renato Gugliano. Repercussão geral: uma análise empírica dos argumentos de reconhecimento. *Revista Brasileira de Estudos Constitucionais*, n. 27, p. 649-679, set./dez. 2013.

HOCKL, María Cecilia; DUARTE, David. *Competencias y atribuciones de la Corte Suprema de Justicia de la Nación*. Buenos Aires: Legis Argentina, 2006.

ITÁLIA. Corte Suprema di Cassazione. *La cassazione civile*: annuario statistico 2020. 7 gennaio 2021. Disponível em: https://www.cortedicassazione.it/cassazione-resources/resources/cms/documents/20210107_ANNUARIO-Civile2020.pdf. Acesso em: 16 fev. 2021.

ITÁLIA. Corte Suprema di Cassazione. *La cassazione penale*: annuario statistico 2020. 7 gennaio 2021. Disponível em: https://www.cortedicassazione.it/cassazione-resources/resources/cms/documents/ANNUARIO_PENALE_2020.pdf. Acesso em: 16 fev. 2021.

ITÁLIA. Corte Suprema di Cassazione. *La motivazione dei provvedimenti civili: in particolare, la motivazione sintetica*. 14 set. 2016. Disponível em: https://www.Cortedicassazione.it/cassazione-resources/resources/cms/documents/Provvedimento_motivazione_provvedimenti_civili_136.pdf. Acesso em: 16 fev. 2021.

ITÁLIA. Corte Suprema di Cassazione. *Provvedimento sulla motivazione semplificata di sentenze penali*. 8 jun. 2016. Disponível em: https://www.Cortedicassazione.it/cassazione-resources/resources/cms/documents/Provvedimento_motivazione_sentenze_penali_84.pdf. Acesso em: 16 fev. 2021.

JOLOWICZ, J. A. The role of the supreme court at the national and international level. *In:* YESSIOU-FALTSI, Pelayia (ed.). *The role of the supreme courts at the national and international level*: reports for the Thessaloniki International Colloquium: 21-25 may 1997. Thessaloniki: Sakkoulas, 1998.

JORGE, Flávio Cheim; SIQUEIRA, Thiago Ferreira. Repercussão geral e recursos repetitivos: a atuação dos tribunais de origem. *In:* FUX, Luiz; FREIRE, Alexandre; DANTAS, Bruno (Coords.). *Repercussão geral da questão constitucional*. Rio de Janeiro: Forense, 2014.

KOMMERS, Donald P.; MILLER, Russel A. *The constitutional jurisprudence of the Federal Republic of Germany*. 3. ed. Durham: Duke University Press, 2012.

KOZIKOSKI, Sandro Marcelo. A repercussão geral das questões constitucionais e o juízo de admissibilidade do recurso extraordinário (Lei nº 11.418/2006). *Cadernos de soluções constitucionais*, n. 3, p. 401-421, 2008.

KOZIKOSKI, Sandro Marcelo. Recurso extraordinário e repercussão geral. *In:* CLÈVE, Clèmerson Merlin (Coord.). *Direito constitucional brasileiro*. v. II: organização do Estado e dos poderes. São Paulo, Revista dos Tribunais, 2014, p. 722-748.

KRELL, Andreas. Discricionariedade administrativa, conceitos jurídicos indeterminados e controle judicial. *Revista ESMAFE*: Escola da Magistratura Federal da 5ª Região, n. 8, p. 177-224, dez. 2004.

LAMEIRA, Daniella Pinheiro. O instituto da repercussão geral no direito brasileiro atual: uma análise democrática. *In:* FUX, Luiz; FREIRE, Alexandre; DANTAS, Bruno (Coords.). *Repercussão geral da questão constitucional*. Rio de Janeiro: Forense, 2014.

LAMY, Eduardo de Avelar. Demonstrando a repercussão geral no recurso extraordinário. *In:* MEDINA, José Miguel Garcia *et al. Os poderes do juiz e o controle das decisões judiciais*: estudos em homenagem à professora Teresa Arruda Alvim Wambier. São Paulo: Revista dos Tribunais, 2008.

LAMY, Eduardo de Avelar. Repercussão geral no recurso extraordinário: a volta da argüição de relevância? *In:* WAMBIER, Tereza Arruda Alvim *et al.* (Coords.). *Reforma do judiciário*: primeiros ensaios críticos sobre a EC nº 45/2004. São Paulo: Saraiva, 2005.

LEAL, Fabio Resende. RAGAZZI, José Luiz. O processo como instrumento de efetivação dos direitos sociais no sistema de precedentes estabelecido pelo Código de Processo Civil de 2015. *Direitos Culturais*. Santo Ângelo, v. 13, n. 30, p. 191-214, maio/ago. 2018.

LEAL, Victor Nunes. Aspectos da reforma judiciária. *In:* LEAL, Victor Nunes. *Problemas do direito público e outros problemas*. Brasília: Ministério da Justiça, 1997. v. 2.

LEITE, Evandro Gueiros. A Emenda nº 2/85 (RISTF) e a boa razão. *Revista dos Tribunais*, v. 615, p. 7-31, jan. 1987.

LEMOS, Vinicius Silva. A repercussão geral no novo CPC: a construção da vinculação da decisão de mérito proferida em repercussão geral pelo STF. *Revista Eletrônica de Direito Processual*. Rio de Janeiro, a. 11, v, 18, n. 1, p. 403-427, jan./abr. 2017.

LEMOS, Vinicius Silva. A repercussão geral, as hipóteses objetivas e a argumentação do recorrente. *Revista Jurídica da Universidade do Sul de Santa Catarina*, ano IX, n. 19, p. 185-204, jul./dez. 2019.

LEVADA, Filipe Antônio Marchi. A repercussão geral na Constituição Federal e no projeto de lei que acrescenta os arts. 543-A e 543-B ao CPC. *In:* MELLO, Rogerio Licastro Torres de. *Recurso especial e extraordinário*: repercussão geral e atualidades. São Paulo: Método, 2007.

LIMA, Flavia Danielle Santiago; ANDRADE, Louise Dantas de. Repercussão geral em sede de recurso extraordinário: seletividade "à moda da casa" no Supremo Tribunal Federal. *Revista de Política Judiciária, Gestão e Administração da Justiça*. Brasília, v. 2, n. 1, p. 20-41, jan./jun. 2016.

LIMA, Flávia Danielle Santiago; ANDRADE, Louise Dantas de; OLIVEIRA, Tassiana Moura de. As (in)alterações do novo Código de Processo Civil na repercussão geral: apontamentos sobre a atuação do STF. *Revista CEJ*, ano XIX, n. 67, p. 78-84, set./dez. 2015.

LOBATO, Anderson Orestes Cavalcante; ORTIZ, Rodrigo Meireles. Análise da repercussão geral após 10 anos de aplicação: avanços, desafios e diagnóstico em números. *Revista Eletrônica Direito e Política*. Itajaí, v. 14, n. 2, 2º quadrim. 2019. Disponível em: https://siaiap32.univali.br/seer/index.php/rdp/article/view/15077/8613. Acesso em: 29 mar. 2021.

LÔBO, Edilene. Repercussão geral no recurso extraordinário e terceiros interessados à luz da jurisdição constitucional. *Revista de Direitos Humanos e Efetividade*. Brasília, v. 2, n. 1, p. 73-88, jan./jun. 2016.

LOR, Encarnacion Alfonso. *Súmula vinculante e repercussão geral*. São Paulo: Revista dos Tribunais, 2009.

MACCORMICK, Neil. *Retórica e o Estado de Direito*: uma teoria da argumentação jurídica. Tradução de Conrado Hübner Mendes e Marcos Paulo Veríssimo. Rio de Janeiro: Elsevier, 2008.

MACÊDO, Lucas Buril de. A análise dos recursos excepcionais pelos tribunais intermediários: o pernicioso art. 1.030 do Código de Processo Civil e sua inadequação técnica como fruto de uma compreensão equivocada do sistema de precedentes vinculantes. *In:* DIDIER JR., Fredie; CUNHA, Leonardo Carneiro da. *Julgamento de casos repetitivos*. Salvador: JusPodivm, 2017.

REFERÊNCIAS | 329

MACHADO, Antonio Carlos Marcondes. Arguição de relevância: a competência para o seu exame. O ulterior conhecimento do recurso extraordinário. *Revista de Processo*, n. 42, p. 58-88, abr./jun. 1986.

MACHADO, Hugo de Brito. Conhecimento do recurso extraordinário: repercussão geral das questões constitucionais. *Revista Dialética de Direito Processual*, v. 34, p. 41-52, jan. 2006.

MACIEL, José Alberto Couto. Regulamentação da repercussão geral nos recursos extraordinários. *Revista Jurídica Consulex*, n. 252, p. 50-53, 15 jul. 2007.

MADRUGA, Tatiana Cláudia Santos Aquino. *O filtro da repercussão geral nos recursos extraordinários por meio da análise dos temas julgados pelo Supremo Tribunal Federal*. 2015. 254 p. Dissertação (Mestrado em Direito Processual) – Centro de Ciências Jurídicas e Econômicas, Universidade Federal do Espírito Santo, Vitória, 2015. Disponível em: http://repositorio.ufes.br/bitstream/10/1628/1/O%20filtro%20da%20repercussao%20geral%20nos%20recursos%20extraordinarios%20por%20meio%20da%20analise%20dos%20temas%20julgados%20pelo%20supremo%20tribunal%20federal.pdf. Acesso em: 23 jul. 2017.

MAIA FILHO, Mamede Said; JUNQUILHO, Tainá Aguiar. Projeto Victor: perspectivas de aplicação da inteligência artificial ao direito. *Revista de Direitos e Garantias Fundamentais*, Vitória, v. 19, n. 3, p. 219-238, set./dez. 2018.

MALTEZ, Rafael Tocantins. Repercussão geral da questão constitucional (CF, §3º do art. 102 – EC nº 45/2004). *In:* MELLO, Rogerio Licastro Torres de (Coord.). *Recurso especial e extraordinário*: repercussão geral e atualidades. São Paulo: Método, 2007.

MANCUSO, Rodolfo de Camargo. *Recurso extraordinário e recurso especial*. 13. ed. São Paulo: Revista dos Tribunais, 2015.

MANCUSO, Rodolfo de Camargo. *Sistema brasileiro de precedentes*: natureza, eficácia, operacionalidade. 2. ed. São Paulo: Revista dos Tribunais, 2016.

MANCUSO, Rodolfo de Camargo; POLITANO, Vanessa Chacur. Análise crítica do instituto da repercussão geral dentro da atual sistemática processual – necessidade de tomada de ações preventivas. FUX, Luiz; FREIRE, Alexandre; DANTAS, Bruno (Coords.). *Repercussão geral da questão constitucional*. Rio de Janeiro: Forense, 2014.

MARCHIORI, Marcelo Ornellas. O modelo criativo e funcional do sistema de precedentes brasileiro: proposta para atuação unificada da repercussão geral e dos recursos repetitivos. *In:* MENDES, Aluísio Gonçalves de Castro; PORTO, José Roberto Mello. *Incidente de resolução de demandas repetitivas*: panorama e perspectivas. Salvador: JusPodivm, 2020, p. 243-268.

MARINONI, Luiz Guilherme. A função das Cortes supremas e o novo CPC. *Revista Magister de Direito Civil e Processual Civil*, ano XI, n. 65, p. 18-21, mar./abr. 2015.

MARINONI, Luiz Guilherme. Da rediscussão da questão que foi decidida no incidente de resolução. *In:* NUNES, Dierle; MENDES, Aluísio; JAYME, Fernando Gonzaga (Coords.). *A nova aplicação da jurisprudência e precedentes no CPC/2015*: estudos em homenagem à professora Teresa Arruda Alvim. São Paulo: Revista dos Tribunais, 2017.

MARINONI, Luiz Guilherme. MITIDIERO, Daniel. *Recurso extraordinário e recurso especial*: do jus litigatoris ao jus constitutionis. 2. ed. São Paulo: Revista dos Tribunais, 2020.

MARINONI, Luiz Guilherme. *Precedentes obrigatórios*. 5. ed. São Paulo: Revista dos Tribunais, 2016.

MARINONI, Luiz Guilherme; FORTES, Luiz Henrique Krassuski. Decisões mais importantes do STF em 2020 das quais você não ouviu falar. *JOTA*, 2 e 9 fev. 2021 (partes I e II, respectivamente). Disponíveis em: https://www.jota.info/opiniao-e-analise/artigos/decisoes-mais-importantes-do-stf-em-2020-das-quais-voce-nao-ouviu-falar-02022021 e https://www.jota.info/opiniao-e-analise/artigos/decisoes-mais-importantes-do-stf-em-2020-das-quais-voce-nao-ouviu-falar-2-09022021. Acesso em: 11 mar. 2021.

MARINONI, Luiz Guilherme; MITIDIERO, Daniel. *Repercussão geral no recurso extraordinário*. 3. ed. São Paulo: Revista dos Tribunais, 2012.

MARITAIN, Jacques. *El hombre y el Estado*. Tradução de Manuel Gurrea. 3. ed. Buenos Aires: Editorial Guillermo Kraft, 1956.

MARTINS, Leonardo. Questões constitucionais na ordem processual: entre a repercussão geral e a tutela de direitos fundamentais individuais. *Espaço Jurídico*. Joaçaba, v. 20, n. 1, 2019, p. 21-72.

MARTINS, Samir José Caetano. A repercussão geral da questão constitucional (Lei nº 11.418/2006). *Revista Dialética de Direito Processual*, n. 50, p. 95-111, maio 2007.

MARTINS FILHO, Ives Gandra. O critério de transcendência no recurso de revista: projeto de Lei nº 3.267/00. *Revista do TST*, Brasília, v. 66, n. 4, p. 41-62, out./dez. 2000.

MEDINA, Damares. *A repercussão geral no Supremo Tribunal Federal*. São Paulo: Saraiva, 2016. *e-book*.

MEDINA, Damares. Julgamento eletrônico no plenário virtual do STF: reflexos para a advocacia. *JOTA*, 22 abr. 2020. Disponível em: https://www.jota.info/opiniao-e-analise/artigos/julgamento-eletronico-no-plenario-virtual-do-stf-reflexos-para-a-advocacia-22042020. Acesso em: 12 fev. 2021.

MEDINA, José Miguel Garcia. *Prequestionamento, repercussão geral da questão constitucional, relevância da questão federal*. 7. ed. São Paulo: Revista dos Tribunais, 2017.

MEDINA, José Miguel Garcia; GUIMARÃES, Rafael de Oliveira; FREIRE, Alexandre. Da repercussão geral: evolução e críticas ao instituto. *In*: FUX, Luiz; FREIRE, Alexandre; DANTAS, Bruno (Coords.). *Repercussão geral da questão constitucional*. Rio de Janeiro: Forense, 2014.

MELLO, Marco Aurélio. Juízo de admissibilidade do recurso extraordinário no novo Código de Processo Civil. *In*: MENDES, Aluísio Gonçalves de Castro *et al*. *O novo processo civil brasileiro*: temas relevantes – estudos em homenagem ao professor, jurista e ministro Luiz Fux. v. II. Rio de Janeiro: GZ, 2018, p. 199-213.

MELLO, Marco Aurélio. Cinco anos de repercussão geral: reflexões necessárias. *In*: CAMPOS, Carlos Alexandre de Azevedo; PRADO, Vinicius de Andrade (Orgs.). *Escritos de direito público contemporâneo*. Salvador: JusPodivm, 2021, p. 217-227.

MELLO, Patricia Perrone Campos. *Precedentes*: o desenvolvimento judicial do direito no constitucionalismo contemporâneo. Rio de Janeiro: Renovar, 2008.

MELLO, Patricia Perrone Campos; CUNHA, Leonardo. Transformações do recurso extraordinário e impactos sobre o processo colegiado de decisão do Supremo Tribunal Federal: o que mudou? O que precisa mudar? *In:* NERY JUNIOR, Nelson; ALVIM, Teresa Arruda; OLIVEIRA, Pedro Miranda de. *Aspectos polêmicos dos recursos cíveis e assuntos afins.* v. 14. São Paulo: Thomson Reuters Brasil, 2018, p. 313-343.

MELLO, Vitor Tadeu Carramão. A repercussão geral e a arguição de relevância: uma análise histórica. *Revista da PGFN*, v. 1, n. 2, p. 172-179, out./dez. 2011.

MENDES, Gilmar Ferreira. Mecanismos de celeridade e simplificação da prestação jurisdicional: breve análise da repercussão geral e da súmula vinculante. *In:* FRANCO FILHO, Georgenor de Sousa *et al. Direito e processo do trabalho em transformação.* Rio de Janeiro: Elsevier, 2007.

MENDES, Gilmar Ferreira; FUCK, Luciano Felício. Novo CPC e o recurso extraordinário. *Revista de Processo*, v. 261, p. 263-279, nov. 2016.

MENEZES, Isabella Ferraz Bezerra de. A repercussão geral das questões constitucionais como mecanismo de contenção recursal e requisito de admissibilidade do recurso extraordinário. *Revista da ESMAPE*, v. 13, n. 28, p. 265-291, jul./dez. 2008.

MESQUITA, José Ignacio Botelho de *et al.* A repercussão geral e os recursos repetitivos: economia, direito e política. *Revista de Processo*, v. 220, p. 13-32, jun. 2013.

MITIDIERO, Daniel. *Cortes superiores e Cortes supremas*: do controle à interpretação, da jurisprudência ao precedente. 3. ed. São Paulo: Revista dos Tribunais, 2017.

MITIDIERO, Daniel. *Precedentes*: da persuasão à vinculação. 2. ed. São Paulo: Revista dos Tribunais, 2017.

MONTEIRO, Samuel. *Recurso extraordinário e argüição de relevância*. 2. ed. São Paulo: Hemus, 1988.

MORAIS, Fernanda Bezerra. A (in)subsistência do prequestionamento após o advento da repercussão geral? *Revista da ESMAPE*, v. 13, n. 27, p. 145-171, jan./jun. 2008.

MOREIRA, José Carlos Barbosa. A motivação das decisões judiciais como garantia inerente ao estado de direito. *Revista Brasileira de Direito Processual*, v. 16, 4. trim., p. 111-125, 1978.

MOREIRA, José Carlos Barbosa. A redação da Emenda Constitucional nº 45 (Reforma da Justiça). *Revista Forense*, a. 101, v. 378, p. 39-46, mar./abr. 2005.

MOREIRA, José Carlos Barbosa. A Suprema Corte norte-americana: um modelo para o mundo? *In: Temas de direito processual*: oitava série. São Paulo: Saraiva, 2004.

MOREIRA, José Carlos Barbosa. *Comentários ao código de processo civil.* 5. ed. Rio de Janeiro: Forense, 1985. v. 5.

MOREIRA, José Carlos Barbosa. *Comentários ao código de processo civil.* 15. ed. Rio de Janeiro: Forense, 2010. v. 5.

MOREIRA, José Carlos Barbosa. Que significa 'não conhecer' de um recurso? *Revista da Academia Brasileira de Letras Jurídicas*, v. 10, p. 191-207, jan./jun. 1996.

MOREIRA, José Carlos Barbosa. Regras de experiência e conceitos juridicamente indeterminados. *In:* NOGUEIRA, Adalício *et al. Estudos jurídicos em homenagem ao professor Orlando Gomes.* Rio de Janeiro: Forense, 1979.

MOREIRA, José Carlos Barbosa. S.O.S. para o mandado de injunção. *Jornal do Brasil,* 1. caderno, p. 11, set. 1990.

MOURA, Maria Thereza Rocha de Assis. Intercâmbio judiciário: os impactos da repercussão geral no Superior Tribunal de Justiça. *Doutrina:* edição comemorativa 30 anos do STJ. Brasília: Superior Tribunal de Justiça, p. 521-543, 2019.

MUZZI FILHO, Carlos Victor; CARVALHO, Luisa Mendonça Albergaria de. A falta de questão ou a falta de repercussão: exame do art. 324, §2º, do RISTF, ante os artigos 1.032 e 1.033 do CPC/2015. *Revista de Política Judiciária, Gestão e Administração da Justiça.* Curitiba, v. 2, n. 2, p. 87-108, jul./dez. 2016.

NADER, Philippe de Oliveira. A transcendência no recurso de revista. *Revista do TST.* São Paulo, v. 84, n. 3, p. 219-238, jul./set. 2018.

NETTO, Nelson Rodrigues. A aplicação da repercussão geral da questão constitucional no recurso extraordinário consoante a Lei nº 11.418/06. *Revista Dialética de Direito Processual,* n. 49, p. 112-129, abr. 2007.

NEVES, Fernando C. Queiroz. Primeiras anotações a respeito da aplicação da Lei nº 11.418/06 (repercussão geral em sede de recurso extraordinário). *Revista Autônoma de Processo,* n. 3, p. 325-348, 2008.

NOGUEIRA, Gustavo Santana. A repercussão geral do recurso extraordinário e a Emenda Regimental nº 21/2007 do STF: uma proposta de interpretação da análise deste novo requisito de admissibilidade. *In:* MEDINA, José Miguel Garcia *et al. Os poderes do juiz e o controle das decisões judiciais:* estudos em homenagem à professora Teresa Arruda Alvim Wambier. São Paulo: Revista dos Tribunais, 2008.

OLIVEIRA, Guilherme José Braz de. *Repercussão geral das questões constitucionais e suas conseqüências para o julgamento do recurso extraordinário.* 2009. Dissertação (Mestrado em Direito Processual) – Faculdade de Direito, Universidade de São Paulo, São Paulo 2009. Disponível em: http://www.teses.usp.br/teses/disponiveis/2/2137/tde-16042010-124802/pt-br.php. Acesso em: 18 jul. 2017.

OLIVEIRA, Maria Angela Jardim de Santa Cruz. Reforming the Brazilian Supreme Federal Court: a comparative approach. *Washington University Global Studies Law Review,* v. 5, n. 1, p. 99-150, 2006.

OLIVEIRA, Pedro Miranda de. Para uma efetividade maior do instituto da repercussão geral das questões constitucionais. *In:* FUX, Luiz; FREIRE, Alexandre; DANTAS, Bruno (Coords.). *Repercussão geral da questão constitucional.* Rio de Janeiro: Forense, 2014.

OLIVEIRA, Pedro Miranda de. *Recurso extraordinário e o requisito da repercussão geral.* São Paulo: Revista dos Tribunais, 2013.

OLIVEIRA, Phelippe Toledo Pires de; AMARAL JÚNIOR, José Levi Mello do. A questão prioritária de constitucionalidade francesa em matéria tributária. *Revista Jurídica da Presidência da República,* v. 18, n. 116, p. 666-691, out. 2016/jan. 2017.

REFERÊNCIAS | 333

OMMATI, José Emílio Medauar. Ofensa reflexa à Constituição: ofensa direta à Constituição. *In:* NERY JR., Nelson; WAMBIER, Teresa Arruda Alvim (Coords.). *Aspectos atuais e polêmicos dos recursos cíveis.* São Paulo: Revista dos Tribunais, 2006.

OSNA, Gustavo. A garantia ao recurso e a repercussão geral: conciliação ou negação? *Revista de Direito Administrativo & Constitucional,* Belo Horizonte, a. 19, n. 77, p. 229-246, jul./set. 2019.

PAIVA, Clarissa Teixeira. A repercussão geral dos recursos extraordinários e a objetivação do controle concreto de constitucionalidade. *Revista da AGU,* v. 7, n. 17, p. 47-87, jul./set. 2008.

PARIZZI, João Hagenbeck. *Abuso do direito de litigar*: uma interpretação do direito de acesso ao Judiciário através do desestímulo econômico dos litigantes habituais. 2016. Dissertação (Mestrado) – Centro Universitário de Brasília, Brasília, 2016.

PASSOS, Hugo Assis; GOIS JR., JOSÉ CALDAS. Repensando a repercussão geral: as deficiências no desenho procedimental da repercussão geral da questão constitucional como filtro de admissibilidade dos recursos extraordinários. *Quaestio Iuris.* Rio de Janeiro, v. 9, n. 1, p. 39-55, 2016.

PASSOS, J. J. Calmon de. Da argüição de relevância no recurso extraordinário. *Revista Forense,* v. 259, n. 889/891, p. 11-22, jul./set. 1977.

PEDRON, Flavio Quinaud. A EC nº 45/2004 e a inconstitucionalidade dos filtros recursais da transcendência e da repercussão geral. *Revista CEJ,* n. 53, p. 31-44, abr./jun. 2011.

PEDRON, Flavio Quinaud; FARIA, Guilherme Henrique Lage. Repercussão geral em recursos especiais é aposta em mecanismo fracassado. *Consultor Jurídico,* 3 jun. 2018. Disponível em: https://www.conjur.com.br/2018-jun-03/opiniao-repercussao-geral-resp-aposta-mecanismo-fracassado. Acesso em: 18 mar. 2021.

PENTEADO NETO, Mário Ferreira. Reflexões sobre o instituto da repercussão geral: a 'crise do STF' e uma breve análise acerca do controle de constitucionalidade. *Cadernos da Escola de Direito e Relações Internacionais da UniBrasil,* v. 1, n. 19, p. 50-65, jan./dez. 2013.

PEREIRA, Carlos Frederico Bastos. O Superior Tribunal de Justiça e a repercussão geral no recurso especial. *Revista Eletrônica de Direito Processual.* Rio de Janeiro, a. 13, v. 20, n. 2, maio/ago. 2019. Disponível em: https://www.e-publicacoes.uerj.br/index.php/redp/article/view/37849. Acesso em: 19 mar. 2021.

PEREIRA, Paula Pessoa. *Legitimidade dos precedentes*: universabilidade das decisões do STJ. São Paulo: Revista dos Tribunais, 2014.

PEREIRA, Paula Pessoa. *Supermaioria como regra de decisão na jurisdição constitucional do Supremo Tribunal Federal.* 2017. Tese (Doutorado) – Universidade Federal do Paraná, Curitiba, 2017, 228 p. Disponível em: https://acervodigital.ufpr.br/bitstream/handle/1884/63375/R%20-%20T%20-%20PAULA%20PESSOA%20PEREIRA.pdf?sequence=1&isAllowed=y. Acesso em: 11 nov. 2021.

PEREIRA, Thomaz. 714 processos para revolucionar o Supremo. *JOTA,* maio 2017. Disponível em: https://jota.info/colunas/supra/714-processos-para-revolucionar-o-supremo-17052017. Acesso em: 25 jul. 2017.

PEREIRA, Thomaz; ARGUELHES, Diego Werneck; ALMEIDA, Guilherme da Franca Couto Fernandes de. *Quem decide no Supremo?* Tipos de decisão colegiada no Tribunal (1988-2018). VIII Relatório FGV Supremo em Números. Rio de Janeiro: FGV Direito Rio, 2020. Disponível em: https://bibliotecadigital.fgv.br/dspace/handle/10438/29679. Acesso em: 28 mar. 2021.

PEREIRA, Vinicius. Questões polêmicas acerca da repercussão geral no recurso extraordinário. *Juris Plenum*, n. 14, p. 103-112, mar. 2007.

PINHEIRO NETO, Pedro Bentes; BONNA, Alexandre Pereira. Repercussão geral e orientação prospectiva dos julgamentos do STF. *Revista de Processo*, v. 237, p. 197-222, nov. 2014.

PINTO, José Guilherme Berman C. O "writ of certiorari". *Revista Jurídica da Presidência da República*, v. 9, n. 86, p. 87-103, ago./set. 2007.

PITMAN, Mildred Lima. A repercussão geral como requisito de admissibilidade do recurso extraordinário. *Revista Dialética de Direito Processual*, n. 42, p. 126-141, set. 2006.

PORTO, Sérgio Gilberto; USTÁRROZ, Daniel. A repercussão geral das questões constitucionais no recurso extraordinário (inovações procedimentais da Lei nº 11.418 e na Emenda Regimental nº 21 do STF). *In*: ASSIS, Araken *et al. Direito civil e processo*: estudos em homenagem ao professor Arruda Alvim. São Paulo: Revista dos Tribunais, 2007.

QUINTAS, Fábio Lima. A nova dogmática do recurso extraordinário: o advento da repercussão geral e o ocaso do prequestionamento. *Revista Direito Público*, v. 5, n. 22, p. 7-23, jul./ago. 2008.

QUINTAS, Fábio Lima; RAMOS, Raul Nero Perius. O Supremo Tribunal Federal e a relevância econômica da questão constitucional nos recursos extraordinários. *In*: NERY JUNIOR, Nelson; ALVIM, Teresa Arruda. *Aspectos polêmicos dos recursos cíveis e assuntos afins*. v. 13. São Paulo: Revista dos Tribunais, 2017, p. 199-219.

RAMOS, André Luiz Santa Cruz. Da necessidade de demonstração da repercussão geral das questões constitucionais discutidas no recurso extraordinário (art. 102, §3º, da CF/88). *Revista Dialética de Direito Processual*, n. 32, p. 9-20, nov. 2005.

RAMOS, Carlos Henrique; CUNHA, Paulo Eduardo Ramos Mendes da. Perspectivas atuais da repercussão geral no recurso extraordinário. *Revista Dialética de Direito Processual*, n. 102, p. 9-27, set. 2011.

RAMOS, Glauco Gumerato. Repercussão geral na teoria dos recursos: juízo de admissibilidade: algumas observações. *Revista Nacional de Direito e Jurisprudência*, ano 7, n. 84, p. 49-54, dez. 2006.

RAMOS, Luciana de Oliveira; CUNHA, Luciana Gross Siqueira; DIMOULIS, Dimitri (Orgs.). *Um balanço da reforma do Judiciário*: os efeitos da reclamação constitucional e da "repercussão geral" nas práticas decisórias do Supremo Tribunal Federal e do Tribunal de Justiça de São Paulo. Belo Horizonte: Arraes, 2020.

REGO, Frederico Montedonio. A dimensão democrática do dever de motivação das decisões judiciais: o novo Código de Processo Civil como concretização da Constituição de 1988. *Revista Opinião Jurídica*, ano 14, n. 18, p. 177-206. Disponível em: http://periodicos. unichristus.edu.br/index.php/opiniaojuridica/article/view/594/265. Acesso em: 15 jan. 2017.

REGO, Frederico Montedonio. O filtro oculto de repercussão geral: como o obscurecimento dos juízos de relevância contribui para a crise do STF. *Revista de Direito Brasileira*, v. 18, n. 17, p. 6-29, set./dez. 2017.

REHNQUIST, William. *The Supreme Court*. Vintage Books: New York, 2007. *e-book*.

REINO UNIDO. The Supreme Court. *The Supreme Court* annual reports and accounts 2019-2020. Disponível em: https://www.supremecourt.uk/docs/annual-report-2019-20. pdf. Acesso em: 16 fev. 2021.

REIS, José Carlos Vasconcellos dos. Apontamentos sobre o novo perfil do recurso extraordinário no direito brasileiro. *Revista de Processo*, v. 164, p. 57-83, out. 2008.

REIS, Palhares Moreira. *Direito processual constitucional*. v. 1. Curitiba: CRV, 2017.

RIBEIRO, Flávia Pereira. A repercussão geral no recurso extraordinário. *Revista de Processo*, v. 197, p. 447-467, jul. 2011.

RODOVALHO, Thiago. Repercussão geral e o writ of certiorari: uma proposta de lege ferenda. *In:* FUX, Luiz; FREIRE, Alexandre; DANTAS, Bruno (Coords.). *Repercussão geral da questão constitucional*. Rio de Janeiro: Forense, 2014.

RODRIGUES, Valdeleuse Marnie da Silva. Repercussão geral no recurso extraordinário. *Boletim Científico ESMPU*, n. 39, p. 45-78, jul./dez. 2012.

RODRIGUES FILHO, José Marcos Vieira. *Repercussão geral e Supremo Tribunal Federal*: deficiências da modelagem atual e propostas para o aprimoramento do instituto. 2015. Dissertação (Mestrado em Direito) – UERJ, Rio de Janeiro, 2015. Disponível em: https://www.bdtd.uerj.br:8443/bitstream/1/9700/1/JOSE%20MARCOS%20TOTAL.pdf. Acesso em: 10 nov. 2021.

ROSA, Sandro Luiz de Oliveira. *Repercussão geral no recurso extraordinário*. Curitiba: Juruá, 2013.

SÁ, Danielle Carlomagno Gonçalves de. *A repercussão geral da questão constitucional*: uma análise crítica. 2014. Dissertação (Mestrado em Direito Processual) – Universidade de São Paulo, São Paulo, 2014. Disponível em: http://www.teses.usp.br/teses/disponiveis/2/2137/tde-26022015-161417/pt-br.php. Acesso em: 21 jul. 2017.

SAMPAIO, Patrícia Maria Santana. *Transcendência como mecanismo de filtro recursal*. Dialética, 2020. *e-book*

SANCHES, Sydney. Arguição de relevância da questão federal. *Cadernos liberais*, n. 59, p. 1-19, 1987.

SANTANNA, Ana Carolina Squadri; PINHO, Humberto Dalla Bernardina de. O *writ of certiorari* e sua influência sobre o instituto da repercussão geral do recurso extraordinário. *Revista de Processo*, v. 235, p. 381-405, set. 2014.

SANTOS, Ivanilson Francisco dos. A repercussão geral como instrumento de limitação ao exercício do direito fundamental de livre acesso à jurisdição – definições e contornos jurídicos. *Pós-graduação em direito público – PUC Minas*. Brasília: Escola da Advocacia-Geral da União, 2010.

SARTÓRIO, Elvio Ferreira; JORGE, Flávio Cheim. O recurso extraordinário e a demonstração da repercussão geral. *In:* WAMBIER, Tereza Arruda Alvim *et al.* (Coords.). *Reforma do judiciário:* primeiros ensaios críticos sobre a EC nº 45/2004. São Paulo: Saraiva, 2005.

SAUSEN, Dalton. *A repercussão geral no recurso extraordinário:* perspectiva hermenêutica. Porto Alegre: Dom Quixote, 2007.

SCHAUER, Frederick. Giving reasons. *Stanford Law Review,* v. 47, n. 4, p. 633-659, abr. 1995. Disponível em: http://www.law.virginia.edu/pdf/faculty/hein/schauer/47stan_1_rev633_1995.pdf. Acesso em: 28 mar. 2017.

SESSA, Márcio de; COUTO, Monica Bonetti. A adoção de filtros e mecanismos de contenção para os Tribunais Superiores: a valorização da jurisprudência e a instituição da repercussão geral no direito brasileiro. *Revista de Direito Brasileira,* ano. 4, v. 7, p. 199-223, jan./abr. 2014.

SILVA, Christine Oliveira Peter da. Sistemática da repercussão geral no novo Código de Processo Civil. *Revista Síntese de Direito Civil e Processual Civil,* n. 97, p. 371-390, set./out. 2015.

SILVA, Christine Oliveira Peter da; AGUIAR, Lucas Albuquerque. Gestão por temas como metódica adequada para implantação da cultura brasileira de vinculação a precedentes constitucionais. *Revista Jurídica da Presidência.* Brasília, v. 19, n. 118, p. 402-426, jun./set. 2017.

SILVA, Evandro Lins e. O recurso extraordinário e a relevância da questão federal. *Revista Forense comemorativa:* 100 anos. Rio de Janeiro: Forense, 2005.

SILVA, José Afonso da. *Do recurso extraordinário no direito processual brasileiro.* São Paulo: Revista dos Tribunais, 1963.

SILVA, Márcio Henrique Mendes da; VILHENA, Walter Luis. Repercussão geral no recurso extraordinário: práxis e ethos. *In:* FIGUEIREDO, Guilherme José Purvin de; BARROS, Marcos Ribeiro de. *Estudos jurídicos em homenagem ao Ministro Sepúlveda Pertence.* São Paulo: Letras Jurídicas, 2009.

SILVA, Maria Thaís Pinto. *Repercussão geral:* instrumento eficaz de filtragem ou de aglomeração processual? Monografia apresentada no curso de graduação em Direito do Centro Universitário de Brasília – UniCEUB. Brasília, 2018, mimeografado. Disponível em: https://repositorio.uniceub.br/jspui/bitstream/prefix/12925/1/21445623.pdf. Acesso em: 28 mar. 2021.

SILVA, Ovídio A. Baptista da. A função dos tribunais superiores. *In:* BRASIL. Superior Tribunal de Justiça. *STJ 10 anos:* obra comemorativa 1989-1999. Brasília: Superior Tribunal de Justiça, 1999.

SILVA, Ovídio A. Baptista da. *Processo e ideologia:* o paradigma racionalista. 2. ed. Rio de Janeiro: Forense, 2006.

SILVEIRA, José Néri da. Reflexos da exigência de 'repercussão geral das questões constitucionais discutidas no caso' sobre a natureza e a amplitude do recurso extraordinário. *Revista do Tribunal Regional Federal da 4ª Região,* a. 26, n. 88, p. 15-44, 2015.

REFERÊNCIAS | 337

SIQUEIRA, José Eduardo Paiva Miranda de. *A arbitrariedade na fundamentação das decisões do Supremo Tribunal Federal*. 2016. Dissertação (Mestrado) – Centro Universitário de Brasília, Brasília, 2016.

SOARES, Marcos Antônio Striquer; BUZINGNANI, Wilian Zendrini. Limitações constitucionais para o filtro denominado repercussão geral. *Revista Scientia Iuris*, v. 14, p. 79-95, 2010.

SOUSA, Lucas Santos de. Supremo Tribunal Federal: propostas para um melhor exercício da jurisdição constitucional no futuro. *In:* MENDES, Gilmar Ferreira; GALVÃO, Jorge Octávio Lavocat; MUDROVITSCH, Rodrigo de Bittencourt. *Jurisdição constitucional em 2020.* São Paulo: Saraiva, 2016, p. 321-334.

SOUZA, Camila Mutran de. A repercussão geral no recurso extraordinário – investigação dos aspectos processuais civis decorridos do advento da Lei nº 11.418/2006. *Revista LTr,* ano 73, n. 5, p. 583-597, maio 2009.

SOUZA, José Pedro de Camargo Rodrigues de. *Apontamentos sobre a transcendência do recurso de revista.* 2011. Dissertação (Mestrado em Direito do Trabalho e da Seguridade Social) – Faculdade de Direito, Universidade de São Paulo, São Paulo, 2011. Disponível em: http://www.teses.usp.br/teses/disponiveis/2/2138/tde-31052012-154840/pt-br.php. Acesso em: 24 jun. 2017.

STRECK, Lenio Luiz. A 'repercussão geral das questões constitucionais' e a admissibilidade do recurso extraordinário: a preocupação do constituinte com as 'causas irrelevantes'. *In:* AGRA, Walber de Moura (Coord.). *Comentários à reforma do Poder Judiciário.* Rio de Janeiro: Forense, 2005.

SUNDFELD, Carlos Ari; SOUZA, Rodrigo Pagani (Coords.). Repercussão geral e o sistema brasileiro de precedentes. *Série pensando o Direito*, n. 40. Brasília: Ministério da Justiça, 2011. Disponível em: http://pensando.mj.gov.br/wp-content/uploads/2015/07/40Pensando_ Direito11.pdf. Acesso em: 19 jul. 2017.

SUNSTEIN, Cass. Incompletely theorized agreements. *Harvard Law Review*, v. 108, p. 1733-1772, 1994. Disponível em: http://chicagounbound.uchicago.edu/cgi/viewcontent. cgi?article=1149&context=public_law_and_legal_theor. Acesso em: 4 abr. 2017.

TALAMINI, Eduardo. Repercussão geral em recurso extraordinário: nota sobre sua regulamentação. *Revista Dialética de Direito Processual*, n. 54, p. 56-68, set. 2007.

TARANTO, Caio Márcio Gutterres. O incidente de repercussão geral como instrumento de aplicação de precedente jurisdicional. Novas hipóteses de efeitos vinculantes e impeditivos de recurso em sede de controle incidental de constitucionalidade. *Revista da Seção Judiciária do Rio de Janeiro*, n. 19, p. 93-108, abr. 2007.

TARUFFO, Michele. *A motivação da sentença civil.* Tradução de Daniel Mitidiero, Rafael Abreu e Vitor de Paula Ramos. São Paulo: Marcial Pons Brasil, 2015.

TARUFFO, Michele. *El vértice ambiguo*: ensayos sobre la casación civil. Tradução de Juan J. Monroy Palacios e Juan F. Monroy Galvez. Lima: Palestra, 2005.

TARUFFO, Michele. Precedente e jurisprudência. Tradução de Chiara de Teffé. *Civilistica.com*, a. 3, n. 2, jul./dez. 2014. Disponível em: http://civilistica.com/precedente-e-jurisprudencia/. Acesso em: 24 jul. 2017.

TARUFFO, Michele. Prólogo. *In:* GIANNINI, Leandro. *El certiorari:* la jurisdicción discrecional de las Cortes Supremas. La Plata: Librería Editora Platense, 2016. t. I.

TAVARES, André Ramos. A repercussão geral no recurso extraordinário. *In:* TAVARES, André Ramos; LENZA, Pedro; ALARCÓN, Pietro de Jesús. *Reforma do Judiciário:* analisada e comentada. São Paulo: Método, 2005. p. 209-220.

TEDESCO, Paulo Camargo. Jurisprudência defensiva de segunda geração. *Revista de Processo,* v. 182, p. 259-290, abr. 2010.

TEIXEIRA, Rodrigo Valente Giublin. *Repercussão geral.* Belo Horizonte: Arraes, 2016.

THEODORO JÚNIOR, Humberto. O recurso extraordinário e a teoria do precedente: reflexos na 'repercussão geral' e nos 'recursos repetitivos'. *In:* FUX, Luiz; FREIRE, Alexandre; DANTAS, Bruno (Coords.). *Repercussão geral da questão constitucional.* Rio de Janeiro: Forense, 2014.

THEODORO JÚNIOR, Humberto. Repercussão geral no recurso extraordinário (Lei nº 11.418) e Súmula Vinculante do Supremo Tribunal Federal (Lei nº 11.417). *Revista Magister de Direito Civil e Processual Civil,* ano III, n. 18, p. 5-32, maio/jun. 2007.

THEODORO JÚNIOR, Humberto; NUNES, Dierle; BAHIA, Alexandre. Litigiosidade de massa e repercussão geral no recurso extraordinário. *Revista de Processo,* n. 177, p. 9-46, 2009.

TIMM, Luciano Benetti; TRINDADE, Manoel Gustavo Neubarth. As recentes alterações legislativas sobre os recursos aos tribunais superiores: a repercussão geral e os processos repetitivos sob a ótica da *law and economics. Revista de Processo,* v. 178, p. 153-179, dez. 2009.

TUCCI, José Rogério Cruz e. A 'repercussão geral' como pressuposto de admissibilidade do recurso extraordinário. *Revista dos Tribunais,* v. 848, p. 60-65, jun. 2006.

TUNC, André. Conclusions: la cour suprême idéale. *Revue Internationale de Droit Comparé,* v. 30, n. 1, p. 433-471, jan./mar. 1978. Disponível em: http://www.persee.fr/doc/ridc_0035-3337_1978_num_30_1_18544. Acesso em: 23 jul. 2017.

URBANO, Hugo Evo Magro Corrêa. Da arguição de relevância à repercussão geral das questões constitucionais no recurso extraordinário. *Revista Dialética de Direito Processual,* n. 47, p. 61-78, fev. 2007.

VALLADÃO, Haroldo Teixeira *et al.* A reforma do Poder Judiciário da União: parecer da comissão especial do Instituto dos Advogados Brasileiros. *Revista do Instituto dos Advogados Brasileiros,* ano 1, n. 1, p. 101-111, jul./set. 1966.

VALLE, Vanice Lírio do. Repercussão geral: um passo a mais na difícil trilha de construção da vinculatividade das decisões judiciais. *Revista da EMERJ,* v. 10, n. 40, p. 129-157, 2007.

VENTURI, Elton. Anotações sobre a repercussão geral como pressuposto de admissibilidade do recurso extraordinário. *In:* MEDINA, José Miguel Garcia *et al. Os poderes do juiz e o controle das decisões judiciais:* estudos em homenagem à professora Teresa Arruda Alvim Wambier. São Paulo: Revista dos Tribunais, 2008.

VERÍSSIMO, Marcos Paulo. A Constituição de 1988, vinte anos depois: Suprema Corte e ativismo judicial 'à brasileira'. *Revista Direito GV,* 4(2), p. 407-440, jul./dez. 2008.

VIANA, Juvêncio Vasconcelos. Questão de repercussão geral (§3º do art. 102 da Constituição Federal) e a admissibilidade do recurso extraordinário. *Revista Dialética de Direito Processual*, n. 30, p. 72-84, set. 2005.

VIANA, Ulisses Schwarz. *Repercussão geral sob a ótica da teoria dos sistemas de Niklas Luhmann*. São Paulo: Saraiva, 2010.

VIEIRA, Oscar Vilhena. Supremocracia. *Revista Direito GV*, São Paulo, v. 4, n. 2, p. 441-463, jul./dez. 2008.

WAMBIER, Luiz Rodrigues; WAMBIER, Teresa Arruda Alvim; MEDINA, José Miguel Garcia. *Breves comentários à nova sistemática processual civil*. São Paulo: Revista dos Tribunais, 2007.

WAMBIER, Teresa Arruda Alvim; DANTAS, Bruno. *Recurso especial, recurso extraordinário e a nova função dos tribunais superiores no direito brasileiro*. 3. ed. São Paulo: Revista dos Tribunais, 2016.

WAMBIER, Teresa Arruda Alvim; WAMBIER, Luiz Rodrigues. Repercussão geral: como transformá-la num instituto adequado à magnitude da missão de uma Corte Superior? *In:* FUX, Luiz; FREIRE, Alexandre; DANTAS, Bruno (Coords.). *Repercussão geral da questão constitucional*. Rio de Janeiro: Forense, 2014.

WEBER, Jean-François. Comprendre un arrêt de la Cour de cassation rendu en matière civile. *Bulletin d'information*, n. 702, p. 10-11. Cour de cassation, 2009. Disponível em: https://www.courdecassation.fr/IMG/pdf/Bicc_702.pdf. Acesso em: 30 maio 2017.

YARSHELL, Flávio Luiz. A reforma do Judiciário e a promessa de 'duração razoável do processo'. *Revista do Advogado*, São Paulo: AASP, ano XXIV, p. 28-33, abr. 2004.

Esta obra foi composta em fonte Palatino Linotype, corpo 10
e impressa em papel Offset 75g (miolo) e Supremo 250g (capa)
pela Formato Artes Gráficas, em Belo Horizonte/MG.